Fahrradutopien

Fahrradutopien: Medien, Ästhetiken und Aktivismus

Julia Bee, Ulrike Bergermann, Linda Keck, Sarah Sander,
Herbert Schwaab, Markus Stauff, Franzi Wagner

μ meson press

Gedruckt mit freundlicher Unterstützung der HBK Braunschweig und der
Bauhaus-Universität Weimar

Braunschweig University of Art
Hochschule für Bildende Künste Braunschweig

Bauhaus-Universität Weimar

Bibliographische Information der Deutschen Nationalbibliothek
Die Deutsche Nationalbibliothek verzeichnet diese Veröffentlichung
in der Deutschen Nationalbibliographie; detaillierte bibliographische
Informationen sind im Internet unter http://dnb.d-nb.de abrufbar.

Veröffentlicht 2022 von meson press, Lüneburg, Deutschland
www.meson.press

Designkonzept: Torsten Köchlin, Silke Krieg
Umschlagbilder: Collage von Fotos der Autor:innen und Jana Rademacher
Lektorat: Sabine Manke

ISBN (Print): 978-3-95796-195-2
ISBN (PDF):   978-3-95796-196-9
ISBN (EPUB): 978-3-95796-197-6
DOI: 10.14619/1952

Die Printausgabe dieses Buchs wird gedruckt von Books on Demand,
Norderstedt.

Die digitale Ausgabe dieses Buchs kann unter www.meson.press
kostenlos heruntergeladen werden.

Inhalt

1

Einleitung und Manifest: Das Fahrrad als Medium der Utopie

Julia Bee, Ulrike Bergermann, Linda Keck, Sarah Sander,

Herbert Schwaab, Markus Stauff, Franzi Wagner

Das Fahrrad, so wollen wir mit diesem Band zeigen, ist ein Medium sozialer Veränderung. Seine vielfältigen utopischen Potenziale ergeben sich nicht zuletzt aus seinen ebenso vielfältigen und häufig übersehenen medialen Qualitäten: Es vermittelt, es verbindet, es übersetzt; es modifiziert Wahrnehmung und Organisation von Raum und Zeit, von Körpern und von Sozialität. Da das Fahrrad sowohl wissenschaftlich als auch kulturell noch immer unterschätzt wird, wollen wir in dieser Einführung zunächst die utopischen Potenziale im Sinne eines „Lob des Fahrrads" (Marc Augé) markieren und preisen. In einem zweiten Teil befassen wir uns dann eingehender mit einer Medientheorie des Fahrrads, die sich gegen die bisherigen Marginalisierungen des Fahrrads sowohl in der Mobilitätsforschung als auch in den Medienwissenschaften wendet.

The bicycle is not a mere appendage to
‚business as usual', but a vehicle which helps
to re-evaluate, restructure and reorganize
everyday life in contemporary societies.
(Furness 2014, 317)

Lob der Fahrradutopie

Das Fahrrad ist ein Medium des Wandels. Fahrradfahren verändert nicht nur die individuelle Mobilität, sondern organisiert gesellschaftliche Räume. Es ist nahezu emissionsneutral, ermöglicht vielen Menschen eine günstige, selbstbestimmte Mobilität, erschließt neue Räume und produziert eigene Wahrnehmungen und Bilder. Ob allein oder zu vielen, zur Arbeit oder in der Freizeit, mit Klapprad und Bahn oder mit Lastenrad und Kindersitz: Mit dem Fahrrad wird Bewegung zur Mobilität (vgl. Sheller 2018, 20–22). Radfahren ist damit gleichermaßen zukunftweisendes Symbol wie aktuelle Verkörperung sozialökologischer Mobilitäts- und Bewegungsformen (vgl. Furness 2014, 317; Strüver 2015, 39). Denn mit dem Fahrrad öffnen sich Orte für die allseitige Nutzung, es vergrößert sich der soziale Raum, der allen gehört, die der angespannten Verkehrssituation innewohnende Aggression kann reduziert werden, die Angst vor Unfällen schwindet. Deshalb ist das Fahrradfahren immer verbunden mit einer „Fahrradutopie", wie Popan gezeigt hat (Popan 2019).[1] Weit über seinen – selbst schon vielfältig produktiven – Funktionalismus hinaus, zeigt es Wirkung, realisiert und imaginiert Transformationen. So ist es nicht nur ein Vehikel des Transports oder Verkehrs, sondern ein Vehikel des Wandels.

---

1   Cosmin Popans *Bicycle Utopias* ist die zentrale Referenz, wenn es um das utopische Potenzial des Radfahrens geht. Popan arbeitet mit einer utopischen Methode sowie mit teilnehmenden Beobachtungen und Autoethnografie, um die soziale, gesellschaftliche und körperliche Dimension des Radfahrens umfassend und vielschichtig aufeinander zu beziehen. Die utopische Methode simuliert eine Radfahrstadt bzw. Gesellschaft ausgehend von einem in die Zukunft gerichteten Blick. Popan entwickelt – angelehnt etwa an die Bewegung des *slow food* – eine Utopie der Entschleunigung, gedacht vom Fahrrad aus. Obwohl wir grundsätzlich zustimmen und Mobilität als Faktor und zugleich Ergebnis des auf Beschleunigung, Wachstum und einem instrumentellen Mobilitätsverständnis beruhenden Kapitalismus sehen, erweitern wir hier die utopische Dimension auch um ein verändertes Verständnis von sozialen und geografischen Räumen.

Der öffentliche Raum ist hingegen noch immer maßgeblich vom Auto-verkehr bzw. dem motorisierten Individualverkehr geprägt. Deshalb kann das gegenwärtig existierende Radfahren an vielen Orten eher als Dystopie erscheinen: marginalisiert, ineffizient und häufig gefährlich. Es ist längst nicht mehr nachvollziehbar, warum das Auto als ineffizientes und die Umwelt und Gesellschaften extrem schädigendes Verkehrs-mittel noch immer so dominant und verbreitet ist. Oder besser: Es ist die Logik einer durch das Autofahren selbst hervorgebrachten Rationalität, die Autofahren sinnvoll erscheinen lässt, da alle gesellschaftlichen Sub-systeme von Wohnen über Konsum bis Arbeiten darauf ausgerichtet sind (vgl. den Beitrag von Bee in diesem Band). Das Auto und die vielfältigen Infrastrukturen, Institutionen, Politiken, Technologien, Ökonomien sowie die sich tief in die Kultur einlagernden dominanten Vorstellungen von Mobilität sind eng miteinander verwoben und schaffen eine Situation, für die sich auch bei Betrachtung längerer Zeitabschnitte kaum Veränderungen erwarten lassen (vgl. Urry 2007, 117). John Urry verwendet in seiner Aus-einandersetzung mit dem „System der Automobilität" den Begriff des *lock-in*, um deutlich zu machen, dass wir aus der vom Auto geschaffenen Situation und Umwelt nur schwer herauskommen werden. Mattioli et al. (2020, 1) sprechen vielleicht noch treffender vom *carbon lock-in*, womit sie zeigen, wie sich mit der Anschaffung eines Autos die Verhaltens- und Denkweisen ändern. Wir scheinen in einer Autokultur und -gesellschaft eingeschlossen zu sein, was sich auch an den intensiver werdenden Aus-wirkungen der Autoindustrie zeigt, die von den Diskussionen zur Klima-gerechtigkeit überraschend wenig tangiert werden. Das System der Automobilität bleibt auch mit der Elektromobilität erhalten, selbst wenn es etwas weniger direkt emittiert: Es bewirkt die Zersiedelung von Land-schaften, macht Dörfer zu Durchgangsorten und verstopft die Städte (auch als E-Auto und vor allem parkend).

Auf die damit zusammenhängenden, drängenden Fragen gesellschaftlichen und ökologischen Zusammenlebens bietet das Fahrrad eine Antwort (wenn auch nicht die einzige!) – vor allem in Städten und vor allem schon jetzt: Das Fahrrad kann Städte und Dörfer lebenswerter gestalten, weil mit ihm andere Formen der Mobilität entstehen, die wiederum eine andere soziale, ökologische und infrastrukturelle Umgebung formen. Mit diesen Umgebungsfaktoren geht auch eine andere Sozialität, Ökologie und infrastrukturelle Versorgung von Gesellschaften einher. Nicht nur in der Reduktion klimaschädlicher Emissionen kann das Fahrrad also einen Wandel bewirken, der weit über das Überbrücken von Wegen hinausgeht, sondern auch in Bezug auf Fragen der Mobilitätsgerechtigkeit und der

Städteplanung (vgl. für „Mobility Justice" Sheller 2018; für „Das Recht auf
Stadt" Lefebvre 2016; Mayer 2012).

Allein und im Verbund mit dem ÖPNV, also anderen Medien der Mobilität,
lässt sich mit dem Fahrrad eine nachhaltige Energie- und Mobilitätswende
anvisieren. Deshalb ist das Fahrrad für uns nicht nur Medium und Utopie,
sondern auch ein Medium der Utopie. Es macht die Zukunft von lebens-
werten Innenstädten, flexibler Mobilität, selbstbestimmter Kraftübertragung, anderer Körperlichkeit und kollektiver Subjektivität er-fahrbar. Aus
dem *lock-in* beinahe aller Alltagspraktiken und einer vom Auto geprägten
und gehemmten gesellschaftlichen Imaginationsfähigkeit heraus fällt es
allerdings immer noch schwer, diese schon jetzt realisierbare Antwort einer
Fahrradutopie Wirklichkeit werden zu lassen. Daher geht es uns darum,
die Perspektive des Fahrrads zu stärken und medienwissenschaftliche
Forschung dazu zu verwenden, Vorstellungen von Mobilität zu verändern
und durch das Fahrrad andere Kopplungen von Medien und Mobilität
zu denken. Damit einher geht auch, mit dem Fahrrad (eine) alternative
Geschichte(n) von Mobilität, Technologie und Fortschritt zu erzählen.
Schließlich hat das Fahrrad seine Arbeit schon längst aufgenommen – und
zwar seit über 150 Jahren.

Lob der Fahrradmedialität

Vor 150 Jahren selbst als Inbegriff von Modernität wahrgenommen, stellt
die anhaltende Potenzialität des Fahrrads eine zu simple Kopplung von
Fortschritt und Technik infrage. Es antwortet nicht mit mehr, sondern
mit weniger und anderen Industrien bzw. Ökonomien auf das „Problem"
der „Hypermobilität" (Cox und Koglin 2020, 237). Mit dem Fahrrad stellt
sich zudem die Frage, wie trennscharf sich zwischen sozialer und techno-
logischer Praxis unterscheiden lässt (vgl. Bijker 1995). Es ist in seiner
Medialität nämlich nicht eindimensional, sondern multipel relational eingebunden und bewirkt somit vielfältige Wahrnehmungen, Praktiken und
soziale Hierarchisierungen, die sich in differenzierten Zugängen zu Räumen
manifestieren. Es wäre folglich ein Fehler, das Radfahren angesichts seiner
technischen Schlichtheit nicht als medial zu verstehen. Das Radfahren regt
neue mediale und soziale Konfigurationen an. Nicht zuletzt darin sehen wir
sein utopisches Potenzial: Technisch scheinbar einfach ist es als Technologie des *degrowth* zukunftsweisend. In seiner Kopplungsfähigkeit mit kulturellen und sozialen Praktiken, zum Beispiel mit Kindersitzen, Anhängern
und anderen Verkehrsträgern, ist es ein relationales Medium, ein Relais

im offenen Austausch mit seiner Umwelt.[2] Durch diese Offenheit verknüpft das Fahrrad ein Bündel von Medien und Praktiken: Es transportiert
und wird transportiert, es ist ein Agent und Teil eines agentiellen Gefüges
aus verschiedenen mobilen Medien, die vom Zug bis zum Handy reichen
können, und es ist als Objekt auch im apparativen Sinne medial. Außerdem
ist es Teil von kulturellen Zeichensystemen, es gibt ein Bild ab und es
ermöglicht Bilderproduktionen und Wahrnehmungen, die aus unserer Sicht
von besonderer Art sind. Denn diese sind in neuen Weisen offen für Kopplungen von Bewegung, Bewegtheit und multisensorischen Reizen (vgl. den
Beitrag von Bergermann und Wagner in diesem Band). Die radelnden Wahr-
nehmenden erfahren andere Räume als Gehende, Auto- und Zugfahrende.
Und sie sind in anderen Weisen gemeinsam – selbst wenn sie alleine
fahren. Denn Radfahren schafft dynamische und kollektiv gestaltbare Verbindungen zwischen Verkehrsteilnehmenden, zwischen öffentlichen und
privaten Räumen.

Die Medialität dieser Gefüge ist nicht selbstgenügsam, auch wenn sie im
funktionalen Sinne in sich stimmig ist. Sie produziert Affekte, Sozialität
und Offenheit – worunter auch eine spezifische Erfahrbarkeit von Freiheit
fällt (vgl. Furness 2014; Sheller 2014, 2018; Aldred 2010): Freiheit von *car
dependence*, automobiler Gewalt und der Aneignung von Städten durch
Konsum- und Automobilindustrie. Radfahren organisiert Sozialität, Raum-
aufteilung, Logistik, Mode, Subjektivierung, Kollektivierung, Empowerment
sowie *doing family* oder *doing gender* und *interspecies companionship*
anders. Das Fahrrad ist ein Medium, das unsere Wahrnehmung durch die
Art der Bewegung und der Geschwindigkeit verändert. Es ist eine Kulturtechnik, die gleichermaßen Körperlichkeit, Kraftübertragung und spontane
kollektive Organisation erfahren lässt. Dabei gestaltet es durch seine Praxis
die Umgebung und ihre Infrastrukturen ebenso mit wie die beteiligten
Körper und Kollektive.

Indem es den Körper mit mechanischen, affektiven und umweltlichen
Prozessen verschaltet, agiert Radfahren sowohl im Bereich von Subjektivierung und Individuation als auch in jenem der Kollektivierung und Dezen-
trierung/Dividuierung. Beides steht in einer Spannung der Bedeutungen,
die sich um das Radfahren gruppieren sowie der zahlreichen kulturellen
und sozialen Bedeutungen (vgl. die Beiträge von Sander, Keck und Bee

2   Diese Offenheit erhöht allerdings auch die Gefährdung des Körpers, insbesondere
    erhöht es für FLINTA und BIPOC die Möglichkeit, belästigt zu werden (vgl. Kern 2020,
    163). Diese Sicherheit darf kein privates Gut darstellen (vgl. Kern 2020, 176). Eine
    Mobilitätswende muss intersektional gedacht werden.

in diesem Band). Was wir hier beschreiben, ist eins der zwei produktiven Paradoxien des Radfahrens. Das erste Paradoxon bezeichnet die zwei Vektoren Eigenqualität / das „Lob" des Fahrradfahrens (an sich) einerseits vs. seine relationale Qualität andererseits (das Offene, Koppelbare, vgl. zum Fahrrad als „modularer Technologie" auch Cox 2018, 49). Das zweite Paradoxon liegt darin, dass es eins ist und zugleich viele; dass es vereint und individuiert. Wahrscheinlich kann echter Wandel in der Stadtplanung nur stattfinden, wenn das Fahrrad auf beiden Ebenen verstanden wird: als hochanschlussfähig und mit eigenen Dynamiken und Bedürfnissen, die sich nicht nachträglich in autozentristische Stadtplanung hineinzwängen lassen, und das gleichzeitig neue, die vorhandenen Regeln und Systeme der Aufteilung infrage stellende Räume schafft. Dies ist nur einer der Aspekte, warum das Radfahren so kompatibel mit vielen subkulturellen Bewegungen ist. Das Fahrrad vereint diese scheinbaren Widersprüche. Denn Radfahren ist Autonomie und Unabhängigkeit und wird in vielen sozialen Bewegungen gerade dafür geschätzt. Es ist aber auch offen und ermöglicht Begegnung und Verknüpfung mit der Stadt – im Gegensatz zum „cocooning" des Auto- fahrens (Manderscheid 2018, 34). Auf besondere Weise verschaltet es so Innen und Außen. Statt das Fahrrad defizitär zu beschreiben, also seine ver- meintlich mangelnde Trennung vom Außen zu sehen, sehen wir vielmehr sein Potenzial für mediale Verschränkungen. In dieser Perspektive ist das Fahrrad kein minderwertiges Verkehrsmittel gegenüber dem Auto, sondern begünstigt die Erforschung neuer subjektivierender und sozialer Räume.

Das Fahrradfahren als Medium zu verstehen widerspricht also nicht der Perspektive, es immer in Relation zu seiner Umgebung und den Gegebenheiten der Infrastruktur zu betrachten, die es eben auch ver- mittelt und produziert. Fahrradfahren ist ein Medium der performativen Aneignung (von Räumen und Rollen) und es wird durch Beschränkungen im Bestehenden bestimmt (vor allem von der Dominanz der Autokultur und -infrastruktur).

Lob des Fahrradaktivismus

Die medialen Effekte und Affekte des Radfahrens sind nicht automatisch mit dem Fahrrad gegeben, sondern entfalten sich vielmehr in den indivi- dualisierenden und kollektivierenden Praktiken des Radfahrens. Zugleich gehört es zum utopischen Potenzial des Fahrrads, dass (und wie) sich aktivistische Praktiken um die offene Medialität des Fahrrads herum organisieren. Beispiele sind hier Zusammenschlüsse wie die *Critical Mass*

Rides[3] und Fahrradkollektive weltweit (vgl. den Beitrag von Sander in diesem Band). Politische Fahrradkollektive und -bewegungen haben ein breites Spektrum, das von Umweltthemen über Reparaturcafés zu Fahrraddemos reicht. Es gibt schon lange nicht mehr nur allgemeine *Reclaim-the-Street*-Events wie diejenigen der *Critical Mass*, sondern auch besondere Zusammenschlüsse wie die *Fancy Women Bike Rides*[4] oder die *Purple Rides* (feministische Frauen*Fahrraddemos durch Berlin), die auf die Diskriminierung von FLINTA*-Personen im öffentlichen Raum aufmerksam machen wollen (vgl. die Interviews mit Pinar Pinzuti und Isabell Eberlein in diesem Band). Gemeinsam ist diesen unterschiedlichen Fahrradbewegungen in der Regel die Freude am (gemeinsamen) Fahrradfahren, die Aneignung des öffentlichen Raums sowie häufig auch die Forderung nach einer nachhaltigen und inklusiven Mobilität sowie nach Selbstbestimmung, gesellschaftlicher Teilhabe und Repräsentation. Aber auch Affekte des (Selbst-) Empowerments, der nicht-hierarchischen Organisation oder Schwarmstruktur und von geteilter Freizeit und Spaß werden als zentrale Aspekte von Fahrraddemonstrationen beschrieben (vgl. Furness 2010, 80).

Durch solche Variationen der radfahrenden Bewegungen eignen Akteur:innen sich den Stadtraum auf unterschiedliche Weise an. Auch spontane, wenig organisierte Praktiken der Fahrradkultur tragen dazu bei, dass das Radfahren Wandel ermöglicht. BMX- oder Fixiefahrer:innen beispielsweise erschließen sich den urbanen Raum, indem sie ihren eigenen Regeln folgen, sich ebenfalls Räume aneignen und Strecken oder Hindernisse überwinden. Auch alle anderen Radfahrenden sind mehr oder weniger häufig gezwungen, sich ihren Weg zu suchen, denn wenn

---

3 Als Critical Mass Rides werden Fahrraddemos und gemeinsame Fahrradfahrten bezeichnet, die durch das Radfahren in einer ,kritischen Masse' den Spaß am gemeinsamen Radfahren zelebrieren, das Recht auf Sichtbarkeit und Sicherheit von Radfahrenden im Straßenverkehr einfordern und mit der verkehrspolitischen Botschaft „Wir blockieren den Verkehr nicht, wir sind der Verkehr" auf sonst vom Auto dominierten Straßen fahren – manchmal in Kostümen und mit Musik, meist an einem festen Tag der Woche zu einer festen Zeit. Critical Mass Rides sind in den frühen 1990er Jahren in San Francisco entstanden und haben sich von dort aus auf unzählige Städte auf der ganzen Welt verbreitet. Zack Furness charakterisiert sie als eine „kritische Praxis", die von Spontanität und Spaß geprägt ist – ein „anarchisches Event", das sich durch Selbstorganisation und seine nicht-hierarchische Struktur auszeichnet und durch seine Anziehungskraft und Provokation gleichermaßen eine Diskussion über die Rolle des Fahrrads in einer vom Auto dominierten Welt anstößt (vgl. Furness 2014, 134ff.).

4 Die Fancy Women Bike Rides sind gemeinsame Fahrradfahrten von Frauen* in explizit schicken oder femininen Outfits, die 2013 in Izmir gestartet wurden, um Frauen* Sichtbarkeit und Raum in der türkischen Radkultur zu geben (vgl. das Interview mit Pinar Pinzuti in diesem Band).

die Radwege fehlen, sind wir Radfahrende als „Derivate" des Verkehrs (Manderscheid 2018, 28) auf Kreativität angewiesen. Fahrradfahrende zeichnen so neue Bewegungsvektoren in die Stadt ein. Sie deuten zugleich in eine mögliche Zukunft. Die Philosophie des Radfahrens (vgl. Ilundáin-Agurruza, Austin und Reichenbach 2013) kennt Utopie als Praxis oder als Technik, nicht als ein in die weite Ferne gerücktes Idealbild (vgl. Popan 2019). Gerade weil die Utopie des Radfahrens im Hier und Jetzt verwurzelt ist, alle Aufmerksamkeit im Außen und zugleich im Körper situiert ist, wird sie zum Vehikel der Transformation. Das Fahrradfahren ist ein Medium der Utopie, aber im Hier und Jetzt.

Das Radfahren ist also keine idealistische Utopie, sondern eine pragmatistische im philosophischen Sinne. Es ist Denken in Bewegung, Denken der Bewegung und Denken mit Bewegung (vgl. Larsen 2018). Mit Brian Massumi (2011, 12) kann gesagt werden, dass das Radfahren zugleich spekulativ und pragmatisch ist, es sucht sich Wege und wirkt somit per-formativ auf eine mögliche Zukunft. Auch hier zeigt sich noch einmal: Es ist für sich, sein eigenes Momentum *und* Vehikel der Transformation. Es ist kein Mittel zum Zweck. Radfahren ist technisch *und* sozial, wie Isabell Eberlein in diesem Band insistiert. Seine Bedeutung für Individuen darf nicht auf den Transport verengt werden. Sonst würde aus dem Blick geraten, dass es viele kulturelle Bedeutungen von Radfahren gibt und sich viele feministische und intersektionale sowie gegen Rassismus und Gen-trifizierung gerichtete Bewegungen um das Radfahren versammeln (vgl. Eberlein, Pinzuti und Sander in diesem Band).

Dies ist ein weiteres zu realisierendes Potenzial des Radfahrens: Es gestaltet sich zwischen Mainstream und Subversion. Im Gegensatz zum Auto ist es immer viele. Während das Auto als massiv, gewaltförmig und vereinheitlichend erscheint, begegnet uns das Fahrradfahren in multiplen Formen: zur Arbeit radeln, im Schwarm fahren, ausfahren, mit Lenkerradio oder Beatbox fahren, allein fahren, um die Wette fahren, ganz langsam fahren, rollen, schieben, Einkäufe fahren, an Autos vorbeirollen, sich auf den Straßen durchschlängeln, nachts durch die Fußgänger:innenzone fahren, Trail fahren, fliegen, Downhill, rückwärtsfahren, Trick fahren, auf dem Gepäckträger, im Kindersitz oder im Lastenfahrrad (mit)fahren, betreutes Fahren mit Kindern, Bikepacking, reisen, Winterfahren, Sommer-fahren und vieles mehr (siehe auch die Aufstellung der vielen Formen des Radfahrens im Film im Beitrag von Schwaab in diesem Band). Auch wenn situativ im Gefüge multipler Geschwindigkeiten und Bewegungsformen – und vor allem im durch den Autoverkehr verknappten Stadtraum – das

Radfahren von Fußgänger:innen als Störfaktor oder sogar Bedrohung erfahren werden kann: Das Radfahren ist noch immer ein Underdog. Aber es ist auch Mittel der Vergemeinschaftung, Protest gegen Repressionen, das Patriarchat, die Einschränkung von Bewegungsfreiheit und gegen den Ausverkauf der Städte an private Investoren, und ermöglicht dabei auch Befreiung und Emanzipation (vgl. den Beitrag von Keck in diesem Band).

Für die Mobilitätswende ist es von größter Bedeutung, dass mehr Menschen häufiger Fahrrad fahren, dass es seinen festen, abgesicherten Platz im alltäglichen Gefüge bekommt – und zwar nicht nur für Freizeitfahrten. Daher muss es in dieser Bewegung hin zu mehr Radfahren, mit einem Medium oder Vehikel der Diversität, Vielheit und Differenz, zugleich mehr statt weniger Nischen geben. Wenn viele Rad fahren, verändert sich Radfahren selbst: „The bicycle has not only acquired different meanings in different places at different times – it has been a different machine in different places and at different times" (Mänisto-Funk und Myllantaus 2019, 16). Mit Simondon gesprochen: Es ist Technik und Sozialität, und beides muss auch in seiner zukünftigen Implementierung dynamisch gedacht werden (vgl. Bee und Schwaab in diesem Band).

Wir räumen der Diversität im Radfahren einen so prominenten Platz ein, weil sich Radfahren gegenüber anderen sozialen Bewegungen öffnet und umgekehrt auf soziale Bewegungen wirkt. Damit *bike lanes* keine *white lanes* bleiben (Hoffmann 2020). Das Radfahren bedeutet Unterschiedliches an unterschiedlichen Orten auf der Welt und in verschiedenen Gesellschaften, bestimmt durch soziale, rassifizierende und vergeschlechtlichte Differenzen. Auch das ist eine Utopie: Das Fahrradfahren meint nicht für alle dasselbe, kann aber für viele an vielen Orten ein probates Mittel des Protests und der Selbstbestimmung sein (vgl. die Beiträge von Bee, Eberlein, Pinzuti, Keck und Sander in diesem Band). Es muss viele Anknüpfungspunkte geben, viele Bedeutungen und damit auch viele Praktiken, die die Bedeutungen des Radfahrens multiplizieren (zu einem intersektionalen Begriff von *bicycle justice* vgl. Golub, Hoffmann, Lugo und Sandoval 2016; Scott 2020, 123). So wird die Zukunft des Radfahrens nicht allein vom Planerischen her gedacht.

Nur in seiner sozialen Vielheit kann Radfahren Medium der Utopie sein. Auch dies bleibt ein produktiver Widerspruch, in dem viele Akteur:innen an der Mobilitätswende mitwirken: Frauen*, die auf der Straße fahren, weil sie sich diese aneignen, genauso wie das Rollen auf dem Radweg mit Tüten am Lenker oder Hund im Körbchen oder das Fahren von kleinen Kindern auf Gehsteigen, die sich damit wenigstens ein Stück des vom Auto geraubten öffentlichen Raums nehmen. Der subversive Reiz des Fahrradfahrens ist nicht verschenkt, wenn wir es zum Mainstream einer sozialökologischen Mobilitätswende machen und offen für die Vielheit seiner Praktiken sind. So können sich auch zukünftig neue Kulturtechniken entwickeln. Mehr und innovative Formen können sich herausbilden, die auch im Widerstreit existieren können. Dadurch werden auch mehr Menschen vom Fahrrad-fahren angesprochen. Es braucht Räume für Experimente (vgl. Knie und Canzler 2019) und Utopien des Radfahrens. Und dafür braucht es das, was Mimi Sheller „infrastructures of hope" nennt (zit. n. Cox und Koglin 2020, 235).

Kritik des E-Bikes?

Wenn aktuell das Fahrrad mehr Aufmerksamkeit erhält, dann unter anderem auch wegen des Erfolgs von E-Bikes. Im Autor:innenkollektiv sind wir uns nicht einig über die politische und die konzeptuelle Position von E-Bikes, denn es gibt konfligierende Positionen hinsichtlich der Definitionen des Fahrrads und der Mobilität, die in diesem Band immer wieder auf-tauchen werden. Weiten E-Bikes die produktive Medialität des Fahrrads auf ansonsten immobilisierte Menschen aus oder tragen sie zu neuen Geschwindigkeitswettbewerben und mehr Ressourcenabbau bei, ziehen das Fahrrad somit in die Automobilitätslogik hinein und überschreiben vor-handene Fahrradinfrastrukturen?

Wie Behrendt (2018) gezeigt hat, ist das E-Bike politisch und industriell solide in den von der Autologik dominierten Bereich der E-Mobilität eingebunden. Auch hinsichtlich seiner Technizität – etwa der erhöhten Abhängigkeit von einer normierten Energieversorgung und der tendenziellen Loslösung von der Körpergebundenheit – unterläuft das E-Bike einige der Faktoren, die der Medialität des Radfahrens ihr spe-zifisches Potenzial verleihen. In der Alltagserfahrung und in dessen Infrastruktur ist es demgegenüber weiterhin eng mit dem nicht-motorisierten Fahrrad verbunden (und wie dieses der Gewalt des Autos ausgesetzt).

Das E-Bike auszuschließen würde dennoch bedeuten, es sich zu leicht in der Bestimmung der vermeintlich ursprünglichen Identität des Fahrrads zu machen, die wir durch unseren Begriff der sozialen und technologischen Offenheit des Fahrrads beschreiben und damit von seinen Potenzialen aus denken. Es gibt viele Ausformungen des Fahrrads und seine Entwick-lungen und Transformationen sind ein andauernder und unabschließbarer Prozess, der zahlreiche Möglichkeiten bietet, mit Fahrradfahren Fragen des

Lifestyles und Artikulationen von Nischenkulturen und Identitätspolitiken
zu verbinden. So ist es beispielsweise von Bedeutung, dass Juliet Elliott,
deren Social-Media-Präsenz im Beitrag von Bee (in diesem Band) eine
Rolle spielt, neuerdings vorwiegend ein Gravelbike und nicht ein anderes
Fahrrad fährt. Das E-Bike wäre dann nur eine weitere Variante eines Fahrrads, das sich als Rennrad, Mountainbike, BMX-Rad oder dem Stadtrad,
Hollandrad und Klapprad in unzähligen Varianten ausdifferenziert hat
und weiter ausdifferenziert. Ebenso spielt das E-Bike wie erwähnt auch
im Zusammenhang mit der Ermächtigung und Emanzipation von Fahrradfahrenden eine Rolle, weist auf die körperlichen Voraussetzungen hin,
die mit unterstützungslosen Fahrrädern verbunden sein können und die
damit ausgeglichen werden. Es bietet hier neue Möglichkeiten des Sozialen
im Zusammenfahren unterschiedlicher Menschen mit unterschiedlichen
körperlichen Voraussetzungen, die den besonderen sozialen Aspekt einer
flexiblen Kollektivierung mit dem Fahrrad herausstellen und vielleicht auch
optimieren. Das E-Bike akzentuiert somit auch eine weitere Identitäts-
option des Fahrrads, als Teil einer nahtlosen Einordnung in eine flexiblere
Infrastruktur der Mobilität, die abseits des Autos gedacht werden kann (vgl.
den Beitrag von Stauff in diesem Band).

Andererseits spielt es für die Identität des Fahrrads eine Rolle, dass die
Technologie, einfach und im Kern unverändert, seit mehr als hundert
Jahren Mobilität ermöglicht und es als anpassungsfähiges, reparierbares,
offenes technisches Objekt begriffen werden kann. Das Fahrrad ist relativ
lange ohne elektrische Motoren ausgekommen. Diese Offenheit und damit
auch viele (aber nicht alle) Aspekte einer Utopie des Fahrrads als einfacher,
ressourcenschonender und erschwinglicher Technologie werden durch das
E-Bike bedroht (selbst einfache E-Bikes sind doppelt so teuer wie Stan-
dardräder, können aber auch das Drei- bis Vierfache kosten). Zusätzlich
kann das E-Bike immense Effekte auf die Infrastruktur des Fahrrads
haben bzw. dazu beitragen, dass dieses seine relative Unabhängigkeit von
Infrastrukturen verliert, die es vom Auto mit seinen Tankstellen, Tank-
lastern, Raffinerien, Pipelines und Tankschiffen unterscheidet. Momentan
braucht das Fahrrad Lade- und Unterstellmöglichkeiten oder wenigstens
abnehmbare Akkus, die geladen werden müssen und die Vorstellung eines
spontanen ungeplanten, individuellen Fahrens verändern. Dies bedeutet
auch die Anbindung an eine Infrastruktur, die bei elektronischen Geräten
und Medientechnologien wie dem Smartphone immer verdrängt wird,
aber im Kontext eines größeren Interesses für die Materialitäten und
Infrastrukturen der Medienkultur auch von unserer Disziplin (vgl. Parikka
2014 und 2015; Gabrys 2011) vermehrt angesprochen wird. Daher wäre es

naiv, als Medienwissenschaftler:innen diese Veränderung des Fahrrads zum E-Bike nicht anzusprechen und zu problematisieren. Das E-Bike droht zudem, die Ökonomie und Infrastruktur des Fahrrads selbst zu verändern: Es verdrängt in Fahrradgeschäften konventionelle Räder und beansprucht Produktionskapazitäten in einem Maße für sich, dass ein *lock-in* droht, wie hier im Zusammenhang mit einer sich tief in unsere Gesellschaft ein-geschriebenen Autokultur beschrieben – diesmal ein *lock-in* der E-Bike-Mobilität, deren Dominanz Formen des nicht motorunterstützten Fahrrad-fahrens in eine Nische verbannen könnte.[5]

Welche Rolle das Fahrrad etwa im Film spielt und welche Wahrnehmungen und Erfahrungen es ermöglicht, wie es die Ästhetik von Film verändern kann (vgl. Schwaab in diesem Band), welche Rolle es in der Kulturgeschichte spielt (vgl. Keck in diesem Band), welche Formen des Aktivismus und der Community es hervorbringt (vgl. Bee, Eberlein, Pinzuti und Sander in diesem Band) und vieles mehr, ist auch abhängig von der technologischen Identität und der Form des Fahrrads. Diese Identität des Fahrrads und ihre Effekte würden durch das E-Bike womöglich nicht nur ergänzt, sondern auch transformiert werden. Aus diesen Gründen bleibt der Status des E-Bikes in diesem Band ungeklärt, was aber nicht bedeuten soll, dass seine Existenz gleichmütig zur Kenntnis genommen wird – sie fordert uns vielmehr heraus. Das E-Bike ersetzt das Auto nämlich genauso gut, wie es das Fahrrad ersetzt. Einig sind wir uns in jedem Fall, dass das Fahrrad auch ohne Elektrizität ein noch lange nicht vollständig erschlossenes Potenzial besitzt – sowohl für die Medienwissenschaften als auch für die Imagination und Realisierung von inklusiven und ökologischen Mobilitäten und diversen Körperkollektiven.

Ups and downs – die Wiederentdeckung des Fahrrads?

Wenn wir eingangs Radfahren als Medium gesellschaftlichen Wandels beschrieben haben, dann meinen wir, dass sich mit dem Radfahren soziale und technische Entwicklungen verschränken können. Dies geschieht auf

---

5   Wir beziehen uns mit dieser Kritik überwiegend nicht auf den Logistiksektor (Trans-port von Päckchen etc.), der den städtischen Verkehr gerade auf der ,letzten Meile' entscheidend entlasten kann, und auch nicht auf Lastenräder, mit denen etwa mehrere Kinder transportiert werden, die ansonsten im Auto chauffiert würden (allerdings ist auch hier erst in den letzten Jahren eine Verdrängung von Lasten-rädern ohne Hilfsmotoren festzustellen), sondern auf eine individuelle Benutzung unter anderem im Freizeitbereich.

nicht-lineare Weise. Radfahren nimmt nicht einfach kontinuierlich zu. Tiina Männistö-Funk und Timo Myllantaus (2019) weisen auf die komplexe Geschichte der Abnahme des einst modernsten Verkehrsmittels hin – diese Geschichte gilt es auch für seine derzeitige regionale Wiederentdeckung zu erzählen. Denn wenn es auch politisch und gesellschaftlich plausibler wird, Rad zu fahren, wenn Symbole des Radfahrens aktuell auf T-Shirts sehr präsent sind und als *Greenwashing* kommerziell genutzt werden, so bereitet dies dem privat besessenen Auto als dominanter Mobilitätsform noch immer nicht das Ende (vgl. Furness 2014; Sheller 2018). Daher ist der derzeitige Boom mit Vorsicht zu betrachten.

Noch eine weitere Dimension ist in Bezug auf das Radfahren aktuell relevant: die wirtschaftliche Entwicklung des Radmarktes. Der Fahrradsektor ist derzeit einer der am stärksten wachsenden Sektoren. Der Markt für Fahrräder in Europa hat sich 2020 enorm vergrößert, monatelange Lieferengpässe zeigen, dass die Hersteller mit der Produktion kaum hinterherkommen. Zum ersten Mal arbeiten im Fahrradsektor so viele Menschen wie im Bahnsektor (vgl. Krüger 2021). Zeitungen finden es berichtenswert, dass 2020 mehr Fahrräder mit Elektromotor verkauft wurden als Dieselfahrzeuge (ebd.). Das Fahrradfahren ist als Wirtschaftsfaktor erkannt worden: Es wird ein Potenzial von über 76.600 neuen Arbeitsplätzen vermutet, wenn sich Städte als Fahrradstädte auf dem Level Kopenhagens aufstellten, so die WHO (Reichel 2015). Die Fahrradinfrastruktur kann also direkt zum Auffangen möglicher wegbrechender Arbeitsplätze beitragen – ein Szenario, was vonseiten der Automobilindustrie angesichts der notwendigen Verkehrswende regelmäßig als Damoklesschwert angerufen wird. Das Wachstum der Fahrradbranche um 55 Prozent zwischen 2014 und 2018 liegt an seinem noch vergleichbar kleinen Marktanteil und an der boomenden Elektromobilität. Sie lässt sich noch nicht zu 100 Prozent vom Freizeit- in den alltäglichen Pendler:innensektor übersetzen. Gleichzeitig schreitet aber auch das Wachstum des Automarktes weiter voran.[6] Dies übersetzt sich in weitere Infrastruktur-Großmaßnahmen wie den Ausbau von Autobahnen. Beides, Rad- und Autofahren, führt weg von der ÖPNV-Nutzung und ist unter anderem einer coronabedingten Entwicklung geschuldet.[7]

Für die Verkehrsforscher Knie und Canzler hat das Auto dennoch bereits einen Bedeutungsverlust erlitten (2019). Automarken dienen nicht mehr

---

6 Die PKW-Dichte ist zwischen 2009 und 2019 in Deutschland um 12% gewachsen (Tagesschau 2020).
7 Radfahren wäre jedoch eine ideale Ergänzung zu ÖPNV Angeboten, während das Autofahren ÖPNV verdrängt.

milieuübergreifend als Identifikationsmittel, Jugendliche machen nicht mehr zwangsläufig einen Führerschein, das Teilen von Autos wird als Alternative zum Besitz des eigenen Autos angenommen. Was die beiden für Deutschland feststellen, konstatiert Mimi Sheller ebenso für die USA (vgl. Sheller 2015). Durch die Einrichtung von Fahrradprofessuren und den nationalen Radverkehrsplan wird in Deutschland derzeit auch auf Bundesebene das Potenzial des Radfahrens erkannt, wenn auch auf minimalem Niveau.

Zudem sind *Pop-up-Radwege* ein Symbol für Aufbruch und Pragmatismus zugleich. Sie strahlen Veränderbarkeit in den öffentlichen Raum aus. Man kann diese Entwicklungen jedoch nur lokal und sozial spezifisch verorten. Es sind Veränderungen, die auch aufgrund politischer Entscheidungen sehr partikular verlaufen können. Gerade aber die Beispiele von fahrrad- und fußgänger:innenfreundlichen Stadtteilen in Barcelona und Madrid und zukünftig auch Berlin (Volksentscheid Berlin autofrei 2021) zeigen, wie wegweisend städtebauliche Aktionen wie die sogenannten „Kiezblocks" für mehr Radverkehr – und weniger Autoverkehr – sein können.[8]

Dass der Begriff „Verkehrswende" in der Politik bisher häufig noch symbolisch benutzt wird, bestätigen viele Fahrradaktivist:innen. So wird nur ein Bruchteil dessen, was für den Straßenbau zur Verfügung steht, in Radinfrastruktur investiert (in Berlin wurden 2018 4,7 Euro pro Einwohner für Radinfrastruktur ausgegeben, in Kopenhagen dagegen 35,6 Euro). Das Auto mag einen Bedeutungsverlust erleben, aber wenn selbst Billie Eilish, wie es die Dokumentation *The World's a Little Blurry* (2021) zeigt, sich nichts sehnlicher wünscht als einen Führerschein und ein Auto, dann lebt der alte Traum der Automobilität selbst in vermeintlich progressiven Jugendkulturen weiter (vgl. zu Musik und Autofahren Duffett und Peter 2020).

Während das Radfahren also symbolisch in einigen Szenen und Milieus durchaus aufgewertet wird, der Fahrradmarkt insgesamt wächst, mehr Menschen ein Rad besitzen und *Pop-up-Radwege* lokal zu Steigerungen des Radverkehrsanteils führen, werden alte Träume des Autos als Medium der Freiheit weitergeträumt.

---

8   Kampagnen wie das Bürger:innenbegehren „Berlin autofrei" ereignen sich quer zu verschiedenen politischen Bewegungen, während gleichzeitig das Thema Klimagerechtigkeit als Antithema von rechts gekapert und als Elitenthema gebrandmarkt wird. Hier wird Angst vor Privilegienverlust instrumentalisiert, der mit ökologischen Transformationen genauso einhergeht wie mit anderen gesellschaftlichen Veränderungen.

Zwischen Desiderat und Trend: Das Fahrrad in der Mobilitätsforschung

Die realpolitische Marginalisierung des Fahrrads hat ihren Gegenpart interessanterweise auch in der akademischen Beschäftigung mit Mobilität, Infrastruktur und Medialität. In deutlichem Kontrast zu den vielfältigen Potenzialen des Fahrrads und seiner dichten Verwobenheit mit verschiedensten Aspekten der Alltagskultur seit nunmehr 150 Jahren steht sein langes Nischendasein in den Kultur- und Medienwissenschaften. Es gibt wenige Texte zum Fahrrad, die als Referenzpunkte für umfassendere konzeptuelle oder historische Diskussionen fungieren, wo also vom Fahrrad aus gedacht wird. Eine der wenigen Ausnahmen ist sicher die Erläuterung des sozial-konstruktivistischen Ansatzes in der Techniksoziologie anhand der Herausbildung des „safety bicycles" (Pinch und Bijker 1984). Automobilität und Flugzeuge, Eisenbahnen und Schiffsverkehr haben sehr viel mehr Aufmerksamkeit erhalten, nicht zuletzt wohl, weil sie zum einen die Großerzählungen der Moderne schlicht passender illustrieren als das Fahrrad (Standardisierung, Verdichtung von Raum und Zeit etc.) und weil sie zum anderen als ganz offensichtlich komplexe „großtechnische Systeme" (Hughes 1983) auch methodische und theoretische Debatten bündeln konnten.

Symptomatisch hierfür ist, dass das Fahrrad zunächst auch in der sich ausbildenden soziologischen Mobilitätsforschung und im anschließend interdisziplinär sich ausweitenden *mobility turn*, etwa in den Medienwissenschaften, kaum eine Rolle spielte. In den programmatischen Texten der Mobilitätsforschung kam das Fahrrad zunächst gar nicht vor. Obwohl die neue Disziplin Bewegungen von Menschen, Dingen und Informationen weit über den Verkehr hinaus als ein konstitutives Element aller Vergesellschaftung in den Blick nehmen will, bilden industrielle Verkehrsinfrastrukturen immer wieder einen plausibilisierenden Bezugspunkt. So beginnt etwa die Skizze eines *new mobilities paradigm* von Mimi Sheller und John Urry mit der Feststellung, dass die Sozialwissenschaften die Relevanz des Autos kaum ausreichend diskutiert hätten (Sheller und Urry 2000; 2006, 209). Auch wenn sie unterstreichen, dass das Auto nur ein Beispiel sei, um letztlich alle Orte und Objekte auf die sie ermöglichenden und durchkreuzenden Mobilitäten hin zu untersuchen, so bleibt das Fahrrad außen vor.

In einer breiteren historischen und konzeptuellen Perspektive zielt die Mobilitätsforschung darauf, Sesshaftigkeit und Territorialität (und den

entsprechenden *sedentary bias* der Soziologie) als selbstverständliche
Bezugspunkte kritisch zu hinterfragen. Vor allem in der Geschichtswissen-
schaft wurde auf die Gefahr eines *modernist bias* in der Ausbildung des
neuen Paradigmas hingewiesen (Geltner 2021). Weit über die vermeintlich
spezifisch moderne Hypermobilität hinaus werden dabei Bewegung,
Beweglichkeit, Wanderung, Reise und Transport als konstitutive Elemente
von Kultur in den Blick genommen (vgl. Greenblatt 2010). Generell wird
hinterfragt, inwiefern die Gegenüberstellung von nomadischem und sess-
haftem Leben zu groben Vereinfachungen führt. Nicht nur die Verdichtung
des städtischen Lebens, sondern auch die charakteristische Mobilität
von Schifffahrt, von Bergbauprojekten oder Militär brachte immer wieder
neue Machtformen und Regierungstechniken hervor (für das Mittelalter
z.B. Geltner und Weeda 2021). Statt Mobilität dabei als eine Blackbox zu
behandeln oder sie nur als das Gegenteil von Stabilität und Solidität zu
betrachten, soll rekonstruiert werden, wie sich Beweglichkeit, Transport,
Fließen in vielfältiger Weise mit verankerten Materialitäten und lokal spezifischen Praktiken verzahnt (vgl. Hannam, Sheller und Urry 2006, 4). In
der Mobilitätsforschung zum 20. und 21. Jahrhundert ist aber die reelle
und symbolische Prägnanz des hochtechnisierten Verkehrs so dominant,
dass das scheinbar wenig technisch verstandene Fahrrad kaum Beachtung
erhält. Das ist kaum verwunderlich, insofern die neue Perspektive am
ehesten unter Verweis auf die auffälligsten Verkehrsformen deutlich
machen kann, dass einer Gesellschaftsanalyse ohne Berücksichtigung
von Mikromobilität wichtige Aspekte entgehen. Sowohl die Qualität als
auch die Quantität von Mobilität zeigen sich hier besonders prägnant. Die
räumlich-geografische Mobilität von Menschen, Dingen und Informationen
hat drastisch zugenommen – sei es durch flexiblere Arbeitsverhältnisse
oder durch preiswertere Flugreisen. Logistik hat sich zudem mittlerweile
als Paradigma kapitalistischer Mobilitätssysteme über den Transportsektor
hinaus etabliert und schließt auch das Fahrradfahren und Lösungen für die
‚letzte Meile' mit ein.

Auch die Umschlagbilder der einschlägigen Bände markieren Mobilität in
ihrer großtechnischen Variante, indem sie Bilder von Flughäfen (Elliott und
Urry 2010; Grieco und Urry 2011), Autobahnen (Sheller 2018) oder Schienenverkehr (Adey et al. 2014) nutzen, um ihren Themen Überzeugungskraft
zu verleihen. Auch im ersten Editorial der 2006 begründeten Zeitschrift
Mobilities wird der Flugverkehr als zentrales Beispiel genommen. Das
Fahrrad findet dagegen in einer einzigen Fußnote Erwähnung, wo es
zusammen mit Mobiltelefonen, iPods, Laptops und Helikoptern als Beispiel

für die zunehmende Individualisierung und Verkörperung von Mobilität im 21. Jahrhundert auftaucht (Hannam, Sheller und Urry 2006, 16).

Spätestens seit den 2010er Jahren finden sich aber nicht nur in dieser Zeitschrift, sondern auch in der weiteren Mobilitätsforschung regelmäßig Beiträge zum Fahrrad. Nicht zuletzt das zunehmende Interesse an Fragen von Nachhaltigkeit und Ökologie einerseits und Ungleichheit andererseits macht das Fahrrad zu einem idealen und brisanten Gegenstand – und wird zum Beispiel in Mimi Shellers *Mobility Justice* ausführlich thematisiert (Sheller 2011; 2018). Dies heißt allerdings, dass das Fahrrad zum einen (wie auch in unserem Band) vorwiegend im Verhältnis zur dominanten, motorisierten Mobilität diskutiert wird, zum anderen, dass es häufig auf seine Rolle als Fortbewegungsmittel reduziert bleibt. Ausnahmen sind hier etwa die Arbeiten von Peter Cox (u.a. Cox und Koglin 2020), Zack Furness (2010, 2014), Cosmin Popan (2019) und Justin Spinney (2007 u.v.a.).

Weder also hat das Fahrrad bisher eine Rolle in der konzeptuellen Ausarbeitung von Mobilität, noch wird – jenseits seiner ökologischen und politischen Rolle – die Besonderheit seiner technisch-ästhetischen Verfasstheit diskutiert.

(Kein) Fahrrad in den Medienwissenschaften?

In den Medienwissenschaften spielt das Fahrrad bislang weiter keine Rolle, was umso überraschender ist, weil der *mobility turn* vielfältig aufgegriffen wurde: Vor allem mit dem Smartphone und der Zunahme von drahtloser Infrastruktur haben die Möglichkeiten, Medien in Bewegung zu gebrauchen, zugenommen; zugleich wird die technische Mobilität immer intensiver medial organisiert (Maps, Tracker, Sensoren etc.). Nicht zuletzt inspiriert durch die Auseinandersetzung mit Akteur-Netzwerk-Theorien sind Infrastrukturen der Zirkulation im weiteren Sinne sowie Verkehr und Transport im engeren Sinne vielfach diskutiert worden (z.B. Waitz 2014; Neubert und Schabacher 2013). Der *mobility turn* hat darüber hinaus auch konzeptuell neue Perspektiven eröffnet. Für die Medien werden materielle Solidität und räumliche Anordnung als häufig selbstverständliche Bezugspunkte infrage gestellt, was neue Perspektiven auf grundlegende medienwissenschaftliche Fragen ermöglicht – zum einen auf die Kontextualität und den dispositiven Charakter von Medien (z.B. Portabilität), zum anderen aber auch auf die Verschränkung von Medien mit (anderen) Systemen und Infrastrukturen von Mobilität. Das Fahrrad ist hier mit ganz wenigen

Ausnahmen (z.B. *La bicyclette* 1998; Thielmann, Schulz und Lommel 2018; Bennett 2019) in den Medienwissenschaften kein Thema.

Eine Kopplung von Medienwissenschaften und Mobilitätsstudien lenkt den Blick auf die nicht-instrumentelle Logik von Mobilität und Vermittlung (Adey 2017, 208–71). So wie Mobilitätsforschung nicht an einer Bewegung der Raumüberbrückung allein interessiert ist, so sind Medienwissenschaften nicht am Was, sondern am Wie der Medienpraktiken interessiert. Mobility Studies denken nicht von der Überbrückung von Räumen aus, so wie auch Medienwissenschaften nicht von einem neutralen Zwischen ausgehen. Mobilität wird zudem nicht nur durch mediale Praktiken und Kulturtechniken hervorgebracht – sie prägt sämtliche Medienformen, vom Zug über das Smartphone bis zu Filmästhetiken. Wie denken wir also zukünftig ausgehend von der Kopplung von Fahrradmobilität und Medien?

Der selektive Fokus von medienwissenschaftlicher Mobilitätsforschung lässt sich erneut und zumindest teilweise mit der gegebenen Realität und ihren Evidenzeffekten erklären: Die Verzahnung von mobilen Medien und Verkehr ist besonders auffällig an Flughäfen, Bahnhöfen und in Zügen, wo die regelmäßige Mediennutzung zur Herausbildung einer Medienindustrie geführt hat, die sich auf die Zeitrhythmen des Verkehrs ausrichtet (vgl. Tussey 2018). Allerdings wird auf dem Fahrrad ebenfalls beispielsweise Musik gehört (wenn auch meist illegal) und in bestimmten Fahrradcommunitys haben sich eigene visuelle Kulturen ausgebildet, die Mode, Magazine und Vlogs umfassen und von den BMX-, Fixie-, Rennrad- und Downhillszenen übers Radwandern bis zu Critical Mass Rides und DIY-Werkstätten reichen. Nicht zuletzt wäre im Zusammenhang aktueller Diskussionen um die politische Bedeutung von Medienentzug, *disconnect* und *digital detox* ja auch die These, dass das Fahrrad eine „medienärmere" Mobilitätsform sei als das Auto, medienwissenschaftlich von Interesse. Uns scheint das Fahrrad keineswegs arm an medialen Kopplungen, schauen wir uns etwa Wege-Apps und die dem Fahrrad eigentümliche Intermodalität verschiedener Verkehrsträger an (z.B. das Fahrrad im Zug). Zudem ist es, wie wir oben schon ausgeführt haben, selbst mediale Praxis.

Dass die medienwissenschaftliche Ausblendung des Fahrrads auf konzeptuellen Vorentscheidungen beruht, die hegemonialen Modellen von Mobilität und Medialität folgen und diese verstärken, wird zusätzlich im weiteren historischen Überblick deutlich. „Verkehr" ist sowohl begriffs- als auch wahrnehmungsgeschichtlich vielfach mit Medien verzahnt. Mittlerweile sind Schifffahrt, Eisenbahn, Automobilität und Flugverkehr vielfach im Vergleich zu und selbst als mediale Dispositive diskutiert worden. Die

Querbeziehungen zwischen der Eisenbahn und der panoramatischen / kinematografischen Wahrnehmung können dabei als nahezu kanonisch gelten.[9]

Auch die Verzahnung von automobiler Suburbanisierung mit den häuslichen Medien Telefon und Fernsehen – die zugleich dem Radio als Autoradio eine neue kulturelle Form verleiht (vgl. Killmeier 2005) – ist mit Raymond Williams' (1974) Konzept der „mobile privatisation" als eine zentrale Dynamik der Nachkriegsmoderne reflektiert worden. Dennoch stellt sich die Frage, ob nicht auch die ästhetischen und industriellen Beziehungen zwischen Fahrrad und Fotografie von vergleichbarem Interesse wären; ob das Radfahren – beispielsweise mit Bezug zum Walkie-Talkie oder anderen weniger dominanten Kommunikationsformen – eine eigene Re-Mediatisierung von öffentlichen und privaten Räumen geleistet hat.

Gerade für gegenwärtige mediale Entwicklungen, die Individualisierung und Sozialität neu verhandeln, ist das Fahrrad sowohl ein interessantes Modell als auch Teil der funktionalen Konstellation, die flexible Mikromobilität als Teil bestimmter, urbaner Ökonomien versteht. Nicht zuletzt mit den Leih-fahrrädern, die App-basiert ein Modell der Access-Mobilität in die Städte bringen, wird die Medialität des Radfahrens unübersehbar. Nicht nur wegen ihrer Einbindung in die Datennetzwerke (und im Falle von E-Bikes zusätzlich in ein Netz der Ladestationen), sondern auch wegen ihrer Rolle in der Transformation der Städte und im besten Fall eines umfassenderen *degrowth* städtischer Ökonomie. Diese Entwicklung folgt aber weiterhin einer hegemonialen Logik, in der die kommerzielle Dateninfrastruktur als gegebenes Paradigma für Medialität genommen wird. Das Fahrradfahren – auch ohne Apps und ohne datenbasiertes Sharing – ist selbst eine medien-wissenschaftlich produktive Form der Mobilität. Während das Auto und die Eisenbahn mitunter deshalb attraktiv für die Medienwissenschaften wurden, weil sie das Zusammenspiel von Infrastruktur und Mobilität, von Abstraktion und Standardisierung verdeutlichen, kann das Fahrrad mit seiner infrastrukturellen Flexibilität ein interessanter Referenzpunkt für die dringend notwendige Diskussion von Medieninfrastrukturen sein, die anders als Apple, Google, Facebook – und, wie oben beschrieben, die

---

9   Immerhin knüpft Alexander Klose in seinem Buch *Rasende Flaneure* (2003) daran an und erweitert diese Perspektive um *Eine Wahrnehmungsgeschichte des Fahrrad-fahrens*: Im Anschluss an Schivelbuschs bahnbrechende Studie über die Eisenbahn-reise skizziert er das Fahrrad in Bezug zu den technologischen Entwicklungen des 20. Jahrhunderts als Dispositiv, das die Wahrnehmung um die Jahrhundertwende grundlegend transformiert (vgl. Klose 2003).

Automobilität – keine *lock-in* Effekte erzeugen. Dies wird umso deutlicher, wenn sowohl das App-basierte Bike-Sharing als auch E-Bikes in die Infrastruktur anderer Medien mit eingeschlossen werden. Das Fahrrad ist viel deutlicher als das Auto Teil eines heterogenen „Medien-Transport-Mix", der auch öffentliche Infrastrukturen einschließt – und so ist es vielleicht auch ein interessantes Modell für die Dynamiken cross- und transmedialer Inhalte.

Gerade weil es immer wieder die neuesten technischen Innovationen sind, die Mobilität und Medialität interessant machen und in Steigerungsdynamiken miteinander verzahnen – noch mobiler, noch schneller, noch individueller etc. –, ist die Persistenz des Fahrrads (oder auch seine Renaissance) ein interessantes medienwissenschaftliches Phänomen: Anders als der teils nostalgische Erfolg von Vinyl erhält das Fahrrad eine neue operational-mediale Qualität im Verhältnis zu den Veränderungen der Städte und Medien – wenn etwa Busse mit Fahrradtransportständern versehen werden und wenn Apps sichere oder ampelfreie Routen signalisieren. Durch Mobilitätsplattformen könnte sich ein Großteil des Verkehrs von der Selbstverständlichkeit des Autofahrens wegbewegen. Neben den Apps und Sharingsystemen ist natürlich die zunehmende Motorisierung des Fahrrads, wie wir sie weiter oben skizziert haben, ein weiterer Faktor, der seine flexible Medialität in einem umfassenderen Gefüge unterstreicht. Auch in dieser Hinsicht ist das Fahrrad medienwissenschaftlich als eine Technik interessant, die nicht nur Wahrnehmung und Körperkraft übersetzt und nicht nur die Nutzung von Mediengadgets und Medieninhalten strukturiert, sondern seine mediale Identität ebenfalls aus der Ankopplung an unterschiedliche Infrastrukturen erhält.

Mediale Aspekte des Fahrrads, oder: Das Fahrrad in die Medienwissenschaften!

Eine erste mediale Dimension des Fahrrads zu beschreiben ist scheinbar simpel: Das Fahrrad überträgt Kraft direkt. Das klingt schlicht, ist aber perfektionierte Technologie. Allein Muskelkraft und – zumindest beim Zweirad – ein wenig Balance vermögen, den menschlichen Körper in Bewegung zu versetzen. Durch den Tritt in die Pedale wird der Mensch selbst zum Motor, Körper und Maschine werden eins. Direkt *und* in der Übertragung bildet die Körpertechnik Radfahren damit Kulturtechniken wie Bremsen, Beschleunigen, Parken aus. Das Fahrrad verknüpft neben diesen Körper- und Kulturtechniken weitere Medien der Mobilität und wirkt in einer Kette von Mobilitätspraktiken und -formen. Fahrräder sind schließlich Dinge von hoher Beweglichkeit, die geteilt und gekoppelt, getragen, gestohlen und weitergegeben werden können und somit soziale und ökonomische, oft informelle Netzwerke knüpfen. Mit dem Fahrrad kommt somit auch die Kopplung von Medienformen und Verkehrsträgern in den Blick (vgl. die Beiträge von Bee und Stauff in diesem Band).

Die von Willams beschriebene *mobile privatisation* verleiht dem Auto im Zusammenspiel von Architekturen, Medien, Arbeits- und Lebensformen seine Wirkmacht (vgl. Williams 1974, 19f). Die medialen Effekte der dabei entstehenden Wahrnehmungsräume hat Margaret Morse als „fiction effect" bezeichnet, als Besetzung eines immer größer werdenden Grenzbereichs zwischen Wirklichkeit und Fiktion, zwischen Alltag und Vorstellung (vgl. Morse 1990, 204). Dem Fahrrad wurden diese mediale Wirkmacht und die Einbindung in eine Infrastruktur, die auf den geografischen Raum und den Raum unserer Vorstellungen übergreift, bisher nicht oder zu wenig zugeschrieben. Daher verstehen wir es als eine Anforderung an die Medienwissenschaften, mit dem Fahrrad eine Kontrastfigur zur *mobile privatisation* zu denken, die nicht nur eine andere Infrastruktur braucht, sondern diese auch hervorbringt (vgl. den Beitrag von Bergermann und Wagner in diesem Band). So spricht etwa Bruce Bennett von etwas Ähnlichem wie einem *fiction effect*, wenn er eine filmische Dimension der Imagination, Fahrradfahren wie Kino zu erleben, im Film herausstellt (Bennett 2019, 26; vgl. auch den Beitrag von Schwaab in diesem Band). Steven Fleming beschreibt realisierte architektonische Projekte von Fahrradparkhäusern, die symbolisch und prestigeträchtig die Infrastruktur des Fahrrads sichtbar werden lassen und damit einen veränderten Raum und veränderte Vorstellungen erzeugen (vgl. Fleming 2012, 89). Dieses Denken einer durch das Fahrrad veränderten Materialität und Wahrnehmung setzt an seiner Medialität und ihren möglichen Effekten an.

Damit wird eine zweite mediale Dimension des Fahrrads deutlich: Seit jeher schon war das Fahrrad ein Verkehrsträger, der vernetzt konzipiert war und ist. Zum einen im Verbund mit anderen Infrastrukturen, also mit Schiffen und Zügen, um längere Strecken zurückzulegen (vgl. Thielmann, Schulz und Lommel 2018). Zum anderen handelt es sich beim Radfahren um eine Tätigkeit, die nicht selten in Gemeinschaft bestritten wird, auch wenn sie oft temporär oder lose, vielleicht auch nicht synchron stattfindet und fast immer im öffentlichen Raum. Mit dem Körper zusammen – und mit mitfahrenden Menschen oder Tieren – wird das Fahrrad Gefüge.

Wir verorten somit drittens die Medialität des Radfahrens in den Infrastrukturen. Ein anschauliches Beispiel für die infrastrukturelle Dimension der Fahrradmedialität ist, wie das Radfahren während der Coronapandemie in einigen Städten den Druck aufgebaut hat, die bereits erwähnten Pop-up-Radwege zu errichten. Diese haben stellenweise zu einer bis zu 250-prozentigen Steigerung des Radverkehrs beigetragen (z.B. auf der Kantstraße in Berlin). Wir wissen also, wie es gehen könnte. Und das ist erst ein Anfang, denn Pop-up-Radwege stellen die Aufteilung der Straßen noch nicht infrage, aber sie schreiben Räume ein und markieren diese mit Barken und Signalfarben. Der Pop-up-Radweg ist eine mediale Figuration mit hoher Aussagekraft.

Als eine vierte mediale Dimension des Fahrrads sehen wir seine visuelle Potenzialität bzw. die Produktion von Bildern und (multisensorischen) Wahrnehmungsräumen, die mit dem Radfahren zusammenhängen (vgl. Spinney 2007). Diese vielleicht erwartbarste Medialität des Fahrrads besteht also nicht nur in den Bildern vom Radfahren, von radfahrenden Personen oder – erstaunlich selten – von den Bildern, die man aus der Perspektive Radfahrender sieht, sondern in der Bildproduktion und Bildwahrnehmung, die sich mit der Selbstwahrnehmung beim Radfahren auf neue Weisen koppeln (vgl. Bee in diesem Band). Im Vergleich zu dem Blick aus der fahrenden Eisenbahn, aus dem Auto oder allgemeiner dem „Projektil" auf die „kinetische Landschaft" (Virilio 1997) zeigt sich, wie sich Aisthesis, Technologien und Subjektivierungen durch eine Mediengeschichte des Sichbewegens verändern, bis hin zu den Einsätzen des Bewegens in virtuellen Realitäten (vgl. Bergermann und Wagner in diesem Band). Dazu gehören auch Infrastrukturen, die sich an den Bedürfnissen vieler Körper, Radformen und Geschwindigkeiten ausrichten: Während manche Formen von Beeinträchtigung oder Behinderung zu einem differenzierteren und problematisierenden Blick auf die Potenziale des Radfahrens beitragen, beispielsweise auf seine tendenzielle Ausrichtung an normalisierter Körperfähigkeit (vgl. Modes 2016), bietet der Fokus auf eine stärker am Radfahren als an der Automobilität orientierte Infrastruktur zusätzliche Flexibilität und Diversität der Fortbewegungsformen. Nicht vergessen werden sollte die Komplexität eines Dis_ability-gerechten Designs in Städten, welches das Fahrrad einschließen kann – zum Beispiel als Drei- und Handrad oder ausgestattet mit verschiedenen Geschwindigkeitsmöglichkeiten oder Ähnlichem. Gerade mobilitätseingeschränkte Menschen profitieren von einer besseren, sicheren Struktur der Nahbewegung und Mikromobilität, die nicht ausschließlich auf das Autofahren angewiesen ist. Zudem können auch einige Menschen radfahren, die durch sensorische Behinderungen am Erwerb eines Führerscheins gehindert werden; Radfahren (aber auch E-Bike-Fahren) bedeutet daher für einige Menschen mit Dis_abilitys eine größere Bewegungsfreiheit, da sie nicht auf das Auto angewiesen sind.

In dieser kurzen Aufzählung von verschiedenen Aspekten und Potenzialen der Medialität des Fahrrads zeigt sich bereits, dass das Fahrradfahren zugleich *für sich* steht und *über sich* hinausweist. Zwischen beiden Dimensionen herrschen fließende Übergänge. Denn die Produktion von Affekten, von Mobilitätsgemeinschaften wie Radkollektiven findet zugleich im Milieu und im Medium des Radfahrens statt, geht über dieses hinaus und produziert neue Bedeutungen von Mobilität. Mit Gilbert Simondon lässt sich sagen: Die Technik wird zum Milieu, das auf Individuation wirkt, welche wiederum auf Techniken wirkt (vgl. Simondon 2020). Das technisch-soziale Milieu wirkt sich neben infrastrukturellen Parametern in Vorstellungen, Handlungsweisen und Wahrnehmungen aus. Durch die Kopplung von Praktiken (der Sozialität, des Körpers, der Produktion von Bewegung) entstehen *Räume des Fahrradfahrens*. Diese Räume sind nie nur in der vorhandenen Infrastruktur abgebildet, sie wirken sich auch auf diese aus und sind deshalb oft noch utopisch und im Werden.

Die Medialität des Radfahrens verstehen wir also als eine Intersektion mit dem umgebenden Raum, was wir hier *offene Medialität* nennen. Diese betrifft auch andere Medien: Durch Wegeplanung, Mobilitätsplattformen und Tracking-Apps ist das Radfahren Teil der digitalen Transformation des Verkehrs, ja mehr noch: Als mit anderen Verkehrsträgern und Plattformen verschaltetes Vehikel ist es selbst vielleicht auch Katalysator dieses Wandels. Diese Rolle übernimmt das Radfahren dadurch, dass es sich in mehrgliedrigen Wegeketten einpasst und so zum ultimativen „Narrativ der Moderne" wird, eine neue Art Supermedium (vgl. Knie und Canzler 2019, 11, die damit eigentlich kritisch die Funktion des Autos beschrieben haben). Und dies auch ganz praktisch und alltäglich: Es verbindet ÖPNV und Fußwege, Nah- und Fernverkehr. Digitale Planungsmöglichkeiten können das Fahrrad zukünftig noch stärker zum Teil von Wegeketten machen.

Wir treiben diese infrastrukturelle Dimension hier noch eine Stufe weiter und vergrößern den Kreis der koppelbaren Medien: Auch Videoplattformen wie Youtube und Soziale Medien lassen sich als Fortschreibung und Präfiguration mobiler Infrastruktur verstehen, indem dort etwa Mobilität in Vlogs und filmischen Bildern verhandelt und mit ihr öffentlichkeitswirksam experimentiert wird (vgl. Schwaab und Bee in diesem Band). Darüber hinaus sind diese Medienformen in ihrer Rezeption in Mobilitätspraktiken eingefügt, zum Beispiel im Falle des Unterwegskonsum. Wir verstehen

Ästhetiken des Radfahrens mit (VR-)Filmen, Vlogs und Diskurse Sozialer
Medien, Tracking-Apps und Fahrradfotografie als Verdichtungen von
Mobilität und als sich ständig in Interaktion mit Körpertechniken befindlich
(vgl. Bergermann und Wagner, Bee, Stauff in diesem Band). Soziale Medien
und Infrastrukturen sind über Praktiken verknüpft. Es entsteht so auch
ein etwas anderer Blick auf die Ästhetik der Infrastrukturen: Bilder ope-
rieren zuweilen als Fortsetzungen und Intensivierungen von Körpertechniken, oder sie werden auch Impulsgeber und Affizierungen für spezifische
Körpertechniken und Mobilitätsformen. Wir denken also das Fahrrad in
Infrastrukturen, die es zugleich performativ verändert (Star 1999). Insofern
gehen wir über repräsentative Analysen der Darstellung des Radfahrens
in Medien hinaus. Dieser Band soll demgegenüber deutlich machen: Das
Fahrradfahren *ist* Medialität. Es bringt seine eigene Form der Aufteilung
von Räumen der Öffentlichkeit und Privatheit, der Subjektivierung oder
einer mobilen Kollektivierung hervor, die nicht auf Suburbia, Fernsehen
und Autostraßen zurückgreift (wie die oben schon diskutierte *mobile
privatization*), sondern bringt ein bewegliches, weniger determiniertes
Netzwerk hervor.[10] Das Fahrrad verbindet sich dabei auch mit den
audiovisuellen Angeboten von sozialen Plattformen, wenn es an einem
weniger festgefahrenen und verheerenden Netzwerk mitarbeitet, das nicht
in einer eindeutigen Kopplung fungiert, sondern sich mit verschiedenen
Medien verbindet, die je andere Aspekte seines relationalen Potenzials
realisieren (beispielsweise mit einer GoPro-Ästhetik der kontinuierlichen,
unbearbeiteten und subjektiven POV-Bewegungsvermittlung). Mit dem
Fahrradfahren verknüpft sich daher auch im Anschluss an diese Überlegungen eine utopische Medialität – oder umgekehrt eine Medialität der
Utopie. Denn jede Utopie muss vermittelt sein, und sei es nur darin, ihre
Potenziale im Hier und Jetzt sichtbar zu machen (Popan 2019 z.B. arbeitet
mit der „utopischen Methode"). Und die Utopie ist wie unsere Aufteilung
in Autonomie und Relationalität des Radfahrens letztlich sowohl im Hier
und Jetzt situiert als auch zukünftig, über sich hinausweisend. Das Fahrrad
ist Technologie einer alltäglichen Revolution, nicht des einen großen
Umsturzes, sondern des Umlernens von Praktiken und der möglichen
Freiheit beginnend *jetzt*. Eine ständige Revolution (Redecker 2020). Radfahren, Medialität und Utopie bilden in dieser Perspektive eine Trias.

Zu den Beiträgen in diesem Band

---

10   Scott versteht das Fahrrad zum Beispiel als Medium der Naturerfahrung in der Stadt,
      aber auch der Empathie und der demokratischen Bildung (Scott 2020, 187 u. 237).

Julia Bee betrachtet Radfahren in ihrem Beitrag nicht nur als Mobilitäts-, sondern auch als Medienpraxis. Teil dieser Medienpraxis sind Fahrradvlogs auf Youtube und in Sozialen Medien. Sie beschreibt vor allem die Verschränkung verschiedener mobiler Medienpraktiken wie Radfahren und Vlogging. So soll eine integrative Sichtweise auf Fahrradmedienkulturen entwickelt werden, die Körpertechnik, Ästhetik und Sozialität miteinbezieht. Wie werden in Filmen und Sozialen Medien ästhetische Möglichkeitsräume für das Radfahren entworfen und ausgehandelt? Der Text schlägt vor, die (audiovisuelle) Ästhetik von Verkehr als wichtigen Einsatz in einer Neuordnung von Mobilitätspraktiken im Rahmen einer nachhaltigen Mobilitätswende mit zu bedenken. Radvlogs und Radfilme zeigen, dass Radfahren nicht nur ein Transportbedürfnis befriedigt, sondern eine sinnliche Erfahrung und vom Autoverkehr grundverschiedene Körperbilder schafft. Auch das Potenzial für Beziehungen und psychosoziale Heilungsprozesse gehören in diese experimentelle Auslotung des Potenzials des Fahrradfahrens und seiner Ästhetik. Dabei werden Vlogs und Filme nicht nur zu Distributionsmöglichkeiten für Fahrradkultur, sondern bieten vor allem eine Sichtweise *von* Radfahrenden, die in der stark durch Autoverkehr geprägten aktuellen Verkehrskultur häufig marginalisiert werden. „Fahrradmedien" repräsentieren nicht nur Radkulturen, es entstehen vielmehr *mobile Medienkulturen des Radfahrens*.

Im Beitrag von **Markus Stauff** werden die utopischen Potenziale des Radfahrens anhand der historischen Herausbildung der niederländischen Fahrradkultur diskutiert. Radfahren wird hier nicht durch die Errichtung einer spezifischen Infrastruktur zu einer kollektiv geteilten Erfahrung, sondern eher durch vielfältiges, sowohl geplantes als auch spontanes Filtern der zunehmend heterogenen Mobilitätsformen. Sowohl mediale Repräsentationen als auch die materielle Struktur der Städte schränken einerseits die Dominanz des motorisierten Verkehrs ein, machen aber andererseits unterschiedlichste Formen von Beweglichkeit attraktiv und lassen das Radfahren an möglichst vielfältigen Infrastrukturen teilhaben. Als Utopie erscheint das Radfahren hier nicht, weil es etwas Bestimmtes erreicht, sondern eher, weil es die fortlaufend notwendigen Ein- und Ausschließungen offen zur Diskussion stellt.

Isabell Eberlein, Umweltplanerin und Fahrradaktivistin, analysiert im Interview mit Julia Bee die Herausforderungen einer progressiven und inklusiven Fahrradpolitik. Auf der einen Seite gilt es, die Beharrungskräfte der Automobilitätskultur zu überwinden, die sich sowohl aus den limitierten, häufig dominant-männlichen Perspektiven in Stadt- und Verkehrsplanung ergeben als auch aus einer Beschränkung der medialen

Bilderwelt, die das Fahrrad nur als Freizeitmittel darstellt und somit gegenüber der narrativen Nobilitierung des Autos (etwa in der Krimiserie *Tatort*) weiterhin marginalisiert. Auf der anderen Seite ist das Fahrrad so in soziale Ungleichheitsdynamiken eingewoben, dass es besonderer strategischer Sorgfalt bedarf, um das Potenzial einer umfassenden und intersektionalen Emanzipation von der Automobilität auch tatsächlich zu realisieren. Die Aufsplitterung in eigenständige Radkulturen und die kommerzielle Einbindung des Radfahrens in Gentrifizierungsdynamiken sind hier zwei immer wieder zu beobachtende Entwicklungen. Dem stellt Eberlein jedoch zahlreiche Beispiele gegenüber, die zeigen, wie das Fahrrad ein produktiver Schnittpunkt von feministischem und antirassistischem Aktivismus werden kann.

Der Beitrag von **Linda Keck** beschreibt das Fahrradfahren als Körper- und Kulturtechnik, das die verschiedensten Akteur:innen, Dinge und Zeichen verkoppelt, jedoch über seine wechselvolle Geschichte hinweg auch Gruppen von seinem Gebrauch ausschloss. Ursprünglich männlich codiert, war das Fahrrad für Frauen* um 1900 über Jahrzehnte mehr Utopie denn Wirklichkeit, verunmöglichten die vorherrschenden Geschlechtervorstellungen allein aufgrund der damaligen Kleiderfrage doch ein gleichberechtigtes Fahren. Erst mit der Erfindung des *safety bicycle* wandelte sich das Fahrrad vom exklusiven zum egalitären Medium, das sowohl physische als auch gesellschaftliche Barrieren abbaute. Und mehr noch diente es den Frauenbewegungen zu dieser Zeit als Symbol im Kampf um das Wahlrecht. Die Bewegungen, die in diesem Beitrag ausgeführt werden, meinen also nicht nur die einzelnen Bewegungsabläufe des Körpers, seiner Kräfte, Gliedmaßen und Muskeln im Sinne eines Fortbewegens. Vielmehr zielt der Beitrag auf das Potenzial des Fahrrads ab, zu mobilisieren, aufzurüsten und zu rekrutieren, was der Praxis des Fahrradfahrens nicht nur eine aktive, sondern auch eine aktivistische Dimension verleiht.

Sarah Sander porträtiert das Fahrrad in ihrem Beitrag anhand eines kollaborativ entstandenen Dokumentarfilms über Fahrradfahren und Fahrradaktivismus in Cali, Kolumbien, als ein Medium der Kollektivierung und der Kollaboration. In einer dichten Beschreibung verschiedener Formen der Zusammenarbeit bei dem Filmdreh in Cali, die sie im Rahmen einer Kooperation mit kolumbianischen Kollektiven während einer Exkursion mit Studierenden der Kunstuniversität Linz 2019 erlebt hat, diskutiert sie die beiden hierbei verzahnten Formen von Kollektivierung: den Filmdreh als Modus der Kollaboration und den Fahrradaktivismus als Medium der Kollektivierung oder kollektiven Subjektivierung. Der Beitrag verknüpft den quasi-ethnografischen Bericht mit einer kulturwissenschaftlichen Analyse des entstandenen bzw. entstehenden Films, um so ein möglichst vielstimmiges Bild von der Bedeutung des Fahrrads in Kolumbien wiedergeben zu können. Fahrradfahren hat in Kolumbien eine lange Tradition – und vielfältige Anwendungsformen: Ob als Transport- oder Fortbewegungsmittel, als Ausdruck von Umweltbewusstsein oder sportlichem Lifestyle, zur Arbeit oder in der Freizeit. Der kollaborativ entstandene Film zeigt das Fahrrad und das Fahrradfahren in Kolumbien als eine Körper- und Kulturtechnik, die ein politisches Feld ausmacht, insofern sie Gegenwart und Utopie in einem ist.

Pinzar Pinzuti und **Julia Bee** sprechen in ihrem Dialog über den Fancy Women Bike Ride, über Medienaktivismus und Bilder vom Radfahren. Beim Fancy Women Bike Ride, den Pinzuti mittlerweile in mehreren internationalen Städten mit organisiert und der 2013 in Izmir startete, fahren Frauen* zusammen Rad. In diesem Fahrradevent geht es darum, zu zeigen, dass man nicht nur mit professioneller Ausstattung Fahrradfahren kann, dass das Zusammenfahren empowern kann und man sich den öffentlichen Raum als Radfahrende gemeinsam und mit kreativem Fahrradschmuck und Outfits aneignet. Bilder dieser Rides sind mittlerweile wichtige Akteure im medialen Radaktivismus geworden.

Herbert Schwaab stellt in seinem Beitrag zunächst ein defizitäres Verhältnis des Kinos zum Fahrrad fest, da das Kino sogar im vielleicht berühmtesten Fahrradfilm der Filmgeschichte, *Ladri di Biciclette* (*Fahrraddiebe*, Italien 1948), das Fahrrad nur als gestohlenes und abwesendes Fahrrad denken kann. Allerdings wird dieses defizitäre Verständnis, das sich unter anderem aus der Dominanz der Autokultur im Kino erklärt, infrage gestellt. Dafür liefert der Beitrag eine Aufstellung des filmischen Potenzials des Fahrrads, durch die eine Utopie des Fahrradkinos als Alternative zur dominanten Mobilitätskultur im Film skizziert werden soll. In einem zweiten Schritt wird durch die Verschiebung einer Perspektive, die sich allen Formen des Auftauchens des Fahrrads, auch beiläufigen und scheinbar insignifikanten, in Filmen widmet und diese in einen Katalog von Bewegungsformen einzuordnen versucht, deutlich, dass nicht nur in *Ladri di Biciclette*, sondern auch in der Filmgeschichte das Fahrrad sichtbar gemacht und wiedergefunden werden kann.

Ulrike Bergermann und **Franzi Wagner** beschäftigen sich in ihrem Beitrag mit der Frage, wie Fahrzeuge mit Wahrnehmungen zusammenhängen und wie sich diese medial niederschlagen. In ihrer Auseinandersetzung mit dem Fahrrad fokussieren sie Fragen der Wahrnehmungs- und

Bewegungsmodalitäten, der Subjektivierung, aber auch der Kollektivierung sowie der Offenheit zur und Kopplung mit der jeweiligen Umwelt. Dabei gehen sie medienhistorischen Kopplungen von Eisenbahn und Kino sowie Auto und Fernseher mit ihren Verschränkungen von Aisthesis und Medientechniken nach (Virilio 1978, 1989; Larsen 2013), ehe sie eine Engführung zwischen Techniken der Virtuellen Realität des 21. Jahrhunderts und dem Fahrrad vollziehen. Anhand unterschiedlicher VR-Projekte, die zum einen mit der gegenstandsbezogenen Kopplung von Indoor-Bikes und virtuellen Radtouren arbeiten, zum anderen mit relationalen Verschränkungen mit ihren Umwelten spielen und dadurch auf einer theoretischen Ebene mit der Erfahrung des Radfahrens parallelisiert werden können, zeigen sich Ähnlichkeiten zwischen VR und Fahrrad. Wenngleich das kollektivierende, vergemeinschaftende Moment beim Radfahren präsenter ist als bei VR, lassen sich zwischen den beiden produktive Parallelen ziehen, ähnlich wie dies bei den systematischen / medienhistorischen Vergleichen zwischen Eisenbahn, Kino, Auto und Fernseher zuvor gezeigt wurde. Schlussendlich wird versucht, mit VR und Fahrrad auch ein utopisches Potenzial zu formulieren, das in der Offenheit der sensorischen Dispositive, der stetigen Dynamik und deren Relationalität zu Umwelten liegt.

Die Realisierung des Bandes war möglich durch die freundliche Unterstützung der Universität Regensburg, der Bauhaus-Universität Weimar und der HBK Braunschweig. Ein herzlicher Dank geht außerdem an Ivana Buhl, Max Königshofen und Paul Völkl, die die Fertigstellung der Texte mit großer Sorgfalt begleitet haben.

Literatur

Adey, Peter, David Bissell, Kevin Hannam, Peter Merriman und Mimi Sheller. 2014. *The Routledge Handbook of Mobilities*. Abingdon: Routledge.

Adey, Peter. 2017. *Mobility*. Abingdon: Routledge.

Aldred, Rachel. 2010. „On the Outside." Constructing Cycling Citizenship. *Social & Cultural Geography* 11 (1): 35–52.

Behrendt, Frauke. 2018. „Why Cycling Matters for Electric Mobility: Towards Diverse, Active and Sustainable E-mobilities." *Mobilities* 13 (1): 64–80. https://doi.org/10.1080/17450101.2017.1335463.

Bennett, Bruce. 2019. *Cycling and Cinema*. London: Goldsmith Press.

Bijker, Wiebe E. 1995. *Of Bicycles, Bakelites and Bulbs: Toward a Theory of Sociotechnical Change*. Cambridge, MA: MIT Press.

Cox, Peter. 2018. „Bicycle History and Systems of Mobility." In *Mobilizing Design*, hrsg. von Justin Spinney, Suzanne Reimer, Philip Pinch, 48–61. Abingdon: Routledge.

Cox, Peter, und Till Koglin. 2020. „Conclusion." In *The Politics of Cycling Infrastructure: Spaces and (In)equality*, hrsg. von dies., 235–39. Bristol: Policy Press.

Duffett, Marc, und Beate Peter. 2020. *Popular Music and Automobiles*. London: Bloomsbury Academic.

Elliott, Anthony, und John Urry. 2010. *Mobile Lives*. Abingdon: Routledge.

Fleming, Steven. 2012. *Cycle Space: Architecture and Urban Design in the Age of the Bicycle*. Rotterdam: nai101 publishers.

Furness, Zack. 2007. „Critical Mass, Urban Space and Vélomobility." *Mobilities* 2 (2): 299–319.

———. 2010. *One Less Car: Bicycling and the Politics of Automobility*. Philadelphia: Temple University Press.

———. 2014. „Bicycles". In *The Routledge Handbook of Mobilities*, hrsg. von Peter Adey, David Bissell, Kevin Hannam, Peter Merriman und Mimi Sheller, 316–26. Abingdon: Routledge.

Geltner, G. 2021. „Kinetic Health: Ecologies and Mobilities of Prevention in Europe, c. 1100-1600." *Mobilities* 0 (0): 1–16. https://doi.org/10.1080/17450101.2021.1886572.

Geltner, G., und Claire Weeda. 2021. „Underground and Over the Sea: More Community Prophylactics in Europe, 1100–1600." *Journal of the History of Medicine and Allied Sciences* 76 (2): 123–46. https://doi.org/10.1093/jhmas/jrab001.

Golub, Aaron, Melody Hoffmann, Adonia E. Lugo und Gerardo F. Sandoval. 2016. *Bicycle Justice and Urban Transformation: Biking for All?* Abingdon: Routledge.

Greenblatt, Stephen. 2010. *Cultural Mobility: A Manifesto*. Cambridge, UK: Cambridge University Press.

Grieco, Margaret, und John Urry. 2011. *Mobilities: New Perspectives on Transport and Society*. Farnham: Ashgate.

Hannam, Kevin, Mimi Sheller und John Urry. 2006. „Editorial: Mobilities, Immobilities and Moorings." *Mobilities* 1 (1): 1–22. https://doi.org/10.1080/17450100500489189.

Hoffmann, Melody L. 2020. *Bike Lanes are White Lanes: Bicycle Advocacy and Urban Planning*. Lincoln: University of Nebraska Press.

Ilundáin-Agurruza, Jesús, Michael W. Austin und Peter Reichenbach. 2013. *Die Philosophie des Radfahrens*. Hamburg: Mairisch Verlag.

Kern, Leslie. 2020. *Feminist City*. Münster: Unrast.

Killmeier, Matthew. 2005. „Space and the Speed of Sound: Mobile Media, 1950s Broadcasting, and Suburbia." In *Transmitting the Past: Historical and Cultural Perspectives on Broadcasting*, hrsg. von J. Emmett Winn und Susan L. Brinson, 161–86. Tuscaloosa: University of Alabama Press.

Klose, Alexander. 2003. *Rasende Flaneure: Eine Wahrnehmungsgeschichte des Fahrradfahrens*. Münster: LIT Verlag.

Knie, Andreas, und Weert Canzler. 2019. *Autodämmerung. Experimentierräume für die Verkehrswende*. Berlin: Heinrich Böll Stiftung. https://doi.org/10.25530/03552.4.

Krüger, Anja. 2021. „Radbranche wird zur Jobmaschine." *Taz*, 11.02.2021. Letzter Zugriff 14.05.2021. https://taz.de/Boom-der-Fahrradwirtschaft/!5746815/.

La bicyclette. 1998. Les cahiers de médiologie 5. Paris: Gallimard.

Larsen, Steven Nepper. 2013. „Radfahrer werden." In *Die Philosophie des Radfahrens*, hrsg. von Jesus Ilundáin-Agurruza, Michael W. Austin und Peter Reichenbach, 45–58. Hamburg: Mairisch.

Lefebvre, Henri. [1968] 2016. *Das Recht auf Stadt*. Hamburg: Edition Nautilus.

Manderscheid, Katharina. 2018. „From the Auto-mobile to the Driven Subject? Discursive Assertions of Mobility Futures." *Transfers* 8 (1): 24–43.

Männistö-Funk, Tiina, und Timo Myllyntaus. 2019 *Invisible Bicycle: Parallel Histories and Different Timelines*. Leiden: Brill.

Massumi, Brian. 2011. *Semblance and Event: Activist Philosophy and the Occurrent Arts*. Cambridge, MA: MIT Press.

Mattioli, Giulio, Cameron Roberts, Julia K. Steinberger und Andrew Brown. 2020. „The Political Economy of Car Dependence: A Systems of Provision Approach." *Energy Research & Social Science* 66 (August): 101486. https://doi.org/10.1016/j.erss.2020.101486.

Modes, Marie-Theres. 2016. *Raum und Behinderung: Wahrnehmung und Konstruktion aus raumsoziologischer Perspektive*. Bielefeld: Transcript.

Morse, Margaret. 1990. „An Ontology of the Everyday: The Freeway, the Mall, and Television". In *Logics of Television: Essays in Cultural Criticism*, hrsg. von Patricia Mellen-camp, 192–211. Bloomington: Indiana University Press.

Neubert, Christoph, und Gabriele Schabacher. 2013. *Verkehrsgeschichte und Kulturwissenschaft: Analysen an der Schnittstelle von Technik, Kultur und Medien*. Bielefeld: Transcript.

Parikka, Jussi. 2015. *A Geology of Media*. Minneapolis: University of Minnesota Press.

Pinch, Trevor J., und Wiebe E. Bijker. 1984. „The Social Construction of Facts and Artefacts: Or How the Sociology of Science and the Sociology of Technology Might Benefit Each Other." *Social Studies of Science* 14 (3): 399–441.

Popan, Cosmin. 2019. *Bicycle Utopias: Imagining Fast and Slow Cycling Futures*. Abingdon: Routledge.

Redecker, Eva von. 2020. *Revolution für das Leben: Philosophie der neuen Protestformen*. Frankfurt am Main: Fischer.

Reichel, Johannes. 2015. „Das Fahrrad wird zum Wirtschaftsfaktor." *Fairkehr: Das Magazin des Verkehrs Clubs Deutschland* 2015 (2). Letzter Zugriff 14.05.2021. https://www.fairkehr-magazin.de/archiv/2015/fk-02-201500/2015-2-titel/2-2015-wirtschaft-fahrrad/.

Scott, Nicholas A. 2020. *Assembling Moral Mobilities: Cycling Cities, and the Common Good*. Lincoln: University of Nebraska Press.

Sheller, Mimi. 2011. „Sustainable Mobility and Mobility Justice: Towards a Twin Transition." In *Mobilities: New Perspectives on Transport and Society*, hrsg. von Margaret Grieco und John Urry, 289–304. Farnham: Ashgate.

———. 2018. *Mobility Justice: The Politics of Movement in the Age of Extremes*. London: Verso.

———. 2015. „Racialized Mobility Transitions in Philadelphia: Connecting Urban Sustainability and Transport Justice." *City and Society* 27 (1): 70–91.

———. 2006. „The New Mobilities Paradigm." *Environment and Planning A: Economy and Space* 38 (2): 207–26.

Sheller, Mimi, und John Urry. 2000. „The City and the Car." *International Journal of Urban and Regional Research* 24 (4): 737–57.

Simondon, Gilbert. 2020. *Individuation in Light of Notions of Form and Information*. Minneapolis: Minnesota UP.

Spinney, Justin. 2007. „Cycling the City: Non-Place and the Sensory Construction of Meaning in a Mobile Practice." In *Cycling and Society*, hrsg. von Paul Rosen, Peter Cox und David Horton, 25–45. Transport and Society. Aldershot: Ashgate.

Star, Susan Leigh. 1999. „The Ethnography of Infrastructure". *American Behavioral Scientist* 43 (3): 377–91.

Tagesschau. 2020. „Immer mehr Autos in Deutschland." In *Tagesschau online*, 11.09.2020. Letzter Zugriff 12.10.2021. https://www.tagesschau.de/inland/verkehr-autos-oepnv-101.html.

Thielmann, Tristan, Carmen Schulz und Michael Lommel. 2018. „Das Fahrrad: Ein Medium der Landerschließung." In *Landmedien: Kulturhistorische Perspektiven auf das Verhältnis von Medialität und Ruralität im 20. Jahrhundert*, hrsg. von Clemens Zimmermann, Gunter Mahlerwein und Aline Maldener, 205–30. Innsbruck: StudienVerlag.

Tussey, Ethan. 2018. *The Procrastination Economy: The Big Business of Downtime*. New York City, NY: NYU Press.

Urry, John. 2007. „Inhabiting Cars and Roads." In *Mobilities*, 112–34. Cambridge: Polity Press.

Virilio, Paul. 1978. „Fahrzeug." In *Fahren, fahren, fahren...*, 19–50. Berlin: Merve.

———. 1989. „Licht der Geschwindigkeit." In *Der negative Horizont. Bewegung – Geschwindig-keit – Beschleunigung*, 155–78. München: Hanser.

Volksentscheid Berlin autofrei. 2021. Letzter Zugriff 14.05.2021. http://volksentscheid-berlin-autofrei.de.

Waitz, Thomas. 2014. *Bilder des Verkehrs: Repräsentationspolitiken der Gegenwart*. Edition Medienwissenschaft. Bielefeld: Transcript.

Williams, Raymond. 1974. *Television: Technology and Cultural Form*. Abingdon: Routledge.

2

Radvlogging und Radcommunities: Ästhetik des Radfahrens zwischen Alltag und (digitalen) Medien

Julia Bee

Der folgende Beitrag betrachtet Radfahren nicht nur als Mobilitäts-, sondern auch als Medienpraxis. Teil dieser Medienpraxis sind Fahrradvlogs auf Youtube und in Sozialen Medien. Hier soll vor allem die Verschränkung verschiedener mobiler Medienpraktiken wie Radfahren und Vlogging in den Blick genommen werden. So soll eine integrative Sichtweise auf Fahrradmedienkulturen entwickelt werden, die Körpertechnik, Ästhetik und Sozialität miteinbezieht.

Der folgende Beitrag diskutiert in einem ersten Teil die Beziehung zwischen dem Radfahren und anderen Verkehrsformen, insbesondere dem Auto-fahren. In einem zweiten Teil werden Vlogs von Radfahrenden betrachtet. Wie werden in Filmen und Sozialen Medien ästhetische Möglichkeitsräume für das Radfahren entworfen und ausgehandelt? Der Text schlägt vor, die (audiovisuelle) Ästhetik von Verkehr als wichtigen Einsatz in einer Neuord-nung von Mobilitätspraktiken im Rahmen einer nachhaltigen Mobilitäts-wende mitzubedenken. Radvlogs und Radfilme zeigen, dass Radfahren nicht nur ein Transportbedürfnis befriedigt, sondern sinnliche Erfahrung

und vom Autoverkehr grundverschiedene Körperbilder schafft. Auch das Potenzial für Beziehungen und psychosoziale Heilungsprozesse gehören in diese experimentelle Auslotung des Potenzials des Fahrradfahrens und seiner Ästhetik. Dabei werden Vlogs und Filme nicht nur zu Distributionsmöglichkeiten für Fahrradkultur, sondern bieten vor allem eine Sichtweise von Radfahrenden, die in der stark durch Autoverkehr geprägten aktuellen Verkehrskultur häufig marginalisiert werden. „Fahrradmedien" repräsentieren nicht nur Radkulturen, es entstehen vielmehr *mobile Medienkulturen des Radfahrens.*

Intro: Medien und Verkehrswende

Das Fahrrad ist ein wichtiges Vehikel der Verkehrswende (Agora Verkehrswende 2017).[1] Da das Fahrrad ein CO2-armes und wenig raumgreifendes Medium für den Transport von Personen und Gütern gerade auf kurzen Wegen ist, hat es großes Potenzial für ein sozialökologisch nachhaltiges Mobilitätsverhalten – und es kann Medium der Transformation der Städte sein. Um die affektiven Attachments an bestimmte Verkehrsformen, vor allem das Auto und seine machtvollen Infrastrukturdispositive, zu begreifen, ist ein Blick auf die Medialität von Verkehrspraktiken nötig. In diesem Text möchte ich daher mehrere Dimensionen der *Fahrradmedialität* fokussieren und argumentieren, dass eine sozialökologische Mobilitätswende von einem breiteren medienkulturwissenschaftlichen Blick profitieren kann. Zunächst skizziere ich die Probleme des Autofahrens aus einer kulturwissenschaftlichen Perspektive und fokussiere hier auf Ästhetiken, da diese auch Gewohnheiten schaffen und eine Habitualisierung gegenüber nicht nachhaltigen Verkehrspraktiken.

John Urry sprach bereits 2005 von einem „System der Automobilität" und meinte damit eine umfassende (westliche) Kultur des Autofahrens,[2] deren infrastrukturelle Bevorzugung sich durch ein System an Einstellungen und Weltsichten weit über den Verkehr hinaus in „Kommunikationsformen" (Featherstone 2005, 8) manifestiert. Im Anschluss daran kann

1   Schon 21 Prozent Radverkehrsanteil könnten zu 11 Prozent Emissionsreduktion im Verkehr führen (Krone 2017). Vgl. zu Einsparpotenzialen von Co2 durch Radfahren auch die Studie des Umweltbundesamts „Potenziale des Radverkehrs für den Klimaschutz" (Ahrens et al. 2013, S. 64).

2   Zur Kritik des Autofahrens vgl. z.B. Zygmunt Bauman: „Automobility fosters individuality, competition, rejection of all collective responsibility, aggression and domination by way of movement, speed and escape" (Bauman in Pangborn 2016, 200f.). So beschreibt Bauman die für das Auto typische „Vergesellschaftung" (Finkelstein 2020, 26) der Folgen des Autofahrens bei gleichzeitiger Privatisierung des kommunitären Mobilitätssektors, die die letzten Jahrzehnte geprägt haben.

eine medienkulturwissenschaftliche und sozialökologische Perspektive auf das Radfahren fragen: Wie lassen sich tief verankerte Subjektivierungsformen und alltägliche Praktiken des Autofahrens in nachhaltige Mobilitätspraktiken transformieren? Was wäre ein utopisch gewendetes „System des Radfahrens"?[3] Welche Mikrokulturen und Praktiken prägen und unterstützen das Radfahren als sozialökologische Mobilitätsform, und welche medialen und subjektivierenden Praktiken werden durch das Radfahren produziert?

Radfahren verbindet eine Vielzahl an Kulturtechniken, die nicht nur Bewegung, sondern auch Bedeutung produzieren.[4] Wie ich argumentieren möchte, kann diese Bedeutung vor allem auf der Ebene des Affekts und der körperlichen Sensorik, durch audiovisuelle Medienformen verstärkt werden. Zunächst gilt es aber, die Bedeutung der Ästhetik in der gesellschaftlichen Verankerung der Autodominanz auszuloten. Dabei spielen historische, soziale und ästhetische Faktoren zusammen, die Verkehrspraktiken performativ stabilisieren.

Verkehr selbst wird nicht nur medial repräsentiert, sondern ist selbst medial.[5] Er prägt in seiner materialen und immateriellen Persistenz mentale und materielle Bildlichkeiten von Mobilität, die wiederum, so die zentrale These hier, Politiken der Verkehrsplanung und -praxis sowohl auf der Mikro- als auch auf der Makroebene hervorbringen. Zum Beispiel ist die Medialität des Autofahrens tief und gewaltsam in unsere Städte eingeschrieben; das Autofahren hat eine bestimmte, durch Blicke, Scheiben und Straßen choreografierte Medialität. Sie wird gestützt durch Bild- und andere Mediendispositive, Blickgewohnheiten und affektive Bindungen an privatisierte homogenisierte Räume des Autofahrens (Sheller 2005). Aber auch das Radfahren hat eine eigene Medialität.[6] Diese möchte ich weiter

3 Vgl. zur Methode des utopischen Denkens im Radfahren Popan (2007, bes. 53–65): „[B]iketopia aims to reconfigure the nature of mobility itself, away from narrow utilitarian purposes and towards more embodied, sensuous and sociable mobilities" (79).
4 Peter Adey schreibt dazu: „Mobility is movement imbued with meaning" (2017, 63). Vgl auch Urry: „People dwell and socially interact via [this] movement" (Urry 2000, 190). „Even in its finest years the bicycle was more than a form of transportation" (Withers und Shea 2016, 9).
5 „Traffic is not only a technique, it is a form of consciousness and a form of social relations", schreibt Seiler (2008, 145) im Anschluss an Raymond Williams.
6 Furness (2014) plädiert ebenfalls dafür, die Medienproduktion rund um das Radfahren ernster zu nehmen: „In addition to its function as a transportation technology, the bicycle – like the automobile – is an object that becomes meaningful through its relationships to an entire field of cultural practices, discourses, and social forces" (2014, 317). Furness versteht das Fahrrad daher auch als

unten anhand zweier Filme diskutieren, um abschließend einen Blick auf Fahrradvlogs zu werfen, die die Medien und Körperlichkeiten des Radfahrens aktiv verknüpfen. Dabei möchte ich beschreiben, was Born et al. „soziale Ästhetiken" (Born, Lewis und Straw 2017) nennen, und – wie andere Autor:innen im vorliegenden Band – auf exemplarische Weise Felder für die medienwissenschaftliche Diskussion des Radfahrens öffnen. Mir geht es hier eher um eine Denkweise, die von der Medialität des Fahrrads ausgeht, als um einen vollständigen Überblick.

Ausgehend von der Annahme, dass soziale Ästhetiken Körper auf Praktiken ausrichten und affektive Verbindungen knüpfen, soll gezeigt werden, wie Filme, Bilder, Vlogging und andere Inszenierungsformen des Radfahrens keine reine Metakommunikation sind, die dem Transport von Menschen und Gütern äußerlich wären. Im Gegenteil: Sie können unsere Mobilitätspraxis immanent prägen.[7]

Mobilität ist nicht nur Bewegung von A nach B; sie wird durch eine Menge bewusster und unbewusster Entscheidungen gerahmt und konstruiert. Und diese Entscheidungen oder Affinitäten werden wiederum von Bildern und Einstellungen (des Verkehrs und der individuellen Mobilität) eingerahmt, stabilisiert oder hervorgebracht. [8] Mobilität beginnt nicht in oder auf einem Fahrzeug oder auf dem Gehsteig, sondern umfasst den sozialen Ort, Motivation, körperliche Selbstwahrnehmung, Gefahrenwahrnehmung, Affektivität, Umwelt, Beruf und soziales Leben. Durch Mobilität beziehe ich mich als Subjekt auf den Raum und die Außenwelt, was wiederum die Wahrnehmung dessen prägt, wer ich in der Welt bin, welche Art von Handlungsfähigkeit ich habe und welchen Einfluss ich auf andere wahrnehme (in

„Kommunikationstechnologie", die mit anderen Kommunikationsformen, etwa subkulturellen wie Bikezines etc. verbunden ist. An diese Sichtweise, die verschiedene Medienformen um das Radfahren betrachtet, möchte ich hier anknüpfen.

7   Dazu z.B. Zack Furness: „Then, as now, people recognized that representations of bicycles and bicycling matter, because they shape our sensibilities in ways that affect, not just our perceptions of specific technologies and practices, but also the real and imagined relationships we have to (among other things) production, consumption, material culture, geography, and each other" (Furness 2016, xi). Auch Cresswell (2010) weist auf die zentrale Rolle der Repräsentation für Mobilität hin. Ich betrachte Bilder hier allerdings als in Infrastrukturen wirksam und nicht allein als Repräsentationen.

8   Vgl. hierzu Mimi Sheller, die argumentiert, dass eine Verkehrswende auch eine kulturelle Transformation darstellt: „Simply inserting more public transit, a few bike lanes and some electric vehicles into existing patterns of automobility actually resists transformative change because *it leaves unchallenged the underlying culture of autonomous mobility*, the spatial and social relations that go along with automobility and the landscape of cultural discourses that equate personal mobility with freedom" (Sheller 2012, 192, Hervorh. J.B.).

Form von Selbstwirksamkeit und Agency). Ich kann Mobilitätspraktiken also auch nicht einfach als isoliertes Element betrachten und sie erschöpfen sich nicht im Verkehr. Fahrradfahren beispielsweise kann so als eine Weise in der Welt zu sein betrachtet werden, mit je eigenen Geschwindigkeiten und Intensitäten. Auf der Ebene der Mobilität ist sie koppelbar mit anderen mobilen Medien – eine Annahme, die wir in der Einleitung dieses Bandes starkmachen und die ich hier im letzten Teil des Textes plausibilisieren möchte. Ich betrachte Vlogs daher als Intensivierung und Fortführung anderer mobiler Infrastrukturen.

Abgesehen von einigen historischen Arbeiten[9] kommen wichtige Vor-arbeiten zu diesem medienkulturwissenschaftlichen Ansatz von den Mobility *Studies* (Adey, Sheller, Urry, Cresswell), die nicht nur kritisch das „System der Automobilität" (Urry) untersuchten, sondern auch zwischen Verkehr als Subsystem des Transports und Mobilität als sozialer Praxis und Aushandlungsraum sozialer Gerechtigkeit unterschieden haben (Sheller 2018). Der Fokus lag dabei bisher hauptsächlich auf der Erweiterung um soziale Dimensionen des Radfahrens und wird jüngst um Perspektiven des Affekts erweitert, die an Medienkulturwissenschaften sowie eine unter anderem aisthetische Sicht auf Mobilität anschlussfähig sind.[10] Um den spe-zifischen Blick auf die medialen Mikropraktiken des Radfahrens zu stärken, bedarf die Betrachtung von Mobilität einer Beschäftigung mit der Frage, wie Mobilität überhaupt in (ästhetischen und medialen) Praktiken jenseits und diesseits des Vehikels hergestellt wird, anstatt vorauszusetzen, dass diese als Praxis aus sich heraus existiert und anschließend repräsentiert wird.[11] Bilder zirkulieren zwischen der Mobilitätsform des Radfahrens

---

9   Für eine ANT-informierte historische Perspektive vgl. Thielmann, Schulz und Lommel (2018).

10 Für eine ebenfalls aus der Social Geography stammende Perspektive, die die körper-liche und sinnliche Dimension methodisch abbildet, vgl. Spinney (2011).

11 Wichtige Vorarbeiten sind dabei etwa der Band *Culture on Two Wheels* (Withers und Shea 2016), der literarische und filmische Texte in einer ersten umfassenden Anthologie aufgearbeitet hat. Besonders interessant für den vorliegenden Text ist die Annahme von Withers und Shea, dass das Radfahren Kreativität für literarische und filmische Texte freisetzt. „Bicycles are not only liberating devices that free one's mind to think about literature as its ideas; they are also endlessly useful resources for *creating* literature and other kinds of artistic texts" (2016, 5). Dabei gehen die Autor:innen gerade in der Einleitung davon aus, dass das Radfahren Kreativität generiert; das Rad wird hier ein „vehicle for conveying ideas" (2016, 6). Ein Medien-begriff zeichnet sich hier schon ab, bleibt allerdings implizit. Dass Radfahren im Austausch mit anderen Medienpraktiken erst auf kreative Weise hergestellt wird, ist allerdings weniger die Perspektive der Autor:innen, denen es wichtig ist, dass das Radfahren eine eigenen „Philosophie" darstellt, was ich ernst nehmen möchte, wenn ich Radfahren als Lebensform oder Existenzweise beschreibe. Dabei fällt die

und anderen mobilen Medien, sie nehmen nicht nur eine abbildende,
sondern auch eine produktive Rolle als eine Art ‚Vehikel von Vehikeln'
ein (ein „Bilderfahrzeug", um einen Begriff Aby Warburgs zu verwenden):
Sie transportieren Menschen weg von oder hin zu ihrer Mobilitätswahl
und erzeugen damit im Zusammenspiel mit anderen Infrastrukturen
Affordanzen (neben vielen anderen sozio-ökonomischen Faktoren, die es in
nachfolgenden Untersuchungen empirisch nachzuvollziehen gilt).[12]

Die Politik der Mobilität

Mobilität wurde in den letzten Jahren zu einem wichtigen Schauplatz für
städtische Demokratisierungsprozesse. Bürger:innen forderten mehr
Beteiligung an der Planung und Neugestaltung von Stadtteilen auf kom-
munaler Ebene, und es entstanden immer mehr Bürgerlaboratorien und
Partizipationsprozesse. Mit Mimi Sheller kann man dies „citizenship of
mobility" (2018, 69) nennen sowie auf die Tatsache verweisen, dass der
Zugang zum Verkehr der Schlüssel für Teilhabe ist und integral für das
gesellschaftliche Leben, da zentrale Herausforderungen wie die Klima-
katastrophe mit Problemen der Mobilität verbunden sind (ebd.). So
nehmen die Bewegungen, die sich fürs Radfahren einsetzen, auch andere
soziale und intersektionale Themen auf (siehe den Beitrag von Julia Bee
und Isabell Eberlein in diesem Band). Viel mehr als nur vorübergehend im
Moment der Bewegung selbst prägt Verkehr Mobilität und damit unsere
demokratische Kultur – die öffentlichen Räume, Möglichkeiten der Partizipation, Gesundheit und Wohlbefinden sowie die Beziehung zur Stadt
und zu anderen Menschen –, denn hier kommen vierschiedene Menschen
in Bewegung zusammen: Paola Jirón Martínez (2007, 66) bezeichnet dies
als „Beziehen auf die Stadt" und macht auf die Beziehungsförmigkeit der
Verkehrssituation aufmerksam, auf die Prägung sozialer Beziehungen
durch gegenderte und rassifizierte Mobilitäten. Weiter unten möchte
ich dieses Beziehen auf die Stadt mit dem Film *Mein Leben mit Amanda*
aufgreifen.

So lässt sich von Mobilität nicht nur als einer kulturellen, sondern auch
als einer politischen Praxis sprechen. Sie hat neben der Verteilung von

im letzten Teil dieses Textes skizzierte machtsensible Perspektive in Shea et al. sehr
kurz aus, die sich auf die Rolle des Körpers in verdateten Mediengefügen konzen-
triert. Die Kreativität ist für eine implizit stark von Deleuze beeinflusste Sichtweise
zentral; allerdings soll hier auch die Generierung von Zeichen und Symbolen für den
logistischen Kapitalismus befragt werden.

12   Für eine Sicht auf Repräsentation und Verkehr vgl. Cresswell (2010) sowie für Radfahren und subkulturelle Medienproduktion Furness (2014).

Zugängen und Teilhabe direkte Auswirkungen auf drängende politische Fragen, auf die das Fahrrad Antworten hat. Verkehr verursacht in Deutschland 20 Prozent der Treibhausgas-Emissionen und dies hat sich zwischen 1990 und 2019 nicht vermindert (Umweltbundesamt 2021a).[13] Mehr noch: Es gibt fast keinen materiellen Einfluss im städtischen Raum, der so groß ist wie der Verkehr. Über 90 Prozent der Straßen in Deutschland sind für Autos gebaut. Radfahren macht nur 18 Prozent des Wegeanteils in großen Städten wie Berlin und 11 Prozent im Bundesdurchschnitt aus (BMVI 2018). Obwohl das Radfahren heute in westlichen Großstädten unter anderem durch immer mehr in Städten verfügbare Leihräder modisch zu sein scheint, spiegelt dies nicht die Verteilung der Wege oder gefahrenen Kilometer und schon gar nicht die Fahrradinfrastruktur wider. Der Anteil von Radwegen zum Beispiel in Berlin liegt bei lediglich drei Prozent (Creutzig et al. 2020, 716).[14]

Immer noch bildet motorisierter Individualverkehr das Schlüsselelement des Verkehrs. Auch wenn eine Heterogenisierung der Mobilitätstypen verzeichnet werden kann, ist der Gesamtanteil der Wege, die mit dem Fahrrad zurückgelegt werden, im Vergleich zum Autofahren geringer. Und so ist das Potenzial des Radfahrens noch längst nicht ausgeschöpft – vor allem im Hinblick darauf, dass Radfahren ein extrem hohes Reduktionspotenzial für Treibhausgase hat.[15]

13 Knie und Canzler gehen sogar von 22 Prozent aus (Knie und Canzler 2019, 9). In der EU werden 30% aller Emissionen im Verkehrssektor produziert (EUP 2019). Zwischen 1995 und 2019 hat die Verkehrsleistung von Motorrad- und Pkw-Verkehr um 28,5 Prozent zugenommen (Umweltbundesamt 2021b). Damit wurden Fortschritte in der Kraftstoffeinsparung wieder eingeholt – um die Klimaziele zu erreichen, müssen bis 2050 60% der Emissionen aus dem Verkehr von 1990 eingespart werden. Die Entwicklungen sind geradezu gegenläufig: Pkw-Verkehr hatte 2016 60,7 Prozent Anteil an den Verkehrsemissionen in der EU (EUP 2019).

14 Im „Fahrradmonitor", der den Fortschritt der nationalen Radverkehrsplanung von 2011 bis 2015 misst, hat die Popularität des Fahrrads zwar zugenommen, jedoch werden immer noch 64 Prozent aller Wege mit dem MIV zurückgelegt (BMVI Mobilität in Deutschland). Die Pkw-Dichte hat von 2009 bis 2019 sogar um 12 Prozent zugenommen (Tagesschau 2019). Die Zahl der Fahrradnutzer:innen nahm zu (zwischen 2005 und 2015 verdoppelte sie sich), aber nicht entsprechend der Gesamtzahl der mit dem Fahrrad zurückgelegten Wege. Im nationalen Radverkehrsplan für 2020 war das Ziel, dass 15 Prozent aller Wege mit dem Rad zurückgelegt werden sollten.

15 Vgl. Fn. 1. Für die Trägheit der Umsetzung von Radverkehrsvorhaben gibt es neben den in diesem Text adressierten kulturellen Dispositionen natürlich auch politische und verfahrenstechnische Gründe. Immer wieder werden dabei auch die schlechte Umsetzbarkeit von Radverkehrsvorhaben in und vor allem zwischen Bezirken angeführt, genau wie die mangelnde Besetzung der Planungsposten. Vgl. zur Analyse der mangelnden Umsetzung im Ruhrgebiet exemplarisch die Analyse in Bau (2020).

Dass die Wahl des Verkehrsmittels nicht auf rationalen Argumenten beruht, wird darin deutlich, dass das Fahrrad auf kurzen und innerstädtischen Wegen häufig sogar das schnellste Verkehrsmittel ist.[16] Es wäre noch viel schneller, träfe es auf eine fahrradoptimierte infrastrukturelle Umgebung. Aber die Erzählung der nahtlosen und flexiblen Bewegung des motorisierten Individualverkehrs (MIV) ist immer noch an das motorgetriebene Einzelfahrzeug gebunden – auch wenn es 23 Stunden am Tag stillsteht und den Stadtraum sowie ländliche Gebiete zerschneidet (Stichwort ‚Suburbanisierung durch Automobilität').[17] Das Auto wird dabei meist als ein effizientes Verkehrsmittel vorgestellt, obwohl eine multimodale Wegenutzung mehr Menschen pro Stunde in städtischen Räumen transportieren würde.[18] Verkehr wird noch immer von idealisierten stereotypisierten Vorstellungen der friktionslosen Bewegung und Effizienz geprägt.

Die Ästhetik der Verkehrswahrnehmung und die Probleme der autozentrierten Städte

Ich möchte hier mit einigen generellen Ansätzen in Bezug auf das Problem des privaten Autoverkehrs einsteigen und anschließend auf Beispiele wie Vlogs eingehen. Radfahren ist eingebettet in eine Medienkultur des Verkehrs (Waitz 2014), bestehend aus Bildern, Filmen, mentalen Bildern, Körperbildern, Wegeplanung, Apps und Social Media, Mode (dazu vor allem in historischer Perspektive Jungnickel 2018). Fahrradpraktiken – online und offline – bilden zum Beispiel aktuelle Schnittstellen zur mediatisierten

16   Vgl. Reisedaten in Städten unter https://www.zukunft-mobilitaet.net/167997/ analyse/tuer-zu-tuer-reisezeit-stadtverkehr-pkw-miv-oepnv-radverkehr-pedelec-gleichheit-subjektive-verzerrung/.

17   Dies meint eine historisch mit der Autostadt verflochtene Lebensweise, die sich immer mehr in die Vororte verlagerte, die hauptsächlich nur mit dem Auto erreichbar sind. Auch andere Infrastruktureinrichtungen wie Fernseher und Kühlschrank hängen mit diesem Suburbia-Lebensstil zusammen, der darin besteht, Dinge zu kaufen und aufzubewahren und über das Fernsehen mit der Außenwelt in Verbindung zu treten (Hartley 2001). Raymond Williams hat die Paradoxie von Mobilität und Zuhause als „mobile privatization" beschrieben (Williams 2004). Auf der anderen Seite berücksichtigt dies die Stadt der kurzen Wege, wie sie heute entworfen wird (aktuell Paris), bei der Konzeption heterogener Viertel mit heterogenen Freizeit- und Arbeitsmöglichkeiten. Siehe dazu auch den Beitrag von Stauff zu niederländischen Planungskonzepten und Infrastrukturen in diesem Band.

18   Dies hängt auch mit dem Bild von Deutschland als „Autonation" zusammen (Hierse 2019). Es gibt zahlreiche bildliche Aufstellungen über die Effizienz von Transportmitteln, z.B. NACTO, Street space in cities is limited. Here's what we can do with it, https://twitter.com/nacto/status/1176923819472248833?lang=de.

Verkehrsplanung und zu Sozialen Medien.[19] So sind segmentarisierte Wegeplanung und Radfahren (ÖPNV plus Rad) eng verbunden und attraktiv für eine Stadt der kurzen Wege.

Radfahren war und ist mehr als eine sportliche Praxis oder eine Praxis, um Distanzen zu überbrücken. Mobilität muss im Sinne der von Mimi Sheller, Tim Cresswell und Peter Adey geprägten Mobility Studies als komplexe kommunikative Praxis und Medienkultur verstanden werden, um sie – umgekehrt zur Automobilität – auch auf der Designebene und im Städtebau zukunftsfähig weiterzuentwickeln (von Parkplätzen über Fahrradbügel an Kreuzungen, fahrradsensible Ampeln und Umziehmöglichkeiten an Arbeitsorten bis zu ÖPNV-Anschlussmöglichkeiten, um nur einige zu nennen). Trotz dieser systemischen und relationalen Sicht auf die Zukunft des Radfahrens im Kontext weiterer Mobilitätspraktiken muss ein „Lob des Radfahrens" (Augé 2010) auch die soziale, ästhetische und praktische Eigenständigkeit des Radfahrens hervorheben, um seine einzigartigen Potenziale für eine klimagerechte Wende und Entfaltung öffentlicher Räume von Städten und Dörfern zu verstehen, wie sie neben dem klassischen Beispiel Kopenhagen in den letzten Jahren beispielsweise Barcelona, Groningen und Houten wegweisend umgesetzt haben oder wie Paris seit 2021 dabei ist, dies intensiver umzusetzen.[20] Das heißt: Auch aus einer nachhaltigen Sicht wird das Radfahren häufig auf ein Transportmittel oder einen funktionalen Zusammenhang reduziert (siehe dazu auch unsere Einleitung). Dabei soll nicht vergessen werden, dass Fahrradfahren für unterschiedliche Menschen an unterschiedlichen sozialen und geografischen Orten Unterschiedliches bedeutet und hier nur als ein relativ eingeschränktes Segment mitteleuropäischer Städte betrachtet wird (siehe dazu Sarah Sanders Text in diesem Band). Unsere Einleitung macht deutlich, dass diese Diversität der Bedeutungen einen Schlüssel für mehr Zugänge zum Radfahren darstellen kann. Radfahren interagiert nicht nur mit Infrastrukturen, sondern auch mit Gender, Dis_ability, Klasse und kultureller Verortung nebst vielen anderen Differenzen (Sheller 2018, 47, 49). Diese Vielfalt wird seit Kurzem verstärkt diskutiert und auch von NGOs als notwendiger Aspekt in einer Stadtplanung eingefordert (Eberlein 2020), die mit der Norm männlicher weißer Mittelschichtskörper brechen möchte (Kern 2020, siehe Eberlein und Bee in diesem Band).

---

19   *Komoot* etwa ist eine Plattform für eine auf *crowdsourcing* basierte Wegeplanung, aber auch eine Vernetzung mit der Rad-Community und generiert eigene Medien wie Podcasts mit Fahrradbotschafter:innen.
20   Dabei sollte auch die Rolle der Datengewinnung von Bewegungsdaten durch Leihräder und die dazugehörigen Apps in der Digitalisierung des Verkehrs kritisch betrachtet werden.

Infrastruktur kann nicht nur als Strukturierung öffentlicher Räume beschrieben werden, sondern auch als das Hervorbringen von Wahrnehmungsweisen, die wiederum Affordanzen im Hinblick auf Verkehrsformen prägen. Das Auto lässt sich daran anknüpfend als Dispositiv beschreiben (Manderscheid 2018b; Seiler 2008, 5), welches durch seine privilegierte Position im städtischen Raum, durch Verkehrsführung, Ampelschaltung und die Straßen stetig säumenden Parkplätze, in seiner Wahrnehmung als raumgreifendes Individualvehikel stabilisiert wird. Zum Beispiel erscheint die autozentrische Stadt als „natürlich"[21], da die Stadt um sie herum strukturiert ist und autobezogene Praktiken durch Steuerbegünstigungen, Dienstwagenregelung und Privatisierung des öffentlichen Raums als Parkraum subventioniert werden. Das System der Automobilität bringt Weltanschauungen hervor, die über die „Rationalitäten" des Systems ‚Verkehr(splanung)' (Koglin 2020) hinausgehen und in andere gesellschaftliche Bereiche ausstrahlen. Sie folgen zum Beispiel einer Konsumlogik (Wo kann man Dinge kaufen?[22]) oder strukturieren die Weise, in der Zentrum und Peripherie miteinander verbunden sind (vgl. auch Markus Stauffs Beitrag in diesem Band). Das wirkmächtige Narrativ der Automobilität hat unsere Städte, das Verhältnis von Menschen zu ihrer Stadt und zu sich selbst zutiefst geprägt. Seiler schreibt über Autofahren als Selbsttechnik, die unser Verhältnis zu uns selbst in „Form von Freiheit" organisiere (Seiler 2008, 149). David Graeber geht noch weiter und schreibt, dass mit dem Auto ein ganzes Menschenbild des Kapitalismus einhergeht: „Das Auto untermauert ein gewisses Verständnis der menschlichen ‚Natur'" (2020, 37).

Dieses Verkehrsregime normalisiert tägliche Verkehrstote und infra/strukturelle Gewalt gegen Radfahrende und Fußgänger:innen.[23] Über Jahrzehnte hat das Autofahren andere mögliche Mobilitäten verdrängt und überschrieben, indem es als natürliche Praxis der Fortbewegung in einem System erschien, welches Räume des Konsums und des Arbeitens

21   Der Soziologe Pierre Bourdieu (2005) spricht bekanntlich von der Spiegelwirkung der sozialen Ordnung, ein Effekt, bei dem Einstellungen und Meinungen durch die materielle Welt stabilisiert werden und umgekehrt. Wenn Einstellungen mit der Welt übereinstimmen, erscheinen sie natürlich. Der „Spiegeleffekt der sozialen Welt" ist die Grundlage für eine ständige Reproduktion von Weltanschauung und materieller Umwelt, vgl. zur Naturalisierung des Verkehrs auch Selge (2020).

22   Hier knüpfen Diskurse der 15-Minuten-Stadt an, in denen alltägliche Wege nur 15 Minuten ohne Auto benötigen.

23   Die Zahl der Verkehrstoten steigt weltweit weiter an, davon sind mehr als die Hälfte Radfahrende und Fußgänger:innen (Le Monde Diplomatique 2021, 52–53). Schweden arbeitet seit Jahren erfolgreich an einer „Vision Zero" in Bezug zur Zahl getöteter Radfahrender und Fußgänger:innen.

von Wohnräumen trennte. Einmal in der „autogerechten Stadt"[24] ange-
langt, scheint man ein Auto zu brauchen, um in dieser Umwelt bestehen zu
können: ein *perpetuum automobile*.[25] Dies hat zur Folge, dass Radfahren oft
nur im Nachhinein in bestehende Infrastrukturen eingeplant wird. Straßen
sind nicht ausgehend von den Bedürfnissen und Wahrnehmungen der
Radfahrenden angelegt, sie ermöglichen nur eine Geschwindigkeit und sind
gesäumt von Parkplätzen und Beleuchtung, die ihrerseits den automobilen
Prämissen folgen (Finkelstein 2020, 12–24).

Die Art und Weise, wie Straßen gebaut sind, was man sehen und wahrnehmen kann, strukturiert die Wahrnehmung (Finkelstein 2020, 57) und ist
daher eine Frage der Aisthesis. Möglichkeiten der Geschwindigkeit, Aufteilung von Straßenraum, Parkplätze, Sehhöhen und Ampelfokussierung
wären hier einige Beispiele. Oft sind Straßen so angelegt, dass das Fahrrad
ein Hindernis und etwas Fremdes ist, etwas, das keinen Platz hat und
nicht wirklich zur Straße gehört (Bee 2018).[26] So sind Radfahrende häufig
der Gegenpart zum normalisierten Autoverkehr. Diese verkehrstechnisch
geplante und sozial weitgehend akzeptierte Situation verursacht Angst und

24   Die autogerechte (besser: autofreundliche) Stadt (Reichow 1959) ist immer
     noch unser stadtplanerisches Erbe: Sie wurde nach dem Zweiten Weltkrieg zum
     Paradigma des selbstbestimmten Reisens und der Teilhabe an sozialer Mobilität. So
     wurden Tramsysteme rückgebaut (so auch nach der Wende im Osten Deutschlands),
     bestehende Nahverkehrsstrukturen verdrängt und autobezogene Mobilität pri-
     vatisiert – vergleichbar mit der Stilllegung von Tausenden Kilometern Schienen. Im
     Sommer 2020 haben der Verband Deutscher Verkehrsunternehmen und die Allianz
     pro Schiene ein Gutachten erstellt, das bis zu drei Mio. Menschen direkten Anschluss
     an den Bahnverkehr verspricht, wenn stillgelegte Gleise reaktiviert würden. Vgl. *taz*
     vom 07.09.2020, https://taz.de/Stillgelegte-Bahnstrecken-reaktivieren/!5698745/
     und Tagesschau vom 09.07.2020, https://www.tagesschau.de/wirtschaft/bahnstre-
     cken-reaktivierung-101.html). Die Verkehrsforscher Knie und Canzler heben in ihrer
     Studie die Bedeutung der historischen Dominanz einzelner Fahrzeuge hervor, die
     in eine größere Kultur der Autofreundlichkeit eingebettet ist: „Das Auto hat seinen
     Aufstieg daher nie nur als ein technisches Gerät erlebt, es war immer eingebettet
     in eine ganze Lebensphilosophie, ein Versprechen auf ein selbstbestimmtes und
     freiheitliches Leben" (Knie und Canzler 2019, 11), es wurde sogar als das einzige
     Verkehrsmittel angesehen, das alle Elemente der Stadt miteinander verbindet – das
     Auto als ein Medium zwischen den verschiedenen Medien und den Sphären des
     Häuslichen und des Öffentlichen (ebd.). Diese Rolle könnte in Zukunft leicht noch
     umfassender durch das Radfahren erfüllt werden. Dagegen wird versucht, die
     individualisierten und privatisierten Automobilitäten mit autonomen Autos weiter-
     zuführen (Canzler, Knie und Ruhrort 2020).
25   Das Auto ist aber nicht selbstbewegt, es braucht ständig Ressourcen wie
     Petroressourcen, Raumressourcen, soziale Ressourcen, steuerliche Subventionen
     etc.
26   Manderscheid spricht von Fußgänger:innen und Radfahrenden als „Derivaten" des
     Autoverkehrs (Manderscheid 2018a, 28).

Frustration auf beiden Seiten. Das zusätzlich zu seiner Normalisierung[27] außerdem häufig disziplinierende Regime des Autofahrens gehört zu einer Kultur, in der das Auto als Spitze der Verkehrsentwicklung gesehen wird. Zugleich wurde das Auto zur am meisten subventionierten, wirtschaftspolitisch und gesellschaftlich verteidigten Technologie der alltäglichen Raum- und Platzbeschaffung wie auch seiner Privatisierung (Bee 2021; Seiler 2008, 146).

Eine medien- und kulturwissenschaftliche Perspektive dekonstruiert die scheinbar natürliche Erscheinung des Verkehrs, indem sie nach lokal und historisch unterschiedlichen Verkehrsregimen forscht und fragt, welche Medien das Weltbild stabilisieren, um die Idee von der Nützlichkeit des individuellen Autoverkehrs zu destabilisieren. Weil innere Weltbilder nicht nur immateriell sind, sondern sich mit äußeren Strukturen gegenseitig naturalisieren, erscheint es – abgesehen von einer aktuell mangelnden politischen Prioritätensetzung – so schwer, die heutige Verkehrskultur zu ändern.

Die Sicht des Autofahrenden strukturiert neben der individuellen auch eine kollektive Disposition, die erlernt und kulturell stabilisiert wird. Dazu gehört auch die Normalisierung der Straßenkommunikation. Im Verkehr ist es normal, ein extremes Verhalten zu erleben. Anstatt Konflikte als äußerlich zu sehen, spielen sie eine Schlüsselrolle in der Zuweisung von Orten, Rollen und Positionen und damit der Hervorbringung von Mobilitätssubjekten (Bee 2019a). Diese Sichtweise versucht nicht zu rekonstruieren, was bei der Schaffung von Infrastruktur geplant oder beabsichtigt war, sondern analysiert das Ergebnis alltäglicher Verkehrs-*erfahrungen* (Jirón Martínez 2007, 51).

Verkehr besteht somit nicht nur aus sich bewegenden Fahrzeugen, sondern auch aus kollektiven Dispositionen, zu denen Sprache, Bilder und Affekte gehören. Er enthält eine körperliche Komponente – Autofahren, Gehen, Zugfahren sind Aktivitäten, die mit der Sinneswahrnehmung, mit Kommunikation, öffentlichen Räumen, Navigation usw. zusammenhängen. Besonders Fahrradfahren hat eine sensorische Komponente, die zahlreiche Affekte umfasst – von den Bereichen Kinetik und Motorik bis zur Selbst- und Schmerzwahrnehmung. [28] Die Sensorik, das heißt die Intensität körperlicher Bewegung, spielt auch in der medialen Inszenierung des

27   Das Auto entspricht der Praxis, es zu „nutzen, ohne nachzudenken" (Knie und Canzler 2019, 17), wie Knie und Canzler in einer ähnlichen Argumentation schreiben, also als selbstverständliche, weitgehend unhinterfragte Praxis.

28   Popan (2019, 114–42) arbeitet mit (Auto-)Ethnografien, um die körperlichen Qualitäten des Radfahrens zu erforschen.

Radfahrens eine wichtige Rolle. Affekte und Sensoriken sind wie Sprache kein Überschuss oder außerhalb des Verkehrs; in einer medien- und kulturwissenschaftlichen Perspektive besteht Verkehr aus Praktiken und Körpern, die zusammen eine Kultur und Ästhetik des Verkehrs schaffen (Waitz 2014). Denn so wie das Verkehrssystem eine ästhetische und alltägliche Praxis ist, wäre eine medienkulturwissenschaftliche Frage, wie sich die Stabilisierungen lockern lassen und welche performativen Praktiken andere Körpertechniken und Wahrnehmungsweisen hervorbringen. [29] Nicht nur das Auto und seine Bewegung, sondern die mit ihm verbundene spezifische Medienkonstellation und die mit dem Autofahren verbundene Repräsentationspraxis müssen also adressiert und verschoben werden.

Fahrradfilm: Die Möglichkeit neuer Wahrnehmungen und Beziehungen zur Stadt

Das Fahrradfahren im Film kann ein möglicher Ansatzpunkt sein, um mit der durch den Autoverkehr geformten Wahrnehmung, wie sie bis hierher dargestellt wurde, zu brechen (Herbert Schwaabs Beitrag in diesem Band). Dass Film aber auch die relationale Qualität des Radfahrens nutzt, um Bewegung im Stadtraum anders zu inszenieren und damit Möglichkeitsräume zu eröffnen, wird in zwei aktuelleren Filmen deutlich. In beiden wird das Fahrrad als Medium von Beziehungen verwendet. Fahrradfahren wird hier auch auf der Ebene der sozialen Beziehungen als different zum Autofahren verstanden. Bildästhetisch und narrativ werden Kollektivität und individuelle Erfahrung verbunden.

Der Dokumentarfilm *Ovarian Psycos* (USA 2016, R: Joanna Sokolowski, Kate Trumbull-LaValle) zeigt, wie das Radfahren in Los Angeles Teil einer Aneignung des öffentlichen Raums durch Frauen*[30] und insbesondere durch Frauen* *of colour* ist (Abb. 1).[31] Der Film zeigt die kollektiven Fahrten an Vollmondnächten in East L.A., den Clit Rides. Die Protagonist:innen protestieren mit ihren Fahrten dagegen, dass sie als Frauen* *of Colour* und Immigrant:innen der zweiten Generation nicht nur von der Autokultur, sondern auch von der *weißen* Fahrradkultur marginalisiert werden. Die

29 Furness fasst die Interaktion von Radfahren und Infrastruktur als performativen Akt: „[T]he process of rethinking the city through the bicycle is as much discursive as it is physically performative" (Furness 2014, 322).
30 Die Begriffe „Frauen*" und „Männer*" werden hier mit Sternchen versehen, um auf die historische, kulturelle und gesellschaftliche Konstruktion der Zweigeschlechtlichkeit hinzuweisen.
31 Vgl. ausführlicher (Bee 2019b). Infos zu den Clit Rides: https://ovarianpsycos.com/.

Abb 1.: Das Fahrradkollektiv Ovarian Psycos (Screenshot aus Ovarian
Psycos, R: Joanna Sokolowski/Kate Trumbull-LaValle 2016)

Fahrten sind nicht nur ein Protest für einen nachhaltigen Verkehr, sondern
dienen dazu, Bündnisse und gemeinsame Erfahrungen der Marginalisierten
im öffentlichen Raum zu ermöglichen (vgl. die feministischen Purple
Rides in Berlin). Sie wollen ein Bewusstsein für sexualisierte Gewalt und
Rassismus sowie für das Sterbenlassen von Migrant:innen an der mexika-
nisch-amerikanischen Grenze schaffen. Radfahren ist nicht nur eine
Demonstration im öffentlichen Raum, sondern ein Akt der Aneignung und
der Herstellung selbstbestimmter Räume, die unter anderem durch Gentrifizierung, rassistische und sexualisierte Gewalt bedroht werden.

Durch das Radfahren entsteht ein öffentliches Forum. Dieses wird nach den
Fahrten durch Consciousness-Raising-Gruppen, Poetry Slams und Open
Mics weitergeführt. Abweichend vom europäischen Fahrradprotest findet
sich hier ein anderer Zugang zum Radfahren als subversiver Praxis, die
andere Themen in die Öffentlichkeit bringt und zur kollektiven Praxis der
Gruppe beiträgt. Das Radfahren entfaltet sich hier auch als Praxis, die ver-
geschlechtlichte und rassifizierende Praktiken, die sich in den öffentlichen
Raum eingeschrieben haben, adressiert und verschiebt.[32]

---

32   Klimagerechtigkeit und Feminismus sowie antirassistische Bewegungen sind eng
miteinander verflochten.

Die relationale und offene Situation des Radfahrens in der Gruppe unterstreicht ein anderes Zusammensein und ein anderes Empowerment als das Autofahren. Durch Bewegung im Kollektiv wird eine Beziehung zu einer als feindlich und fremd empfundenen Umgebung wiederhergestellt und neue Räume für FLINTA[33] geschaffen, die marginalisierte und als privat gerahmte Themen in die Öffentlichkeit bringen. Die Resignifikation von öffentlichen Räumen für Aktivismus ist hier sehr eng mit der Schaffung neuer Bewegungsräume verbunden, das heißt von Räumen, die nur in Bewegung und nicht in Stasis existieren. Das Fahrradfahren ist dabei zentrales Medium. Wie im Aktivismus der Critical Mass enthalten die Clit Rides ein utopisches Element. Das Fahrrad wird als Medium benutzt, um private und öffentliche Räume zu durchqueren und eine politische Agenda auf die Straße zu bringen. Es formt durch seine spezifische Bewegungspraxis aber auch ein queer-/feministisches Kollektiv. Der Film als Fahrradmedium verbindet sich hier mit dem Medium des Radfahrens und kommt dem Projekt einer kollektiven, dissidenten Praxis des Radfahrens entgegen, indem er vor allem die Gruppe sowie die Biografien und den alltäglichen Kampf der Latinx*frauen* in Los Angeles zeigt. Der Film zeigt etwa die Gruppenbildungsprozesse rund ums Radfahren, indem er die Kommunikation in Sozialen Medien einblendet. Er verschränkt narrativ einzelne Geschichten mit der Inszenierung des Radfahrens in der Gruppe oder im Schwarm in Form der Critical Mass. So werden individuelle Bedeutungen und kollektive Prozesse verbunden. Die Choreografie der Rides trägt zu einer Ästhetik der Selbstperformanz in Sozialen Medien bei, unterstreicht aber auch das Moment des Empowerments, welches in solch stark dramatisierten Momenten liegt. Der Film schließt hier an die Selbstdokumentationspraktiken an und unterstreicht ihren artifiziellen und performativen Aspekt.

Auch der fiktionale Film *Mein Leben mit Amanda* (Frankreich 2018, R: Mikhaël Hers) erforscht die heilende Dimension des Radfahrens, fokussiert jedoch weniger auf politische Kollektive und mehr auf familiäre Zusammenhänge. In *Amanda* finden wir sämtliche Spuren, die die Liebe der französischen Nouvelle Vague zu Fahrrädern hinterlassen hat. Es ist sehr auffallend, dass der Film fast vollständig auf die Nutzung von Autos durch seine Protagonist:innen verzichtet, ohne dass dies im Film thematisiert würde. Stattdessen gibt es zahlreiche Szenen, in denen die Protagonist:innen gemeinsam mit dem Fahrrad durch Paris fahren. David, ein junger Angestellter eines Baumschneideunternehmens, lebt in engem Kontakt zu seiner Schwester, die als alleinerziehende Mutter ihre siebenjährige Tochter

---

33   FLINTA steht für Frauen*, Lesben, inter, nichtbinäre, trans und agender Menschen.

Amanda betreut. An dem Tag, an dem Davids Schwester Sandrine mit einem Picknick in einem Park (ausgerechnet) ihren Führerschein feiern will, wird sie bei einem Terroranschlag getötet.[34] Amanda kommt in die Obhut ihres Onkels, der mit dieser Aufgabe sowie mit seiner Trauer überfordert ist und an seiner Befähigung zum nunmehr Alleinerziehenden zweifelt. Der Film erzählt von der Verarbeitung des Verlusts und vom Aufbau einer familiären und freundschaftlichen Beziehung zwischen Amanda und David. David und Amanda reisen nach London, um Amandas Großmutter zu suchen. Dort fahren beide mit dem Fahrrad an der Themse entlang und erkunden gemeinsam die Stadt. In Paris transportiert David Amanda in vielen Szenen auf dem Fahrradgepäckträger.

Das Fahrrad hält hier die kleine Familie zusammen: Es ist Spielzeug, Medium der Beziehungen und ein Zeichen für etwas Neues, das sich am Horizont für die durch den Terroranschlag sichtlich traumatisierte Bevölkerung von Paris und für das Gespann David und Amanda abzeichnet. Da das Fahrrad keine Trennung in ein Innen oder Außen hat, verbinden die Radtouren das Trauma der Protagonisten mit dem öffentlichen Raum. Das individuelle und kollektive Trauma der Stadt werden verbunden, indem die Heilung und die Neuentstehung von Beziehungen im öffentlichen Raum, auf dem Fahrrad vollzogen werden. Die Kamera fängt die Fahrten von David und Amanda sehr beweglich ein und fokussiert häufig auf subjektive Perspektiven. Das ist auffällig, weil dies sonst oft bei der Darstellung von Autofahrenden der Fall ist. Zuschauende erleben eine Perspektive, die Rad-fahrenden die gleiche Sicherheit bietet wie Autofahrenden, wenn sie die Straße überblicken, was daran liegt, dass die durch subjektive Einstellungen geprägten Szenen sicher aus dem Auto heraus gedreht wurden. Fahr-radfahren wird ohne Schutz und sehr verletzlich dargestellt, ohne es als einfach nur gefährlich zu codieren oder als Mangel. Der Film bejaht diese Relationalität und Verletzlichkeit, während gleichzeitig das Radfahren als etwas Heilendes dargestellt wird, da es Beziehungsbildung unterstützt. Es entzieht sich dem Außen nicht, wie dies beim Autofahren der Fall ist. Dies wird in Szenen verkörpert, in denen Amanda auf dem Gepäckträger sitzen und den Onkel von hinten umarmen kann, um sich festzuhalten und ihm nahe zu sein. Diese Geschütztheit und gleichzeitige Offenheit gegenüber

---

34   Der Moment, in dem den Zuschauenden klar wird, dass etwas Dramatisches passiert ist, zeigt David auf seinem Fahrrad durch die Straßen des Pariser Zentrums fahrend, während fast kein Auto zu sehen ist. Das Fehlen von Autos ist ein deutliches Zeichen dafür, dass etwas Dramatisches passiert ist. Die Leere der Straße mit Davids einzelnem Fahrrad ist so ungewöhnlich und so irritierend wie in einer der post-atomaren oder postkatastrophalen Szenen von Filmen, die nur Überlebende der Apokalypse zeigen. Der Film spielt auf den Terroranschlag 2015 in Paris an.

der Umgebung inszenieren eine andere Vision als das Autofahren. Man kann diese Szenen romantisiert finden, mit verträumtem Soundtrack und utopischen Bildern von Autos, die hinter dem Fahrrad rücksichtsvoll und langsam herfahren – so, wie man es selten in Städten mit Autoverkehr erlebt.

Amanda ist ein Coming-of-Age-Film, der nicht vom Fahrrad zum Auto als Symbol des „Ankommens in der Welt der Erwachsenen" übergeht. Spätestens, wenn das erste Kind geboren wird, schaffen Menschen häufig ein Auto an. Als utopische Intervention fiktionalisiert der Film Fahrrad-vorstellungen und experimentiert mit ihnen. Die Bewegung mit dem Fahrrad wird anders codiert und dadurch affektiv besetzt – nicht nur als Bewegung von A nach B, sondern als Ästhetik der Bewegung und vor allem der Beziehung. Wie in *Ovarian Psycos* werden Beziehung und Bewegung verbunden. Hier haben Film und mobile audiovisuelle Medien das Privileg, Mobilität einzufangen, da Bewegung durch die Bewegung der Bilder selbst repräsentiert wird. In beiden Filmen eignen dem Fahrrad seine eigenen Geschwindigkeiten, es ist umgeben von eigenen Wahrnehmungsformen. Es wird als eine in sich geschlossene (in sich stimmige, unabhängige) und gleichzeitig relationale (nach außen geöffnete) Art der Fortbewegung, wie Schwaab es in seinem Beitrag in diesem Band formuliert, untersucht: Es schafft Räume des Zusammenseins *und* der Subjektivierung. Es tritt hier auf als Raum für Existenzweisen, ist also kein Selbstzweck, aber unterhält auch kein instrumentelles Verhältnis zur Fortbewegung. Es schafft psycho-soziale Räume *in Bewegung* und wird zu einer gleichermaßen sozialen wie medialen Technik.

In beiden Filmen hat Mobilität eine verbindende Qualität, in Hinblick auf die Bildung von Kollektiven (Ovarian Psycos) sowie auf Heilung (Ovarian Psycos, Amanda). Die Filme adressieren die Verkopplung von sozialen Gefügen (Gruppenbildung, *doing family*) und Prozessen mit Mobilität (Stadtraum erkunden, Clit Rides/Critical Mass Rides) jeweils ästhetisch different, exponieren sie jedoch als Thema einer offenen Fahrradmobilität, die über den Status und das Motiv als Verkehrsmittel weit hinausweist. Die Medialität des Radfahrens zeigt sich hier in den sozialen und ästhetischen Praktiken, die die Filme „utopisch" inszenieren. Das Fahrrad deutet somit weniger als Relikt in die Vergangenheit als in die Zukunft und versammelt Individuen um eine Praxis im öffentlichen Raum. Der Bewegung, Beziehung und dem Erfahren des Raums wird gleichermaßen eine produktive, im Falle von *Ovarian Psycos* auch ermächtigende Wirkung zugeschrieben. Durch diese kurze Interpretation möchte ich verdeutlichen, wie audiovisuelle Bild-formen Radfahren über ein konkretes Transportbedürfnis hinaus ausloten und auch neue Bedeutungen generieren können, um mehr Zugänge zum Radfahren zu ermöglichen. Dabei werden auch die Bedeutungen des Radfahrens geöffnet und dadurch ästhetisch bearbeitbar. In den nächsten Absätzen fokussiere ich Fahrradfilme auf Medienplattformen wie Youtube, die Fahrradfahren nicht nur popularisieren, sondern auch neue Körperbilder und Bedeutungen in den Verkehrsalltag eintragen.

Radvlogging oder: „An affective collective could be made on-the-move"[35]

In diesem Teil möchte ich mich der Bildlichkeit postkinematografischer Bewegtbilder an der Schnittstelle von Bild- und Datenproduktion widmen. Dabei betrachte ich die in Sozialen Medien zirkulierenden Amateur:innenfilme nicht als Repräsentationen von Verkehr, sondern als mobile Praxis, die mit anderen mobilen Praktiken interagiert. Mobile Medien sind hochgradig anschlussfähig an Infrastrukturen, sie verdichten und intensivieren Mobilität und Bewegung mit ästhetischen Mitteln und prägen Relationen und Affordanzen bezüglich Praktiken. Sie sind in Infrastrukturen des Radfahrens eingebettet, ähnlich wie, jedoch anders als Apps rund ums Radfahren. Mit diesen unterhalten sie jedoch logistisch und personell enge Austauschverhältnisse.

In diesen Vlogs, so meine These, werden eher Austauschverhältnisse mit Infrastrukturen sichtbar. Insofern generieren sie wie auch Filme des Radfahrens andere Bilder der Mobilität. Sie sind durch mobile Formate geprägt, gezielt auf das Radfahren bezogen und häufig seriell, zum Beispiel wochenweise produziert. Sie erlauben so einen engeren Feedbackloop zwischen Radfahren als Praxis und Vlogging(-Rezeption). Außerdem sind sie stärker eingebettet in mobile Praktiken von Radfahrenden – sowohl von denen, die sie herstellen, als auch den zuschauenden Radfahrenden. Sie sind Alltagsmedien und eng verbunden mit der Inszenierung des Fahrens sowie mit Apps, die dabei verwendet werden. Das Fahren generiert so Bilder des Radfahrens aus der ‚Graswurzelperspektive'.

Radfahrvlogs begegnen der im ersten Teil beschriebenen Dominanz des Autoverkehrs mit einer anderen Perspektive. Neben dieser Gegenperspektive geht es mir um das, was ich mit Gilbert Simondon weiter unten in diesem Text Individuation nenne: ein Gefüge aus Praktiken der Bewegung, der Bilder und der Affekte. Die Verflechtung von Körper, Bild und Sozialen Medien scheint mir dabei ein wichtiges Feld für die Entstehung neuer

35   Adey 2017, 204.

Fahrrad*medien*kulturen. Mobile Medien bilden dabei differente, jedoch aufeinander bezogene Praktiken, die sich aufgrund ihrer hier hervorgehobenen Verschränktheit als Individuationen beschreiben lassen. In Simondons Begriff der Transindividuation tragen sich so nicht nur die Verschränkung von Körpern und Techniken ein, sondern auch diejenige von Mobilität und Prozessualität.

Vlogging ist ein Bereich, in dem Alltag und Medialität eng verflochten sind. Interessant ist es daher, verschiedene Medienformen wie Datentracking-Apps, Bilder aus Filmen und Sozialen Medien sowie Radfahrpraktiken eng aufeinander zu beziehen. Ich skizziere damit ein Konzept, welches ich aktuell auch in einem empirischen Rahmen mit teilnehmenden Beobachtungen und Interviews weiterentwickele.[36]

Medien des Radfahrens haben das Potenzial, Individuen und Stadt aufeinander zu beziehen, indem ästhetische und körperliche Praktiken entwickelt werden, die von Individuen geteilt werden.[37] Gerade im Bereich Sport und Fitness sind Vlogs in den letzten Jahren zu stark frequentierten Medienformen geworden. Zahlreiche Fahrradvlogs haben sich im Grenzbereich von Aktivismus, Selbstvermarktung und Celebrity-Kult entwickelt.[38] Dabei kommen auch performative Elemente der Aneignung von Stadt zum Zuge, wie zum Beispiel in den Vlogs von Diego Valero aus Bogotá auf Youtube (*Fixed Gear Bogotá*). Man filmt sich hier gegenseitig beim Fahren durch die Stadt – mit besonders kreativen Wegfindungen, einem Durchschlängeln (wie bei Fahrradkurierfilmen) und trickreichem Fahren. Die Übergänge zu Skate- und BMX-Vlogs und Musikkulturen wie Hip-Hop und Punk sind dabei fließend.

---

36 Vgl. das Projekt ‚Fahrradmedien. Analysen eines kooperativ bewegten Mediums' im SFB ‚Medien der Kooperation' an der Universität Siegen, https://www.mediacoop.uni-siegen.de/de/projekte/fahrradmedien-analysen-eines-kooperativ-bewegten-mediums/.

37 Die Umweltlichkeit von Daten und Verkehrsformen kann auch kritisch als Komponente der Smart City betrachtet werden und sollte in einem kritischen Infrastruktuparadigma untersucht werden, wie es etwa Ned Rossiter tut: „Composed with infrastructure that is frequently coded and managed by computational systems, the logistical city can be understood as something akin to the contemporary urban settings Rob Kitchin and Martin Dodge call ‚code/space' in which ‚software and the spatiality of everyday life become mutually constituted'" (Rossiter 2016, 36).

38 Zum Beispiel jene von Keira McVitty und Frances Cade. Auch auf Instagram ist dieser Trend längst mehr als ein Nischenphänomen. Siehe auch den Blog der Fahrradkurierin Kelsey Leigh, beispielsweise *A week as a cyclist in NY*, https://www.youtube.com/watch?v=Q2R2iBqoK8s.

Wie auch der im Folgenden besprochene zielen einige Fahrradvlogs auf
Empowerment und Feminismus ab. So beispielsweise der Blog *A Quick
Brown Fox* der afroamerikanischen Fahrradbloggerin und ersten Schwarzen
professionell Radfahrenden Ayesha McGowan, die unter anderem einen
Podcast produziert, in welchem Schwarze Frauen* erzählen, wie sie zum
Fahrradfahren gefunden haben. Gerade im männlich und *weiß* domi-
nierten Segment des Radfahrens sind Podcasts wie jene von McGowan
sehr wichtig, um die Breite der Radfahrenden anzusprechen und die
Bedeutung des Radfahrens für verschiedene Gruppen zu öffnen. Hier lässt
sich auch an die Ausführungen zu *Ovarian Psycos* anknüpfen, in denen das
gemeinsame Fahren Momente des antirassistischen, queerfeministischen
Empowerments darstellen. Die Mobilität des Radfahrens (räumliches
Empowerment) und die Mobilität der Medien (Empowerment durch
Repräsentation) verdoppeln sich hier.

Gerade dieses Element der Fahrradbiografie hat Isabell Eberlein (2020)
jüngst als wichtigen Moment der Neuinszenierung eines Empowerments
Radfahrender herausgestellt. Das Rezipieren von Fahrradmedien kann
– eingebettet in wichtige infrastrukturelle und soziale Voraussetzungen –
eine wichtige Motivation sein, das Radfahren anzufangen und vor allem
in Jugendjahren weiterzuführen. So berichtete es mir ein Mitglied eines
feministischen, in Berlin ansässigen Fahrradkollektivs, *SHE 36*, im Interview. Sie hatte den australischen Vlog *Fixed on Fixed* (Raechel Harding 2014)
gesehen und daraufhin eine Gruppe in Berlin gegründet. Erst kurz zuvor
hatte sie überhaupt erst damit angefangen, Rad zu fahren, und wurde
vom gemeinsamen, trickreichen Fahren der im Vlog dargestellten australischen Frauen*gruppe ,angesteckt'. Hier ist Mobilität nicht nur Distanz-
überbrückung und Transport, sondern räumliche und soziale Praxis. Wie
bei *Ovarian Psycos* ist Mobilität eng verbunden mit Differenzen wie Gender,
Race, Class und Dis_ability sowie mit Strategien, dissidente Räume in
Bewegung zu produzieren.

Im Vorgang der Rezeption entsteht zudem eine virtuelle Gemeinschaft Radfahrender, die sich wiederum in der Offlinewelt vernetzen, wie mir in Interviews berichtet wurde. Etwa, indem man sich auch in anderen Städten zu
Fahrten und Alleycat-Events (Schnitzeljagden auf dem Rad nach Vorbild von
Fahrradboten in New York) trifft. In zahlreichen Vlogs, gerade im Segment
des Fixiefahrens[39], geht es um Tricks und die performative Aneignung der
Stadt. Da man sich gegenseitig filmt, um Tricks und Manöver festzuhalten,
ist dies etwas anders gelagert als im Fall des weiter unten beschriebenen

---

39   Fixie steht für *fixed gear*: Räder ohne Gangschaltung, Freilauf und Bremse.

Vlogs von Juliet Elliott mit überwiegend subjektiver Perspektive.[40] Durch
das Filmen und Hochladen dieser Videos erfahren Perspektiven von Radfahrenden stärkere Verbreitung, ihre Sichtweisen werden dynamisch übertragen – auch die Stadt verändert sich, indem neue Perspektiven auf sie
generiert werden.

Neben diesen urbanen Bildern aus Metropolen, sich durchschlängelnden
Fixies und kreativen Fahrtechniken finden sich auch zahlreiche Reisevlogs.
Bikepacking, also Radreisen, und Overnight-Trips mit wenig Gepäck
auf eher sportlichen Rädern, haben in den letzten Jahren ein breiteres
Publikum gefunden, welches diesen Ausbruch aus dem Alltag häufig auch
auf Youtube oder Vimeo darstellt. Es sind auch nicht mehr nur Männer*,
die dieses ‚Abenteuer' auf den Videoplattformen teilen. Auch die Fahr-
radwerbenden haben ihre Strategien diesbezüglich etwas geändert. Das
Gefühl von Gemeinschaft und Lebensgefühl wird dabei von der Community
in den Kommentarspalten gelobt (z.B. Kelsey Leighs mehrteiliger Vlog von
Pittsburgh nach DC). Neben Ultra-Langstreckenrennen über Tausende
Kilometer – zum Beispiel von Alberta in Kanada nach Mexiko – sind es im
Genre des Bikepacking mehrtägige entspannte Touren, die an das Genre
des *travelogue* anknüpfen (siehe hier z.B. den deutschsprachigen Reisevlog
von *Radelmädchen*).

Radfahrvlogs: Feministische Öffentlichkeiten

Wie Fiona Kinsey (2011) gezeigt hat, posierten Frauen* bereits seit den
1890er Jahren mit ihrem Fahrrad in populären Fahrradmagazinen, um
eine Identität als Bürgerinnen im öffentlichen Raum zu repräsentieren.[41]
Auch hier wurden visuelle und mobile Medien gekoppelt. Das Fahrrad
wurde als moderne Erfindung wahrgenommen und überschneidet
sich mit der Popularisierung des jungen Mediums Fotografie sowie mit
Frauen*kämpfen.[42] Beide Medien schufen ein neues Publikum und eine
neue (mobile) Identität. Die Fotografie bot die Möglichkeit, im öffentlichen Raum gesehen zu werden, und das Fahrrad trug dazu bei, sich den

---

40 Dennoch kann man sagen, dass auch – wie weiter unten ausgeführt wird – eine subjektive Perspektive keine rein individuelle sein muss und Kollektivierungspotenzial
entfalten kann.

41 Zur Rolle des Radfahrens in der Suffragettenbewegung vgl. Cresswell (2011).

42 Um 1900 galt das Fahrrad noch als *das* private und gleichzeitig erschwingliche
Fahrzeug, wie Gary Allan Tobin (2004) in seiner historischen Studie schreibt. Es
ermöglichte sowohl individuelles, selbstbestimmtes Reisen als auch das Reisen in
Gruppen unterschiedlicher Größe anstelle von durchschnittlich maximal fünf Personen in einem Auto.

öffentlichen Raum zu erschließen – wie auch heute Fahrrad fahrende
Frauen* in verschiedenen Ländern dies als teilweise widerständige Praxis
praktizieren. [43] Für Frauen* entstanden an der Schnittstelle beider Technologien neue körperliche Erscheinungen – neue Arten, sich zu bewegen
und fahrradpraktisch zu kleiden (Jungnickel 2018). Ein ähnliches Potenzial,
Öffentlichkeit und Körpertechnik und damit zwei mobile Praktiken zu
verbinden, findet sich auch in der gegenwärtigen Fahrradmedienkultur.
Natürlich unter ganz anderen Voraussetzungen.

Die aktuelle Form eines solchen *bike posings* stellt eine affektive
Öffentlichkeit her, in der sich Selbstvermarktung und Empowerment überlagern. Es ist eine Intensivierung alltäglicher Prozesse, die sich nicht nur
auf Sichtbarkeit, sondern auf Bewegungssinn, auditive Raumerzeugung
und Selbstwahrnehmung bezieht und besonders durch mobile Kameras
verkörpert wird. Die Selbstdokumentationen in Kopplung mit Social-Media-
Funktionen, Tracking- und Navigationsapps funktionieren im Zusammenspiel mit anderen Techniken, etwa Körpertechniken. In ihrem Zusammenspiel werden Körpertechniken mobiler Subjekte durch Bildpraktiken
sinnhaft aufgeladen und Bildpraktiken in Körpertechniken intensiviert.
Beide Praktiken „intra-agieren" (Barad 2007, 74) und produzieren Affekte,
die den Alltag des Radfahrens aufladen und die Rezeption aus der Praxis
des Radfahrens heraus aktualisieren.

„Morning!" Radfahren mit Juliet Elliott

Der Youtube-Kanal der semiprofessionellen Radsportlerin Juliet Elliott
kombiniert Kurzfilme von Ausfahrten, Reparaturen und Radmoden mit
gamifizierten Trainingsapps wie Strava oder Zwift (Abb. 2).[44] Elliotts
Stil zielt auf Post-Punk ab sowie einen Empowerment-Feminismus, der
Product-Placement und alternative Fitnessbewegung verschränkt – beides
Phänomene, in denen unter anderem (vegetarische) Ernährung und
Mode eine Rolle spielen. Die Aufladung mit Symbolen aus subkulturellen
Bewegungen wie Alleycat und Fahrradkurier-Kulturen ermöglicht die
Anschlussfähigkeit an bestehende Bewegungen und spielt ästhetisch mit

---

43   Auch heute noch gibt es diese Praktiken, aber in anderer Form. Zum Beispiel findet
      sich das Posieren mit Radfahrenden bei der *Tour des femmes*, die einen Tag vor
      den Männern* dem Streckenverlauf der Tour de France folgt, um die Fähigkeit
      der Frauen*, die Tour zu fahren, zu demonstrieren und gegen den Ausschluss von
      Radfahrerinnen zu protestieren. Es gab in den letzten Jahren viele feministische
      Gruppen, die auf die Verstrickung von Radfahren und Feminismus aufmerksam
      gemacht haben, zum Beispiel *FemMobility* aus Berlin.

44   https://www.youtube.com/channel/UCjcANXkXDbYqQ34F_UTql5w.

Abb. 2: Fahrradvlogs von Juliet Elliott (Quelle: Youtube Kanal von Juliet Elliott; https://www.youtube.com/user/hellyeahstupidshit)

Retrochic. Das Interessante sind hier die Einbettungen von Apps und Trackingverfahren in die audiovisuelle und sensorische Medienform. Hier erfolgt quasi eine Intensivierung und Verdatung des Radfahrens in der ästhetischen Form des Vlogs. Dies wiederum schafft eine starke Verknüpfung von Infrastrukturen unterschiedlicher Art. Da Infrastruktur, Praxis und Repräsentation hier eng verflochten sind, lohnt es sich, die diese Gefüge durchziehende Ästhetik näher zu betrachten.

Dabei ist Elliott zwar Semiprofi, die Wirkungsweise ihres Vlogs stellt jedoch bestimmte Momente des Empowerments dar, die auch für den Alltag gelten könnten – auch wenn natürlich nicht jede mit dem Renn- oder Gravelrad[45] pendelt. Hier gilt es, zwischen den Zielgruppen der sportlich Radfahrenden, Pendler:innen und Fahrradbegeisterten zu unterscheiden – jedoch sind Mobilitätspraktiken, wie bereits mehrfach erwähnt, nicht allein Transportweisen. Gerade die Vielfalt der Zugänge und die Kultur – beispielsweise Kleidung und (vor der Coronapandemie auch) Community – erzeugen einen gemeinschaftlichen und zugleich individuellen Bezug zum Radfahren, der auch über sportlichere Szenen hinaus wirken kann. Andere Vlogger wie beispielsweise Francis Cade sehen sich ebenfalls als ‚Botschafter:innen‘ der Community und stellen regelmäßig Protagonist:innen der internationalen Radszene vor. Das gemeinsame Fahren, Interviews und Ethnografien der Radszene überlagern sich in seinen Vlogs, wie dies auch bei Juliet Elliott der Fall ist.

---

45   Ein geländegängiges, robustes Rennrad, das zum Fahren auf Schotter/Kies (= *gravel*) geeignet ist.

Elliott ist ein britisches, *weißes* ehemaliges Sportmodel, war Snowboard-
profi und wird in ihrer zweiten Karriere als Fahrradbotschafterin von
diversen Marken gesponsert. Mit ihrem charakteristischen „Morning"-
Ruf beginnt jedes ihrer Videos. Teil ihres umfassenden Auftritts in den
Sozialen Medien sind wöchentliche Vlogs, die sich um Radthemen drehen
und häufig ihre Performance auf dem Rennrad, Gravelrad oder Mountainbike dokumentieren und inszenieren. Die Vlogs werden überwiegend von
ihr gefilmt – anders als bei vielen von Gruppen gemachten Vlogs, die sich
gegenseitig filmen – und reichen von lokalen bis zu weltweiten Events und
Ausfahrten. Als Semiprofi charakterisiert Elliott nicht der von vielen männlichen Radprofis bekannte glatte Stil – im Gegenteil, ihr Markenzeichen
sind die anarchistische Katze und die Tattoos, die ihre Arme und Teile
der Beine bedecken. Sie verkörpert also eine Mischung aus Punk[46], Street
Fashion, DIY und Feminismus, was sie als smarte Unternehmerin, aber
auch als Vorreiterin eines nicht mehr nur auf Leistung abzielenden (Elite-)
Radsports ausweist, der zugleich das Potenzial hat, breit in Gruppen von
Fahrradbegeisterten auszustrahlen. Damit ist sie natürlich auch Teil von
zeitgenössischen Formen der Wertschöpfung durch Followerökonomien.
Statt um Sport allein und die Steigerung von Leistung geht es hier um
die Erzeugung von Lebensgefühl.[47] Juliet Elliott ist daher mehr als ein *role
model*, sie vermittelt mit positiven Affekten aufgeladene Körperbilder des
Radfahrens und schreibt damit an Mobilitätspraktiken mit, die sich von der
Autokultur stark unterscheiden. Vlogs von Radenthusiast:innen können so
eine Gegenperspektive zur Ästhetik des Autoverkehrs bilden. Unabhängig
von der vordergründigen ‚Positivität' der Emotionen, die oft auch negativ
sind (Frust, Schmerz, Anstrengung), ist es bei Elliott eine sehr viel tiefer
liegende „Freude" (Spinoza) an der eigenen Bewegung, die hier zum Ausdruck kommt.[48]

46 Zu den historischen und kulturellen Überschneidungen von Punk und Fahrrad-
    bewegungen vgl. Furness (2014).
47 Zur Rolle des Affekts in den Mobility Studies einführend Adey (2017, 192–206) und
    Sheller (2005), die die Rolle von affektiven Attachments ans Autofahren untersucht.
    Gerade Lebensgefühl ist unter anderem allerdings auch Gegenstand des affektiven
    Kapitalismus (Massumi 2018).
48 Zum Unterschied von Affekt und Emotion vgl. Massumi (2002). Massumi
    unterscheidet zwischen soziokulturellen Emotionen und dem Affekt, der eher
    eine Intensität als Freude, Trauer, Wut etc. bezeichnet. Affekte sind offener und
    vergleichbar mit gefühlten Potenzialen und Lebensfreude. Sie sind Schwellen-
    phänomene und unterscheiden sich daher von Emotionen, die kulturell und his-
    torisch jeweils konventionell festgelegt sind und semantisch bezeichnet werden
    können.

In den Videos, die überwiegend Ausfahrten dokumentieren, spielen Landschaften – vom südenglischen Devon, ihrem Wohnort, über den Lake District bis zu Radler:innenhotspots in Kalifornien, Japan oder auf Mallorca – eine zentrale Rolle. Vom Genre her mischen sich hier *travelogue* und Selfieästhetik. Ausfahrten werden häufig mit einem Ereignis wie dem Austesten eines neuen Cafés durch das obligatorische Kuchenessen Rennrad fahrender Vielverbrenner, dem Schwimmen in Seen, Flüssen oder dem Meer oder einem Campingtrip dramaturgisch abgerundet. Musik und die dynamische Montage der Bilder alternierend mit langen vom Rad aufgenommenen meditativen Kamerafahrten untermalen die affektive Kraft der Mobilität.

Die selbstreflexiven Auftritte mit einem häufig etwas peinlich berührten „Ich-muss-jetzt-vor-anderen-in-die-Kamera-sprechen"-Kommentar erhöhen den Identifizierungsgrad mit der Protagonistin. Typisch für das selbstdokumentarische Amateurgenre sind Authentifizierungen wie Aufnahmen aus dem Zuhause bzw. von der Familie.

Zentral für das Schauvergnügen scheint mir die Aktualisierung des Fahrens in einer sensorischen Ästhetik zu sein, die durch ihre Multimodalität die auf das Visuelle zentrierte Ästhetik des Autofahrens (Borden 2012, 45) stark kontrastiert: Durch die typische Nähe der Kamera zum Körper und die überwiegend subjektive Perspektive während der Ausfahrten übertragen sich Affekte, die das Radfahren begleiten und sich im Schauen aus subjektiver Perspektive am eigenen Körper aktualisieren können. Etwa wenn ein besonders schwerer Aufstieg zu bewältigen ist oder eine besonders rasante Abfahrt erlebt wird. Wie in der unter Rennradfahrer:innen beliebten Trainingsapp Strava wird Elliott zu einer Art Avatar, wenn man mit ihr aus einer subjektiven Perspektive auf einem Gravelrad schwierige Passagen meistert, manchmal bei eigentlich mehrstündigen, aber filmisch auf wenige Minuten komprimierten Rennen den Tränen der Erschöpfung nahe ist (wie bei einem Rennen auf Zeit in einem norwegischen Fjord) – oder aber mit einem Mountainbike über Hügel fliegt. Die GoPro als typische Sportkamera schafft hier Affektintensität und sensorische Übertragung zuweilen starker Kräfte, die auf den Körper wirken. Gerahmt von Stativaufnahmen, die die Vloggerin in der Halbtotale zeigen, wendet sich Elliott in wöchentlich erscheinenden, ca. 15-minütigen Videos an ihr Publikum. Dies gibt reichlich Gelegenheit, besondere modische Accessoires wie die für den Rennsport unerlässliche Sonnenbrille, Helme oder trendige Trikots von kleinen internationalen Labels zu präsentieren, aber auch Streetwear, etwa vom Sponsor Vans.

Obwohl Elliott Rennen und Ausfahrten in pittoresken Landschaften fokussiert, wird ihr Vlog auch von Protagonist:innen der alltäglichen Radkultur rezipiert, was sich in zahlreichen Kommentaren unter dem Vlog spiegelt. Dies trägt zu einer audiovisuellen Kultivierung von „skilled practice[s]" (Grasseni 2009) bei, wie Reparaturen, die von der Community eingefordert werden, oder andere Bikehacks. Das Alltägliche des Radfahrens im *commuting* oder Training wird mit dem Besonderen, etwa Rennen oder speziellen Ausfahrten wie Bikepacking-Ausflügen, verknüpft. Dabei verschränken sich Alltag und Professionalisierung, Training und Abenteuer bzw. Experiment[49] – aber auch Rezeption und Produktion. Denn die Kommunikations- und Bewegungsformen bieten den Zuschauenden Impulse, diese auf die eigene Radfahrpraxis zu beziehen – vor allem die Weise des Radfahrens und die Mode sind prägend. Dabei denke ich weniger an eine mimetische Aneignung dessen, was in diesem oder anderen Vlogs vorgeführt wird, sondern an die Weise, wie hier verschiedene Alltagsbereiche durch das Radfahren zusammengeführt werden, sowie an affektive Bezüge und Körperlichkeiten, die unter anderem durch die mobilen GoPro Kameras realisiert werden und durch die Integration von Tracking-Apps in den Kanal. Durch die mobile Kamera, die Elliott während ihres Trainings an ihrem Körper befestigt und die Bewegung und freudige oder angestrengte Affekte in den so generierten Bildern verschränkt, werden Affekte und verkörpertes Wissen auch im Zuschauer:innenkörper aktualisiert und mobilisiert (Abb. 3). Der Stil und Rhythmus des Radfahrens wird erfahren und somit potenziell angeeignet. Zudem wird durch die Vlogbilder das Radfahren positiv besetzt, was eine affektive Anschlussfähigkeit fördert.

Innerhalb des Vlogs verbinden sich verschiedene Funktionen und Stile Sozialer Medien. Ältere Genres werden remediatisiert und in neueren Bildformen zu Vehikeln von Mobilität und mobilen Subjektivitäten, die in ihren täglichen Pendler- oder Freizeitfahrten einen Bezug zu Mobilitätsgemeinschaften herstellen: Der Stil operiert hier als soziale Ästhetik in der Herstellung von Communitys.[50] Radkultur als soziale Ästhetik verklammert

49 Indem man neue Wege findet, etwas entdeckt, eine neue Route findet, zu einem besonderen Ort aufbricht, wird unter anderem der experimentelle Charakter der Mobilität betont.

50 Adey schreibt zu der Herstellung von Gemeinschaft durch Mobilitätspraktiken: „Being mobile together in time is ‚critical in both the establishing and enhancing a sense of collective purpose and a common understanding' producing feelings of ‚well being' (Brennan 2003: 70) in sports events and other communal gatherings …. Feelings may extend beyond and envelop a group moving in time" (2017, 201). Vgl. zur Rolle des Affekts in mobilen Gemeinschaften des Motorradfahrens auch (de Jong 2015).

Abb. 3: Sequenz aus dem Filmen einer Ausfahrt (Quelle: Youtube Kanal von Juliet Elliott; https://www.youtube.com/user/hellyeahstupidshit)

Apps, Plattformen und Bildstile. Dabei können Mitglieder der Community Mode, Habitus und Sensorik (z.B. Kinästhetik) der mobilen Bildlichkeit von Elliotts Radvlogs auf ihre analoge Praxis anwenden, die sich dadurch zugleich in ihrem Erleben intensiviert. In diesem Austausch entsteht nicht nur ein narratives und bedeutungsgebendes Element, sondern auch ein affektiver Wert (Massumi 2018). Dieser Kreislauf aus Bildern, Körpern und Plattformmedien ist nicht rein reproduktiv zu verstehen, sondern generiert neue Potenziale und soziale Interaktionen, die sich als Transindividuationen (Simondon 2007, 38; Combes 2013) beschreiben lassen: Als Individuation oder Emergenz eines spezifischen Stils, der mit (sozialen) Ästhetiken (Born et al. 2017) verwoben ist sowie einer Community, die diese Stile reproduziert, erfindet, anwendet und konsumiert. Social-Media-Vlogs und Radfahren prägen sich so gegenseitig.

Auch auf der Ebene der Apps werden Austauschprozesse sichtbar: Die Verwendung von Strava bei Elliott ist etwa direkt anschlussfähig an die eigene Verwendung von Strava, die wiederum das virtuelle Zusammen-fahren ermöglicht. Das Trainingsmedium und das Soziale Medium werden in Elliotts Vlogs verdichtet, aber auch fortgesetzt – letztlich sind ihre Videos anschlussfähig an diese Körper- und Sozialtechniken, indem sie selbst Teil der sozialen und audiovisuellen Netzwerke sind, die sich in den Alltag hinein verästeln.[51] Die Interaktion zwischen den verschiedenen medialen

---

51   Einige Kanäle Radfahrender verbinden die Trackingdaten mit dem Youtube-Film und blenden direkt Biodaten und Geschwindigkeit ein.

Sphären ist hier zentral, um Techniken – Radfahren als Körpertechnik und die soziale Ästhetik der Community – zu verschränken.

Ein Vlog wie jener von Elliott verschaltet eine alte und fast schlicht zu nennende Technik der Kraftübertragung mit Sozialen Medien, Datentracking und gouvernementalen Techniken wie etwa der Selbstoptimierung. Der Vlog versammelt um das Radfahren eine umfassende Kultur aus Bildern, Sensoriken und Einblicken in Fahrradszenen, zum Beispiel die Fixie-Community. Es wird eine prototypische „intra-action" (Barad 2007) zwischen Körpern und Techniken einer digitalen Community in einer verdichteten Verschränkung von Radfahren und Filmen erfahrbar.

Zwischen Affekt, Kollektivität und Kapitalisierung: Trans/Individuationen des Radfahrens

Was in dem Gefüge an Ästhetiken und Praktiken um Elliott paradigmatisch wird, ist die prozessuale Verschaltung von Medialität, Mobilität und Subjektivierung, die ich mit Simondon als Individuation des Radfahrens bezeichnen möchte. Hier wird nicht nur das Selbst dynamisch, sondern auch die Umgebung, das Milieu. Die Vlogs werden zu gouvernementalen Selbsttechniken, aber auch – gleichzeitig – zu *mobilen* Techniken des Selbst. Technik des Radfahrens, Technik des Subjekts und Technik des Vlogs verkoppeln sich hier zu einem Gefüge.

Gilbert Simondon (2007, 1989) beschrieb das Wechselspiel von Umwelt und Subjekt als Individuation. Er dehnte diesen Begriff auf die Bereiche des Psychischen, des Lebendigen wie der materiellen Techniken aus. Damit eine Aktivität eine Konsistenz erreicht, muss ein Prozess eine wiederholende Rückwendung auf sich selbst vollziehen. In dieser dadurch entstehenden Ontogenese verändert sich wiederum das Milieu. Dabei beschreibt Simondon keine voluntaristischen, aber auch keine determinierten, sondern problemorientierte Prozesse, die dazu tendieren, Differenzen in Spannungsniveaus auszugleichen und damit ein prekäres reaktionsfreudiges Gleichgewicht herzustellen. Die Individuation entwickelt sich als die Lösung dieser Spannung. Radfahren lässt sich aus Sicht der Theorie der Individuation als eine Reihe von Prozessen beschreiben, die Techniken verschränken: Techniken des Selbst, des Fahrradfahrens und mediale Techniken. Radfahren verschränkt Milieu und Praxis und wirkt wiederum auf das Milieu des öffentlichen Raums zurück sowie auf die eigene Subjektivität. Diese Subjektivität ist, so Simondon (2007, 36–37), unmittelbar verbunden mit dem Milieu und einer Kollektivität, die mehr als die Summe der Einzelnen ist. Dies nennt er Transindividuation oder „Gruppenindividuum" (2007, 36). Das Radfahren ist hier trans/individuelle Praxis. Sie verschränkt Milieu und Kollektiv und wirkt auf das Individuum zurück.

Die Perspektive der verschränkten Individuationen erlaubt es, weder einen medialen noch einen sozialen Determinismus oder eine Vorgängigkeit des einen vor dem anderen zu denken – und damit, die Medialität der eigenen Existenz als Gefüge oder Ko-Emergenz zu verstehen. Die Individuation fokussiert das Zwischen, die Relationen und die Übersetzungsbereiche: Im Falle des Radfahrens verzahnt die Individuation *mobile* Existenzweisen, Subjekte *in* Bewegung und Medientechnologien des Radfahrens. Die Frage der Individuation an der Schnittstelle von Mobilitätspraktiken und Medien des Radfahrens ist interessant, weil sie eine soziale Ästhetik herausbildet, eine „materiality of identity" (Hediger 2016, 265) des Radfahrens. Statt aber von einer mehr oder weniger festgeschriebenen *Identität* auszugehen, schlage ich vor, Individuationen als Prozesse zu denken, denn diese berücksichtigen zugleich materielle, psychische und soziale Aspekte des Werdens eines Individuums. Und sie gehen über das Individuum hinaus, wie Simondon bemerkt, betonen Schnittstellen, Verschränkungen mit Infrastrukturen und mobilen Medien. Individuation schließt somit auch Prozesse ein, die nicht in einem menschlichen Subjekt oder an einem menschlichen Körper enden, sondern diese vielmehr mit Praktiken ver-knüpfen. Radfahren wird so als umfassende Medienkultur verstanden anstatt als Praktiken von Individuen. Diese wird zu einer Praxis der Körper, Bilder, Infrastrukturen und Kollektive. Technik und Sozialität verschränken sich in Austauschprozessen von Individuation und Milieu.

Dieser Ansatz ermöglicht es mir, den Blick weg von der Phänomenologie oder rein soziologischen Analysen zeitgenössischer Radfahridentitäten, etwa von Subkulturen, hin zu einer Schnittstelle subjektivierender und technischer – eben auch ästhetischer und digitaler – Praktiken zu ver-schieben.[52] Selbst wenn Elliott nicht repräsentativ für das weite, heterogene und dynamische Feld des Radfahrens ist, so schlage ich anhand ihrer Vlogs ein Modell der mobilen Medien des Radfahrens vor. Dieses Modell betont

---

52 Natürlich sind auch andere Medienpraktiken als Individuation und Gefüge beschreibbar. Hier soll jedoch der Schwerpunkt auf der Sichtbarmachung der Ver-schränkungen von Subjektivitätsmöglichkeiten und Technologien im Radfahren liegen.

die prozessuale Offenheit von Medienformen der Mobilität, die sich im Radfahren verschränken.

Der radfahrende bzw. rezipierende Körper wird damit selbst ein Ort – Simondon würde sagen Milieu – für neue Existenzweisen. Der radfahrende Körper wird ein „Synthetisierer von Bewegungen" (Egert 2021, 13) – medialen Bewegungen und Bewegungen des Körpers wie Affekten, Bildern und Sensoriken. Radfahren ist damit nicht eine Technik, sondern verbindet viele Techniken.

Gerade weil in der Mobilität wertschöpfende Affekte entstehen, können diese jedoch auch durch Abschöpfungsprozesse des ästhetischen Kapitalismus (Guattari 1995) angeeignet werden. Für kapitalistische Abschöpfungsprozesse ist es unerlässlich, dass diese Subjektivierungen neue Affekte generieren, mit denen Ästhetiken besetzt werden. Die verhandelnde Subjektivität muss stets auf beide Sphären reagieren und wird gleichsam selbst Technik: eine modulare Technik, die Techniken verschränkt und verbindet; im Sinne Harneys (2018) eine Art Synapse: „These bodies make flows circulate while at the same time are always on the cusp of dissolving in these flows to produce other connections, new centers of actions and new intensive knots" (Egert 2021, 13).

Diese Verschaltung macht besonders in den affektiven sensorischen Schnittstellen Sinn, in denen sich durch Radfahrkultur neue Weisen, Stile, schließlich Moden und damit Subkulturen bilden, die wiederum in Bild- und Körperpraktiken intensiviert werden. Radfahrende erfinden Stile, Zeichen und Moden, die im kognitiven Kapitalismus eine zentrale Rolle spielen (Massumi 2015, 25).[53]

Gerade das, was ich hier als Chance sehe, die Gefügeartigkeit und Anschlussfähigkeit des Radfahrens für eine nachhaltige Verkehrspraxis, ist auch ein Einfallstor für den Datenkapitalismus. Radfahrmedien sind aber nicht von vornherein und ausschließlich als kapitalistische Praktiken zu betrachten, sondern teilen das Schicksal aller progressiven Subkulturen im Kapitalismus. Umso intensiver sollten wir fragen, wie wir Mobilität

---

53   Brian Massumi beschreibt sowohl die Emergenz von Neuem in digitalen Umwelten als auch seine Inwertsetzung als Affektpolitik. Affekt bezeichnet hier eine noch nicht qualifizierte Intensität, keine Emotion. Ein abstraktes Fühlen mehr als ein konkretes Gefühl. Als Affektpolitik lässt sich zum Beispiel das Viralwerden von Bildern und Nachrichten ebenso beschreiben wie die Hatespeech rechter Netzpolitik. Der Affekt ist nicht das immediatisierte, Affekte werden selbst medial generiert, und zwar an den Schnittstellen von Techniken und Technik, sie sind nicht vorursprünglich, auch wenn sie offene Potenziale darstellen (vgl. Massumi 2018 und 2015).

zugleich als Commons, als kollektives Gut denken und organisieren können (Nikolaeva et al. 2019; Bee 2021).

Im Gegensatz zum privatisierten Autofahren, das per se eine Durchsetzungsweise kapitalistischen Denkens ist (selbst wenn sich seine spezifische Bedeutung insbesondere für marginalisierte Gruppen und Individuen darin nicht erschöpfen mag), kann Radfahren *verschiedentlich* angeeignet werden.[54] Fahrradfahren ist eine Existenzweise oder Individuation (bzw. viele!), die als Gefüge verschiedener Medienformen – und natürlich nicht außerhalb des Kapitalismus – entsteht. Der Datenkapitalismus der Sharing Economy, zu der auch das Leihrad gehört, schöpft Bewegung genauso ab wie Lebensformen: So ist die mobile Individuation im Gefüge von Mobilität und Datentracking auch „dividuell" (Deleuze 2017, 258), eine modularisierte Körperlichkeit.[55] Umso zentraler ist es, kommunitäre und lokale Lösungen für die Nutzung von Mobilitätsdaten zu finden, die nicht durch Tech-Unternehmen im Silicon Valley verwendet werden.

Radfahren ist durch den Vlog betrachtet auch eine medial stabilisierte Praxis, die neue Mobilitätsformen prägt und ästhetisch antizipiert. In Vlogs werden Kulturen des Radfahrens ausgehandelt, die von ihren Praktiken und den Philosophien dahinter (u.a. Fixie, Rennrad, Gravel) umkämpft, aber auch dynamisch und im Werden sind. Diese Orte der Aushandlung machen mediale Betrachtungsweisen in der Verkehrswende zu notwendigen Verbündeten. Mobilitätspraxen greifen auf Vorstellungen und Selbstbilder, Kleidung und Wegeplanung, Infrastrukturen und die Umgehung der ihnen eingeschriebenen autozentristischen Gewalt[56] zurück. Diese Praktiken sind verknüpft mit anderen Praktiken, sie prägen Ästhetiken, die reale Auswirkungen auf die Freude am Radfahren haben. Hier greift Simondons Theorie der Individuation als zugleich individualisierende/kollektivierende und ästhetisierte/medialisierte: als Trans/Individuation. Die Beweglichkeit und Bewegung der Filme von Elliott beispielsweise generieren affektiven Wert und laden die Symbole zusätzlich mit einer Art Lebensfreude des Radfahrens auf, was mit Brian Massumi als virtueller Wert des Affekts

---

54 Anna Tsing (2019, Kapitel 2) etwa argumentiert, dass Kapitalismus sich Praktiken und Weisen aneignet, in der Welt zu sein. Hier folgt sie implizit Deleuze und Guattaris Analyse des Kapitalismus als vampirischer Aneignung (Deleuze und Guattari 1977, 44; 2005, 587–655).

55 Vgl. Zu einer kritischen Perspektive auf Logistik, die diese Sicht informiert (Moten und Harney 2016; Tsing 2009; Egert 2021; Rossiter 2016).

56 Herrndorf (2017) prägte den Begriff der „motorisierten Gewalt" und meinte dabei die alltägliche, strukturelle Verdrängung von Radfahrenden aus dem Verkehrsregime sowie einzelne gezielte Übergriffe auf Radfahrende, die nicht als solche erscheinen, da sie zum Beispiel in der Berichterstattung euphemisiert beschrieben werden.

zu verstehen ist, der eben auch kapitalistisch abgeschöpft werden kann.
Sie tragen aber auch den Affekt der Freude des Radfahrens in sich und
ermöglichen so neue, körperliche Bezüge zu Stadt, Raum und Selbst: Radfahren kann in diese Sozio- und Selbsttechniken eingefasst sein und sie
umgekehrt forcieren, ermöglichen und affirmieren.

Daher ist das Argument hier zirkulär: Wir haben keine *reine* Kultur des
Radfahrens, die dann kapitalisiert und medialisiert wird. Wir müssen die
Zeichen und Bilder in der Produktion radfahrender Körper dennoch ernst
nehmen (Furness 2014), um die Rolle ästhetischer Phänomene für eine
sozialökologische Mobilitätskultur zu verstehen. Mit Simondons Theorie
des Milieus kann man sagen, dass die Medien des Radfahrens zu einem
Milieu möglicher Individuationen werden, wie auch die Infrastruktur dieses
Milieu formt. Simondons Theorie von Individuum und Milieu ist hier als
wechselseitig zu verstehen: Auch die Individuation wirkt auf das Milieu des
Verkehrs und macht es möglich, dass sich dieses verändert. Praktiken und
Infrastrukturen, Körper und Dispositive treten so in ein wechselseitiges
Verhältnis.[57]

Denn wenn, wie oben aus historischer Sicht für den Fall des privaten Autofahrens argumentiert, die Kultur sich als eine Fahrradkultur oder eine der
sozialökologisch gerechteren Verkehrsformen transformiert, dann gehört
dazu mehr als nur die Infrastruktur. Es braucht auch eine affektive Besetzung des Radfahrens und eine kulturelle Aufwertung – und vor allem eine
Perspektive, die das Wechselverhältnis der beiden im Blick hat. Es braucht
die direkte infrastrukturelle Maßnahme genauso wie den positiven Bezug
auf Radfahrmobilität als sicher und lebenswert für alle – und als vielfältige
Praktiken: als Möglichkeit jeder Einzelnen, daran anzuknüpfen.

Schluss

Das Radfahren ist heute in ein Netzwerk von Apps eingebunden, die
helfen, Wege zu planen, und den Zugang zu öffentlichen Verkehrsmitteln
ermöglichen. Knie und Canzler (2019, 26) nennen dies „Interoperabilität der
Digitalität on demand". Die Berliner Verkehrsbetriebe entwickelten zum
Beispiel eine App, die Fahrradverleih und U-Bahn-Nutzung zusammen-
führt, wie es in einigen europäischen Städten schon gang und gäbe
ist. In Mobilitätsapps wie Strava wird Bewegung zu einer Quelle für die
Generierung von Daten, die leicht extrahiert werden können. Bewegung

---

57   Mimi Sheller bezeichnet diese Performanz als „infrastructuring" (2018, Kapitel 4).

und die Art und Weise, wie Menschen sich fortbewegen, sind sowohl für die kommerzielle als auch für die potenzielle politische Nutzung interessant.[58]

Eingebettet in diese digitale Ökologie von Apps, Routenplanung und Sozialen Medien, die als Schnittstellen für die gemeinsame Nutzung von Wegen und Orten dienen, ist Radfahren eine gleichermaßen mediale, soziale und körperliche Praxis. Die Körper der Radfahrer:innen sind dem nicht äußerlich, sondern in die Geomedien sowie – zwischen Strava, Instagram und Youtube – in die Sozialen Medien eingebunden.

„Bilder des Verkehrs" (Waitz 2014) wie jene hypermobilen Vlogs von Elliott dienen der Inszenierung und vor allem der Produktion einer Existenzweise oder Lebensform. Beides ist miteinander verflochten: mittels des Austauschs von Bildern in Sozialen Netzwerken, in denen filmische Formen und Formen der Mobilität von Körper und Bild aufeinandertreffen. Mobilität von Zeichen und Mobilität als Praxis sind nicht deckungsgleich, informieren sich aber wechselseitig.

Eine breitere Perspektive der Praktiken, der Ästhetik, der Sprache und der körperlichen Erfahrung müsste all diese verwickelten und unterschiedlichen Dimensionen der Medialität anhand empirischer Gegenstände berücksichtigen, die ich hier zunächst als Perspektive skizziert habe. Denn Mobilität ist kulturelle, gesellschaftliche, politische und nicht zuletzt ästhetische Praxis, die Infrastruktur, Räume und Individuen formt.

Gleichzeitig werden emergierende Kulturen und ihre Prozesse etwa rund um Fahrradkultur und ihre kreative Lebendigkeit als „rolling signifier" (Shea und Withers 2016, 6) durch kapitalistische Techniken abgeschöpft. Das heißt: Nicht nur prägen Medien das Radfahren, Radfahren generiert auch affektive Mehrwerte, die wiederum Potenziale in anderen Medienformen wie Mobilitätsvlogs freisetzen. Diese bringen Körper in Bewegung, die wiederum Daten und Affekte produzieren. Gerade in der Fixieszene werden Vlogs daher wesentlich weniger kommerziell produziert.

Die Besonderheit digitaler Medien des Verkehrs ist ihre Anschlussfähigkeit und Modularisierung in einem breiten Spektrum des Psychosozialen genauso wie des Technischen (Simondon), die sich gerade in sich stetig unterhalb der Wahrnehmungsschwelle vollziehenden alltäglichen Aktivitäten wie Radfahren mit GPS-Planung äußert. Mobilität wird so zu

---

58 Hier muss vor allem über autonome Automobilität nachgedacht werden, die noch viel umfänglicher einer daten- und privatisierungskritischen Perspektive unterzogen werden muss (Bee 2021).

einem proto-politischen Schauplatz affektiver, digitaler Technologien, verklammert von und stabilisiert durch soziale Ästhetiken.

Natürlich muss gerade vor dem Hintergrund dieser Perspektive das Potenzial medialer Räume des Radfahrens und der Schaffung von Akzeptanz für eine inklusive, das heißt auch dis_ability-sensible Perspektive auf die Verkehrswende stärker ausgelotet werden, als ich es hier anhand eines zumindest körperlich augenscheinlich *able-bodied* Vlogs getan habe.[59]

In Fahrradmedien liegt ein Beitrag zum Verständnis dafür, wie Medien diesseits und jenseits der Digitalisierung in der sozialökologischen Verkehrswende mitgedacht werden müssen. Damit können auch die Medienkulturwissenschaften zum Nachdenken über eine gerechtere Mobilitätspraxis beitragen, die Städte und Dörfer lebenswerter und nachhaltiger macht. Dabei muss sie, wie meine Analyse hoffentlich deutlich gemacht hat, weder ihren kritischen Auftrag noch ihr – nach Guattari – affirmatives Moment gegenüber dem Glauben an eine Welt anderer Mobilitäten aufgeben.

Literatur

Adey, Peter. 2017. *Mobility*. Abingdon: Routledge.

Agora Verkehrswende. 2017. „Mit der Verkehrswende die Mobilität von morgen sichern: 12 Thesen zur Verkehrswende." Letzter Zugriff 28.09.2021. https://www.agora-verkehrs-wende.de/fileadmin/Projekte/2017/12_Thesen/Agora-Verkehrswende-12-Thesen_WEB.pdf.

Ahrens, Gerd-Axel, Becker, Udo, Böhmer, Thomas, Richter, Falk, Wittwer, Rico. 2013. *Potenziale des Radverkehrs für den Klimaschutz. Umweltforschungsplan des Bundesministeriums für Umwelt, Naturschutz und Reaktorsicherheit*. Letzter Zugriff 07.02.2022. https://www.umweltbundesamt.de/sites/default/files/medien/461/publikationen/4451.pdf.

Augé, Marc. 2010. *Éloge de la bicyclette*. Paris: Payot & Rivages.

Barad, Karen. 2007. *Meeting the Universe Halfway: Quantum Physics and the Entanglement of Matter und Meaning*. Durham: Duke University Press.

Bau, Matthias. 2020. „Stolperfallen der Ruhr-Radwende." *Correctiv.org*, 13. August. Letzter Zugriff 28.09.2021. https://correctiv.org/ruhr/2020/08/13/stolpersteine-der-ruhr-radwende.

Bee, Julia. 2021. „Vom Autofahren zu Mobilitätsgemeinschaften: Die Automatisierung der Individualität vs. Verkehr als *Commons*". In *Autonome Autos: Medien- und kulturwissenschaftliche Perspektiven auf die Zukunft der Mobilität*, hrsg. von Florian Sprenger, 117–145. Bielefeld: Transcript.

---

59   Francis Cade etwa reagiert auf seinem Youtube-Kanal darauf und hat die Kategorie „wheel chair stuff" in seine Vlogs eingefügt, um auch Rädern, die Radfahrenden mit körperlichen Einschränkungen gerecht werden, mehr Raum zu geben, ihre Perspektive darzustellen.

———. 2019a. „Biking and her Allies: Julia Bee zum Recht auf Bewegung im öffentlichen Raum." *Gender-Blog der Zeitschrift für Medienwissenschaft*, 26. August. Letzter Zugriff 28.09.2021. https://zfmedienwissenschaft.de/online/blog/biking-and-her-allies.

———. 2019b. „Radfahren als feministische Praxis: Julia Bee zu «Ovarian Psychos» (USA 2016)." *Gender-Blog der Zeitschrift für Medienwissenschaft*, 26. August. Letzter Zugriff 28.09.2021. https://zfmedienwissenschaft.de/online/blog/ovarianpsychos.

———. 2018. „Lob des Fahrradfeminismus." *Gender-Blog der Zeitschrift für Medienwissenschaft*, 21. November. Letzter Zugriff 28.09.2021. https://www.zfmedienwissenschaft.de/online/ blog/lob-des-fahrradfeminismus.

Bee, Julia, Ulrike Bergermann, Linda Keck, Markus Stauff und Herbert Schwaab. 2019. *Fahrradutopien: Mediale und materielle Grundlagen einer anderen Mobilitätskultur.* Panel auf der Jahrestagung der Gesellschaft für Medienwissenschaft an der Universität Köln, 25.–28. September.

BMVI. 2019. „Fahrradmonitor Deutschland 2019." *Nationaler-radverkehrsplan.de.* Letzter Zugriff 28.09.2021. https://nationaler-radverkehrsplan.de/de/aktuell/nachrichten/ fahrradmonitor-deutschland-2019.

———. 2018. Mobilität in Deutschland, Modal Split. *Bmvi.de.* Letzter Zugriff 28.09.2021. https://www.bmvi.de/SharedDocs/DE/Artikel/G/mobilitaet-in-deutschland.html.

Born, Georgina, Eric Lewis und Will Straw. 2017. „What is Social Aesthetics?" In *Improvisation and Social Aesthetics,* hrsg. von dens., 1–30. Durham: Duke University Press.

Borden, Iain. 2012. *Drive: Journey through Film, Cities and Landscapes.* London: Reaktion Books.

Bourdieu, Pierre. 2005. *Die Männliche Herrschaft.* Frankfurt am Main: Suhrkamp.

Combes, Muriel. 2013. *Gilbert Simondon and the Philosophy of the Transindividual.* Aus dem Französischen ins Amerikanische übersetzt von Thomas LaMarre. Cambridge, MA: MIT Press.

Cresswell, Tim. 2010. „Towards a Politics of Mobility." *Environment and Planning: Society and Space* 28 (1): 17–31.

———. 2006. *On the Move: Mobility in the Modern Western World.* Abingdon: Routledge.

———. 2005. „Mobilising the Movement: The Role of Mobility in the Suffrage Politics of Florence Luscomb and Margaret Foley, 1911–15." *Gender, Place & Culture* 12 (4): 447–61.

Creutzig, Felix, Aneeque Javaid, Zakia Soomauroo, Steffen Lohrey, Nikola Milojevic-Dupont, Anjali Ramakrishnan, Mahendra Sethi, Lijing Liu, Leila Niamir, Christopher Bren d'Amour, Ulf Weddige, Dominic Lenzi, Martin Kowarsch, Luisa Arndt, Lulzim Baumann, Jody Betzien, Lesly Fonkwa, Bettina Huber, Ernesto Mendez, Alexandra Misiou, Cameron Pearce, Paula Radman, Paul Skaloud und J. Marco Zausch. 2020. „Fair Street Space Allocation: Ethical Principles and Empirical Insights." *Transport Reviews* 40 (6): 711–33. https://doi.org/10.1080/01441647.2020.1762795.

de Jong, Anna. 2015. „Dykes on Bikes: Mobility, Belonging and the Visceral." *Australian Geographer* 46 (1): 1–13.

Deleuze, Gilles. 2017. „Postskriptum über die Kontrollgesellschaften." In *Unterhandlungen: 1972–1990,* hrsg. von dems., 254–61. Frankfurt am Main: Suhrkamp.

Deleuze, Gilles, und Félix Guattari. 2005. *Anti-Ödipus, Kapitalismus und Schizophrenie 1.* Aus dem Französischen von Gabriele Ricke und Ronald Voullié. Berlin: Merve.

———. 1977. *Tausend Plateaus. Kapitalismus und Schizophrenie 2.* Frankfurt am Main: Suhrkamp.

Eberlein, Isabell. 2020. *Wie Frauen und Fahrräder unsere Städte transformieren.* Vortrag auf der Onlinetagung Frauen machen Mobil(ität). Onlinetagung, 31. Oktober.

Egert, Gerko. 2021. „Operational Choreography." In *Choreopower: On the Politics of Movement.* Habilitationsschrift, Manuskript 2021.

Europäisches Parlament. 2019. „CO2 Emissionen von Autos. Zahlen und Fakten".
Letzter Zugriff 07.02.2022. https://www.europarl.europa.eu/news/de/headlines/.
society/20190313STO31218/co2-emissionen-von-autos-zahlen-und-fakten-infografik

Featherstone, Mike. 2005. „Automobilities: An Introduction." *Theory, Culture & Society* 21
(4–5): 1–24.

Finkelstein, Kerstin E. 2020. *Straßenkampf: Warum wir eine neue Fahrradpolitik brauchen.*
Berlin: Ch. Links Verlag.

Fraunhofer-Institut für System- und Innovationsforschung und Fraunhofer IML in Koope-
ration mit PTV AG, PTV Transport Consult GmbH, TU Hamburg-Harburg, M-Five: Michael
Krail, Jens Hellekes, Uta Schneider, Elisabeth Dütschke et al. 2019. *Wissenschaftliche
Beratung des BMVI zur Mobilitäts- und Kraftstoffstrategie. Energie- und Treibhausgas-
wirkungen des automatisierten und vernetzten Fahrens im Straßenverkehr.* Karlsruhe:
Fraunhofer-Institut für System- und Innovationsforschung.

Furness, Zack. 2014. „Bicycles." In *The Routledge Handbook of Mobilities,* hrsg. von Peter
Adey, David Bissell, Kevin Hannam, Peter Merriman und Mimi Sheller, 316–325. Abingdon:
Routledge.

———. 2016. „Foreword." In *Culture on Two Wheels,* hrsg. von Jeremy Withers und Daniel P.
Shea, ix-xii. Lincoln: University of Nebraska Press.

Graeber, David. 2020. „Die Einbildungskraft an der Kandare: Die Illusion der Unmöglichkeit."
In *Anarchie – oder was? Gespräche mit Mehdi Belhaj Kacem, Nika Dubrovsky und Assia Tur-
quier-Zauberman,* 31-39. Zürich: Diaphanes.

Grasseni, Cristina. 2009. *Developing Skill, Developing Vision: Practices of Locality at the Foot of
the Alps.* New York: Berghahn.

Guattari, Félix. 1995. *Chaosmosis: An Ethico-Aesthetic Paradigm.* Übersetzt von Paul Baines
und Julian Pefanis. Sydney: Power Publications.

Harney, Stefano, und Fred Moten. 2019. *Die Undercommons: Flüchtige Planung und schwarzes
Studium.* Aus dem Englischen von Birgit Mennel und Gerald Raunig. Wien: tranversal
texts.

Harney, Stefano. 2018. „On Statistical to Logistical Populations." *Youtube.com.* Letzter Zugriff
28.09.2021. https://www.youtube.com/watch?v=Z4194KRpqqM.

Hartley, John. 2011. „Die Behausung des Fernsehens, ein Film, ein Kühlschrank und
Sozialdemokratie." In *Grundlagentexte zur Fernsehwissenschaft,* hrsg. von Ralf Adelmann,
Jan-Otmar Hesse, Judith Keilbach, Markus Stauff und Matthias Thiele. 253–80. Konstanz:
UVK.

Hediger, Ryan R. 2016. „Breaking Away and Vital Materialism: Embodying Dreams of Social
Mobility via the Bicycle Assemblage." In *Culture on Two Wheels,* hrsg. von Jeremy Withers
und Daniel P. Shea, 263–80. Lincoln: University of Nebraska Press.

Herrndorf, Martin. 2017. „Über motorisierte Gewalt." *Radkomm.de,* 14. Mai. Letzter Zugriff
28.09.2021. https://www.radkomm.de/ueber-motorisierte-gewalt/.

Hierse, Lin. 2019. „Die Nation ausbremsen." *taz.de,* 29.01. Letzter Zugriff 28.09.2021. https://
taz.de/Kommentar-Tempolimit-in-Deutschland/!5565175/.

Hildebrand, Julia M., und Mimi Sheller. 2018. „Media Ecologies of Autonomous Automobility:
Gendered and Racial Dimensions of Future Concept Cars." *Transfers: Interdisciplinary
Journal of Mobility Studies* 8 (1): 64–85.

Inglis, David. 2004. „Auto Couture: Thinking the Car in Post-War France." *Theory, Culture &
Society* 21 (4–5): 197–219.

Jirón Martínez, Paola. 2007. „Unravelling Inequalities in the City through Urban Daily Motion:
The Case of Santiago de Chile." *Swiss Journal of Sociology* 33 (1): 45–68.

Jungnickel, Kat. 2018. *Bikes and Bloomers: Victorian Women Inventors and their Extraordinary
Cycle Wear.* Cambridge, MA: MIT Press.

Kern, Leslie. 2020. *Feminist City: Claiming Space in a Man-Made World.* London: Verso.

Kinsey, Fiona. 2011. „Reading Photographic Portraits of Australian Women Cyclists in the 1890s: From Costume and Cycle Choices to Constructions of Feminine Identity." *The International Journal of the History of Sport* 28 (8–9): 1121–37.

Knie, Andreas, und Weert Canzler. 2019. *Autodämmerung: Experimentierräume für die Verkehrswende.* Heinrich Böll Stiftung. Letzter Zugriff 19.5.2020. https://www.boell.de/sites/default/files/strategiepapier_verkehrswende.pdf.

Knie, Andreas, Weert Canzler, und Lisa Ruhrort. 2020. *Autonome Flotten, mehr Mobilität mit weniger Fahrzeugen.* München: Oekom Verlag.

Koglin, Till. 2020. „Spatial Dimensions of the Marginalisation of Cycling – Marginalisation through Rationalisation?" In *The Politics of Cycling Infrastructure: Spaces and (In)equalities,* hrsg. von Peter Cox und Till Koglin. 55–72. Bristol: Policy Press.

Krone, Stephanie. 2017. „Weltklimagipfel/Verkehr: 11 Prozent CO2 Einsparung durch Radverkehr möglich (Pressemitteilung)." *ADFC.de,* 2. November. Letzter Zugriff 28.09.2021. https://login.adfc.de/presse/pressemitteilungen/weltklimagipfel--verkehr-1keprozent-co2-einsparung-durch-radverkehr-moeglich.

Krüger, Anja. 2020. „Tausende Kilometer toter Gleise." *taz.de,* 09.07. Letzter Zugriff 30.10.2020. https://taz.de/Stillgelegte-Bahnstrecken-reaktivieren/!5698725/.

Le Monde Diplomatique. 2021. „Lebensgefährlicher Straßenverkehr." In *Themenheft Raserei und Stillstand: Die Mobilität und ihre Zukunft,* 52–53. Berlin: taz Entwicklungs GmbH & Co. Medien KG.

Manderscheid, Katharina. 2018a. „From the Auto-mobile to the Driven Subject? Discursive Assertions of Mobility Futures." *Transfers: Interdisciplinary Journal of Mobility Studies* 8 (1): 23–43.

———. 2018b. „Who Does the Move? Affirmation or De-construction of the Solitary Mobile Subject." In *The Mobilities Paradigm: Discourses and Ideologies of Mobilities,* hrsg. von Marcel Endres, Katharina Manderscheid, und Christophe Mincke, 91–113. Farnham: Ashgate.

Massumi, Brian. 2018. *99 Theses on the Revaluation of Value: A Postcapitalist Manifesto.* Minneapolis: Minnesota University Press.

———. 2015. *Politics of Affect.* Cambridge: Polity Press.

———. 2002. „The Autonomy of Affect." In *Parables for the Virtual: Movement, Affect, Sensation,* hrsg. von dems., 23–45. Durham: Duke University Press.

Nikolaeva, Anna, Peter Adey, Tim Cresswell, Jane Yeonjae Lee, Andre Nóvoa und Cristina Temenos. 2019. „Commoning Mobility: Towards a New Politics of Mobility Transitions". *Transactions. Institute of British Geographers,* 1–15. https://doi.org/10.1111/tran.12287.

Pangborn, Matthew. 2016. „Bicycle Horror and the Abject Cyclicity of History." In *Culture on Two Wheels,* hrsg. von Jeremy Withers und Daniel P. Shea, 191–207. Lincoln: University of Nebraska Press.

Popan, Cosmin. 2018. *Bicycle Utopias: Imagining Fast and Slow Cycling Futures.* London: Taylor & Francis.

Reichow, Hans Bernhard. 1959. *Die autogerechte Stadt: Ein Weg aus dem Verkehrs-Chaos.* Ravensburg: Otto Maier Verlag.

Rossiter, Ned. 2016. *Software, Infrastructure, Labor: A Media Theory of Logistical Nightmares.* Abingdon: Routledge.

Seiler, Cotten. 2008. *Republic of Drivers: A Cultural History of Automobility in America.* Chicago: Chicago University Press.

Selge, Albrecht. 2020. „Unfälle und andere natürliche Todesursachen." *taz,* 17./18.10., 12.

Sheller, Mimi. 2018. *Mobility Justice: The Politics of Movement in an Age of Extremes.* London: Verso.

———. 2012. „The Emergence of New Cultures of Mobility: Stability, Openings and Prospects." In *Automobility in Transition? A Socio-Technical Analysis of Sustainable Transport,* hrsg. von Frank W. Geels, René Kemp, Geoff Dudley und Glenn Lyons, 180–202. Abingdon: Routledge.

———. 2005. „Automotive Emotions: Feeling the Car." In *Automobilities.*, hrsg. von Mike Featherstone, Nigel Thrift und John Urry: 221–42. New York: Sage Publications.

Simondon, Gilbert. 2012. *Die Existenzweise technischer Objekte.* Aus dem Französischen von Michael Cuntz. Zürich: Diaphanes.

———. 2007. „Das Individuum und seine Genese: Einleitung." In *Struktur, Figur, Kontur: Abstraktion in Kunst und Lebenswissenschaften,* hrsg. von Claudia Blümle und Armin Schäfer, 29–45. Aus dem Französischen von Julia Kursell und Armin Schäfer. Zürich: Diaphanes.

———. 1989. *L'Individuation psychique et collective: à la lumière des notions de forme, information, potentiel et métastabilité.* Paris: Aubier.

Spinney, Justin. 2011. „A Chance to Catch a Breath: Using Mobile Video Ethnography in Cycling Research." *Mobilities* 6 (2): 161–81.

Tagesschau. 2020. „Zurück auf alte Schienen." *Tagesschau.de*, 09.07. Letzter Zugriff 30.10.2020. https://www.tagesschau.de/wirtschaft/bahnstrecken-reaktivierung-101.html.

Tagesschau. 2020. „Immer mehr Autos in Deutschland." *Tagesschau.de*, 11.09. Letzter Zugriff 28.09.2021. https://www.tagesschau.de/inland/verkehr-autos-oepnv-101.html.

Thielmann, Tristan, Carmen Schulz und Michael Lommel. 2018. „Das Fahrrad: Ein Medium der Landerschließung." *Jahrbuch für Geschichte des ländlichen Raumes* 15 (2018): 205–30.

Tobin, Gary Allan. 2004. „The Bicycle Boom of the 1890's: The Development of Private Transportation and the Birth of the Modern Tourist." *The Journal of Popular Culture* VII (4): 838–49.

Tsing, Anna. 2019. *Der Pilz am Ende der Welt: Über das Leben in den Ruinen des Kapitalismus.* Berlin: Matthes und Seitz.

———. 2009. „Supply Chains and the Human Condition." *Rethinking Marxism* 21 (2): 148–76.

Umweltbundesamt. 2021a. „Emissionen des Verkehrs". Letzter Zugriff 07.02.2022. https://www.umweltbundesamt.de/daten/verkehr/ emissionen-des-verkehrs#pkw-fahren-heute-klima-und-umweltvertraglicher.

Umweltbundesamt 2021b. „Fahrleistung, Verkehrsleistung und ‚Modal Split'. Letzter Zugriff 07.02.2022.

https://www.umweltbundesamt.de/daten/verkehr/fahrleistungen-verkehrsaufwand-modal-split#fahrleistung-im-personen-und-guterverkehr

Urry, John. 2005. „The ‚System' of Automobility." In *Automobilities,* hrsg. von Mike Featherstone, Nigel Thrift und John Urry, 25–40. New York: Sage Publications.

———. 2000. *Sociology beyond Societies: Mobilities for the Twenty-First Century.* Abingdon: Routledge.

Waitz, Thomas. 2014. *Bilder des Verkehrs: Repräsentationspolitiken der Gegenwart.* Bielefeld: Transcript.

Williams, Raymond. [1974] 2004. *Television: Technology and Cultural Form.* Abingdon: Routledge.

Withers, Jeremy, und Daniel P. Shea, Hrsg. 2016. *Culture on Two Wheels: The Bicycle in Literature & Film.* Lincoln: University of Nebraska Press.

3

Zwischen den Infrastrukturen: Heterogenität und Hierarchie beim Radfahren in Amsterdam

Markus Stauff

Im folgenden Beitrag werden die utopischen Potenziale des Radfahrens anhand der historischen Herausbildung der niederländischen Fahrradkultur diskutiert. Radfahren wird hier nicht durch die Errichtung einer spezifischen Infrastruktur zu einer kollektiv geteilten Erfahrung, sondern eher durch vielfältiges, sowohl geplantes als auch spontanes Filtern der zunehmend heterogenen Mobilitätsformen. Sowohl mediale Repräsentationen als auch die materielle Struktur der Städte schränken einerseits die Dominanz des motorisierten Verkehrs ein, machen aber andererseits unterschiedlichste Formen von Beweglichkeit attraktiv und lassen das Radfahren an möglichst vielfältigen Infrastrukturen teilhaben. Als Utopie erscheint das Radfahren hier nicht, weil es etwas Bestimmtes erreicht, sondern eher, weil es die fortlaufend notwendigen Ein- und Ausschließungen offen zur Diskussion stellt.

Im Umland von Amsterdam nimmt das Fahrradfahren schnell idyllische Züge an. Radwege führen durch Wiesen- und Dünenlandschaften, in denen Büffel weiden – nicht, weil diese hier eine „ursprüngliche" und geschützte Art wären, sondern weil sie zusammen mit anderen Huftieren wie Pferden und Hirschen die landschaftserhaltende Aufgabe haben, durch beständiges Grasen das Überhandnehmen von größeren Gewächsen zu verhindern.[1] Die Landschaft selbst ist, genau wie ihre Durchquerung auf dem Fahrrad, sorgfältig designt. Um die Tiere in ihren Bewegungen einzuschränken, den Radfahrenden und Spazierengehenden aber den Zugang zu ermöglichen, sind allerlei symbolische und materielle Vorrichtungen installiert, die als Filtermechanismen funktionieren: Von den vielfältigen technischen und natürlichen Bewegungsformen werden manche zugelassen und andere ausgeschlossen, um Friktionen zu vermindern (zu Filtermechanismen vgl. Bäcker, Kathöfer und Schulz 2020).

Am häufigsten kommen in Straßen und Wegen eingelassene Gitter vor, deren Lücken gerade groß genug sind, um Tieren die Querung schwierig oder unmöglich zu machen, aber doch klein genug, um mit dem Fahrrad ohne Gefahr und ohne Absteigen befahren werden zu können (Abb. 1). Solche Gitter wurden zuerst an Kirchhöfen eingesetzt, um Schweine davon abzuhalten, die Gräber zu durchwühlen; jetzt existieren sie in spezialisierten Ausführungen etwa für Rinder oder Rotwild.[2]

Etwas seltener sind Gatter zu finden, die unter anderem den Vorteil haben, dass zum Beispiel Reitende, deren Pferde nicht über die Bodengitter laufen würden, sie passieren können; dies häufig sogar ohne Absteigen, weil die Schwingtüren extra hohe Griffe haben, die aus dem Sattel heraus bedienbar sind. (So wie es vereinzelt auch vor Ampeln neben den Druck-knöpfen für Fußgänger:innen und Radfahrende höher angebrachte Knöpfe gibt, die vom Sattel aus bedient werden können.) Sogenannte Fahrrad-schleusen zwingen Radfahrende zum starken Abbremsen. Wo nur die Fort-bewegung zu Fuß erwünscht ist, wird dies durch Schilder signalisiert, häufig ergänzt durch Fahrradständer, die das Umsteigen vom Fahrrad auf die eigenen Beine nahelegen. In wenigen Fällen gibt es auch einfache hölzerne Trittstufen, die das Übersteigen eines Weidezauns möglich machen und so als materielle Barriere Fahrräder – aber eben auch Kinderwägen, Rollstühle etc. – ausschließen.

1 Bezeichnenderweise kennt die niederländische Wikipedia einen eigenen Eintrag zum Naturmanagement durch Huftiere: „Beheer met grote grazers in Nederland", https://nl.wikipedia.org/wiki/Beheer_met_grote_grazers_in_Nederland, 10.02.2021.
2 https://nl.wikipedia.org/wiki/Veerooster, 10.02.2021.

Abb 1: Gitter, die die Bewegung von Tieren eingrenzen (Foto des Autors)

In gelungenen Momenten ermöglichen diese vielfältigen und differenzierten Filtermechanismen eine Ahnung von Mobilitätsutopie: Die freie Bewegung ist nicht nur gewährleistet, sondern findet auch im Zusammenspiel verschiedener Bewegungsformen und in Harmonie von Mensch und Natur statt. Gänse und selbst Graureiher haben sich in den Niederlanden schon so an die mechanisierte Bewegungsform gewöhnt, dass sie häufig im Gras direkt neben dem Radweg stehen und liegen, ohne dem Verkehr Beachtung zu schenken. Östlich von Amsterdam (auf dem Diemerzeedijk) führt ein Radweg durch eine Schafherde, die – im Frühling auch mit zahlreichen Lämmern – unbekümmert neben und auch auf dem Weg geht, steht und nicht selten auch liegt. Eine derart gemischte Form der Bewegung ist mit motorisiertem Verkehr schwer vorstellbar. Das Fahrrad scheint hier sehr viel näher am Gehen als an allen anderen technisierten Formen der Bewegung.

Zugleich allerdings machen diese Beispiele deutlich, dass die utopischen Potenziale das Resultat eines sorgfältigen Designs und insbesondere eines subtilen Prozesses des Filterns von Bewegungsformen sind. Angesichts der ungleichen Geschwindigkeiten und Gewaltpotenziale gegenwärtig genutzter Vehikel kann eine inklusive Mobilitätsutopie nur durch Ausschließungsmechanismen erreicht werden, die notwendigerweise

Friktionen mit sich bringen. Die Freiheit der Bewegung und die Offenheit möglicher Begegnungen ist sowohl asymmetrisch (siehe die Bodengitter) als auch selektiv kombinatorisch (mit oder ohne Hund, zu Fuß oder mit Fahrrad etc.). Das Filtern ist bei aller Subtilität ein grober, in der Regel binarisierender und somit umstrittener Prozess, nicht zuletzt, weil die Bewegungsformen (häufig in Reaktion auf regulierende Maßnahmen) sich zunehmend vervielfältigen und die Filtermechanismen somit immer auch ungeplante Effekte haben. Dies gilt zum einen und vielleicht am deutlichsten für die Ausschließungsprozesse: Kinderfahrräder, Tretroller und viele Rollstühle werden von den Bodengittern aufgehalten.

Gerade weil das Fahrradfahren aber eine relative offene, flexible und heterogene Bewegungsform ist, gilt dies zum anderen auch für die Ein-schließungsprozesse: Der Filterprozess lässt Dinge zu, zieht gegebenenfalls sogar Dynamiken an, die die potenzielle Utopie stören und Friktionen in das harmonische Milieu einführen. Während die Schafe für den Familienausflug eine zusätzliche Attraktion darstellen, sind sie für Rennradfahrende eher ein Ärgernis. Und das nicht nur wegen des Schafmists, der auf dem Radweg landet, sondern gerade auch wegen der Familien, die absteigen, um Schafe zu streicheln, und so den Weg versperren. Umgekehrt werden die Geschwindigkeit, die Ungeduld und das häufig enge Überholen der sport-lich Radfahrenden, für die die Abwesenheit von Autos andere Verhaltens-änderungen impliziert als für Familienausflüge, gelegentlich ärgerlich kom-mentiert. Was Susan Leigh Star in anderem Zusammenhang bemerkt hat, gilt auch hier: „One person's infrastructure is another's topic, or difficulty" (Star 1999, 380).

Dass (und wie) diese Beobachtung in spezifischer Weise für die Infrastruktur des Radfahrens und für dessen utopischen Potenziale relevant ist, wird nochmals deutlicher, wenn wir uns vom Umland in das Innere der Stadt Amsterdam begeben. Hier sind es statt Familien, Gänsen und Rindern eher Autos, Straßenbahnen, Mofas und Touristengruppen, die durch vielfältige symbolische und materielle Filterungsmechanismen vom Radfahren getrennt, aber auch mit diesem kombiniert werden. Als etwa vor wenigen Jahren eine schmale Gasse in der Nähe meines Arbeits-platzes (Langebrugsteeg) mit Pollern für den Autoverkehr gesperrt wurde, machte dies das Radfahren erheblich schwieriger, weil die Fußgänger:innen nun viel weniger Gründe hatten, sich auf die schmalen Bürgersteige ein-zuschränken. Mit dem Ausschließen motorisierter Mobilität verändert sich zugleich auch die spontane, wechselseitige Filterwirkung der weiterhin inkludierten Bewegungsformen.

Gerade die auffallende und weltberühmte Dominanz des Radfahrens in Amsterdam macht die Stadt (und die Niederlande im Ganzen) zu einem guten Beispiel dafür, dass jede Fahrradutopie sich mit der Pluralität und der weiter zunehmenden Pluralisierung von Bewegungsformen – und somit mit einer fortwährenden Aushandlung von Inklusion und Exklusion – auseinandersetzen muss. Die Infrastruktur, die Radfahren attraktiv und sicher macht, ist in zwei Richtungen porös: Radfahren dehnt sich aus und ist angewiesen auf Infrastrukturen, die nicht fahrradspezifisch sind (etwa die Erreichbarkeit von Bahnhöfen und Supermärkten); zugleich ist die spezifische Fahrradinfrastruktur attraktiv für Mobilitätsformen, die die Utopie des Radfahrens zumindest verändern und in Teilen brüchig werden lassen.

Die folgende Diskussion stützt sich auf die schon reichlich vorliegende (wissenschaftliche und nicht-wissenschaftliche) Literatur zu Kultur, Politik und Infrastruktur des Radfahrens in den Niederlanden.[3] Amsterdam erhält hier nur einen besonderen Stellenwert, weil es zum einen international (vor allem im Vergleich mit Kopenhagen) eine besondere Rolle in der Formulierung von Fahrradutopien spielt und weil zum anderen meine Perspektive auf das Thema durch langjähriges Radfahren in dieser Stadt geprägt ist. Ich werde somit weniger neue Fakten zum Radfahren in den Niederlanden präsentieren als vielmehr die eigene verkörperte Radfahrerfahrung nutzen, um den Fokus auf die Hybridität, Performativität und Fragilität der Infrastruktur zu richten (vgl. Jones 2005). Konzeptuell liegt der Fokus somit darauf, dass die Utopie, die sich mit dem Radfahren verbindet, weder durch eine ideale Infrastruktur errichtet werden noch sich auf das Radfahren beschränken kann; vielmehr müssen die Friktionen zwischen unterschiedlichen Bewegungsformen Teil der Mobilitätsutopie ausmachen.

Fahrrad, Technik, Infrastruktur

In Amsterdam ist das Fahrrad überall präsent. Das Radfahren hat eine eigene Infrastruktur – am sichtbarsten in den Radwegen, Fahrradampeln und Fahrradparkhäusern – und bewegt sich zugleich im wörtlichen Sinne über diese Infrastruktur hinaus. Dies kennzeichnet die Dominanz des Fahrrads in der Stadt, ist aber auch ein grundlegendes Kennzeichen der relationalen und ambivalenten Technizität des Radfahrens: Als Vehikel ist das Fahrrad eingebunden in ein Ensemble an verschiedenen, mehr oder

---

3   Die Dissertation *Cycling Pathways* (Dekker 2021), die einen historischen Überblick der niederländischen Fahrradinfrastrukturpolitik bietet, erschien erst während der Fertigstellung unseres Bandes und konnte deshalb nicht mehr ausreichend berücksichtigt werden.

weniger technisierten und motorisierten Mobilitätsformen und somit auch in sich überlappenden, mehr oder weniger spezifischen Infrastrukturen; zugleich ist es mehr als andere technische Mobilitätsformen verwoben mit dem menschlichen Körper und dessen Alltagspraktiken.

In historischer Perspektive wird das Radfahren häufig als erste individuell zugängliche technische Fortbewegungsform beschrieben und das Fahrrad als eines der ersten technischen Luxusgüter des individualisierten Konsums (Furness 2010, 13–18). Die frühe Werbung betonte Modernität, Individualität und Geschwindigkeit – häufig im Vergleich zu pferdebasiertem Transport (Friss 2015, 2–4). Weit darüber hinaus und gleichermaßen in feministischen, nationalistischen und sozialistischen Bewegungen wurde das Fahrrad parallel zu seiner Etablierung Ende des 19. Jahrhunderts als konkreter Ausdruck der Möglichkeit von Gleichheit, Harmonie und Freiheit zu einem wichtigen Element utopischer Entwürfe (vgl. die Beiträge von Bee und Keck in diesem Band). Gleichzeitig wurde Radfahren als Gefahr oder Ärgernis diskutiert, weil es in den Städten des frühen 20. Jahrhunderts dem ohnehin fragilen Ensemble von Fußgänger:innen, Straßenbahnen und Pferdekutschen eine weitere Bewegungsform mit spezifischer Dynamik (Geschwindigkeit, spontane Richtungsänderung etc.) hinzufügte. In Amsterdam wurden 1906 und dann wieder 1920 einige Straßen für Fahrräder gesperrt, was schon damals zu heftigen Protesten führte (Jordan 2013, 31; Oldenziel et al. 2016, 21).

Im Gegensatz zu Eisenbahn und Straßenbahn verbreitete sich das Fahrrad zunächst ohne eigene technische Infrastruktur. Als Mensch-Maschine-Kombination beschleunigt es zwar die Fortbewegung; anders als der Schienenverkehr (Schivelbusch 1993) abstrahiert es aber keineswegs die Erfahrung von Raum und Zeit. Vielmehr kann das Fahrrad die körperliche Anstrengung – etwa bei einem Anstieg – intensivieren und so als subtile technische Verfremdung gegenüber dem Gehen Topographie und Raum neu erfahren lassen (Augé 2019, 65, 92); die urbanen Nicht-Orte des Autoverkehrs erhalten dadurch individuell verkörperte Bedeutung (Spinney 2007). Als „Pioniere moderner Selbstbeweglichkeit" (Geisthövel 2005, 38) verbanden die frühen Radfahrenden Stadt- und Landschaftserfahrung, Transport und Vergnügen, sportliche und elegant-modische Selbstpräsentation in flexibler Weise (Weber 1986, 203).

Zugleich ist das Fahrrad technisch genug, um infrastrukturelle Erweiterungen und Einbettungen des individuellen Geräts mit entsprechenden Standardisierungsfolgen anzustoßen. Überdeutlich rollen die Räder auf dem einen Untergrund besser als auf dem anderen. In

Amsterdam beschwerten sich Radfahrende um 1900 über den schlechten Straßenbelag und kamen deshalb massenhaft in den Vondelpark, dessen Wege im späten 19. Jahrhundert geglättet wurden, um das Promenieren zu Fuß und in zweirädrigen Kutschen angenehmer zu gestalten (Jordan 2013, 24; für eine entsprechende Entwicklung in New Yorks Central Park siehe Friss 2019, 66f.). Nicht zufällig fand das Fahrradfahrenlernen um 1900 oft in speziell dafür ausgestatteten Hallen statt (Jordan 2013, 26). Neben den heroischen Langstreckenrennen über schlechte Wege etablierte sich das Velodrom schnell als Ort für Radrennen (Simpson 2007, 50–52; Weber 1986, 197–200). Noch heute ist Radrennen eine der wenigen Sportarten, die sowohl in artifizieller und standardisierter Umgebung, die so kennzeichnend für modernen Sport ist (Bale 1996), organisiert wird als auch in nicht-spezialisierter, durch das System der Automobilität geformter Kulturlandschaft.

Um die freie Beweglichkeit des Fahrrads zu zähmen und in die Pluralität städtischer Mobilitätsformen einzubinden, bildete sich schnell auch eine zusätzliche symbolische und regulatorische Infrastruktur heraus, die es für die Fortbewegung zu Fuß kaum gibt: Zeichensysteme, die es Radfahrenden erlauben (oder sie dazu verpflichten), Richtungswechsel und Anhalten zu signalisieren. In Frankreich wurde schon am Ende des 19. Jahrhunderts eine Hupe vorgeschrieben (Weber 1986, 201); in Amsterdam verpflichtete 1928 ein neues Gesetz zum Abschließen eines abgestellten Rads (Jordan 2013, 40). Schon damals galt es allerdings als Problem, dass sich Radfahrende selten daran hielten, so wie sie offensichtlich auch den Zeichen von Verkehrspolizisten auf belebten Kreuzungen kaum Folge leisteten (Jordan 2013, 65).

Die ambivalente Technizität und Infrastrukturalität des Fahrrads wird mit dem Aufkommen des Autoverkehrs bezeichnenderweise sehr viel deutlicher markiert. Auf der einen Seite hat das Fahrrad mit seinem Modell individueller, modernisierter Fortbewegung und seiner wenn auch minimalen Infrastruktur der Kultur und dem System der Automobilität den Weg bereitet (Furness 2010); auf der anderen Seite führt die Dominanz des Autos zunehmend zu einer Hierarchisierung der gemischten Bewegungsformen und zu einer Monopolisierung der Straße als Infrastruktur. Peter Norton, der in seiner umfassenden Studie zur Automobilisierung US-amerikanischer Städte das Fahrrad nur en passant erwähnt, zeigt, wie die Autolobby erreicht, dass Fußgänger:innen und spielende Kinder eine eigene, einschränkende Infrastruktur erhalten (Norton 2008). In den meisten westlichen Ländern wurde das Auto zwischen den 1920er und den 1950er Jahren immer mehr zum selbstverständlichen Bezugspunkt von Stadt- und somit Infrastrukturplanung. Die deutsche Straßenverkehrsordnung machte 1935 den Vorrang des Autos rechtlich verbindlich (Geisthövel 2005, 44; für die USA vgl. Norton 2008). Bezeichnenderweise werden seither alle, die den Stadtraum nutzen, juristisch und pädagogisch als „Verkehrsteilnehmer:innen" adressiert: Sie müssen sich an Regeln halten, dürfen Straßen nur noch an bestimmten Orten und unter bestimmten Voraussetzungen überqueren und sie haben zu lernen, wie sie für ihre eigene Sicherheit sorgen – nicht zuletzt durch schulische Verkehrserziehung (Verkade und Brömmelstroet 2020, 89).

Gegenüber dem Fahrrad wurde das Auto schnell als moderner, individueller und komfortabler markiert und erhielt eine zentrale Stellung in den Symbolsystemen, die Politik und populäre Kultur strukturieren (Reinecke 1992; Link und Link-Heer 1994). Das Fahrrad wurde damit zum Transportmittel derer, die sich kein Auto (und gegebenenfalls auch nicht die Tarife des öffentlichen Nahverkehrs) leisten konnten. Ohne spezialisierte Infrastruktur wie beispielsweise die für Fußgänger:innen profitierte das Rad einerseits von seiner eigenen Flexibilität und den geglätteten Wegen des Autoverkehrs: Die Bewegung des „vehicular cyclings" (Furness 2010, 70–76) plädiert schon seit den 1970ern dafür, sich diese Infrastruktur selbstbewusst anzueignen und für die volle Legitimität des Fahrrads zu streiten. Andererseits bleibt in den meisten Städten das Auto so dominant, dass jenseits der kleinen Gruppe besonders wagemutig Rad Fahrender, die fit genug sind, um sich der Geschwindigkeit anzupassen, alle anderen zur Gewährung ihrer Sicherheit zumindest streckenweise ihre eigenen, häufig illegalen Alternativen suchen (für ein schönes autoethnografisches Beispiel siehe Jones 2005): auf Bürgersteigen, durch Fußgängerzonen, gegen Einbahnstraßen etc.

Dies führt dann allerdings wieder dazu, dass Radfahren sowohl aus der Perspektive von Autofahrenden als auch aus der von Fußgänger:innen als Störmoment wahrgenommen wird. Der Bau von Radwegen, der zum Teil schon vor dem Dominantwerden des Autos einsetzte – etwa Ende der 1890er der neun Kilometer lange Coney-Island-Radweg in New York (Friss 2015, 102f.) –, änderte diese Situation nur teilweise. Zum einen wurden sie in den meisten Städten, wenn überhaupt, nur halbherzig und unzusammenhängend realisiert; zum anderen bleibt selbst da, wo es ein echtes Radwegenetz gibt, die Porosität kennzeichnend für die Fahrradmobilität.

Es macht sicher Sinn, wie Lauren Berlant vorgeschlagen hat, alle Infrastruktur als dynamische, heterogene und performative Strukturierung zu begreifen: „Infrastructure is not identical to system or structure, as we currently see them, because infrastructure is defined by the movement or patterning of social form. It is the living mediation of what organizes life: the lifeworld of structure" (Berlant 2016, 393). Dies wird anhand des Fahrrads besonders offensichtlich. Nicht zuletzt die Möglichkeit, es streckenweise zu schieben, über Treppen zu tragen und gegebenenfalls (zumal in der Form von Faltfahrrädern) in andere Transportmittel mitzunehmen, macht das technische Vehikel infrastrukturell flexibel und zum Teil parasitär. Vor allem durch das etablierte System der Automobilität wird die spontane Verflechtung des Rads mit anderen Bewegungsformen allerdings gefährlich und konfliktreich, sodass schon deshalb auch eine eigene Infrastruktur für das Fahrradfahren notwendig ist. Der Blick auf Amsterdam und die Niederlande macht darauf aufmerksam, wie eine Vielzahl von Filtermechanismen die infrastrukturelle Flexibilität des Radfahrens im Gefüge mit anderen Mobilitätsformen zur Entfaltung kommen lassen. Die Realisierung der Utopie würde demnach weniger durch die Etablierung einer spezifischen und materiell machtvollen Infrastruktur sichergestellt als durch die fortwährende Arbeit an Filtermechanismen, die das flexible Trennen und Kombinieren unterschiedlicher Mobilitätsformen möglich machen.

Amsterdam und die Neutralisierung automobiler Macht

Es bedarf nur eines kurzen Aufenthalts in Amsterdam, um dann bei Rückkehr nach oder beim Besuch von anderen, nicht-niederländischen Städten die Selbstverständlichkeit, Sicherheit und nicht zuletzt das kontinuierliche Fließen des Radfahrens schmerzlich zu vermissen. Was verleiht dem Fahrradfahren in Amsterdam eine so eigene Dynamik und inwiefern kann es Utopien einer machtfreien Mobilität – auch an anderen Orten – inspirieren?

Wenn Utopie einen (Vorstellungs-)Ort bezeichnet, an dem die gegenwärtig herrschende (kapitalistische, industrialisierte, motorisierte) Realität ausgesetzt und die Beziehung zu anderen Orten gekappt ist (Bann 1993), dann ist Amsterdam sicher keine Fahrradutopie. Das System der Automobilität ist auch hier noch dominant. Außerdem zeigt sich gerade durch die nachhaltige Anwesenheit des Fahrrads und dessen Infrastrukturen, dass auch diese interne Friktionen und Porosität erzeugen.

Louis Marin hat allerdings darauf hingewiesen, dass mit Utopie auch inselhafte Bereiche bezeichnet werden, die zwar nicht völlig getrennt sind von den umgebenden Realitäten, sehr wohl aber deren Widersprüche so reduzieren, dass sich konkurrierende Kräfte konfliktfrei begegnen können. Hierarchien und Friktionen sind dabei nicht abgeschafft, sondern werden vielmehr hinsichtlich ihrer Wirkung „neutralisiert" (Marin 1993). Insofern Utopie damit eher als ein Prozess aufgefasst wird (Jameson 1977), können auch die Filterprozesse, die in Amsterdam die Macht des Autos zwar nicht komplett ausschalten, aber zumindest teilweise neutralisieren, als utopie-produzierende Mechanismen untersucht werden.

Entgegen der verbreiteten Unterstellung, dass der Erfolg des Radfahrens in Amsterdam (bzw. in den Niederlanden im Ganzen) vor allem durch kulturelle, mentale oder topographische Gründe zu erklären sei, sind es vielmehr zahlreiche intentionale und nicht-intentionale Neutralisierungs- oder Filtermechanismen, die Radfahren sicherer und selbstverständlicher machen als in anderen Ländern.[4] Zum Teil bestehen diese Mechanismen in einer eigenen, für das Radfahren spezialisierten Infrastruktur, die aber auf-fällig heterogen bleibt und konstanter materieller und symbolischer Arbeit bedarf.

Historisch betrachtet wurde Amsterdam, wie wohl die meisten größeren europäischen Städte, in den Dekaden nach dem zweiten Weltkrieg zu einer Autostadt. Stadt- und Verkehrsplanung strebten, dem US-amerikanischen Vorbild folgend, danach, mit Durchgangsstraßen sowie der Trennung von Wohn- und Arbeitsbezirken den individualisierten Autoverkehr „frei fließen" zu lassen; zwischen 1960 und 1970 vervierfachte sich der Autover-kehr (Bruntlett und Bruntlett 2018, 92); gleichzeitig reduzierte sich zwischen 1960 und 1977 der Radverkehr um 40 Prozent (Furness 2010, 57).

Verschiedenste Faktoren mussten mehr oder weniger zufällig zusammenwirken, um diesen Prozess in den späten 1970ern zu stoppen: Anarchistische Gruppen versuchten schon in den 1960er Jahren, „gegen den Terrorismus der motorisierten Minderheit" (Furness 2010, 56) ein Fahrrad-sharingsystem einzuführen; in den 1970er Jahren skandalisierten landes-weite Protestbewegungen die hohe Zahl tödlicher Verkehrsunfälle (z.B. „Stop de Kindermoord"); Bewohner:innen verhinderten, dass alte Viertel für den Bau breiter Straßen abgerissen wurden (Oldenziel und Albert de la Bruhèze 2016, 22f.).

---

4   Anne-Katrin Ebert weist allerdings überzeugend nach, dass in den Niederlanden schon um 1900 Radfahren mehr als in anderen Ländern als Bestandteil der National-kultur etabliert wurde (Ebert 2010), weshalb es in den Jahrzehnten der automobilen Dominanz auch von bürgerlichen Schichten weiterhin wertgeschätzt wurde. In den USA wurde demgegenüber das Automobil schon in den 1920er Jahren erfolgreich mit einem vermeintlich nationalspezifischen Freiheitsstreben in Verbindung gebracht (Norton 2008, 204).

Ende der 1970er Jahre entwickelten viele niederländische Städte dann systematische Strategien zur Förderung des Fahrradfahrens. In Groningen passierte dies als Erstes und besonders umfassend: Autofahren im Innenstadtkern wurde seit 1977 systematisch eingeschränkt und verlangsamt; außerhalb der Innenstadt wurden Auto- und Fahrradverkehr komplett getrennt (Bruntlett und Bruntlett 2018, 50; Streetfilms 2013). In Amsterdam verlief die Entwicklung langsamer und ergab sich eher aus zahllosen politischen Kämpfen und verstreuten Maßnahmen, die dem Fahrrad sukzessive mehr Raum einräumten:

> This cycling utopia [Amsterdam] was built on traffic-calming rather than bike lanes. Instead of constructing separated cycle tracks on every street, officials started with speed-limit reductions, parking restrictions, through-traffic limitations, and lane narrowings and removals. This strategy proved to be incredibly fruitful, and – as biking flourished across the city – cycle routes were established in response to those increasing numbers, particularly on streets where bicycles regularly outnumbered cars. The spread of separated cycle tracks – which take more time, money, and political will – was more incremental, having been gradually built one at a time over many decades, although they now exist on nearly every major street. (Bruntlett und Bruntlett 2018, 96)

Anfang der 1990er nahm dann das Radfahren in der Innenstadt exponentiell zu und übersteigt mittlerweile – hinsichtlich der zurückgelegten Kilometer – sowohl den Auto- als auch den öffentlichen Nahverkehr. Mittlerweile gelten die überall geparkten Fahrräder als eines der dringlichsten verkehrspolitischen Probleme in Amsterdam (Oldenziel und Albert de la Bruhèze 2016, 26). Die fahrradspezifische Infrastruktur (möglichst kreuzungsfreie Fahrradwege, Fahrradparkhäuser etc.) bildet weiterhin ein wichtiges Element der städtischen Verkehrspolitik. Das Fahrrad bleibt aber auch in Amsterdam Teil einer unvermeidbar heterogenen und komplexen Mobilitätskonstellation (zu diesem Konzept siehe Cresswell 2010). Deshalb sind vor allem die zahllosen materiellen und immateriellen Filtermechanismen, die das Verhältnis des Radfahrens zu anderen Infrastrukturen regulieren, markant. Die Fahrradwege sind somit eher ein Teilelement, das im komplexen Zusammenspiel mit anderen, häufig weniger sichtbaren Vorrichtungen, utopieaffine Neutralisierungseffekte hat.

Durch die hier kurz skizzierte Geschichte der letzten 50 Jahre wurde vor allem der Raum des Autos zunehmend eingeengt: Verkehrsberuhigende

Maßnahmen sowie die Begrenzung und Verteuerung von Parkraum für Autos machten es möglich, dass ein Teil der fürs Auto gebauten Infrastruktur zunehmend kompatibel (das heißt unter anderem sicher) für die Bewegungsdynamiken des Fahrrads wurde. In der Planung wurde außerdem die etablierte Hierarchie der Verkehrsmittel umgekehrt: Fußgänger:innen haben Vorrang vor Radfahrenden, die wiederum Vorrang vor Autos haben (Bruntlett und Bruntlett 2018, 55).

Dem Fahrrad wird so ein Teil seiner infrastrukturellen Flexibilität zurückgegeben: Schon seit 1978 dürfen Räder in beiden Richtungen von Einbahnstraßen fahren (eines der vielen Beispiele dafür, dass die formale Regelung an das tatsächliche Verhalten von Verkehrsteilnehmer:innen angepasst wird). Straßen wurden seitlich mit Pollern begrenzt, die das Parken von Autos auf dem Gehweg einschränken, Radfahrenden aber einen Wechsel zwischen den beiden Infrastrukturen erlauben – zumal die Bordsteine häufig schräg abgeflacht sind. Im Zusammenspiel mit entsprechender Beschilderung und Straßenmarkierung wird damit – auch wenn nicht immer eine spezialisierte Infrastruktur vorhanden ist – ein erkennbarer, kontinuierlicher und intuitiver Weg fürs Radfahren gebahnt.[5]

Indem dem Fahrrad mehr Raum und mehr Rechte auf der Straße eingeräumt wurden, erhöhte sich zugleich seine Relevanz für die multimodale Mobilität, vor allem bei Pendler:innen, die Fahrrad und Zug nach dem Schema Fahrrad-Zug-Fahrrad kombinieren. 2008 kamen 40 Prozent der Pendler:innen mit dem Rad zum Bahnhof und angesichts dieser Anzahl wäre es absurd, Räder im Zug mitzunehmen – dies gilt selbst für Falträder, die im niederländischen Berufsverkehr kaum eine Rolle spielen. Die Kompatibilität von Fahrrad und Zug wird vielmehr durch riesige Parkhäuser sichergestellt (das neueste in Utrecht hat 12.500 Stellplätze), sowie durch ein Leihradsystem der Bahnbetriebe, das mit der Chipkarte des Nah- und Fernverkehrs zugänglich ist.

Während die bisherigen Beispiele vor allem das Verhältnis unterschiedlicher Mobilitätsformen zueinander betreffen, kann Radfahren natürlich nur Selbstverständlichkeit erhalten, wenn es auch mit den Infrastrukturen nicht nur anderer Mobilitätsformen, sondern auch anderer Aspekte des Alltagslebens ausreichend kompatibel ist. Eine der unscheinbaren, aber vielleicht wichtigsten Kopplungsmechanismen beruht

---

5   Niederländische Richtlinien für die Planung von Fahrradmobilität stellen unter anderem folgende Anforderungen an das Wegenetz: „continuous, recognizable, safe, and intuitive for all users" (Bruntlett und Bruntlett 2018, 69)the humble bicycle is enjoying a second life as a legitimate form of transportation. City officials are rediscovering it as a multi-pronged (or -spoked.

auf niederländischen Verordnungen, die Supermärkte außerhalb bebauter Gebiete schlicht unterbinden. Eigentlich schon in den frühen 1970er Jahren zum Schutz mittelständischer Unternehmen eingeführt (und somit nicht mobilitätspolitisch motiviert), garantiert diese Maßnahme, dass das Fahrrad, ausgerüstet mit den nötigen Satteltaschen, ausreichend ist für den Einkauf des täglichen Bedarfs (Verkade 2018).

Nicht zuletzt dieses Beispiel macht deutlich, dass die infrastrukturelle Flexibilität des Fahrrads, in Medienbegriffen gesprochen, mit einer hohen Interoperabilität einhergeht. Beide müssen allerdings aktiv gepflegt werden. Das Zusammenspiel der Regulierungen und Filtermechanismen ist idealerweise selbstverstärkend: Durch die gestärkte Praktikabilität und tatsächliche Präsenz der Fahrradmobilität wird in Amsterdam die Critical Mass, die in anderen Städten situativ als Protestform eingesetzt wird (siehe die Beiträge von Keck und Sander in diesem Band), normalisiert: Auch dort, wo Autos nicht materiell verbannt oder verlangsamt werden, sind andere Mobilitätsformen so allgegenwärtig, dass eine meist als selbstverständlich genommene Überlegenheit des Autoverkehrs stark gefiltert und somit tendenziell neutralisiert wird. Auch hier spielen rechtliche Maßnahmen eine Rolle: Bei Unfällen mit Fußgänger:innen oder Radfahrenden müssen in den Niederlanden Autofahrende für den gesamten Schaden aufkommen, solange keine eindeutige Schuld festgestellt wurde; selbst wenn die schwächeren Verkehrsteilnehmer:innen (Mit-)Schuld tragen, müssen diese in der Regel nicht mehr als 50 Prozent der Kosten übernehmen; Kinder unter 14 Jahren prinzipiell gar keine (ANWB 2010).

All diese Maßnahmen gehen über „Verkehrsplanung" weit hinaus, weshalb in Fahrrad- und Mobilitätsforschung die Relevanz eines umfassenden *urban design* hervorgehoben wird (EIT Urban Mobility 2018). Es sind vielfältige Aspekte des (städtischen) Lebens, die dazu beitragen können, Fahrradfahren attraktiv, effizient und sicher zu machen – weshalb Fahrradinfrastruktur zugleich in hohem Maße kontextabhängig ist und in jeder Stadt / Umgebung unterschiedliche Formen annehmen kann und muss. Einen nicht unerheblichen Anteil daran hat die symbolische und repräsentative Arbeit, die das Radfahren zu einer gleichermaßen selbstverständlichen wie auch besonders attraktiven Erfahrungsform macht und die außerdem Amsterdam als Modellfall inszeniert, der von anderen Städten imitiert werden kann und sollte. Indem diese Repräsentationen häufig das freie und inklusive Fließen des Radfahrens zentral stellen und die weiterhin vorhandene Hybridität und Fragilität der Fahrradinfrastruktur ausblenden, tragen sie ihren Teil zur utopischen Neutralisierung bei.

Repräsentationen des Radfahrens: Amsterdam als Zeit- und Raumutopie

> *The Utopians not only offer to conceive of such alternate systems; Utopian form is itself a representational meditation on radical difference, radical otherness, and on the systemic nature of the social totality, to the point where one cannot imagine any fundamental change in our social existence which has not first thrown off Utopian visions like so many sparks from a comet.*
>
> *(Jameson 2005, XII)*

Insofern Utopien radikale Alternativen eröffnen sollen, müssen sie auf der Ebene von Repräsentation und Imagination verortet werden. Dabei kann durchaus die aktuell gegebene Mobilität, das tatsächlich stattfindende Radfahren in Amsterdam zum Beispiel, als eine auch repräsentierende und Repräsentation produzierende Praxis verstanden werden. Alle Infrastrukturen, auch wenn sie oft als unsichtbar gelten, müssen zumindest selektiv ihr verlässliches Funktionieren und ihre Zugänglichkeit (z.B. Interfaces) deutlich markieren. Insofern die Bewegungsform des Radfahrens besonders heterogen und multimodal ist, wird seine Infrastruktur, wie schon angesprochen, gerade durch Sichtbarmachung erzeugt. Dies gilt umso mehr, solange sich das Radfahren den Raum mit dem so viel mächtigeren Auto zu teilen hat, dessen Infrastruktur über Jahrzehnte hinweg das Radfahren unsichtbar machte. Nur die Gewissheit, von Autofahrenden nicht übersehen zu werden, macht eine halbwegs sichere Fortbewegung möglich. Im dominanten Paradigma (nicht aber in Amsterdam) haben dafür vor allem die Radfahrenden selbst zu sorgen – etwa durch grelle Kleidung, Licht und Reflektoren, aber auch, indem sie durch Erziehung und entsprechende Warnschilder auf tote Winkel von Lkws hingewiesen werden, um ihr Verhalten entsprechend anzupassen. Demgegenüber müssen auch Autofahrende zur Sichtbarkeit von anderen Verkehrsteilnehmer:innen beitragen, etwa indem sie vor dem Öffnen der Türen sicherstellen, keine Radfahrenden zu gefährden.[6] Die niederländische Infrastruktur sorgt unter anderem durch Kreisverkehre und die rote Einfärbung von Radwegen, vor allem aber durch die erwähnte „kritische Masse" dafür, dass Radfahren selbstverständlich wird und auch in einzelnen Momenten, wenn keine „Masse" sichtbar ist, zu einem vorsichtigeren Verhalten von Autofahrenden führt. Sichtbarkeit und Repräsentation sind somit Teil der Filtermechanismen, die die Macht des Autos teilweise neutralisieren.

Tim Cresswell zufolge ist jegliche Mobilität (und insbesondere Mobilitätspolitik) über ihre eigene Sichtbarkeit hinaus auch von ihren medialen Repräsentationen geformt, weil hierdurch geteilte Erzählungen über den Wert, die Moral und die angemessene Ästhetik unterschiedlicher und hierarchisch aufeinander bezogener Mobilitätsformen entstehen (Cresswell 2010, 162). Die vielfältigen Repräsentationen des niederländischen Radfahrens (und seiner Infrastrukturen und Filtermechanismen) in Film, Fernsehen und sozialen Medien sind einerseits ein wichtiges Teilelement in der kontinuierlichen Ausweitung und Pflege einer offenen und hybriden Infrastruktur, insofern sie ihre Aufmerksamkeits- und Verhaltensformen mit strukturieren. Andererseits können sie einen Schritt weiter gehen und das Fahrrad als radikale Alternative zum System der Automobilität imaginieren. Hierbei überlagern sich Citybranding und die Artikulation einer glaubwürdigen und wünschenswerten Zukunftsvision in spannungsvoller Weise.

In der niederländischen Fernsehwerbung ist es völlig selbstverständlich, dass in Werbespots für ganz unterschiedliche Produkte Menschen auf dem Fahrrad unterwegs sind. Im Ausland wird immer wieder erstaunt vermeldet, dass auch der Premierminister täglich mit dem Fahrrad zum Dienstort fährt und gegebenenfalls während der Rotphase einer Ampel schnell noch eine Frage von Journalist:innen beantwortet.[7] Historisch reichen die Geschichten zurück zu Königin Wilhelmina, die schon in den 1890er Jahren gegen den Willen ihrer Berater regelmäßig Rad fuhr (Jordan 2013, 28f), was dann von ihrer Tochter Juliana fortgeführt wurde. Auch von der gegenwärtigen Königsfamilie zirkulierten, als die drei Töchter noch

---

6   Die Empfehlung, die Autotür mit der türabgewandten Hand zu öffnen, so dass man sich automatisch vor dem Öffnen nach hinten umschaut, wird international gelegentlich als „Dutch reach" bezeichnet (IJzendoorn 2018). Entgegen entsprechenden Behauptungen ist dies keineswegs Dogma in niederländischen Fahrschulen, sondern eher ein Beispiel für das imaginäre Potenzial der niederländischen Radkultur.

7   Nur eines von unendlichen Beispielen dieses Motivs in den Sozialen Medien: https://twitter.com/tedger/status/1350113993499799554, 15.01.2021.

kleiner waren, viele Fotos, die König Willem Alexander mit zwei seiner
Töchter in der Kiste seines Lastenrads – dem „Bakfiets" – und seine Frau
Maxima mit der dritten Tochter auf dem Kindersitz ihres Fahrradgepäck-
trägers zeigten.

Dass niemand auf diesen Fotos Helme trägt, ist schlicht gängige Praxis in
der niederländischen Fahrradkultur, kann aber selbst als ein Beitrag zur
Infrastruktur betrachtet werden, insofern der sichtbare Verzicht auf Helme
die Wahrnehmung des Radfahrens als sowohl spontane, alltägliche wie
vor allem auch ungefährliche Mobilitätsform unterstreicht.[8] Hierzu gehört
auch, dass in den Niederlanden – vor allem im Gegensatz zu den USA[9] –
Radfahren weder Teil einer Identität noch eines Lebensstils ist, der auf
einer bewussten Entscheidung basiert und mit Stolz hergezeigt wird. Stattdessen ist es eine Alltäglichkeit, die unter allen Berufs- und Bevölkerungs-
gruppen so weit verbreitet ist, dass niemand es bemerkenswert findet
oder das Gefühl hat, sich darauf – etwa durch Wahl der Kleidung – extra
einstellen zu müssen. Radfahren ist somit auch (trotz teurer Lastenfahrräder, siehe unten) erstaunlich wenig durch Konsumkultur geprägt; meiner
Einschätzung nach sind sowohl die Räder selbst als auch Accessoires
wie Fahrradtaschen in Amsterdam sehr viel billiger und älter als etwa in
deutschen Städten.

Gerade indem die medialen Repräsentationen dem Fahrradfahren Normalität und zugleich infrastrukturelle Solidität verleihen, tragen sie doch
zugleich auch zu einer Utopie bei, die einen Ort oder (für andere Orte) eine
Zukunft imaginieren lässt, die durch radikale Neutralisierung von Automobilität eine inklusive, harmonische urbane Bewegungsdynamik möglich
macht. Ein besonders prominentes Beispiel ist der kurze Dokumentarfilm
Groningen. The World's Cycling City (Streetfilms 2013), der auf Youtube beinahe eine halbe Million Mal angesehen wurde. Daneben gibt es zahlreiche
Institutionen – wie etwa die Dutch Cycling Embassy[10] – und Individuen[11], die

8   In der empirischen Forschung scheint hierzu noch kein Konsens zu bestehen (siehe
     die Übersicht des Institute for Road Safety Research: https://www.swov.nl/en/facts-
     figures/factsheet/bicycle-helmets#swov_factsheet-facts_accordion-6, 15.10.2021).
9   Auch dies ist teilweise ein Repräsentationseffekt. Melody L. Hoffman argumentiert,
     dass die Gruppen, die unter anderem aus Kostengründen viel Fahrrad fahren, häufig
     an Orten und zu Zeiten fahren, die sie unsichtbar machen, und deshalb der Eindruck
     entsteht, dass Radfahren ein hipper Lebensstil von vorwiegend weißen und jungen
     Leuten ist (Hoffmann 2016, 15f.).
10   Für ein Netzwerk privater und öffentlicher Institutionen, das sich als globaler Multi-
     plikator von niederländischen Kenntnissen und Erfahrungen mit dem Radfahren
     versteht, siehe https://www.dutchcycling.nl/ bzw. @Cycling_Embassy.
11   Für diesen Beitrag habe ich vor allem die auf Twitter geposteten Videos von zwei
     Accounts genauer angeschaut: *@fietsprofessor* (Marco te Brömmelstroet, Professor

Soziale Medien intensiv nutzen, um Bilder des niederländischen Fahrradfahrens zu formen und global zu verbreiten.

Viele Fotos und Videos zeigen Elemente, die sich als international
zirkulierende Klischees etabliert haben: Endlose Fahrradparkplätze, sichere
Infrastruktur, Fahrradbrücken und Fahrradtunnel – vor allem aber die
Vielseitigkeit des Fahrrads, auf dem mühelos nicht nur Großeinkäufe und
Kinder, sondern auch Koffer, Zimmerpflanzen, Instrumente und Möbel
transportiert werden. Entscheidend ist aber, dass diese Visualisierungen
über den Fokus auf Instrumentalität und Transport hinausgehen, der nicht
nur den überwiegenden Teil der Pro-Fahrrad-Literatur dominiert (Spinney
2009), sondern auch meine bisherigen Ausführungen. Fahrradfahren
war von Anfang an aber immer auch Vergnügen, Selbstzweck und eman-
zipatorische Mobilisierung (Krausse 1993, 87; vgl. Keck in diesem Band)
und nur unter Einschluss dieser Faktoren kann es utopische Potenziale
entfalten, die – wie im vorangestellten Jameson-Zitat postuliert – die soziale
Totalität betreffen. Zwei quasi-utopische Erfahrungsformen – „Fließen" und
„Inklusivität" – scheinen mir dabei besonders bemerkenswert.

Das *Fließen* kann als ein regulatives Ideal aller Infrastrukturen betrachtet
werden (Laak 2018) und ist in Verbindung mit einer Reihe weiterer
organischer oder biologischer Konzepte eine zentrale Metapher der
Stadtplanung und nicht zuletzt der autofreundlichen Stadt der 1960er
Jahre (Peters 2008). Die medialen Repräsentationen des niederländischen
Fahrradfahrens fügen das Ideal eines spontanen und informellen, selbst-
regulierten und begegnungsintensiven (anstelle von komplett gleich-
mäßigen) Fließens hinzu.

Der Film über Groningen beginnt mit Einstellungen einer Kreuzung, auf
der aus allen Richtungen Radfahrende und (in weit geringerem Maße)
andere Verkehrsteilnehmer:innen aufeinandertreffen und durch kurzes
Verlangsamen oder Beschleunigen kleine Lücken schaffen und nutzen,
um sich so, meistens ohne Absteigen, in einem reibungslosen Ablauf ein-
zufügen (Abb. 2). Ähnliche Szenen werden auch immer wieder auf Twitter
präsentiert. Während im Film über Groningen die Fahrräder dominieren, ist
es in einem von dem „Cycling Ambassador" Mark Wagenbuur geposteten
Video eine typische Amsterdamer ampelfreie Kreuzung (Weteringschans/

für Urban Planning an der Universität Amsterdam, der sich regelmäßig als "Fahr-
radprofessor" in öffentliche Debatten mischt) und @*BicycleDutch* (Mark Wagenbuur,
der seit 2009 regelmäßig kurze Videos von niederländischen Fahrradsituationen auf
verschiedenen Plattformen postet und von der Dutch Cycling Embassy zum Fahr-
radbotschafter ernannt wurde; siehe https://bicycledutch.wordpress.com/about/,
20.01.2021).

Abb. 2: Screenshot aus *Groningen: The World's Cycling City* (Streetfilms 2013)

Spiegelgracht), auf der dichter, vermeintlich endlos strömender Fahrradverkehr aus verschiedenen Richtungen sich harmonisch zu koordinieren
scheint (hier inklusive gelegentlichen Anhaltens und Absteigens) und
zusätzlich noch Raum für Tram, Autoverkehr und andere Vehikel macht.[12]
Die Reaktionen auf Twitter finden – wie beim Betrachten von Wimmel-
bildern – immer wieder neue überraschende Details: „That little ‚car' on
the cyclepath …?!"; „a bike tow bike? [ein Lastenfahrrad, das Fahrräder
transportiert, M.S.] very cool!"; „Seen the sleeping kid?".[13] Ein User postet
zum Vergleich ein GIF, das die Bewegung eines Starenschwarms zeigt.[14]
Nochmals verstärkt wird diese Dynamik in einem Video, das, versehen
mit dem Kommentar „Mesmerizing: complex crossing in Amsterdam", die
gleiche Kreuzung in leichter Aufsicht und im Zeitraffer zeigt.[15] Solche Videos
vom heterogenen, aber vor allem durch das Fahrrad ermöglichten Fließen
und Strömen des städtischen Verkehrs sind mittlerweile schon ein eigenes
Genre.[16]

Ampelfreie Kreuzungen nutzen den dichten und heterogenen Verkehr, vor allem aber die kritische Masse an Radfahrenden, um alle

12   https://twitter.com/bicycledutch/status/1126838876339830784, 10.05.2019.

13   https://twitter.com/Helvetia71/status/1126844426683342848, 10.05.2019; https://
      twitter.com/k_mama_cat/status/1126849464554205184, 10.05.2019; https://twitter.
      com/BicycleDutch/status/1127183941352529921, 11.05.2019.

14   https://twitter.com/Henkvan85116260/status/1127183772187865088, 11.05.2019.

15   https://twitter.com/schlijper/status/1128315487027331077, 14.05.2019.

16   Eines von zahllosen weiteren Beispielen zeigt eine Kreuzung in Utrecht in hoher Auf-
      sicht im Zeitraffer: https://twitter.com/copenhenken/status/1355477402139435011,
      30.01.2021.

Verkehrsteilnehmer:innen gleichermaßen auf eine verlangsamte, inter-
aktive Abstimmung ihrer Bewegungen zu verpflichten. Auch solche „shared
spaces" wurden als Erstes in den späten 1970er Jahren in Groningen
geschaffen. Noch 2016, als am Fähranleger hinter dem Amsterdamer
Hauptbahnhof, einem Kreuzungspunkt mit 39.000 individuellen täglichen
Bewegungen, eine solche informelle Zone eingerichtet wurde, gab es
Sorgen, dass es zu Unfällen kommen würde – die sich aber keineswegs
bestätigten (Kruyswijk 2016). Kennzeichnend für das utopische Potenzial
der entsprechenden Visualisierungen ist nicht zuletzt, dass 2021 in einem
Zeitungsartikel zu einem niederländischen Skandal um die fälschliche Rück-
forderung von Beihilfen für Kinderbetreuung dieser Kreuzungspunkt (und
das Prinzip der „shared spaces") als Modellsymbol aufgerufen wird: Das
Verkehrsbeispiel soll verdeutlichen, dass der Ruf nach immer neuen und
deutlicheren Regeln politisch kontraproduktiv sein kann; ein bestimmtes
Maß an Chaos dagegen würde alle Verantwortlichen wach halten (Frederik
2021).

Die *Inklusivität* ist häufig familiär codiert: Ein gängiges Motiv in den Fotos
und Videos auf Sozialen Medien sind Eltern und Kinder, die miteinander
redend und sich gegenseitig anschiebend zur Schule fahren oder einen
Ausflug machen. Die Vielfalt der Radtypen – Lastenrad, E-Bike etc. –
trägt hier ebenso zum inklusiven Charakter des Radfahrens bei wie die
Integration von (teils motorisierten) Fahrzeugen für Senior:innen und
andere in ihrer Mobilität Beeinträchtigte. In diversen Onlineressourcen
zu radfahrfreundlichem Stadtdesign wird ebenso darauf verwiesen, dass
die Infrastruktur (etwa abgeflachte Bordsteine) und die Bewegungs-
geschwindigkeit des Radfahrens es auch für Rollstühle und Elektromobile
leichter machen, am Verkehr teilzunehmen (EIT Urban Mobility 2018). Die
materiell existierende Infrastruktur eröffnet somit Inklusionspotenziale,
die in den Visualisierungen als radikale Alternativen prägnant sinnlich
erfahrbar gemacht werden.

Als radikale Neutralisierung des Systems der Automobilität wird das
Radfahren und die dieses ermöglichenden Filtermechanismen vor allem
durch visuelle Vergleiche herausgearbeitet: In der Gegenüberstellung mit
Bildern aus anderen Ländern erscheinen die Niederlande als eine fahrradfreundliche „Insel" im globalen System der Automobilität. Ein TikTok-Video
zeigt eine Reihe von Staatsoberhäuptern, die alle in von Motorrädern
flankierten Limousinen sitzen, um dann mit einer Einstellung des radelnden

niederländischen Ministerpräsidenten zu enden[17]; auf Twitter wird ein Foto von einem Vater, der seine neben ihm fahrende Tochter am Arm hält, wie folgt kommentiert: „For the rest of her life, she'll have memories of cycling together with her dad. Could the same memories be made spending her childhood in the back seat of an SUV?"[18]

Noch häufiger als solche Raumutopien wird allerdings mittels visueller Vorher-Nachher-Vergleiche eine Zeitutopie kreiert (zum Unterschied von Zeit- und Raumutopie siehe Castro Varela 2007, 34): Zum einen wird so die schon geleistete und fortlaufend notwendige Arbeit am Projekt der Neutralisierung deutlich gemacht. Fotos ein und derselben Straße aus den 1960ern und 70ern (vollgeparkt mit Autos) und den 2000ern (Spielstraße mit Fahrradweg) spielen hier ebenso eine Rolle wie Videos, die die Radfahr-erfahrung vor und nach einer infrastrukturellen Maßnahme vergleichen lassen.[19] Zum anderen zielen diese Darstellungsformen auch darauf ab, die Niederlande und Amsterdam zur konkreten Utopie und somit zum Vor-bild für andere Städte zu machen. Interessant ist hier, dass (und wie) die Besonderheit von Amsterdam sowohl markiert als auch relativiert wird: Die Fahrradkultur der Stadt soll eben keine unerreichbare Utopie sein, sondern ein realisierbares und anzustrebendes Modell. Nicht zuletzt deshalb richten sich die Visualisierungen auch immer wieder darauf, vermeintliche Hürden für eine Fahrradkultur auszuräumen. So wird regelmäßig gezeigt, dass man auch bei schlechtem Wetter, auch mit feiner Kleidung, auch mit Hunden Rad fahren kann.

Wie gerade die Verschränkung von räumlicher und zeitlicher Utopie ein realisierbares Ziel vor Augen führen soll, wird gut deutlich anhand des wiederholt durchexerzierten Vergleichs zwischen Amsterdam und Kopenhagen, die beide anhaltend als globale Modellstädte für Fahrrad-politik eingesetzt werden. Aus niederländischer Sicht kommt Kopenhagen jedoch gar nicht der Status einer Utopie zu: Unter anderem der Onlinekurs „Designing the Cycling City", der sich an Expert:innen im Feld von Transport

---

17   https://twitter.com/notjustbikes/status/1337752318289342470, 12.12.2020 (Video seither entfernt).

18   https://twitter.com/AmericanFietser/status/1352511316154433539, 22.01.2021.

19   Einige Beispiele für Hunderte von ähnlichen Vergleichen: Der Rokin in Ams-terdam in den 1950ern und in 2020: https://twitter.com/fietsprofessor/status/1338563073947394049, 14.12.2020; ein Splitscreenvideo, das die Passage einer Kreuzung vor und nach dem Bau einer Fahrradunterführung vergleicht: https://www.youtube.com/watch?v=tQeUM7ZKneo&feature=youtu.be, 01.12.2020; das oben (Fn. 16) schon genannte Video von der Kreuzung in Utrecht wird mit einem Foto aus den 1950ern verglichen: https://twitter.com/BicycleDutch/status/1355643304822657024, 30.01.2021.

und Stadtplanung richtet (EIT Urban Mobility 2018), kritisiert, dass das Radfahren in Kopenhagen im Vergleich zu Amsterdam noch zu sehr vom Autoverkehr dominiert ist. Es werden Helme getragen, weil Fahrradfahren als gefährlich gilt; nur an wenigen Kreuzungen haben Radfahrende Vorfahrt. Die Inklusivität des städtischen Designs von Amsterdam, das spontanes Mischen von Mobilitätsformen erlaubt, fehlt in Kopenhagen. Zugleich wird allerdings eingeräumt, dass die globale visuelle Stilisierung, die nicht nur Fahrräder, sondern auch Kanäle, alte Häuser und enge Gässchen hervorhebt, Amsterdam zu sehr zu einem Sonderfall zu machen scheint. Für die meisten Städte, die durch viele Dekaden an autofreundlichem Design geformt wurden, erscheint Amsterdam schlicht nicht als umsetzbares Modell. Kopenhagen wird deshalb gewissermaßen als Zwischenschritt zur Utopie inszeniert: als Beweis dafür, dass auch eine ‚gewöhnliche', vom Auto dominierte Stadt mit vertretbarem Aufwand fahrradfreundlich umgestaltet werden kann.[20] Gelegentlich wird somit in den medialen Repräsentationen Amsterdams die von Jameson besprochene „radical difference" sichtbar, die die soziale Totalität und das historisch etablierte System der Automobilität grundlegend Infrage stellt; meistens tragen sie aber mit ihrer Mischung aus Stadtmarketing und Mobilitätspolitik zu der schrittweisen Optimierung einer inklusiven, fließenden und hybriden, keineswegs aber konfliktfreien Infrastruktur bei.

---

20   Zugleich wird natürlich auch Amsterdam – als Pars pro Toto niederländischer Fahr-
     radkultur – als Ressource und Referenz für pragmatisches fahrradfreundliches
     städtisches Design aufgerufen. Ganz explizit zum Beispiel in einem Workshop
     mit dem Titel "Going Dutch: Translating Dutch Cycling Ideas to an American Con-
     text", den die schon erwähnte Cycling Embassy anbietet. http://pedbikeinfo.
     org/webinars/webinar_details.cfm?id=102&fbclid=IwAR1s5xBWoEdfb_BmDGo_
     YKFP5eLk8blvEsjd5K19-9QUNVoAqBnXMhPrb9, 28.07.2020.

Friktionen in der hybriden Infrastruktur

*All one can say is, first, that an infrastructure
is defined by use and movement; second,
that resilience and repair don't necessarily
neutralize the problem that generated the
need for them, but might reproduce them. At
minimum resilience organizes energies for
reinhabiting the ordinary where structure
finds its expression: but that's at minimum.*
(Berlant 2016, 393f.)

In globaler Perspektive mag Amsterdam als eine Raumutopie erscheinen;
in Amsterdam selbst wird das Radfahren schlicht als Alltag gelebt. Zwar
werden auch hier gelegentlich Zeitutopien artikuliert – etwa eine autofreie
Innenstadt – und viele Diskussionen und tatsächliche Veränderungen des
städtischen Designs zielen auf eine Zunahme des Radfahrens gegenüber
dem Autoverkehr; dennoch bleibt die sukzessive Auseinandersetzung mit
spezifischen Problempunkten der dominante Modus. Die verschiedenen
Visualisierungen sind somit weniger Rekonstruktion der Fahrrad-
erfahrungen in Amsterdam (oder Groningen) als vielmehr ein Teilelement
der konstanten Arbeit an einer fragilen und hybriden Infrastruktur. Sie
verleihen, um das Zitat von Lauren Berlant hier aufzugreifen, dem Radfahren Solidität, ohne die strukturellen Probleme zu neutralisieren.
Zugleich kann aber mit Blick auf das Radfahren aufgezeigt werden, dass
auch eine inklusive Infrastruktur fortwährende Verbesserungen – zumal
Anpassungen der Filtermechanismen – nötig hat.

Zunächst ist, wie schon gesagt, selbst Amsterdam noch nachhaltig vom
System der Automobilität geprägt. Parkgebühren mögen hoch sein, aber
der Raum, den Autos im öffentlichen Raum einnehmen, ist noch immer
gigantisch und weiterhin (etwa im Vergleich zu Wohnraum) umfassend
staatlich subventioniert (Frederik 2018). Und auch in den Niederlanden
werden Verkehrsunfälle in der Medienberichterstattung meist als isolierte,
bedauerliche Vorkommnisse und nicht als systemische Folgen von Automobilität dargestellt (Brömmelstroet 2020).

Außerdem drängen die Autos alle anderen Vehikel tendenziell auf die
Radwege. Am markantesten für Amsterdam ist hier die langjährige

Auseinandersetzung um Mofas und Motorroller. Da Besucher:innen in Amsterdam das Radfahren meist als nahezu utopisch erfahren, waren sie in der Vergangenheit umso erstaunter, auf dem Radweg von motorisierten Zweirädern überholt zu werden. Schon in den 1970er Jahren wurde gesetzlich geregelt, dass Fahrzeuge bis zu 25 km/h Höchstgeschwindigkeit (als *snorfiets* vom schnelleren *bromfiets* unterschieden) keiner Helmpflicht unterliegen, dafür aber zu ihrer eigenen Sicherheit auf dem Radweg fahren *müssen*. Immer wieder führte dies zu Debatten, weil Geschwindigkeit und Fahrweise mancher Mofas das sichere Fließen des Radfahrens bedrohten. Erst 2019 gelang es der Stadt Amsterdam, gegenüber der nationalen Gesetzgebung eine eigene Regel einzuführen, die auch *snorfietsers* in der Innenstadt auf die Straße und zum Helmtragen verpflichtet. Hierzu sind zahlreiche neue Filtermechanismen eingeführt worden: Dort, wo der Innenstadtbereich beginnt, leiten blaue Streifen die Mofas vom Radweg auf die Straße. Während der Fluss der Mobilität so weitgehend beibehalten wird, verlagern sich die Friktionsmomente vom Radweg auf die Straße, wo die Mofas tendenziell als zu langsam wahrgenommen werden. An einigen besonders stark befahrenen Hauptverkehrsverbindungen erlauben Schilder den Mofas deswegen doch auch die Nutzung des Radwegs. Darüber hinaus findet ein fortlaufendes (und manchmal sehr körperliches) Filtern statt: Wenn auf der Straße vor einem der Kreisverkehre, die ein typischer Filter- und Verlangsamungsmechanismus in Amsterdam sind, Staus entstehen, nehmen die Mofas (wie übrigens immer mal wieder auch Motorräder) die Abkürzung über den Radweg. Manche Radfahrenden machen sich dann extra breit, um den „Parasiten" ihren Geschwindigkeitsvorteil zu nehmen. Wenn, wie zu Beginn des Beitrags mit Susan Leigh Star zitiert, das, was für manche eine Infrastruktur bildet, für andere eine Hürde darstellen kann, so bringt auch das gemeinsame Profitieren von ein- und derselben Infrastruktur noch strukturelle Friktionen mit sich: „One person's speed is another person's slowness" (Cresswell 2010, 162).

Auch im Amsterdamer Fahrradalltag bleiben somit nicht nur die vielfältigen Mobilitätsformen mit ihren je unterschiedlichen Gefährdungs- und Gewaltpotenzialen präsent. Darüber hinaus ist auch die über Jahrzehnte für das Fahrrad errichtete Infrastruktur selbst (und gerade ihre Attraktivität und Inklusivität) Quelle von Stress und Konflikten. Cresswell beschreibt „Friktionen" als einen von sechs verwobenen Aspekten jeglicher Mobilität (Cresswell 2010, 166f.); entsprechend stellt sich für Fahrradutopien eher die Frage, wie sie mit Friktionen umgehen, als die Frage, wie diese zu vermeiden sind.

So sehr das Radfahren in Amsterdam als Freiheits- und Sicherheitsgewinn gegenüber den meisten anderen Städten erfahren wird, so erleben doch viele Radfahrende, insbesondere wenn sie neu in der Stadt sind, das Radfahren als nervenaufreibend: Die Radwege sind voll, es wird mit wenig Seitenabstand überholt, an Ampeln gerne mal gedrängelt, beim Überholen sehr informell – im besten Fall angezeigt durch Blickkontakt – die kleinste Lücke genutzt. Auch die prinzipiell mögliche Dominanz des Radfahrens ist nicht einfach gegeben, sondern kann (und muss) gegenüber Autos und insbesondere Taxis fortlaufend neu durch Selbstbewusstsein und Furchtlosigkeit (nicht zu frühes freiwilliges Bremsen etc.) reproduziert werden.

Dies alles wird noch intensiviert, weil die Radwege und der informelle, flexible Charakter des Radfahrens heterogene Bewegungsformen erlauben und anziehen. Die Unterschiede (und immer wieder auftretenden Spannungen) zwischen Lastenrädern, Rennrädern und anderen Fahrradformen wird viel diskutiert und scheint die gesamte Geschichte des Radfahrens zu begleiten.[21] Darüber hinaus wird die materielle und immaterielle Radinfrastruktur aber auch zum Anzugspunkt anderer Mobilitäten. Dies kann ein Teilaspekt ihres utopischen Potenzials sein, insofern gerade ihr flexibler, informeller Charakter die klare Aufteilung städtischen Raums unterläuft, die schon 1937 in der von Shell imaginierten „City of Tomorrow" als Ideal der Autostadt gepriesen wurde (Norton 2008, 249f.). So bieten die abgesenkten Bordsteine, das priorisierte Schneeräumen von Fahrradwegen und die moderate Geschwindigkeit des Radfahrens auch Vehikeln für Körper ohne Radfahrfertigkeiten einen sicheren Raum: Rollstühlen, elektrischen Senior:innenmobilen und, sehr spezifisch für die Niederlande, Cantas – kleinen, vierrädrigen, mit Mofamotor betriebenen und maßgefertigten Vehikeln für Menschen mit diversen Beeinträchtigungen.[22]

Angetrieben von einer umfassenderen techno-kapitalistischen Innovationsdynamik kommen dazu fortlaufend weitere Gefährte hinzu, die teils schlicht als Lifestyle, teils als optimierte Fortbewegung vermarktet werden: Skateboards, Roller, E-Scooter etc. Insbesondere der Boom von Elektromotoren verändert darüber hinaus die charakteristischen Bewegungsdynamiken des Fahrrads, das wegen seiner Bindung an den menschlichen

---

21 Für frühe Konflikte um „buckliges" Rennradfahren und „aufrechtes" Tourenfahren oder Flanieren vgl. Ebert (2006); für die Auseinandersetzung um angeblich rücksichtslose Radkurier:innen vgl. Furness (2010, 125–28).

22 Die Fahrzeuge gibt es seit 1995; sie sind unter anderem deshalb attraktiv, weil man sie auf dem Bürgersteig parken und mit einer Geschwindigkeit von bis zu 6 km/h auch auf dem Bürgersteig fahren darf – auf dem Radweg bis zu 30 km/h; siehe https://www.anwb.nl/experts/juridisch/36/canta-op-fietspad, 30.03.2020.

Körper immer in Leichtbauweise konstruiert wurde (Krausse 1993, 80) und über mehr als 100 Jahre wenig grundlegende Eingriffe in seine Technizität kannte. Mit dem Motor werden nicht nur große und schwere Lastenfahrräder – häufig mit mehr als zwei Rädern – möglich, sondern auch Cruiser-E-Bikes mit extrem breiten und somit auch unnötig schweren Reifen, die das Radfahren hinsichtlich der Körperhaltung und des Bewegungsstils an das Motorradfahren annähern (O'Kane 2017).

Der Elektromotor trägt dabei einerseits zur Inklusivität des Radfahrens bei, weil er mehr Menschen ermöglicht, mit dem Fahrrad unterwegs zu sein. Insofern gerade in den Niederlanden und in Amsterdam der Boom an E-Bikes besonders sichtbar ist, kann angenommen werden, dass diese sich in die etablierte Infrastruktur und Fahrradkultur einfügen. Nicht zuletzt der Ausbau der sogenannten Fahrradautobahnen (*fietssnelwegen*) führt zu einer weiteren Zunahme von E-Bikes (Bruntlett und Bruntlett 2018, 87). Andererseits wird die Fahrradkultur damit aber mehr und mehr in die vom menschlichen Körper entkoppelte Effizienz- und Reichweitenlogik des Systems der Automobilität eingefügt. Eine spezialisierte Infrastruktur (nicht zuletzt mit ausreichend Ladestationen) muss garantieren, dass die Mobilität sich parallel zu und in Unterstützung von räumlich-industrieller Expansion entwickelt, statt die Fahrradmobilität als einen nachhaltigen Maßstab – etwa für „slow mobility" (Popan 2019, 45, 47) – produktiv zu machen. Das E-Bike ist somit symptomatisch für die Hybridität der Fahrradinfrastruktur. Genauso wie Skateboards, Roller und Cantas ist das E-Bike Ausweis ihrer flexiblen Inklusivität und unterläuft so schlichte Reifizierungen des Fahrrads, die zu einer wenig produktiven historischen und konzeptuellen Isolierung unterschiedlicher Mobilitätsformen beitragen (Cox und Van de Walle 2007).

Zugleich führt das E-Bike zu neuen Friktionen innerhalb der durch vielzählige Filterungen kreierten Bewegungsform Radfahren. Vor allem droht die E-Mobilität, das Resultat der Filtermechanismen zu unterwandern, weil sie mit dem Motor zumindest potenziell Dynamiken und Hierarchien der Automobilität in eine Infrastruktur einführt, die vor allem durch die Neutralisierung ebendieser Automobilität erfolgreich wurde. Hier könnte dann tatsächlich mit Lauren Berlant davon gesprochen werden, dass die Eingriffe, die die Beschränkungen des Fahrrads (seine Abhängigkeit von körperlichen Fähigkeiten) überwinden sollen, das ursprüngliche Problem reproduzieren.

Die Friktionen, die durch technisch differenzierte Bewegungsformen entstehen, sollten aber nicht darüber hinwegtäuschen, dass alle Mobilität,

auch die weitgehend inklusive und flexibel koordinierbare des Fahr-
rads, vielfältig mit sozialen und politischen Hierarchisierungsprozessen
gekoppelt ist. In Amsterdam korrelieren die Quantität und Qualität der
Fahrradinfrastruktur weniger direkt mit dem Wohlstandsgefälle in der
Stadt als in vielen US-amerikanischen Städten (vgl. Hoffmann 2016).
Insofern Radfahren schon seit Jahrzehnten als selbstverständliche
Mobilität für Einkauf, Kindertransport und Arbeitswege gilt, ist der
Ausbau von Fahrradinfrastruktur weniger mit Gentrifizierungsstrategien
und der Konkurrenz um gebildete, wohlhabende, „kreative" Innenstadt-
bewohner:innen verwoben als in den Städten, die erst in den letzten zehn
Jahren damit begonnen haben (für US-amerikanische Beispiele hierzu siehe
Stehlin 2019).

Dennoch ist auch hier das Fahrrad sowohl materiell als auch symbolisch
an sozioökonomischen und kulturellen Status gebunden. Spätestens mit
dem Aufkommen des teuren Lastenfahrrads zum eleganten Transport
der Kinder ist das ansonsten so egalitäre „Hollandrad" in ein Gefüge von
technisch-materiell artikulierten Disktinktionsstrategien eingebunden; die
hohen Preise für E-Bikes spitzen dies weiter zu. Der Konflikt um die Mofas
auf den Radwegen hat zudem verdeutlicht, dass auch in Amsterdam die
ärmeren Bevölkerungsteile, die sich wie überall in Europa signifikant mit
(post-)migrantischen Einwohner:innen überschneiden und häufig weitere
Strecken zur Arbeit und zu Freizeittätigkeiten zurücklegen müssen, das Rad
weniger als selbstverständliches Transportform betrachten als die mehr-
heitlich wohlhabenden Bewohner:innen der Innenstadt.[23]

Zwar fährt in den Niederlanden ein größerer Anteil der Menschen mit
Migrationsgeschichte Rad als in anderen europäischen Ländern, aber verglichen mit der Restbevölkerung sind es immer noch viel weniger (Bruntlett
und Bruntlett 2018, 192). Dies bringt nicht zuletzt die Gefahr mit sich, dass
das Fahrrad zu einem Instrument wird, um scheinbar ganz liberal eine kulturelle Integration zu erzwingen. Dies deutet sich unter anderem in Augés
Lob des Fahrrads an, wenn er das Gefährt dafür preist, dass es religiöse Fun-
damentalismen unterlaufe und Mädchen von ihren konservativen Eltern
und Brüdern befreie (Augé 2019, 78).

Das in den oben diskutierten Repräsentationen geschaffene Bild
vom inklusiven Fließen des niederländischen Radfahrens tendiert zur

---

23   Schon seit mehreren Jahren wird vielfach kritisiert, dass die Wohnungspreise in
       der Innenstadt für Berufsgruppen wie Lehrer:innen oder Pflegepersonal zu hoch
       sind; die für die USA kennzeichnende „suburbanization of poverty" (Stehlin 2019, 4)
       zeichnet sich hier somit ebenfalls ab.

Universalität: In der Stadt und auf dem Land, mit Kindern oder auf dem Arbeitsweg – immer ist das Fahrrad die beste Lösung. Was dabei ausgeblendet bleibt, sind nicht nur die internen Friktionen und die Ambivalenzen der Filtermechanismen, sondern auch die Tatsache, dass das Fahrrad als „rollender Signifikant" (Hoffmann 2016, 6) und mit seiner hybriden, expandierenden Infrastruktur in eine vielfach hierarchisierende Gesellschaft mit einer komplexen Mobilitätskonstellation eingewoben ist.

Zur abschließenden Einschätzung von Amsterdams Fahrradinfrastruktur und ihrem utopischen Potenzial ist nochmals ein Blick zurück in die Geschichte von Interesse: Ende des 19. Jahrhunderts bildete das Fahrrad mit seiner neuen Verbindung von menschlicher Muskelkraft und inno-vativer, individuell steuerbarer Technik Ausgangspunkt für zahllose utopische Entwürfe. Evan Friss vermutet, dass vor allem die unklare und sozial widersprüchliche Identität des Fahrrads dazu führte, dass es in den US-amerikanischen Städten Anfang des 20. Jahrhunderts ganz schnell – und noch vor dem Dominantwerden des Autos – wieder verschwand (Friss 2015, vor allem Kapitel 9). Die Frage ist, ob angesichts der Pluralisierung der Mobilitätsformen nach der Dominanz des Automobils eine vergleich-bare soziale Fragmentierung des Radfahrens droht. Sind E-Bikes, *bakfietsen*, Rennräder und all die anderen sich ausdifferenzierenden Formen Teil einer gemeinsamen „kritischen Masse", die die (körperliche und öko-logische) Gewalt des motorisierten Verkehrs ausreichend und nach-haltig neutralisiert? Oder sind sie räumlich, sozial und infrastrukturell so differenziert, dass sie sich alle eine je spezifische Nische im System der Automobilität suchen?

Amsterdam und die Niederlande im Ganzen können hier eine wichtige utopische Funktion erhalten, weil sie *ein* inklusives und global wirksames Bild des Radfahrens etabliert haben. Weitgehend frei von Mode-, Konsum- und *Creative-Class*-Differenzierungen wird das Radfahren als schlichter Default aller täglichen Mobilitätspraktiken gezeigt – unabhängig davon, ob diese instrumentell oder spielerisch motiviert sind. Die vielfältigen Repräsentationen, die diese Utopie skizzieren, sind, wie ich zu zeigen ver-sucht habe, nicht einfach eine mehr oder weniger realistische Darstellung dessen, wie in Amsterdam Rad gefahren wird; vielmehr sind sie selbst einer der zahllosen Filtermechanismen, die dafür sorgen, dass in Amsterdam viel mehr und andere Potenziale des Fahrrads erfahrbar werden als an anderen Orten. Die Utopie ist eine, die sich noch nicht komplett vom System der Automobilität gelöst hat, sondern dessen Dynamiken so neutralisiert, dass das Radfahren selbst (als „kritische Masse" und in „shared spaces") zum Filtern beitragen kann. Gerade dieser verbleibende Bezug auf die

Automobilität erlaubt aber, hervorzuheben, dass das Radfahren wohl auch jenseits davon nicht durch eine eigene ideale Infrastruktur zur vollen Entfaltung kommt. Stattdessen wäre die Utopie, die an Amsterdam anknüpfen, aber zugleich darüber hinausgehen kann, dass der nachautomobile Verkehr Filtermechanismen zur Ermöglichung pluraler Bewegungsformen entwickelt, die zwar immer wieder Friktionen mit sich bringen können, jedoch ohne, dass diese sich strukturell mit sozialen Hierarchisierungen koppeln.

Literatur

ANWB. 2010. „Aanrijding met voetganger of fietser." *ANWB*. Letzter Zugriff 15.10.2021. https://www.anwb.nl/juridisch-advies/aanrijding-en-dan/aansprakelijkheid/voetganger-of-fietser.

Augé, Marc. 2019. *In Praise of the Bicycle*. London: Reaktion Books.

Bäcker, Theresia, Jasmin Kathöfer und Christian Schulz (Hrsg.). 2020. *Filter(n) – Geschichte, Ästhetik, Praktiken*. (= *Navigationen* 20 (2)). Siegen: Universitätsverlag Siegen.

Bale, John. 1996. *Landscapes of Modern Sport*. London: Leicester University Press.

Bann, Stephen. 1993. „Introduction." In *Utopias and the Millennium*, hrsg. von Krishan Kumar und Stephen Bann, 1–6. Critical views. London: Reaktion Books.

Berlant, Lauren. 2016. „The Commons: Infrastructures for Troubling Times." *Environment and Planning D: Society and Space* 34 (3): 393–419.

Brömmelstroet, Marco te. 2020. „Framing Systemic Traffic Violence: Media Coverage of Dutch Traffic Crashes." *Transportation Research Interdisciplinary Perspectives* 5. Letzter Zugriff 15.10.2021. https://doi.org/10.1016/j.trip.2020.100109.

Bruntlett, Melissa, und Chris Bruntlett. 2018. *Building the Cycling City: The Dutch Blueprint for Urban Vitality*. Washington, D.C.: Island Press.

Castro Varela, María do Mar. 2007. *Unzeitgemäße Utopien: Migrantinnen zwischen Selbsterfindung und gelehrter Hoffnung*. Bielefeld: Transcript.

Cox, Peter, und Frederick Van de Walle. 2007. „Bicycles Don't Evolve: Velomobiles and the Modelling of Transport Technologies." In *Cycling and Society*, hrsg. von Paul Rosen, Peter Cox und David Horton, 113–31. Farnham: Ashgate.

Cresswell, Tim. 2010. „Towards a Politics of Mobility." *Environment and Planning D: Society and Space*, 01.01. Letzter Zugriff 15.10.2021. https://doi.org/10.1068/d11407.

Dekker, Henk-Jan. 2021. *Cycling Pathways: The Politics and Governance of Dutch Cycling Infrastructure, 1920–2020*. Amsterdam: Amsterdam University Press.

Ebert, Anne-Katrin. 2006. „Zwischen ‚Radreiten' und ‚Kraftmaschine': Der bürgerliche Radsport am Ende des 19. Jahrhunderts." *Werkstatt Geschichte* 15 (44): 27–45. Essen: Klartext.

———. 2010. *Radelnde Nationen: Die Geschichte des Fahrrads in Deutschland und den Niederlanden bis 1940*. (= *Campus Historische Studien* Bd. 52). Frankfurt am Main: Campus.

EIT Urban Mobility. 2018. „Designing the Cycling City | Free Online Course." 19.11. Letzter Zugriff 15.10.2021. https://designingthecyclingcity.com/.

Frederik, Jesse. 2018. „De oplossing voor bijna alles: duurder parkeren." *De Correspondent*, 22. September 2018. Letzter Zugriff 15.10.2021. https://decorrespondent.nl/8716/de-oplossing-voor-bijna-alles-duurder-parkeren/524365882084-012b1d1e.

———. 2021. „De tragedie achter de toeslagenaffaire". *De Correspondent*, 15.01. Letzter Zugriff 15.10.2021. https://decorrespondent.nl/11959/de-tragedie-achter-de-toeslagenaffaire/719468974741-fc85ca00.

Friss, Evan. 2015. *The Cycling City: Bicycles and Urban America in the 1890s*. Chicago: The University of Chicago Press.

──. 2019. *On Bicycles: A 200-Year History of Cycling in New York City*. New York: Columbia University Press.

Furness, Zack. 2010. *One Less Car: Bicycling and the Politics of Automobility*. Sporting. Philadelphia: Temple University Press.

Geisthövel, Alexa. 2005. „Das Auto". In *Orte der Moderne: Erfahrungswelten des 19. und 20. Jahrhunderts*, hrsg. von ders. und Habbo Knoch, 37–46. Frankfurt am Main: Campus.

Hoffmann, Melody L. 2016. *Bike Lanes are White Lanes: Bicycle Advocacy and Urban Planning*. Lincoln: University of Nebraska Press.

IJzendoorn, Patrick van. 2018. „De ‚Dutch Reach', fietsers in acht nemen voordat je het portier open zwaait, krijgt een plekje in het Britse verkeersreglement." *de Volkskrant*, 18.10. Letzter Zugriff 15.10.2021. https://www.volkskrant.nl/gs-bae84092.

Jameson, Fredric. 1977. „Of Islands and Trenches: Naturalization and the Production of Utopian Discourse." *Diacritics* 7 (2): 2. https://doi.org/10.2307/465017.

──. 2005. *Archaeologies of the Future: The Desire Called Utopia and Other Science Fictions*. New York: Verso.

Jones, Phil. 2005. „Performing the City: A Body and a Bicycle Take on Birmingham, UK." *Social & Cultural Geography* 6 (6): 813–30.

Jordan, Pete. 2013. *In the City of Bikes: The Story of the Amsterdam Cyclist*. New York: Harper Perennial.

Krausse, Joachim. 1993. „Das Fahrrad." In *Fahrrad, Auto, Fernsehschrank: Zur Kulturgeschichte der Alltagsdinge*, hrsg. von Wolfgang Ruppert, 79–118. Geschichte Fischer. Frankfurt am Main: Fischer.

Kruyswijk, Marc. 2016. „Ongelooflijk, maar er gaat niks mis in Shared Space." *Het Parool*. 27.02. Letzter Zugriff 15.10.2021. https://www.parool.nl/gs-b6b1c99c.

Laak, Dirk van. 2018. *Alles im Fluss: Die Lebensadern unserer Gesellschaft – Geschichte und Zukunft der Infrastruktur*. Geschichte. Frankfurt am Main: S. Fischer.

Link, Jürgen, und Ursula Link-Heer. 1994. „Kollektivsymbolik und Orientierungswissen: Das Beispiel des ‚Technisch-Medizinischen Vehikel-Körpers'." In *Der Deutschunterricht 64 (4)*: 44–55.

Marin, Louis. 1993. „The Frontiers of Utopia." In *Utopias and the Millennium*, hrsg. von Krishan Kumar und Stephen Bann, 7–16. Critical views. London: Reaktion Books.

Norton, Peter D. 2008. *Fighting Traffic: The Dawn of the Motor Age in the American City*. Cambridge, MA: MIT Press.

O'Kane, Sean. 2017. „The Super 73 Scout E-Bike Is a City Cruiser for the Future." *The Verge*, 12.07. Letzter Zugriff 15.10.2021. https://www.theverge.com/circuitbreaker/2017/7/12/15958836/super-73-scout-price-ride-range-photos.

Oldenziel, Ruth, und Adri A. Albert de la Bruhèze. 2016. „Amsterdam: World Bicycle Capital, By Chance." In *Cycling Cities: The European Experience. Hundred Years Policy and Practice. www.cyclingcities.info*, hrsg. von Ruth Oldenziel, Martin Emanuel, Adri A. Albert de la Bruhèze und Frank Veraart, 17–28. Eindhoven: Foundation for the History of Technology.

Oldenziel, Ruth, Martin Emanuel, Adri A. Albert de la Bruhèze und Frank Veraart (Hrsg.). 2016. *Cycling Cities: The European Experience. Hundred Years Policy and Practice*. Eindhoven: Foundation for the History of Technology.

Peters, Kathrin. 2008. „Verkehr und Verführung: Vom Leben der Städte um 1960." In *Die Stadt von morgen: Beiträge zu einer Archäologie des Hansaviertels Berlin*, hrsg. von Annette Maechtel und Kathrin Peters, 174–185. Köln: König.

Popan, Cosmin. 2019. *Bicycle Utopias: Imagining Fast and Slow Cycling Futures*. Routledge Advances in Sociology. Abingdon: Routledge.

Reinecke, Siegfried. 1992. *Autosymbolik in Journalimus, Literatur und Film: Struktural-funktionale Analysen vom Beginn der Motorisierung bis zur Gegenwart*. Bochum: Brockmeyer.

Schivelbusch, Wolfgang. 1993. *Geschichte der Eisenbahnreise: Zur Industrialisierung von Raum und Zeit im 19. Jahrhundert*. Frankfurt am Main: Fischer.

Simpson, Clare S. 2007. „Capitalising on Curiosity: Women's Professional Cycle Racing in the Late-Nineteenth Century." In *Cycling and Society*, hrsg. von Dave Horton, Paul Rosen und Peter Cox, 47–66. Transport and Society. Farnham: Ashgate.

Spinney, Justin. 2007. „Cycling the City: Non-Place and the Sensory Construction of Meaning in a Mobile Practice." In *Cycling and Society*, hrsg. von Dave Horton, Paul Rosen und Peter Cox, 25–45. Transport and Society. Farnham: Ashgate.

———. 2009. „Cycling the City: Movement, Meaning and Method." *Geography Compass* 3 (2): 817–35. Letzter Zugriff 15.10.2021. https://doi.org/10.1111/j.1749-8198.2008.00211.x.

Star, Susan Leigh. 1999. „The Ethnography of Infrastructure." *American Behavioral Scientist* 43 (3): 377–91.

Stehlin, John G. 2019. *Cyclescapes of the Unequal City: Bicycle Infrastructure and Uneven Development*. Minneapolis: University of Minnesota Press.

Streetfilms. 2013. *Groningen: The World's Cycling City*. Letzter Zugriff 15.10.2021. https://www.youtube.com/watch?v=fv38J7SKH_g&list=PLRWobyauSy-lzqAMn4KqSVfZX4pC-6MFX&index=37.

Verkade, Thalia. 2018. „Waarom Nederland het grootste fietsland ter wereld is: daar is keihard voor gestreden." *De Correspondent*, 13.08. Letzter Zugriff 15.10.2021. https://decorrespondent.nl/8554/waarom-nederland-het-grootste-fietsland-ter-wereld-is-daar-is-keihard-voor-gestreden/899428079550-4a7db898.

Verkade, Thalia, und Marco te Brömmelstroet. 2020. *Het recht van de snelste: Wat er verkeerd is aan ons verkeer*. Amsterdam: De Correspondent BV.

Weber, Eugen. 1986. *France, Fin de Siècle*. Cambridge, MA: Harvard University Press.

4

„Das Fahrrad ist Politik!": Gespräch über Fahrradaktivismus, Diversität und Medien

Isabell Eberlein und Julia Bee

Isabell Eberlein, Umweltplanerin und Fahrradaktivistin, analysiert die Herausforderungen einer progressiven und inklusiven Fahrradpolitik. Auf der einen Seite gilt es, die Beharrungskräfte der Automobilitätskultur zu überwinden, die sich sowohl aus den limitierten, häufig dominant männlichen Perspektiven in Stadt- und Verkehrsplanung ergeben, als auch aus einer Beschränkung der medialen Bilderwelt. Auf der anderen Seite ist das Fahrrad so stark in soziale Ungleich- heitsdynamiken eingewoben, dass es besonderer strategischer Sorgfalt bedarf, um das Potenzial einer umfassenden und intersektionalen Emanzipation von der Automobilität auch tatsächlich zu realisieren. Die Aufsplitterung in eigenständige Radkulturen und die kommerzielle Einbindung des Radfahrens in Gen- trifizierungsdynamiken sind hier zwei immer wieder zu

beobachtende Entwicklungen. Dem stellt Eberlein jedoch zahlreiche Beispiele gegenüber, die zeigen, wie das Fahrrad ein produktiver Schnittpunkt von feministischem und antirassistischem Aktivismus werden kann.

Isabell Eberlein studierte im M.A. Environmental Policy and Planning und im B.A. Politikwissenschaft in Regensburg, Berlin, Amsterdam und Neu-Delhi. Nach Stationen in den Bereichen des ÖPNV kam sie 2017 in die Fahrradbranche und 2016 zum Fahrradaktivismus. Sie ist seit 2018 im Vorstand von Changing Cities und im Netzwerk Fahrradfreundliches Friedrichshain-Kreuzberg. Außerdem ist sie Mitinitiatorin von Women in Cycling und aktiv bei Women in Mobility.

Julia Bee: Isabell, wo in den Medien begegnete dir jüngst das Radfahren?

Isabell Eberlein: Wenn wir darüber reden, wie wir Sichtbarkeit für das Fahrradfahren herstellen können, ist es interessant zu gucken, was in letzter Zeit medial so stattfand. Dann sind wir auch bei der Frage, wer spricht, wessen Stimmen gehört werden. Ich steige ein mit einer Geschichte, die etwas über Männlichkeit und Radfahren aussagt. Es geht um die Essays *Gegenwartsgedränge* von Johannes Ullmaier, die er für den Deutschlandfunk geschrieben hat. In den Essays beschreibt er so ganz grundsätzlich seinen Weg zur Arbeit (die Universität Mainz, wo er Professor ist) und wie sich die Umgebung und die Infrastruktur seit den 90er Jahren bis jetzt verändert haben. Und diese [Essays] sind aus einer sehr männlichen Perspektive geschrieben. Er beschreibt die unterschiedlichen Verkehrsträger: Dabei sind die Autos die Herde und er ist der Einzelkämpfer. Mit Bezug auf die Gegenwart empfindet er das vermehrte Auftauchen anderer Radfahrender als nervig. Meinem Eindruck nach betrifft dies vor allem Radfahrerinnen. Denn die seien ja total sicherheitsaufgeleuchtet und kennen die Vorfahrtsregeln nicht. Die machen alles falsch aus seiner Sicht.

JB: Es klingt so, als ob die anderen Radfahrenden die Verknappung des Verkehrsraums oder ‚seines Raums' bedeuten und nicht etwa die Autos bzw. die Autostadt.

IE: Er lobt ja auch Schutzstreifen und Radwege und sagt, jetzt sei endlich Infrastruktur da. Grundsätzlich hört man da schon so etwas wie einen

Willen zur Umverteilung des Verkehrsraums heraus. Aber es klingt so, als ob er den Raum für sich haben wolle.

JB: Warum ist dir der Beitrag empfohlen worden?

IE: Ich habe bei einem Vortrag über etwas gesprochen, worüber wir auch schon geredet haben: Es ging um die Transformation von Kultur im Zuge der Verkehrswende und dass die Förderung des Radverkehrs mit einer kulturellen Transformation einhergeht. Und durch dieses Schlagwort Kultur oder Medienkultur hat mir ein Kollege dann den Beitrag eines Germanistikprofessors empfohlen, weil dieser eben eine andere Perspektive hereinbrächte. Ich suche immer nach anderen Perspektiven, die ich in die Fahrradszene einbringen möchte.

JB: Interessant, weil es ja auch aktuell viele Perspektiven von Frauen* und vor allem von Gruppen gibt, die nicht auf dieses Einzelkämpfer:innentum abheben. Das ist ja nur *ein* Bild des Radfahrens, das mit der Figur des Rebellen einhergeht. Aber man muss hinzufügen, dass die derzeitige Verkehrsplanung und -politik es auf diese Vereinzelung und das Durchkämpfen im Radfahren auch häufig anlegt. Es lässt sich sicher auch weiblich aneignen und das wird ja auch getan (siehe zum Beispiel das Kollektiv Ovarian Psycos aus Los Angeles).

An das von dir kritisierte Bild können andere Fahrradfahrende nicht wirklich anknüpfen, also an die Figur des Einzelkämpfers, nicht des Kollektivs. Hier wird eine bestimmte Erzählung des männlichen Helden produziert – nicht etwa des Kollektivs oder einer inklusiven Sicht, die uns hier interessiert.

Wie bist du eigentlich zum Radfahren gekommen – beruflich, aktivistisch, aber auch biografisch?

IE: Ich komme vom bayerischen Land. Und ich habe es schon als Kind geliebt, Rad zu fahren. Mit fünf Jahren habe ich mein eigenes Rad bekommen und schon vorher bin ich mit Rädern von Freunden gefahren. Mein eigenes Rad war damals mein Traum, weil ich dann nicht mehr gefahren werden musste. Ich saß hinten auf dem Rad, der Hund vorne. Meine Oma hat im Nachbardorf gewohnt und das war die erste Distanz, die ich dann selbst mit acht Jahren zurücklegen konnte. Da musste ich nicht gefahren werden. Und dann habe ich das erst mal verloren. Denn mit 18 Jahren machst du ja natürlich auf dem Land den Führerschein.

JB: Ich nicht!

IE: Oh, interessant!

JB: Ja, und dadurch habe ich gelernt, auch nicht auf das Auto zurück-zugreifen. Dadurch ist es für mich nie der nächste Weg oder selbst-verständlich geworden. Und ich glaube, diese Biografien gibt es heute auch vermehrt. Es gab sie immer schon, aber sie galten als andersartig.

IE: Ich finde das sehr spannend, weil ich mit 18 auch den Führerschein als Befreiung erlebt habe. Erst im Studium habe ich das Radfahren wiederentdeckt. Vor allem, weil ich in Amsterdam studiert habe. Das war sehr einschneidend, denn dort ist es ganz normal, alles mit dem Fahrrad zu machen. Dort sieht man erst mal, was Infrastruktur sein kann, und wie toll es ist, in einem Schwarm zu fahren. Du bist Teil einer Schwarmbewegung, ganz anders als in der Erzählung von Ullmaier. Vor allem ist es ganz normal, zu zweit nebeneinander zu fahren. Du kannst dich beim Radfahren unterhalten, was du in Deutschland fast nie kannst. Und das macht viel aus, um Jugendliche fürs Radfahren zu begeistern und den Faden eben nicht abreißen zu lassen, sodass der Führerschein nicht als einzige große Befreiung erlebt wird.

Zurück in Berlin empfand ich die Umgebung für das Radfahren ernüchternd. Das war zu der Zeit, als der Volksentscheid Rad ange-fangen hat. Mein Bild war sehr von den Niederlanden geprägt und ich wollte das auch für Berlin. Ich habe Politikwissenschaft und Umwelt-planung studiert und es war beruflich sehr anschlussfähig, sich da zu engagieren. Ich war dann erst im Mobilitätsbereich bei Start-ups, die mit der Bahn zusammengearbeitet haben. Da habe ich gemerkt, dass mir ÖPNV ein Anliegen ist, aber es ist einfach sehr zäh, dort was zu bewegen. Es ist wahnsinnig schwierig gewesen, Menschen Alternativen im ÖPNV aufzuzeigen. Ich bin dann in die Fahrradbranche gewechselt und sehe da viel mehr Möglichkeiten. Ich versuche nun, bei Velokon-zept das Fahrrad in die Mitte der Gesellschaft zu bringen. Ich arbeite viel mit der Fahrradbranche zusammen. Da kann ich vernetzen und durch Plattformen wirken. Das ist eher eine neutrale Position, mit Changing Cities kann ich jedoch auch Position beziehen. Ich kann beruflich Aktivist:innen vernetzen, ich bin aber eben auch selbst gerne Aktivistin.

JB: Was macht Changing Cities e.V. fürs Radfahren?

IE: Changing Cities will Radfahren für alle ermöglichen, von 8 bis 88, wie es so schön heißt. Anders als der ADFC wollten wir nicht die Strukturen von innen heraus verändern. Wir wollen die Strukturen von außen verändern. Nach fünf Jahren kann ich sagen, dass beides gleich viel Arbeit ist. Ich würde dennoch sagen, dass man von außen schneller Veränderung bewirken kann.

JB: Was heißt Veränderung von außen?

IE: Du etablierst eine neue Organisation, startest eine neue Bewegung. Von innen heraus haben wir keine Möglichkeit gesehen, da der ADFC den Volksentscheid nicht unterstützt hat. Es gab die Haltung, dass es nicht schneller geht mit der Veränderung hin zu mehr Radverkehr. Etablierte Strukturen wollten sich da nicht unbedingt verändern lassen. (Es gab dann aber auch beim ADFC große Veränderungen.) Das Revolutionäre bei Changing Cities war für mich, die Kommunikationsstrukturen zu ändern. Wir sind an die Öffentlichkeit gegangen. Wir haben gesagt: Hier sind zehn Forderungen und wir sammeln dafür Unterschriften. Wir hören, was die Menschen wollen, und nehmen die mit. Das wurde dann tatsächlich 2018 in Gesetzesform gegossen. Damals waren wir so naiv und haben geglaubt, jetzt ändert sich wirklich etwas. Alle Beteiligten haben viel Energie reingesteckt und hatten große Hoffnungen. Dabei war klar – die richtige Arbeit fängt jetzt erst an. Denn diejenigen, die an der Umsetzung beteiligt waren, die Behörden, waren darauf gar nicht vorbereitet. Sie sind dafür gar nicht ausgestattet. Es war und ist ein wahnsinnig zäher Prozess. Unsere Ziele erscheinen uns plötzlich viel zu ambitioniert und bleiben weit hinter der Realität zurück. Und nun hat sich das Modell Radentscheid schon 42-mal in Deutschland wiederholt. Auf unserer Website machen wir die Stimmen nun sichtbar, die dahinterstehen. Es sind 906.000 Stimmen – fast eine Million Menschen in unterschiedlichen Orten stehen hinter den Radentscheiden. Das sind ganz vielfältige Menschen. Es sind letztlich Wähler:innen, die das gerade selbst in die Hand nehmen und nicht mehr nur auf die Politik warten. Aber wenn ich mir nun die Strukturen angucke, dann ziehen wir schon eine bestimmte Klientel an. Bei uns machen sehr viele Männer* mit und hauptsächlich Menschen mit akademischem Hintergrund. Darüber hinaus sind entweder junge Frauen* ohne Kinder oder Frauen* mit bereits erwachsenen Kindern dabei.

Wir versuchen in Berlin mit Changing Cities viel auszutesten, was andere Städte auch übernehmen können. Mit dem ADFC arbeiten wir eng zusammen, weil die das auch in ihre Kanäle streuen. Wir arbeiten, indem wir deutlich unsere Ergebnisse und Ideen kommunizieren. Kommunikation spielt bei uns eine ganz wichtige Rolle. Dafür, dass wir so ein kleines Büro sind und wir alle ehrenamtlich arbeiten, machen wir kommunikativ viel Wind.

JB: Du hast gerade schon über die soziale Homogenität in der Radbewegung gesprochen. Heute gibt es ganz unterschiedliche Gruppen und Initiativen, die längst nicht mehr alle das gleiche Ziel haben. Radfahren bedeutet für sie einfach Unterschiedliches. Du bringst die Diversität im Radaktivismus ein. Inwiefern hängen Mobilität und Diversität zusammen? Welche Initiativen sind in diesem Bereich aktiv und wer engagiert sich wofür?

IE: Ein Beispiel aus dem Designbereich: der CO_2-Impact eines Produktes bestimmt sich wesentlich im Designprozess. Und wer sitzt an den Stellschrauben dieses Designprozesses? Das sind hauptsächlich Männer* in der Stadtplanung und Verkehrspolitik.

Und du kannst nicht irgendwas gesellschaftlich bewirken, wenn du nicht ganz breit die Gesellschaft, für die du etwas bewirken willst, repräsentierst. Wenn du einen Sprachassistenten designst, der Frauenstimmen schlechter erkennt, dann ist das schon aussagekräftig. Ähnlich ist es mit der Verkehrsplanung. Und wenn wir gesellschaftliche Prozesse gestalten, dann müssen wir uns diese Prozesse anschauen. Wir haben bei Changing Cities zum Beispiel versucht, mit paritätischen Repräsentationsprozessen zu arbeiten, zunächst was Geschlecht angeht. Wir achten darauf, wer wie viel Redeanteil in Debatten hat. Und da sind einige Stimmen von männlichen Personen sehr dominant. Wenn du Radverkehr für alle machen willst, dann musst du dich selbstkritisch fragen: Bist du denn dieses „Alle"? Das ist keine Frage von *nice to have*. Neulich saß ich auf einem Panel, wo mehr Leute Frank hießen, als Frauen* da waren. Und als ich das ansprach, haben die auch gesagt: Natürlich wollen wir diverser werden. Und als ich fragte, wie sie das erreichen wollen, waren sie verblüfft, weil sie sagen, wir sind doch die Fahrradbranche, hier will doch jede arbeiten. Fahrradfahren findet doch jede toll. Ich denke aber, die sollten Menschen einstellen, die ihnen sagen können, warum Menschen Fahrradfahren nicht so toll finden, und sich aus ihrer Blase bewegen. Damit sie lernen, die Produkte und Strukturen so zu machen, dass die Leute es toll finden, die noch nicht so viel Rad fahren.

Ich denke, da kommen wir auch um Quotenregelungen in der Verkehrsplanung nicht herum. Außerdem braucht es Strategien, diverse Sichtweisen in die Planung zu integrieren.

Ich komme so auch zu den verschiedenen Bewegungen. Ich habe vor zwei Jahren in Berlin den Purple Ride mitinitiiert. Da geht es um die Sichtbarkeit von Frauen* im Radverkehr und das Sichaneignen von öffentlichem Raum. Es geht um Empowerment. Filme wie *Das Mädchen Wadjda* (Saudi-Arabien 2012, R: Haifaa Al Mansour) zeigen, wie empowernd Radfahren sein kann für Mädchen* und Frauen*. Viele Mädchen* und Frauen* haben auch in Berlin Angst, Rad zu fahren. Und für diejenigen haben wir beim Purple Ride Räder organisiert. Im Pulk zu fahren war für viele auch so ein empowernder Moment. Ich würde gerne viel mehr Vernetzungsarbeit zwischen feministischen Gruppen über das Fahrradfahren machen, Szenen übereinanderlegen. So habe ich zu den Frauen* vom Fancy Women Bike Ride Kontakt aufgenommen.[1] Das sind viele Frauen* mit Bezug zur Türkei, wo der Fancy Women Bike Ride gegründet wurde. Die Hauptorganisatorin Pinar Pinzuti ist ein echtes Mastermind in Sachen Vernetzung, allein schon aufgrund ihrer Mehrsprachigkeit. Der Fancy Women Bike Ride hat in Izmir angefangen. Pinar hat sich gefragt, wie sie die Frauen* aufs Rad kriegt und hat dabei informelle Netzwerke genutzt. Sie ist nicht über die klassischen Verbände gegangen, sondern über Menschen, die noch gar nicht so viel mit dem Radfahren zu tun hatten. Die Fancy Women Bike Rides haben sich weltweit fortgesetzt und dadurch gewinnt diese Bewegung an Power. Da geht es gar nicht in erster Linie um Fahrradaktivismus, die machen das aus dem Empowerment-Gedanken heraus. Ich glaube, hier liegt ganz viel Potenzial, in die Breite der Gesellschaft zu wirken. Es geht da nicht um den moralisch erhobenen Zeigefinger.

Es ist auch unter verschiedenen feministischen Gruppen nicht leicht, dies zu verbinden und unterschiedliche Aktionsformen ohne Abwertung zuzulassen. Da muss noch viel intersektionale Verständigungsarbeit stattfinden. So wird zum Teil gegenüber einigen Aktionsformen gesagt, sie hätten keine politischen Forderungen. Und die Frauen* vom Fancy Women Bike Ride, darunter viele türkische Frauen*, haben gesagt, sie finden Fahrradfahren per se politisch. Und sie wollen auch einfach Radfahren, das ist ein politisches Statement. Da muss man eben auch die unterschiedlichen regionalen und politischen Kontexte mit bedenken, in denen Fahrradfahren stattfindet. Ich finde das spannend, welche unterschiedlichen Rollen das Fahrradfahren in unterschiedlichen Gruppen in Bezug auf Feminismus spielt.

---

1 Siehe auch das Interview mit Pinar Pinzuti in diesem Band.

JB: Das Radfahren kann sehr unterschiedliche politische Bedeutungen für Gruppen haben. Es geht ja nicht nur oder nicht ausschließlich um Ökologie, auch wenn das Fahrrad einer der Schlüssel zur Transformation von extraktivistischen und autozentrischen hin zu nachhaltigen und sozialen Mobilitätspraktiken ist. Es gibt auch andere Perspektiven, da geht es um die eigene Mobilität durch direkte Kraftumsetzung und Empowerment, um lebenswerte Stadtteile und um Communityarbeit. Dies kann mit ‚rein' ökologischen Maximen zusammenspielen – wenn man das überhaupt auseinanderdividieren kann, denn auch die ökologischen Perspektiven brauchen feministische und dekoloniale Ansätze. Weltweit sehen wir ganz unterschiedliche Zugänge und so, wie du es schilderst, befindet sich auch der Fahrradfeminismus in Berlin in Bewegung. Ich denke, es braucht eine intersektionale Perspektive darauf, was Mobilität macht und welche Bedeutung sie entfaltet. So kann auch das Radfahren eine intersektionale, feministische Praxis sein, nicht nur Feminismus *im* Radfahren. Mich interessiert, wie beides zusammenspielt.

IE: Beim Fancy Women Bike Ride werden die Räder geschmückt. Man schmückt auch sich selbst. Da kann es zu manchen feministischen Einstellungen einen Gap geben. Selbst innerhalb des Feminismus gibt es da ja sehr unterschiedliche Blickwinkel und die Rides sind nicht immer miteinander zu verbinden. Da braucht es noch viel mehr Verständnis und Vernetzung untereinander. In bestimmten politischen Situationen ist man eher vorsichtig, was man in der Öffentlichkeit sagt. Da äußern sich politische Gedanken vielleicht anders als in deutschen Kontexten, vielleicht eher in Praktiken.

JB: Du meinst die repressive Situation in der Türkei?

IE: Auch in Tunesien zum Beispiel fahren Frauen* zusammen Rad. Das ist eine politische Aussage in Form einer Radtour! Es gibt einfach ganz unterschiedliche Radaktivismen, je nach regionalen und kulturellen Kontexten.

JB: Ich möchte auch noch einmal Diversität in Planungsprozessen ansprechen, nicht nur im Aktivismus. Denn unterschiedliche Menschen planen Städte anders – dazu gibt es ja mittlerweile einige Forschung. Es ist ja auffällig, wie wenig Planer:innen mit unterschiedlichen Hintergründen es aktuell gibt, wie wenig Frauen* im Bundesverkehrsministerium in leitender Position arbeiten. Ich habe kürzlich den klugen Text von Sarah George (2021) zur Autostadt als männlicher Stadt gelesen. Und dort vertritt sie die These, dass sich männliche

Perspektiven in der Verkehrsplanung durchgesetzt haben und sich die Autostadt und Geschlechterstrukturen gegenseitig stabilisieren. Auch Katja Diehl weist mit *She Drives Mobility* immer wieder darauf hin, dass Patriachat und Autostadt historisch verschwistert sind. Bestimmte historisch gewachsene Privilegien stützen sich da gegenseitig.

IE: Die Autostadt ist eine Stadt für Männer*. Es ist die Stadt der monomodalen Wege. Das heißt, man fährt hauptsächlich mit dem Auto von Zuhause – oft die Vorstadt – zur Arbeit, vielleicht noch zum Sport und zurück. Das ist die Planung für einfache Wegeketten. Da muss ich mein Auto zwischendurch auch nicht viel abstellen. Wenn wir uns die Wege der Carearbeit angucken, dann sind dies multimodale Wegeketten. Pflegearbeit mit Kindern und älteren Menschen erledigen ja vor allem noch immer Frauen*. So auch in Ehrenamt und sozialem Engagement. Und genau dies würde eine Stadt der kurzen Wege erfordern. Die Stadt der 15 Minuten, wo ich in 15 Minuten einkaufen kann, den Kindergarten und das Senior:innenheim erreiche. Die Wege, die dazugehören, müssen in die Stadtplanung integriert werden. Da braucht es auch andere ÖPNV-Tickets, die Hin- und Rückweg einbeziehen, oder multiple Wege. Gerade wenn man Kinder, Gepäck oder einen Hund dabeihat, steigen die Sicherheitsbedürfnisse. Wenn es nicht sicher erscheint, fährt mensch nicht Rad. Eine Freundin fährt jetzt aber immer mit ihren zwei Kindern Rad, weil es bei ihr an der Kantstraße einen Pop-up-Radweg gibt. Im letzten Jahr gab es dort noch einen tödlichen Unfall, bei dem ein Radfahrer starb.

JB: Die Statistiken zeigen ja, dass der Fahrradverkehr in einigen Straßen mit Pop-up-Radwegen rasant angestiegen ist. In der Kantstraße stieg der Radverkehr zwischen September 2019 und 2020 um über 252,7 Prozent, was auch mit dem Mobilitätsverhalten in der Pandemie zusammenhängt (Gringmuth-Dallmer 2021).

IE: Da sind vorher kaum Menschen gefahren. Und aktuell kaufen sich so viele Menschen in meinem Umfeld ein Rad und/oder fahren mehr Rad. Sie schenken mir sogar zum Geburtstag, dass sie jetzt Radfahren, was mich wirklich freut. Das ist nur die Coronaentwicklung!

Du musst erst mal das Angebot haben, damit die Menschen Rad fahren. Wir brauchen Visionen; wie in der Friedrichstraße, die ja jetzt für Autos gesperrt ist bzw. für Radverkehr geöffnet. Man muss einfach Dinge ausprobieren. Um solche Experimente und noch ganz andere zu wagen, muss eine diverse Gruppe an den entscheidenden Hebeln sitzen: in der Planung, in der Politik, im Aktivismus. Die Menschen

müssen mit ihren Hintergründen auch in den Nachbarschafts-
befragungen abgebildet werden. Da müssen endlich unterschiedliche
Stimmen gehört werden! Sonst wissen die Planer:innen nicht, dass der
Gehweg an einer bestimmten Stelle zu schmal ist, sodass du mit dem
Rollstuhl oder Kinderwagen nicht durchkommst. Es geht da nicht mehr,
wie gesagt, nur um *nice to have*. Und es können auch Männer* sein, die
mobility of care einbringen, wenn sie Carearbeit erledigen. Das muss
ja nicht an Frauen* geknüpft sein. Und es geht neben Geschlecht um
viele andere Positionen in der Gesellschaft, zum Beispiel um Behinderungen und um kulturelle Unterschiede. Wenn ich an die türkische
Community denke, dann höre ich (in meinen Vorträgen in Schulen
etwa), dass Fahrradfahren was für Kinder und uncool sei. Wie schafft
man es, da anzuknüpfen? Wie können wir solche verbreiteten Rollenbilder oder Verständnisse des Radfahrens aufbrechen? Welches
Angebot wäre für unterschiedliche Gruppen wichtig?

JB: Das ist ja auch für mediale Strategien wichtig, wenn es darum geht, das
Fahrrad aus einer sogenannten „bestimmten Ecke" rauszuholen und
es für verschiedene Bedeutungen zu öffnen bzw. diese Bedeutungen
erst einmal darzustellen, um Anknüpfungsmöglichkeiten zu schaffen.
Würdest du sagen, dass sich mit unterschiedlichen sozialen und kulturellen Hintergründen auch etwas in Richtung Geschlechtergerechtig-
keit und Diversifizierung im Verkehr erreichen lässt?

IE: Ja, das denke ich schon. Das allein kann es aber nicht sein. Wir
brauchen auch andere Formen des Mainstreamings. Eine niederländische Kollegin hat mir gesagt, dass sie selbst in den Niederlanden
ganz schlecht mit Gendermainstreaming seien. Es braucht einen viel
größeren *mind shift*, als nur die Positionen divers und paritätisch zu
besetzen. Es geht es um einen viel umfassenderen diversitätssensiblen
Blick auf Verkehr und Mobilität. Obwohl sie dort einen höheren Anteil
an Radfahrenden und spezifisch Rad fahrenden Frauen* haben.
Frauen* gelten da als Indikator für Radfreundlichkeit, wie die Verkehrs-
expertin Marianne Weinreich sagt. Je mehr Frauen* Rad fahren, desto
sicherer ist es, da Frauen* eben aufgrund der Carearbeit, die ihnen
zukommt, eher darauf achten, dass es sicher ist.

Die Niederlande haben Radfahren quer durch alle Gesellschafts-
schichten als Kulturgut etabliert. In den Niederlanden ist es die
Stadtplanung gewesen, aber auch, dass Radfahren Teil der nationalen
Identität ist. In Deutschland ist es Teil der nationalen Identität, Auto zu
fahren. Das Autofahren wird mit materiellem Wohlstand verbunden,

das Auto ist etwas, was man vorzeigen kann, wenn man etwa nicht das Haus vorzeigen kann. Da ist das Auto ein mobiles Statussymbol und das ist kulturell auch unterschiedlich verteilt.

JB: Natürlich können aus so einer nationalen Bewegung auch wieder Menschen ausgeschlossen werden... auf die eine oder andere Weise. Wo wir wieder beim Thema intersektionaler Perspektiven wären: Es sind ja nicht nur Geschlechterperspektiven wichtig, wie du das ja auch schon angesprochen hast. Auch kulturelle Herkunft und Race sind wichtig. Wir sehen zum Beispiel die Rolle von Race in der Stadt-planung, weil in den USA die Suburbanisierung – zugleich Ursprung und Resultat der Autostadt – davon abhing, dass verkehrsreiche Straßen durch *inner-city neighborhoods* geplant wurden, wo dann viele Afroamerikaner:innen und PoC Opfer von Autogewalt geworden sind. Auch heute noch sind in Stadtteilen mit überwiegend Schwarzer Bevölkerung die Todesopfer resultierend aus Autoverkehr und Unfällen höher. Dazu hatte zum Beispiel William Bunge schon Anfang der 1970er unter dem Titel *Detroit's Dangerous Spots for Children* Karten gemacht, wo man am Beispiel dieser Stadt sieht, dass es viele der Pendelrouten der *weißen* Suburbia-Bewohner sind, auf denen Schwarze Kinder ver-letzt oder getötet wurden. Oder *Driving While Black*, das unter anderem eine Sichtweise auf die Verdrängung aus dem ÖPNV durch Gewalt und *harrassment* vermittelt und erklärt, warum das Autofahren auch ein anderes Gefühl von Sicherheit bedeutet. Zugleich birgt aber gerade das Autofahren eine besondere Gefahr für PoC, da Polizeikontrollen für sie gefährlicher sind als für *weiße* Fahrende.[2]

Um Verkehrsplanung und -politik zu machen, müssen diese kul-turellen, sozialen, rassifizierenden Bedeutungen und die Historie, die zu rassifizierenden und verarmenden Segregationen geführt hat, mit bedacht werden. Die Wohnorte sind eben auch ein Schlüssel zu Mobili-tätsgerechtigkeit, um Mimi Shellers Begriff aufzurufen (Sheller 2018).

IE: Die sozioökonomische Dimension kann man sich auch in Deutsch-land ansehen – wer wohnt an den Hauptstraßen und für wen ist das Risiko, Opfer von Autounfällen, aber auch der gesundheitlichen Folgen von THG-Emissionen zu werden, besonders hoch? Das sind zweierlei Risiken, denen sozial schlechter gestellte Menschen ausgesetzt sind.

---

2   *Driving While Black* ist in den Sozialen Medien die Bezeichnung und das Hashtag für Racial Profiling im Straßenverkehr. Siehe unter anderem auch das gleichnamige Buch: Sorin, Gretchen. 2020. *Driving While Black: African American Travel and the Road to Civil Rights*. New York: Liveright Publishing Corp sowie Gilroy, Paul. 2001. "Driving While Black". *Car Cultures*, hrsg. von Daniel Miller, 81–104. Abingdon: Routledge.

Oft ist deren Umgebung von Straßen zerschnitten und sie sind regelrecht durch den Autoverkehr abgeschnitten. Das korreliert mit sozioökonomischen Hintergründen.

JB: Das ist spannend, weil die Mobilität einiger mit der Immobilisierung anderer zusammenhängt. Diese Folgen der Autostadt werden häufig verdrängt, wenn es einseitig heißt, es würde etwa eine Straße oder ein Kiez „für die Autos gesperrt". Umgekehrt wird diskutiert, ob dann nicht Radinfrastruktur zur Gentrifizierung von Kiezen beiträgt. Ich denke da etwa an die Debatten, die ich unter dem Titel von Melody L. Hoffmann's *Bike Lanes Are White Lanes* (2016) bündeln würde, wo es ja auch darum geht, wer für welche Communitys welche Transformationen bewirken kann, wer gehört wird und welche Standards in *weißen* Stadteilen etabliert werden. Da kommen auch wieder Fragen der Gentrifizierung mit rein.

IE: Es gibt zahlreiche Beispiele für Aufwertungen von Stadtteilen, zum Beispiel entlang des R1 durchs Ruhrgebiet. Da haben sich in einem Dortmunder Stadtteil Cafés angesiedelt und den Stadtteil belebt. Nun ist hier aber die Gefahr, dass dies nicht nur der lokalen Bevölkerung dient, sondern auch die Mieten steigen. Ein anderes Beispiel sind Kiezblocks oder Superblocks. Das ist eine klare Gentrifizierungsdynamik – wenn du Autos raushaben willst, dann passiert das. Ich glaube, in der bereits erwähnten Berliner Kantstraße wird das nicht passieren. Wenn Straßenraum entsteht, kommen immer mehrere Faktoren zusammen, zum Beispiel, dadurch dass die Parkplätze wegfallen. Da muss man eine wirkliche Lösung finden. Im Wrangelkiez gibt es sehr engagierte Gruppen. Bei den Bürger:innenversammlungen beharren auch viele Alteingesessene darauf, dass sich nichts verändert. Und da gibt es diverse Konfliktlinien um Fahrradwege, zum Beispiel zwischen migrantischen und linksliberalen Gruppen, zwischen Initiativen gegen Gentrifizierung und Radaktivist:innen. In Barcelona haben sie in Vierteln mit den Superblocks angefangen, in denen die Stadt Eigentümerin war, weil es sozialen Wohnungsbau gab, und nicht in den gentrifizierungsanfälligen Stadtteilen.

Ich hoffe auf den Mietendeckel und andere Maßnahmen zur Regulierung des Wohnungsmarktes. Das muss man trennen. Nicht die Radwege sind ja allein für die Mieten verantwortlich. Es können ja nicht Maßnahmen für eine nachhaltigere, grünere Stadt unterbleiben, weil sonst die Mieten steigen könnten, während man an anderer Stelle nichts unternimmt, um Radverkehr zu fördern. Beides darf nicht gegeneinander ausgespielt werden.

JB: Ich fand das ja bei dem Radkollektiv aus L.A., den Ovarian Psycos, so eindrücklich, dass hier ein intersektionaler Aktivismus zum Ausdruck kommt, der auch die Stadtteile im Blick hat und die Besetzung des Raums gegen Sexismus, sexuelle Gewalt, Rassismus und Gentrifizierung. Das Fahrrad steht da für eine Mobilisierung dieser Kategorien und eine nicht nur *weiße* Sicht à la „Unser Stadtteil soll schöner werden".

IE: Da finde ich die Community besonders spannend, es ist wieder der Schwarm, das Fahren im Pulk. Das haben wir ja eben schon angesprochen. Das hat bestimmt auch die Frauen* vom Purple Ride inspiriert.

JB: Welche Rolle spielen kollektive Erfahrungen, das Fahren im Schwarm, wie die Critical Mass Rides etwa, für eine Bindung ans Radfahren? Oder losere Formen: Es muss ja nicht das Zusammenfahren sein.

IE: Critical Mass ist ideal, um Leute fürs Radfahren zu begeistern. Es ist der Flow. Im Alltag sind wir sehr individuell unterwegs. Heute Morgen haben mich zwei Menschen angelächelt, das hat mich gefreut, es ist wirklich selten. Demo und *commuting* – da ist halt ein Riesenunterschied. Es gibt im Alltag selten Kommunikation im Verkehr, außer Schimpfen. In den Niederlanden ist man häufig in der Critical Mass unterwegs. Da ist man nicht so feindselig. Die Niederländer fahren eben auch viel Auto. Die machen beides und kennen viele Perspektiven. Die fahren halt aus praktischen Gründen Rad. In Deutschland ist es oft Überzeugung. Jugendliche können oft nicht nebeneinander fahren wie in den Niederlanden. Zusammen zu fahren wäre aber ideal. Hier wird man sogar auf Fahrradstraßen angehupt, obwohl man das darf. Man gehört hier zu dieser Gruppe oder der anderen. Das ist eben sehr getrennt.

JB: Es gibt ja schon einigen Aktivismus in den Sozialen Medien. Und wie spezifisch siehst du den Auftritt in den Sozialen Medien, zum Beispiel in Bezug auf bestimmte Szenen wie die Fixiecommunity? Oder muss es das Zusammenfahren in Offlineräumen sein?

IE: Ich bin diesbezüglich unentschieden. Mein Ziel wäre es, dass alle Fahrrad fahren. Und durch diese Aufsplitterung bist du dann wieder nur ein Fahrradtyp, zum Beispiel Mountainbiker. Ich sehe das an meinem Team: Da ist einer voll in der Mountainbike-Szene, oder

Bike-Polo, oder Gravelbike. Alle haben Gadgets und spezifische Fahrräder. Wie du aussiehst und was du für Helme und Kleidung trägst,
spielt da eine wichtige Rolle. Fahrradfahren ist so divers wie die Gesellschaft selbst. Ich weiß nicht, ob es nicht gefährlich ist, sich zu stark
hinter Identitäten zu verschanzen. Man kollektiviert sich dadurch, aber
man grenzt sich eben auch ab. Auch unter Radfahrenden gibt es starke
Abgrenzungsbewegungen. Da sind wir irgendwann wieder bei dem
Professor aus Mainz, der von anderen Radfahrenden genervt ist. Wenn
dann auch noch die Radfahrenden untereinander genervt sind, dann
wird man im individuellen Fahren noch individueller.

JB: Vielleicht gibt es durch eine Ausdifferenzierung aber auch multiple Anschlussmöglichkeiten und eine neue Breite des Radfahrens.
Möglicherweise können sich auch bestimmte Subkulturen ins Radfahren hinein verlängern, etwa auf der Ebene von Musik, Mode etc.

IE: Ja, voll – oder aber das führt zu einem neuen Status. Fahrradfahren hat
ja einen neuen Status erlangt. Fahrräder sind ja auch entsprechend
teuer. So wie sich die Ausrüstung ausdifferenziert, etwa mit Menschen,
die mit entsprechender Kluft auf dem Rad ins Büro fahren, da kann es
inzwischen auch ein Statement sein, ein besonders cooles Fahrrad mit
ins Büro zu nehmen. Man kann damit auch Eindruck machen.

JB: Da gibt es ja auch gerne Häme gegenüber gut ausgestatteten Radfahrenden, obwohl es beim Auto und seinen enormen Kosten normal
zu sein scheint, diesen Beitrag zu investieren und sich durch eine Hülle
abzugrenzen. Oft wird monatlich für das Auto das, was ich in Jahren
für Regenjacken investiere, ausgegeben. Das Auto ist ein laufender
Kostenfaktor, während man, wenn man in eine Regenjacke oder -hose
investiert, um geschützt zu sein, mit Witzen überschüttet wird. Aber
natürlich ist Radfahren nicht an Ausrüstung geknüpft, das sollte kein
Hindernis sein. Man kann auch mit Bürokluft fahren.

IE: Ja, ich weiß, was du meinst. Ich möchte auch nicht immer so gut ausgestattet rüberkommen und zum Beispiel keine Warnweste tragen,
weil ich denke, ich weigere mich, so zu tun, als ob Sichtbarkeit nur
meine Aufgabe wäre. Ich habe auch ein Faltrad und wenn ich das am
Bahnhof auspacke, merke ich, wie viel Aufmerksamkeit das generiert.
Ich bin durch das Faltrad überall, wo ich bin, mobil. Das ist ein Riesen-
luxus für mich und wirklich etwas Besonderes. Selbst in Aktivist:innen-
kreisen ist das noch immer besonders. Das ist auch eine Art Status. Es
macht deutlich, dass ich viel unterwegs bin, und zieht dadurch einen
gewissen mobilen Status an. Oft verweist das mit S-Bahn und Faltrad

Reinpendeln darauf, dass man sich eine Wohnung oder ein Haus im Grünen leisten kann. Das alles kann durch so ein Faltrad kommuniziert werden.

JB: Oder du musst aufgrund der Verdrängung außerhalb des S-Bahn-Rings wohnen... Klar, aber die Autos kommunizieren auch viel mit, sie sind ja auch Statussymbol.

Ich würde noch mal gerne die Frage der Medien ansprechen. Ich würde gerne fragen, wie du durch Medien die Potenziale siehst, Menschen aufs Rad zu bekommen. Kann das zum Beispiel durch die stärkere Inszenierung und Dokumentation von Perspektiven der Radfahrenden geschehen? Kann dadurch, etwas naiv gefragt, auch so etwas wie Empathie übertragen werden, die häufig im durch den Autofahrer:innenblick bestimmten Verkehrsalltag unterrepräsentiert ist? Welche Rolle schreibst du welchen Medien in Bezug auf das Radfahren zu?

IE: Es gibt ja schon viele Radformate, zum Beispiel im Radio und in Zeitungen. Es gibt sehr viele wohlgesonnene Journalist:innen. Die haben sehr gerne und viel über den Radentscheid in Berlin berichtet. Es sind leider wieder überwiegend Männer*, viele davon rennrad-interessiert. Es ist aber in Radio, Sozialen Medien und Film/Fernsehen noch einmal anders als in Print. In den Sozialen Medien ist das Klima mittlerweile ja sehr aufgeheizt, was das Radfahren angeht. Ich frage mich: Wie kommen wir auf positive Weise in diese Medien? Es gibt in all diesen Medien Menschen, die sich fürs Radfahren interessieren, vor allem in den klassischen Massenmedien. Es gibt diese Menschen, die die Sache voranbringen, aber es ist noch nicht Teil des Mainstream-programms. Im Moment geht es sehr viel um Coronahilfen für die Automobilindustrie. Und du hast Werbung für die Automobilindustrie überall. Die meisten Werbeplätze, vor allem die Doppelseiten und die Riesenwerbeflächen in der Stadt, sind so teuer, dass sie nur von großen Industrien gekauft werden können. Und wir hinterfragen es auch nicht, wenn im Tatort (fast) alle Kommissar:innen mit dem Auto fahren. Im Film sehen wir das Fahrrad ja höchstens als Freizeitbedarf. Selten sehen wir es im Alltag, wenn, dann eher in Nebenszenen. Ich frage mich, wie man da zu einer Normalität des Fahrrads kommen kann. Wie würde man es in den Medien schaffen, auch andere als die typischen Gruppen anzusprechen? Müssen es vielleicht Joko und Claas sein, die das Radfahren promoten? Oder Bushido? Es wird seit Jahren die fahrradfreundliche Persönlichkeit gewählt, aber wer weiß das schon?

Letztes Jahr war es Max Raabe. Er hat auch ein tolles Lied über das Radfahren gemacht. Oder dieser Videoclip aus den Niederlanden mit Rad statt mit Auto im Hip-Hop-Stil. Das würde in Deutschland nur Teil einer Radkampagne sein. Wie normalisiert man so etwas, ohne dass es gekünstelt wirkt? Das wäre die größte Herausforderung. Was wäre denn eine kulturelle Veränderung und wie einschneidend wäre diese wirklich, wenn wir über Mobilität sprechen? Wenn wir eine Doku über Fahrradaktivist:innen schauen, dann sind da natürlich alle mit dem Rad unterwegs. Aber es ist in allen anderen Formaten noch nicht Alltag. Das fängt ja schon damit an, dass Kinder mit Spielzeugautos und nicht mit Spielzeugrädern spielen.

JB: Wir haben diese Frage des Fahrrads zwischen Spezialisierung und Normalisierung auch in unserer Autor:innengruppe viel diskutiert. Es gibt ja auch in der Fahrradkultur Nischenexistenzen, die auch Nischen sein wollen. Fahrradfahren versammelt viele besondere Formen und Kulturen. Das macht seine Attraktivität aus. Das Besondere. Das Andersseinwollen. Rebell:in sein. Auf der Straße fahren, sich nicht verdrängen lassen, auch frei sein. Und gleichzeitig soll es seinen Platz im Alltag bekommen: Fahrradfahren für die Vielen. Die Frage stellt sich, wie man Fahrradfahren gleichzeitig cool finden und normalisieren kann. Das sind vielleicht ganz unterschiedliche Einsatzpunkte und Zugänge. Im Alltag muss das Rad nicht cool sein, aber für manche eben schon und für viele macht dies den Reiz aus. Wie kann etwas gleichzeitig cool und Mainstream sein? Indem es sich vervielfältigt?

Vielleicht hilft eine Ausdifferenzierung doch – das Rad bedeutet eben für unterschiedliche Menschen Unterschiedliches, sie verknüpfen mit Mobilität vielleicht auch Unterschiedliches. Für die einen ist es sportlich, für andere einfach nützlich, schick, cool, feministisch, befreiend... Vielleicht kann es für Jugendliche cool sein, auf Plätzen mit Fixies Tricks zu machen. Für andere ist es Emanzipations- und Freiheitsmaschine im Sinne eines Updates des Mottos der Suffragetten. Es kann aber gleichzeitig cool sein und Jugendliche können zur Schule, zur Ausbildung, zur Uni etc. fahren.

Du hast ja auch gesagt, die Kommissar:innen aus dem Tatort müssten Fahrrad fahren, um diese Form der Mobilität zu normalisieren.

IE: Ja, und guck dir das Traumschiff an, sowas Schreckliches, was für ein Ressourcenverbrauch.

JB: In Krimiserien wirkt es ja so, als ob man nur mit dem Auto überall hinfahren könnte. Das Auto ist da wirklich das A und O, auch um sich auszutauschen. Dadurch wirkt das Auto effizient, um Fälle zu lösen. Das Auto erfährt durch solche Einbindungen auch eine enorme Aufwertung. Selbst im Weimarer Tatort fahren sie nur Auto. Und das muss hier, wo ich momentan arbeite, wirklich nicht sein. Muss es an den meisten Orten nicht, aber wenn ich die Autos in den engen Straßen sehe…

IE: Ja, Nora Tschirner kann ich mir dabei sehr gut vorstellen!

JB: Ist ja nur so ein Beispiel für die Normalität der Mobilität.

IE: 16 Millionen Menschen gucken Traumschiff und Tatort!

JB: Ja, da müsste man jetzt noch mal genau gucken, wie genau das Auto in Bezug auf die einzelnen Einsätze dargestellt wird… Zum Beispiel wird das Auto ja sehr häufig als Schutzraum eingesetzt, wo dann unbewusst sehr positive Affekte generiert werden.

Es gibt ja inzwischen viele autokritische Publikationen, nur wenige über Filme und TV-Serien, in denen das Radfahren vorkommt. Es bräuchte bei beiden mehr genaue Analysen, welche Mobilitäts- und Handlungsbilder generiert werden. Letztlich bilden Autos ein mediales Hintergrundrauschen, weil sie immer und überall vorkommen und Filme noch mal besonders mobilisieren. Sie sind schon unterhalb der Wahrnehmungsschwelle. Und dann gibt es die Romantik des Autos – auch in der Nouvelle Vague.[3] Das Auto wird in vielen Filmen regelrecht als Kunstgegenstand verklärt.

Was würdest du dir denn von uns Medienwissenschaftler:innen für eine Mobilitätswende wünschen, um Radaktivismus zu unterstützen?

IE: Ich würde mir Unterstützung in der differenzierten Betrachtung und Verschiebung des öffentlichen Diskurses wünschen. Wir brauchen dafür analytische Grundlagen. Ihr könnt uns mit dem Wissen darüber unterstützen, wo wir ansetzen können. Wo kann man Kultur mitverändern? Müssen wir zum Beispiel den Tatort „entautorisieren"? Kultur ist so ein diverses Feld. Wo kann man da ansetzen? Mir ist durch das Gespräch noch mal klar geworden, selbst wenn ich nicht für eine Aufsplitterung der Radszene bin – wir brauchen diese unterschiedlichen Aspekte in der Radkultur. So schaffen wir mehr Andockpunkte. Unterschiedliche Kollektive sind wichtig, aber das „Ganze" der

3   Siehe dazu auch Herbert Schwaabs Beitrag in diesem Band.

Radkultur muss es auch noch geben. Und dieses Ganze – da sehe ich die Medienwissenschaft. Wo können die unterschiedlichen Diskurse zu einem werden, der dann gesellschaftlich was bewegen kann? Wo sind die Schnittstellen für den Mainstream? Gerade bei der Frage der kulturellen Veränderung brauchen wir Radaktivist:innen eure Hilfe. Fahrradfahren ist nichts Technisches. Bisher haben viele männliche Sichtweisen das Fahrrad zu einem technischen Instrument gemacht. Und diese Sichtweise darf nicht die einzige bleiben – gerade um die Diversifizierung zu erreichen. Und wir brauchen medienwissenschaftliche Perspektiven, insgesamt auch geisteswissenschaftliche Perspektiven, literarische, soziologische, politikwissenschaftliche…

Das Fahrrad ist Politik! Es fordert dazu auf, insbesondere im Moment, die Straße neu aufzuteilen. Es ändert radikal etwas am Status quo. Und immer, wenn sich was am Status quo ändert, dann muss man da von allen Seiten rangehen – auch vonseiten der Medien. Ich kann da von euch sicher noch was lernen, weil es ja darum geht, Kultur zu verändern.

JB: Letztlich müssen auch die von uns diskutierten Fragen in die Ausbildung von Planer:innen Eingang finden. Und wir müssen interdisziplinäre Perspektiven auf Mobilität in medienwissenschaftliche Forschungsprojekte integrieren. Beide Sichtweisen – die planerische und die medienkulturwissenschaftliche und sozialwissenschaftliche – müssten sich viel stärker austauschen.

IE: In der Mobilitätsbranche bist du nicht nur als Frau*, sondern auch als Sozialwissenschaftlerin Minderheit. Ich versuche in meinem Netzwerk Women in Cycling auch diese Perspektiven zu fördern, also auch interdisziplinäre und nicht nur die Sicht der Frauen*. „Frauen*" ist dabei auch wiederum intersektional zu verstehen. Auf der weltgrößten Messe gibt es 80 Prozent Männer*. Da gibt es nicht mal genug Toiletten für Frauen*. Wie auf dem FDP-Parteitag.

JB: Nur, dass die FDP sich eher fürs Autofahren einsetzt… Freie Fahrt für freie Bürger und so…

IE: Für autonome Autos! An den Diskursen um das autonome Fahren sieht man: Technologisierung und Digitalisierung sind nicht der Heilsbringer für Mobilitätsprobleme, zum Beispiel auch nicht das autonome Fahren. Das ist ein regelrechter „Lock-in" – nicht Lockdown – auf bestimmte Technologien. Dabei sind die technisch komplexesten Lösungen häufig gar nicht die, die wirklich was bewegen können. Daher brauchen wir soziale Innovationen! Das zeigt uns letztlich ja auch Covid. Gerade im Verkehrssektor dominieren oft technische Lösungen über soziale. Und das kommt auch von einer bestimmten disziplinären Sichtweise, die Perspektiven wie die sozialwissenschaftliche oder medienwissenschaftliche nicht mitdenkt.

JB: Danke dir vielmals!

Literatur

George, Sarah. 2021. „Ohne Frauen* ist keine Verkehrswende zu machen!" *WZB*, 19.01. Letzter Zugriff 07.02.2022 https://digitalemobilitaet.blog.wzb.eu/2021/01/19/ohne-frauen-ist-keine-verkehrswende-zu-machen/.

Gilroy, Paul. 2001. „Driving While Black." In *Car Cultures*, hrsg. von Daniel Miller, 81–104. Abingdon: Routledge.

Gringmuth-Dallmer, Götz. 2021. „Radverkehr hat in Berlin 2021 deutlich zugenommen." *RBB 24*. Letzter Zugriff 07.02.2021 https://www.rbb24.de/panorama/thema/corona/beitraege/2021/01/radverkehr-popup-radwege-anzahl-2020-berlin-kfz-entwicklung.html.

Hoffmann, Melody L. 2016. *Bike Lanes Are White Lanes. Bicycle Advocacy and Urban Planning*. Lincoln: University of Nebraska Press.

Sheller, Mimi. 2018. *Mobility Justice. The Politics of Movement in an Age of Extremes*. New York: Verso.

Sorin, Gretchen. 2020. *Driving While Black: African American Travel and the Road to Civil Rights*. New York: Liveright Publishing Corp.

5

Fahrradrevolutionen: Mit zwei Rädern mobilisieren

Linda Keck

Der Begriff der Fahrradrevolutionen, der in diesem Beitrag näher ausgeführt werden soll, beschreibt das Fahrrad nicht nur als Vehikel der Fortbewegung, sondern mehr noch als eines, das mobilisiert und transformiert. Mit einem besonderen Fokus auf die konkreten Prozesse und Praktiken der Bewegung soll eine Mediengeschichte des Fahrrads rekonstruiert werden, in der es selbst als Akteur für die Vernetzung und Vermittlung von Zeichen, Dingen und Körpern tätig wird. Dieses Potenzial der Kollektivierung ist nicht etwa Teil einer neuen Entwicklung, wie sie etwa mit der Protestform der Critical Mass Rides im Klimakampf aufkommt, im Gegenteil: Es ist dem Fahrrad von Anfang an eingeschrieben. Anhand der Suffragettenbewegung, die dem Beitrag als Beispiel dient, soll die transformative Kraft des Fahrrads aufgezeigt werden, die die Emanzipation der Frau Ende des 19. Jahrhunderts maßgeblich vorantrieb.

Technische Revolutionen

Das Fahrrad ist eine scheinbar einfache Konstruktion: Zwei Räder werden mittels eines Rahmens miteinander verbunden. Um in Schwung zu kommen, braucht es nicht viel mehr als Muskelkraft und Balance, die, gekoppelt an die Technik, den menschlichen Körper zu mobilisieren vermögen, was die nahezu ideale Umsetzung von Energie in Bewegung darstellt. Es schaltet und faltet, aktiviert und mobilisiert, und überhaupt vereint es eine Vielzahl an Techniken in einem Gefährt. Bereits hier zeichnet sich ab, dass das Fahrrad ein Gefüge ist, ein Zusammenkommen und Operationalisieren von Dingen und Kräften, das Mensch und Maschine nicht nur in Beziehung, sondern immer auch in Bewegung setzt.[1]

Auch wenn seine Funktionsweise zunächst banal erscheinen mag, erweist sie sich bei genauerer Betrachtung als komplexer, schauen wir uns die vielfachen Verwandlungen an, die das Fahrrad in seiner langen Geschichte durchgemacht hat. Dafür lohnt es sich, einen Blick auf dessen Anfänge zu werfen und das Fahrrad vor dem Hintergrund der bestehenden Fortbewegungsmöglichkeiten am Ende des 19. Jahrhunderts zu analysieren.[2] Von Interesse sind vor allem die Jahre um 1900, insofern das Fahrrad zu dieser Zeit eine entscheidende Wende erfuhr: von einer kollektiven Phase der Industrialisierung der Umwelt und des Verkehrs hin zu einer individualtechnologischen, welche bis heute andauert und den Weg zur Durchsetzung des Fahrrads als Massenverkehrsmittel bereitete (vgl. Klose 2003, 13). Insbesondere ab Mitte der 1890er bis zu den ersten Jahren des neuen Jahrhunderts werden die amerikanische und europäische Gesellschaft von einem schieren Fahrradwahn, dem „cycle craze" (Harmond 1971), erfasst, der dadurch erklärt werden kann, dass diese Zeit mit einer Reihe gesellschaftlicher Umbrüche zusammenfällt, die verstärkt die Auseinandersetzung mit dem eigenen Körper förderten.

Die besondere Rolle, die das Radfahren für den Wahrnehmungsapparat spielte, wird umso verständlicher, beziehen wir die um die Jahrhundertwende aufkeimende Debatte über Nervenschwäche und Überreizung des Menschen in die Analyse mit ein. Ursache dafür waren eine Reihe technischer und kultureller Transformationen, allen voran die Verschiebungen von Raum- und Zeitvorstellungen, die die Eisenbahn mit sich brachte

---

1   Der Begriff des Gefüges ist der Akteur-Netzwerk-Theorie entlehnt, wo er als *assemblage* eine Anhäufung verschiedener Elemente beschreibt, die sowohl deren Verkettung als auch deren Bewegtheit miteinschließt. Geprägt wurde der Begriff von Gilles Deleuze und Félix Guattari (1992; vgl. darüber hinaus De Landa 2006).

2   Siehe exemplarisch dazu Rubinstein (1977).

(Kaschuba 2004). Wie keine andere Erfindung des 19. Jahrhunderts hat sie das Bild vom technischen Fortschritt geprägt, womit sie auch eine zentrale Rolle für den Erfahrungshorizont des Fahrrads spielte.[3] In seiner Studie über die Eisenbahnreise beschreibt Wolfgang Schivelbusch die schwierige Aneignung dieser Technik, die vor allem auf der Veränderung von Sinneseindrücken basierte. Wie Schivelbusch ausführt, ist der „panoramatische Blick" des Passagiers im Wesentlichen durch das Abteilfenster des Zuges von der vorüberziehenden Landschaft getrennt: „Der panoramatische Blick gehört, im Unterschied zum traditionellen Sehen …, nicht mehr dem gleichen Raum an wie die wahrgenommenen Gegenstände, Landschaften usw. durch die Apparatur hindurch, mit der er sich durch die Welt bewegt" (Schivelbusch 1977, 61f.). Entgegen dieses Blicks, der grundsätzlich durch die seitliche Perspektive determiniert wird, schaffte das Radfahren ein ganz anderes Zusammenwirken von Mensch und Maschine, eines das auf Symmetrie beruht und sich im wechselseitigen Prozess herausbildet. Nicht mehr länger ging es nur darum, das Begehren an Geschwindigkeit, wie es die Eisenbahn geweckt hatte, einzulösen, sondern auch und vor allem darum, die Selbstbestimmtheit des Einzelnen gegenüber der Maschine zu betonen. Somit wurde nicht der Mensch durch die Maschine kontrolliert, vielmehr beherrschten umgekehrt die Fahrenden das Fahrrad. Aus den rein passiven Konsument:innen wurden Akteur:innen der Steuerung und des Antriebs, die eigens die Distanz wählten und überwanden: „Die Radfahrer waren ihre eigenen Motoren, Passagiere und Steuermänner. Die Technik vereinnahmte sie nicht" (Ebert 2010, 60).

In den Darstellungen der Handbücher und Radfahrzeitschriften stand demgemäß die spezifische Einzigartigkeit und Individualität der Bewegung im Vordergrund. Das Fahrrad, so Eduard Bertz in seiner *Philosophie des Fahrrads*, sei „im allgemeinen etwas ganz Persönliches, Eigenes …, wie es ja überhaupt zur Entwicklung des Individualismus beiträgt" (Bertz 1900, 184). Vor dem Hintergrund der Massentransportmittel wie der Eisenbahn verkörperte es einen Maschinentypus, der die Autonomie und die Selbstständigkeit seiner Nutzer:innen förderte. Auch die *Propyläen Technikgeschichte* fasst die Entwicklung des Fahrrads als – so eine Kapitelüberschrift – „Drang zur individuellen Mobilität" (König 1997, 456), der darauf fußt, zeitlich und räumlich flexibel unterwegs zu sein. Mit dem Fahrrad wurde es möglich, längere Strecken, die zuvor der Eisenbahn oder dem Dampfschiff vorbehalten waren, zurückzulegen, mit dem Unterschied, dass

---

3   Zur Wahrnehmung auf dem Fahrrad im Vergleich zu anderen Technologien siehe Alexander Klose (2003); sowie den Beitrag von Bergermann und Wagner in diesem Band.

zum einen Anfangs- und Endpunkt selbst gewählt und zum anderen diese ohne Zwischenhalt verwirklicht werden konnten. Diese Unterbrechungslosigkeit der Bewegung wird zu einem ganz wesentlichen Charakteristikum des Individualmediums, was es zugleich zum Pionier einer neuen Transportkultur von Personen, Artefakten und Zeichen machte. Wie Tristan Thielmann herausstellt, kann es dadurch in seiner mediengeschichtlichen Bedeutung mit der Telegrafie und der Telefonie verglichen werden (vgl. Thielmann 2018, 211).

Das 19. Jahrhundert brachte eine Vielzahl neuer Erfindungen und Möglichkeiten mit sich, Distanzen zu überwinden, wobei das Fahrrad trotz oder gerade wegen seiner Einfachheit hervorsticht. Obwohl es zu Zeiten der ersten Industrialisierung entwickelt wurde, hat es etwas sehr Simples, tritt doch an die Stelle eines fremden, dienstbaren Antriebs die eigene Muskelkraft. Im Unterschied zu den Kraftmaschinen, die der industriellen Revolution des 19. Jahrhunderts Vorschub leisteten, vor allem Dampfmaschine und Verbrennungsmotor, ersetzt das Fahrrad nicht die Muskelkraft, sondern verlängert und effektiviert sie (vgl. Krause 1993, 79). Es ist nicht nur ein Artefakt, das die körperliche Leistung des Menschen in Geschwindigkeit und Reichweite steigert, sondern das sehr innig mit dem Menschen kombiniert wird und so eine Erweiterung des Körpers darstellt (vgl. Möser 2011, 65). Diese Annahme, dass das Fahrrad als technischer „force enhancer" (ebd., 66) in der Lage ist, Unzulänglichkeiten des menschlichen Leibes auszugleichen und eine Leistungssteigerung zu vollführen, steht in enger Verbindung mit einer technikanthropologischen Betrachtungsweise. Für diese ist der menschliche Körper Ausgangspunkt aller existierender Techniken, die so aus diesem abgeleitet werden können. Die Technik stellt nicht länger einen Gegensatz des Menschen dar, sondern wird als materialisierte Ausweitung seiner selbst verstanden. So ist das Rad beispielsweise eine Extension des menschlichen Bewegungsapparats, mit dessen Erfindung, so Marshall McLuhan, die Menschen auf die Überlastung des Fußes durch beschleunigten Handel und Verkehr reagiert haben.[4] Die darauffolgende Erleichterung wiederum stellt sich allein dadurch ein, dass, sobald in die Pedale getreten wird, die Füße vom Boden abheben. Der Radfahrkörper ist nicht mehr länger geerdet, im Gegenteil:

---

4   „Unter körperlichem ‚Stress' oder bei Überreizung schützt sich das Zentralnervensystem selbst aktiv mit der Waffe der Amputation oder der Absonderung des ‚kränkenden' Organs, Sinnes oder der gestörten Funktion. So ist also die Belastung durch Beschleunigung des Tempos oder die größere Last der Anreiz zu neuen Erfindungen" (McLuhan 1968, 51).

Er ist dabei, in jeder Beziehung ‚abzuheben'. Seine Füße verlassen Stück um Stück den Boden, sie stoßen den Körper nurmehr vorwärts, während sein Körpergewicht auf einem Fahrgestell mit zwei Rädern lastet. In dieser Entlastung der Körpermuskulatur vom Körpergewicht liegt das energietechnische Geheimnis der technischen Revolution, die vom Fahrrad ausgeht. (Krausse 1993, 79)

Demzufolge besteht das Revolutionäre dieser Technik darin, und das ist das entscheidende Kriterium, das Fahrradfahren von den darauffolgenden motorisierten Bewegungsformen unterscheidet, dass sie unmittelbar mit dem Körper kurzgeschlossen, ja Teil davon wird. Geschuldet ist das dem Grundprinzip des Fahrrads: der Tretkraft. Dabei wird mit Hilfe des Pedalantriebs menschliche Muskelkraft in Bewegung umgewandelt. Zusammen mit der Tretkurbel bilden die Beine ein autonomes Bewegungssystem, indem die Schwenkbewegungen der Beinglieder in eine umlaufende Rotationsbewegung an der Kurbel überführt werden.[5]

Diese Interaktion zwischen Mensch und Maschine ist die elementarste aller technischen Voraussetzungen, die das Radfahren gestalten und prägen. Dabei ist es von entscheidender Bedeutung, welcher Körper die Maschine lenkt, sind doch die maßgeblichen Voraussetzungen wie Kondition und Gleichgewicht untrennbar mit der Verfasstheit des eigenen Körpers verbunden, der für Letztere zuständig ist und so unterschiedliche Formen von Mobilität schafft. Auch wenn das Fahrrad heute als egalitärstes Medium überhaupt gilt, war es zu Beginn eine Technik, die exkludierte. Welche Ausschlussmechanismen mit dem Fahrrad einhergingen, zeigte sich vor allem zu der Zeit, als sich das Fahrrad noch ausdifferenzierte. Fahrradfahren war, wie im Folgenden ausgeführt werden soll, ein bürgerliches Distinktionsmittel, mit dem nicht nur Geschlechterrollen, sondern auch soziale Klassen inszeniert und konstruiert wurden.

Rahmen und Rahmungen

Als das Fahrrad zu fahren begann, war es alles andere als mobil. Ursprünglich als Hochrad konstruiert, war es nur schwerlich transportabel, und mehr noch schloss es dadurch eine Reihe von Gruppen von seinem Gebrauch aus. Nicht nur erschwerte es durch sein großes Vorderrad in Verbindung mit der Anforderung, das Gleichgewicht in dieser Höhe zu halten, den physischen Zugang. Auch hatte das Fahrrad einen besonders

---

5   Zu den physikalischen Zusammenhängen des Fahrradfahrens siehe grundlegend Gressmann 1993.

Abb. 1: Das Hochrad als aristokratisches Fortbewegungsmittel (Quelle: Palmer, Arthur Judson. 1958. *Riding High*. London: Vision Press, 67).

distinktiven Charakter in sozialer Hinsicht, was daran lag, dass es zu dieser Zeit eng mit dem Bürgertum verknüpft war. So verband sich mit dem Radfahren ein Ausschlussmechanismus, der es an ein bestimmtes soziales und kulturelles Kapital koppelte (vgl. Ebert 2010, 68). Dieses war gewissermaßen in der Konstruktion des Gegenstands vorgegeben, ja regelrecht in diesen eingeschrieben. Wem es erlaubt ist, Fahrrad zu fahren, ist immer auch eine Frage der Rahmung oder genauer gesagt des Rahmens – der konkreten Materialität der Maschine. Kurzum, es ist der Rahmen, der rahmt, wer fährt.

Rahmen und Rahmungen haben sich über die Zeit hinweg häufig gewandelt und wurden immer wieder neu justiert. „Before the bicycle became ‚King of the Road' it was the ‚Prince of the Parks'" (Bijker 1997, 19). Diese Bewegung des Fahrrads von dem aristokratischen, eingezirkelten Regime heraus in die urbane Großstadtwelt, wie sie hier von Wiebe Bijker beschrieben wird, gerät mitunter in Vergessenheit. Mit der Erfindung der Hochräder, auf denen das buchstäblich gehobene Volk Ausschau nach seinen „lady friends" (ebd.) hielt, war es zunächst Frauen aufgrund der vorherrschenden Geschlechternormen selbst vorenthalten. Als „Macho Bicycles" (ebd., 75) nutzten vor allem junge athletische Männer das Fahrrad, das so statt eines Massenbewegungsmittels eher ein Spielzeug für Dandys war (Abb. 1). Mit ihrer hohen und gefährlichen Sitzposition demonstrierten sie dabei nicht nur eine erhöhte Risikobereitschaft, auch versicherte das Rad soziale und kulturelle Exklusivität. Denn die mit dieser Technik verbundene Körper-beherrschung zu lernen, kostete nicht nur Zeit und Geduld, auch waren Fahrräder zu dieser Zeit kaum erschwinglich, womit sie als Statussymbol der Upperclass galten.

Bis sich das sogenannte *safety bicycle*, das klassische Niederrad, wie wir es heute kennen, gegen andere Varianten wie die des Hochrads durchgesetzt hatte und massentauglich wurde, war es ein langer Weg. In der Art einer Fallstudie beschreiben Bijker und Pinch diesen Übergang vom Hochrad zum Niederrad als sozialen Aushandlungsprozess zwischen verschiedenen relevanten Gruppen, der das Fahrradfahren nicht nur sicherer, sondern auch demokratischer gestaltete. Sie sprechen an dieser Stelle von der sozialen Konstruktion von Technologie und vertreten damit die Annahme,[6] dass die Konstruktion des Fahrrads sowie jede andere Technik stets im Zusammenspiel von Entwickler:innen und Nutzer:innen zustande kommt. Das Fahrrad ist also Sinnbild dafür, dass die Konstruktion keineswegs nur einseitig verläuft, ganz im Gegenteil: Statt sich von dem Fahrrad formen zu lassen, hat sich die Technik an die Anforderungen der Konstrukteur:innen angepasst (vgl. Nordmann 2008, 138). Technische Geräte sind so verstanden das Resultat eines offenen sozio-technischen Gestaltungsprozesses, in dem gesellschaftliche Nutzungen gleich mitkonstruiert werden (vgl. ebd., 146). Oder, wie es Bijker auf den Punkt bringt: „Relevant social groups do not simply see different aspects of one artifact. The meaning given by a relevant social group actually *constitute* the artifact" (Bijker 1995, 77).

---

6   Die radikal sozialkonstruktivistische Theorie der Social Constrution of Technology (SCOT) befasst sich mit den Prozessen der Technikentwicklung, wobei sie im Kern davon ausgeht, dass jede Art von Technik sozial konstruiert ist (vgl. Bijker und Pinch 1993).

Die relevanten sozialen Gruppen, von denen hier die Rede ist, messen demnach einer Technologie unterschiedliche Bedeutungen bei, die von vagen Vorstellungen bis zu distinkten Nutzer:innenwünschen wie Sportlichkeit oder Sicherheit reichen können. Bezogen auf das Hochrad erfüllte es für die risikobereiten jungen Männer seine Funktion, während es andere Gruppen wie die der Frauen nahezu vollständig von seinem Gebrauch ausschloss. Erst mit der Entwicklung des Niederrads setzte sich diejenige Konstruktion durch, die nicht nur sicherer und effizienter war als die vorangegangenen Fahrradtechnologien, sondern auch die Preise sinken ließ und das Radfahren universell machte.

Frauenbewegungen

Waren Frauen bislang durch das Hochrad und die maskulinistische Kultur, die diese Maschine umgab, effektiv vom Radfahren ausgeschlossen, schien mit der Ankunft des Sicherheitsfahrrads ein erster Schritt vollzogen, Frauen die uneingeschränkte Teilhabe am Fahrrad zu ermöglichen. Doch bis die Frau das Rad für sich eroberte, sollte es noch eine Weile dauern, schließlich hatte sie sich zunächst gegen den männlich codierten Radfahrkörper durchzusetzen. Während es in Bezug auf die Konstruktion des männlichen Individuums darum ging, das Fahrrad als Werkzeug oder Charakterbildungsmittel zu nutzen, um Individualität zu sichern und zu stabilisieren (vgl. Ebert 2010, 90), mussten sich Frauen erst eine öffentlich anerkannte Identität auf dem Fahrrad erarbeiten. Bislang hielt sie die bürgerliche Rolle der Frau im 19. Jahrhundert, idealisiert mit Tugenden wie Häuslichkeit und Mutterschaft, vom öffentlichen Leben fern, und überhaupt schrieben etablierte soziale Normen und Verhaltensweisen vor, wie Frauen sich in der Öffentlichkeit bewegen sollten, wie und in welchen Fällen, wann überhaupt, sie Fahrrad fahren durften. Wie hieran deutlich wird, ist die Geschlechtszugehörigkeit für die Frage des Zugangs von wesentlicher Bedeutung, ist sie doch alleiniges Ausschlusskriterium dafür, wer diese Sportart auf welche Weise ausübt. Eine derart geschlechtsbezogene Differenzierung geht wiederum aus den rein leistungsorientierten und idealisierten Vorstellungen hervor, die an das Mann- und Frausein eines jeden Individuums gebunden sind.

Ende des 19. Jahrhunderts war eine Vorstellung vom Frauenradfahren vorherrschend, die weniger auf eine selbstständige Fortbewegung von Frauen ausgerichtet war als die Begleitung radfahrender Männer durch ebendiese. Das Bild der Radfahrerin als Mitfahrerin männlicher Unternehmungen, nicht aber als eigenständig Handelnde wurde unter anderem auch durch die Konstruktion der Fahrradmodelle vermittelt. Radfahren erwies sich so für Frauen nicht nur materiell und ideologisch herausfordernd, sondern war auch eine Frage der Physis, insofern es in seiner Materialität und Funktionsweise den Körper auf bestimmte Weise formte und beanspruchte.[7] Wie Anne-Katrin Ebert ausführt, agiert das Fahrrad auf diese Weise medial:

> Schließlich war der Radfahrer selbst aktiv an der Erfahrung Radfahren beteiligt. Er suchte nach bestimmten Erfahrungen des eigenen Ichs und des eigenen Körpers auf dem Fahrrad, er konstruierte und inszenierte sich selbst im Sattel. In diesem Sinne war das Fahrrad ein Medium, mithilfe dessen die Radfahrer den eigenen Körper konstruierten und zur Darstellung brachten. (Ebert 2010, 56)

Wie hier geschildert wird, ist Fahrradfahren nicht nur ein Bereich, in dem der Körper eine zentrale Rolle spielt, insofern Sport immer die Aufführung der körperlichen Leistung beinhaltet. Vielmehr bietet es eine Bühne, auf der Geschlecht bzw. Geschlechtsunterschiede im besonderen Maße repräsentiert und reproduziert werden. Eine wichtige Rolle in der Konstruktion des Radfahrerinnenkörpers spielte die Mode, die zu Zeiten des Aufkommens des Fahrrads im 19. Jahrhundert Aufschluss über die Ästhetik und Inszenierung der Frau auf dem Rad geben kann. Dabei handelt es sich um eine bedeutende, wenn auch nicht ausreichend genutzte Quelle, die nicht nur voller Informationen über die Geschichte des Frauenradfahrens steckt. Vielmehr spiegelt sich in der Frage der Kleidung die Debatte um Rollenbilder der sich wandelnden Geschlechterpolitik der 1890er Jahre wider. Wenn, wie Roland Barthes argumentiert, Kleidung sowohl Ausdruck von Individualität ist als auch die Zugehörigkeit zu einer Gruppe markiert,[8] dann zeigt die Radmode, wie die Rolle der Frau neu erfunden und artikuliert wurde, indem sie verschiedene weibliche Identitäten verkörperte.[9] Zu Zeiten des Aufkommens des Fahrrads im 19. Jahrhundert war jedoch zunächst das Gegenteil der Fall: Die Damenkleidung erschwerte das Fahren und gefährdete die Sicherheit der Fahrerinnen in hohem Maße. Nicht nur schickte es sich nicht, als Frau Fahrrad zu fahren, ja mehr noch erschien dies angesichts der Garderobe als Ding der Unmöglichkeit. Einerseits

---

7   Am häufigsten wurde der Ausschluss der Frauen mit deren spezifischer Anatomie gerechtfertigt, auf die sich die sportliche Aktivität negativ auswirke, was vor allem die Gebärfähigkeit der Frau in Gefahr stellen konnte. Zum medizinischen Diskurs siehe außerdem Straight (2006, 62).

8   Zur Mode als Zeichensystem Barthes (1985).

9   Fiona Kinsey führt am Beispiel von australischen Radfahrerinnen aus, dass die drei Verkörperungen weiblicher Identität, die in Fahrradporträts festgehalten wurden, radikal, progressiv und konservativ seien, was wiederum das Verständnis der Rolle der Frau im Australien des späten 19. Jahrhunderts verstärkte (vgl. Kinsey 2011).

sollte die Kleidung den hohen Ansprüchen an Ästhetik und Moral genügen, andererseits durfte sie das Fahren nicht behindern und zu Verwicklungen führen (Abb. 2). Die herkömmliche Damenmode, seien es die bodenlangen Röcke, die geschichteten Petticoats oder die restriktiven Korsetts, waren für das Radfahren völlig ungeeignet und verfingen sich nicht selten in Rädern oder Pedalen. Abgesehen von den wenigen Frauen, die beharrlich waren und ihre radikal gekleideten mobilen Körper mutig in den öffentlichen Raum stellten, griffen einige durch eine Reform der Kleidung auf subtilere Weise in gesellschaftspolitische Kontexte ein.

Im Gegensatz zu klassischen Damenkleidern, die das Radfahren weitestgehend blockierten, wurden eigens für das Fahrradfahren Kostüme entwickelt, die sich dem männlichen Kleidungsstil annäherten und den Frauen größere Bewegungsfreiheit gaben. Getragen wurde praktische Kleidung, was bedeutete, dass Frauen zunehmend dazu übergingen, ihre Röcke zu kürzen, das Korsett abzulegen oder gar Hosenröcke und Pumphosen zu tragen. Zur Wahrung der Schicklichkeit dachten sie sich die komplizierten Schnittmuster aus. So entwarf die New Yorkerin Amelia Bloomer beispielsweise ein bequemes, zweiteiliges Kleidungsstück, ähnlich einer Hose, das unter Kleidern getragen werden konnte. Mit diesen „Bloomers"[10] war es möglich, auf dem Rad eine Vernunftkleidung zu tragen, die sich nach dem Absteigen in ein modisches Kostüm verwandeln ließ.[11] Ein eigenes Forum rund um Fragen der Etikette bekamen Radlerinnen erstmals mit der Zeitschrift *Draisena – Blätter für Damen-Radfahren: Organ zur Pflege und Förderung des Radfahrens der Damen*, die 1895 gegründet wurde (Abb. 3) sowie in Form des vom Wiener Mode Verlag herausgegebenen Benimmbuchs, des *Vademecum für Radfahrerinnen*, in dem es hieß: „Die heikelste Frage beim Radfahren der Damen ist zweifellos die Costumefrage. Aber es scheint, daß der Rock dazu verurteilt ist, dem Beinkleid zu weichen."[12]

Radikal neue Formen der Fahrradbekleidung zu tragen war eine Intervention in die Art und Weise, wie sich eine Frau durch den öffentlichen Raum bewegen sollte. Diese Kleidungsstücke rüsteten Frauen aus, sich den geschlechtsspezifischen, normativen Verhaltensregeln zu widersetzen, und ermöglichten es ihnen, in einer Zeit, in der dies physisch und ideologisch

10   Zur Erfindung und Geschichte der sogenannten Bloomers siehe Jungnickel (2018).
11   Bloomer selbst setzt sich in ihrem Magazin *The Lily* kritisch mit der Kleidung auseinander und auch in ihrem ältesten Text „Kleidungsreform" sprach sie sich für eine weibliche Garderobe aus, die Frauen mehr Bewegungsfreiheit ermöglichte.
12   Der vollständige Beitrag erschien 1896 in der Zeitschrift *Wiener Mode* (vgl. Neumann-Hofer 1896, 509).

Abb. 2: François Courboin: *Bicycling: The Ladies of the Wheel* (Quelle: Series: Paris Capital of the 19th Century, Brown University Library, 1896, digitalisiert: https://repository.library. brown.edu/studio/item/bdr:86453/).

Abb. 3: Titelblatt des Radsportmagazins für Frauen (Quelle: Titelseite, Draisena. Erstes und ältestes Sportblatt der radfahrenden Damen, No. 8, 5. Jahrgang, Dresden/Wien am 24. April 1899, digitalisiert: http://digital.slub-dresden.de/id1683841255-18990424).

problematisch war, über mobile Identitäten zu verhandeln. Kat Jungnickel geht noch einen Schritt weiter und behauptet, dass rationale Kleidung, allen voran Bloomer, Frauen nicht nur dazu verhalfen, sich von der beengenden Kleidung zu befreien, auch brachten sie gesellschaftspolitische Bewegungen ins Rollen:

> I argue that bloomers (and larger attending ideologies of rational dress) helped women carve out and legitimise a mobile presence in outdoor space and in doing so negotiate citizenship in different ways, place and times. Bloomers did not just appear, nor were they simply worn. Rather, they were produced by and productive of complex political, cultural, gendered and place-based entanglements. Bloomers are just one part in a heterogeneous network comprised of human as well as non-human actors. (Jungnickel 2015, 364)

Wahlrecht für alle

Allein die Möglichkeit, sich über den Bereich des Häuslichen hinaus Mobilität zu beschaffen, führte zu einem sich verändernden weiblichen Bewegungsverhalten und räumte dem Fahrrad eine wichtige Rolle in der Diskussion um die Verwirklichung der Gleichberechtigung von Frauen ein, die gemeinhin als Frauenfrage bekannt ist. So betonte die deutsche Frauenrechtlerin Lily Braun in ihrem unter ebendiesem Titel, *Die Frauen-frage*, erschienenen Buch diesen „starken Emanzipator ..., dessen Wirkung zu Gunsten der Selbstbefreiung des weiblichen Geschlechts schon jetzt in der größeren Selbstständigkeit und der Vereinfachung der Kleidung der jungen Mädchen deutlich zu Tage tritt" (Braun 1979, 189). Mit der damit einhergehenden Konstruktion und Inszenierung der sogenannten „Neuen Frau", die ein aktives Leben außerhalb des Hauses führte und Zugang zu neuen Räumen suchte, wurde das Fahrrad nicht nur als Mittel angesehen, um physisch von einem zum anderen Ort zu gelangen, sondern um neue Formen geschlechtsspezifischer Mobilität zu verwirklichen. „I am ... a ,new woman' if that term means that I believe I can do anything that any man can do" (Schultz 2011, 33), so Annie Cohen Kopchovsky nach ihrer Welt-umrundung 1895 – vollzogen natürlich mit dem Fahrrad. Das Radfahren ermöglichte der Frau die Erfahrung eigener Unabhängigkeit oder, genauer gesagt, ,erfuhren' sie sich diese buchstäblich durch das bzw. mit dem Fahrrad.

Sinnbildhaft für diese neue weibliche Identität, die geprägt war vom Streben nach Autonomie, Mobilität und gesellschaftlicher Partizipation, opponierten radfahrende Frauen damit sichtbar gegen die traditionelle

Geschlechterordnung. Sei es durch die Kleiderreform oder durch ihre sportlichen Ambitionen, immer traten sie als Übertretung der Norm in Erscheinung, womit ihnen etwas durch und durch Bedrohliches anhaftete. Das Beherrschen des Fahrrads, insbesondere seiner Vorform des Hochrades, wurde als heroische Meisterung einer gefährlichen Maschine angesehen. Als dezidiert körperzentrierte Praxis und damit Bühne geschlechtlicher Inszenierung gilt Fahrradfahren seit jeher als Männersache. Dass auch Frauen dazu fähig sein sollten, zweifelte dieses Ideal an und, mehr noch, richtete sich gegen eine männlich dominierte Mobilitätskultur.

Durch diese eigenverantwortliche Mobilität trug das Fahrrad auch dazu bei, die Erlangung von Rechten vieler Frauen zu beschleunigen. Nicht zufällig waren die meisten Mitglieder der Frauenwahlrechtsbewegung, die sogenannten Suffragetten, Radsportbegeisterte, die das Fahrrad als Symbol im Kampf für das Wahlrecht der Frauen nutzten. Fahrräder standen für Unabhängigkeit und Bewegungsfreiheit, und nicht nur das: Auch kamen sie selbst zum Einsatz, wenn es auf die Straße ging. So organisierte die Londoner Women's Social and Political Union beispielsweise eine Brigade von „Cycling Scouts", die in die Vororte ritten, um Wahlkampftreffen abzuhalten.[13]

In diese unterschiedlichen Bewegungen verwickelt, ermöglichte das Fahrrad den Frauen, Unabhängigkeit sowohl physischer als auch ideologischer Art einzufordern, waren sie doch Teil einer viel breiteren sozialen Bewegung, die die Rolle der Frau in der Gesellschaft neu formte. Das Fahrrad bot damit nicht nur ein praktisches Transportmittel. Vielmehr war es Vehikel der gesellschaftlichen Emanzipation der Frau um die Wende zum 20. Jahrhundert.[14] In Bezug auf die transformativen Kräfte, die dem Fahrrad bei der Befreiung der Frau zugeschrieben werden, gab die amerikanische Bürger- und Frauenrechtsaktivistin Susan B. Anthony 1896 die häufig zitierte Aussage ab:

> I'll tell you what I think of bicycling. I think it has done more to emancipate women than any one thing in the world. I rejoice every time I see a woman ride by on a bike. It gives her a feeling of self-reliance and independence the moment she takes her seat; and away she goes, the picture of untrammeled woman-hood. (Harper 1898, 859)

---

13   Zur Suffragettenbewegug siehe Crawford (1999).
14   Siehe hierzu grundlegend Bonnell (1990).

Was hier zur Sprache kommt, die untrennbare Verbundenheit von Bewegung und Emotion, thematisiert eine affektive Dimension, also das Bewegtwerden bzw. In-Bewegung-Versetztwerden. Bewegung und Affekt, *motion* und *emotion*, sind also nicht nur sprachlich, sondern, wie Mimi Sheller es ausdrückt, kinästhetisch miteinander verflochten und werden durch eine Verbindung von Körpern, Technologien und kulturellen Praktiken zusammen erzeugt: „Motion and emotion, we could say, are kinaesthetically intertwined and produced together through a conjunction of bodies, technologies, and cultural practices" (Sheller 2004, 227). Bewegung ist, wie hier ausgeführt wird, in einem zweifachen Sinne zu verstehen: Angesprochen sind damit nicht nur die einzelnen Bewegungsabläufe des Körpers, umfassend seine Kräfte, Gliedmaßen und Muskeln im Sinne des Fortbewegens. Sich zu bewegen meint vielmehr auch das Mobilisieren und Aktivieren von Menschen, Artefakten und Zeichen, was der Praxis nicht nur eine aktive, sondern auch eine politische Komponente verleiht (siehe auch Bee 2018).

Dieses doppelte Verständnis von Bewegung als Mobilmachung einerseits und Mobilisierung andererseits trifft in gleicher Weise für das Fahrrad heute zu. Deutlich macht dies nicht zuletzt eine besondere Form des urbanen Protests, die Anfang der 1990er Jahren mit den Critical Masses ihren Höhepunkt finden sollte und gegenwärtig angesichts des Klimakampfes als Hoffnungsträger für ökologische Veränderungen einsteht.[15] Bestehend aus einer Masse mobiler Körper, versteht sie sich als Zusammenschluss, der auch politisch etwas bewegen will. Dementsprechend sieht Chris Carlsson in seinem *Critical Massifesto* die Rolle des Fahrrads als Initialzündung für gesellschaftliche Veränderungen:

> Critical Mass represents a budding alternative transit movement infused with ecological consciousness. By avoiding specific demands or organizational forms so far, Critical Mass is still gathering energy and that energy has the potential to affect many things, far beyond mere bike lanes, government transit spending, or any other narrow demand within the status quo. That potential lies in the consolidation of new,

---

15   Critical Masses sind 1992 in San Francisco als Gruppenradfahrt am letzten Freitag eines Monats als Gegenmaßnahme zur Vernichtung der einseitigen Nutzung des öffentlichen Raums durch Autos entstanden. Im Vordergrund steht dabei die Schaffung eines Gemeinschaftsgefühls, das Erleben von Kollektivität von sonst im urbanen Raum verteilten Körpern. Einen Überblick liefert Furness (2017).

lasting communities, a task which must go on both within and outside Critical Mass itself. And here the bicycle has a role, too.[16]

Was dabei im Blick auf die Verkehrswende als Appell wiederaufscheint, ist nichts anderes als schon zu Beginn der Geschichte des Fahrrads: die Forderung, ein gleichberechtigtes Mit- und Nebeneinander von unterschiedlichen Verkehrsteilnehmer:innen zu forcieren. Für die Revolution Fahrrad zu fahren heißt immer auch, sich gegen gesellschaftliche Normen und Widerstände zu stellen bzw. zu strampeln.

Literatur

Barthes, Roland. 1985. *Die Sprache der Mode*. Frankfurt am Main: Suhrkamp.

Bee, Julia. 2018. „Lob des Fahrradfeminismus." *Genderblog der Gesellschaft für Medienwissenschaft*. Letzter Zugriff 17.09.2021. https://www.zfmedienwissenschaft.de/online/blog/lob-des-fahrradfeminismus.

Bertz, Eduard. 1900. *Philosophie des Fahrrads*. Dresden: Reissner.

Bijker, Wiebe E. 1997. *Of Bicycles, Bakelites, and Bulbs: Toward a Theory of Sociotechnical Change*. Cambridge, MA: MIT Press.

Bijker, Wiebe E., und Trevor J. Pinch. 1993. „The Social Construction of Facts and Artifacts: Or How the Sociology of Science and the Sociology of Technology Might Benefit of Each Other." In *The Social Construction of Technological Systems: New Directions in the Sociology and History of Technology*, hrsg. von Wiebe E. Bijker, Thomas P. Hughes und Trevor J. Pinch, 17–51. Cambridge, MA: MIT Press.

Bonnell, Marilyn. 1990. „The Power of the Pedal: The Bicycle and the Turn-of-the-Century Woman." *Nineteenth Century Contexts* 14 (2): 215–39.

Braun, Lily. 1979. *Die Frauenfrage: Ihre geschichtliche Entwicklung und wirtschaftliche Seite*. Berlin: Dietz.

Carlsson, Chris. 1994. „Critical Massifesto." *Critical Mass Essays, Flyers, Images from San Francisco, 1992–1998*. Letzter Zugriff 01.07.2021. https://www.scorcher.org/cmhistory/cmassifesto.html.

Crawford, Elizabeth. 1999. *The Women's Suffrage Movement: A Reference Guide 1866–1928*. Abingdon: Routledge.

Deleuze, Gilles, und Félix Guattari. 1992. *Tausend Plateaus: Kapitalismus und Schizophrenie*. Berlin: Merve.

De Landa, Manuel. 2006. *A New Philosophy of Society: Assemblage Theory and Social Complexity*. London: Bloomsbury.

Ebert, Anne-Katrin. 2010. *Radelnde Nationen: Die Geschichte des Fahrrads in Deutschland und den Niederlanden bis 1940*. Frankfurt am Main: Campus.

Furness, Zack. 2017. „Critical Mass gegen die Automobilkultur." In *Die Philosophie des Radfahrens*, hrsg. von Jesús Ilundáin-Agurruza, Michael W. Austin und Peter Reichenbach, 89–104. Frankfurt am Main: Suhrkamp.

Gressmann, Michael. 1993. *Fahrradphysik und Biomechanik: Technik, Formeln, Gesetze*. Kiel: Moby Dick Verlag.

---

16   Das vollständige Manifest findet sich unter Carlsson, Chris. 1994. „Critical Massifesto." *Critical Mass Essays, Flyers, Images from San Francisco, 1992–1998*. Letzter Zugriff 01.07.2021. https://www.scorcher.org/cmhistory/cmassifesto.html.

Harmond, Richard. 1971. „Progress and Flight: An Interpretation of the American Cycle Craze of the 1890s." *Journal of Social History* 5 (2): 235–57.

Husted Harper, Ida, Hrsg. 1898. *The Life and Work of Susan B. Anthony: Including Public Addresses, Her Own Letters and Many from Her Contemporaries During Fifty Years*, Bd. 2. Indianapolis: Hollenbeck.

Jungnickel, Kat. 2015. „One Needs to Be Very Brave to Stand All That: Cycling, Rational Dress and the Struggle for Citizenship in Late Nineteenth Century Britain." *Geoforum 64:* 362–71.

———. 2018. *Bikes and Bloomers: Victorian Women Inventors and Their Extraordinary Cycle Wear.* Cambridge: Goldsmiths University London.

Kaschuba, Wolfgang. 2004. *Die Überwindung der Distanz: Zeit und Raum in der europäischen Moderne.* Frankfurt am Main: Fischer Taschenbuch.

Kinsey, Fiona. 2011. „Reading Photographic Portraits of Australian Women Cyclists in the 1890s: From Costume and Cycle Choices to Constructions of Feminine Identity." *The International Journal of the History of Sport* 28: 1121–37.

Klose, Alexander. 2003. *Rasende Flaneure: Eine Wahrnehmungsgeschichte des Fahrradfahrens.* Münster: LIT.

König, Wolfgang. 1997. „Der Drang zur individuellen Mobilität." In *Propyläen Technikgeschichte, Netzwerke, Stahl und Strom: 1840 bis 1914*, Bd. 4, hrsg. von dems. Berlin: Propyläen Verlag.

Krausse, Joachim. 1993. „Das Fahrrad: Von der ‚kindischen' Kombinatorik zur Montage." In *Fahrrad, Auto, Fernsehschrank: Zur Kulturgeschichte der Alltagsdinge*, hrsg. von Wolfgang Ruppert, 79–118. Frankfurt am Main: Fischer Taschenbuch.

McLuhan, Marshall. 1968. *Die magischen Kanäle: Understanding Media.* Düsseldorf: Econ Verlag.

Möser, Kurt. 2011. *Grauzonen der Technikgeschichte.* Karlsruhe: KIT Scientific Publishing.

Neumann-Hofer, Otto. 1896. „Das Radfahren und die Frauen: Einige Betrachtungen." *Wiener Mode* 9: 509–14.

Nordmann, Alfred. 2008. *Technikphilosophie zur Einführung.* Hamburg: Junius.

Rubinstein, David. 1977. „Cycling in the 1890s." *Victorian Studies* 21 (1): 47–71.

Schultz, Jaime. 2011. „The Physical is Political: Women's Suffrage, Pilgrim Hikes and the Public Sphere." In *Women, Sport, Society: Further Reflections, Reaffirming Mary Wollstonecraft*, hrsg. von Roberta J. Park und Patricia Vertinsky, 29–49. Abingdon: Routledge.

Schivelbusch, Wolfgang. 1977. *Geschichte der Eisenbahnreise: Zur Industrialisierung von Raum und Zeit im 19. Jahrhundert.* Frankfurt am Main: Fischer Taschenbuch.

Sheller, Mimi. 2004. „Automotive Emotions: Feeling the Car." *Theory, Culture and Society* 21: 221–42.

Straight, Alyssa. 2016. „The Face of the Bicyclist: Women's Cycling and the Altered Body in *The Type-Writer Girl".* In *Culture on Two Wheels: The Bicycle in Literature and Film*, hrsg. von Jeremy Withers und Daniel P. Shea, 57–77. Lincoln: University Nebraska Press.

Thielmann, Tristan. 2018. „Das Fahrrad: Ein Medium der Landerschließung." In *Landmedien: Kulturhistorische Perspektiven auf das Verhältnis von Medialität und Ruralität im 20. Jahrhundert*, hrsg. von Clemens Zimmermann, Gunter Mahlerwein und Aline Maldener, 205–30. Innsbruck: Studien Verlag.

[6]

Bici-bles: Das Fahrrad als Scharnier zwischen Umwelt, Aktivismus und DIY-Kultur in Cali, Kolumbien

Sarah Sander

Bici-bles ist ein Dokumentarfilm über die Fahrradszene Calis, der durch die Zusammenarbeit verschiedener Fahrradkollektive und Umweltaktivist:innen zwischen Februar 2019 und April 2021 entstanden ist. Ausgehend von den kollaborativen Ansätzen des Films möchte ich im folgenden Beitrag einige Strategien und Effekte des Fahrradaktivismus in Cali vorstellen. In einer dichten Beschreibung verschiedener Formen der Zusammenarbeit werde ich die Analyse des Films mit einem quasi-ethnografischen Bericht verknüpfen. Dabei will ich den Fahrradaktivismus zum einen als Medium der kollektiven Subjektivierung analysieren, zum anderen einige Aspekte des Filmdrehs selbst als Modus der Kooperation herausstellen. Nach einer Skizze der Geschichte und Gegenwart des Fahrradfahrens in Kolumbien werde ich dazu die Positionen und Protagonist:innen des Films vorstellen.

Bici-bles **verleiht dem Fahrradaktivismus in Cali Sichtbarkeit – ein Anliegen, das ich in Form einer Collage von Bildern und Berichten in diesen Text übersetzen will.**

Vorspann: Kooperativer Filmdreh in Cali[1]

Als wir im Frühjahr 2019 mit einer Gruppe von Studierenden verschiedener Abteilungen der Kunstuniversität Linz in Cali, Kolumbien, waren, haben wir bei dem gemeinsamen Filmdreh eine Form der Kollaboration kennengelernt, die weit über unsere übliche Erfahrung von Zusammenarbeit hinausging. Das Kollektiv A la Hora 30 (H30), das sich für umweltpolitische und sozialgesellschaftliche Belange engagiert, hat für den Filmdreh nicht nur mit befreundeten Gruppen und bekannten Fahrradaktivist:innen kooperiert, sondern auch uns schnell und unkompliziert in den Produktionsprozess integriert. Eine Woche lang haben wir uns täglich mit den Mitgliedern des Kollektivs getroffen, haben ihnen beim Dreh und den Interviews assistiert und gemeinsam Fahrradworkshops und -filmabende realisiert. Das Spannende an der Kooperation mit dem kolumbianischen Kollektiv war für mich, wie sie uns im Handumdrehen zu Mitarbeiter:innen gemacht haben – bzw. zu Mitstreiter:innen im besten Sinn. Sie haben uns für ihre Sache rekrutiert und wir haben uns gerne rekrutieren lassen. Gleich am ersten Tag unseres Kennenlernens haben sie uns einen gut vorbereiteten Drehplan präsentiert, haben uns eingeteilt und angelernt: Um sechs Uhr morgens des Folgetags ging der Dreh an der Straßenkreuzung Calipso los, einem Knotenpunkt für den Berufsverkehr zwischen den informellen Vierteln im Osten Calis und der Innenstadt. Dort haben wir Radfahrer:innen gezählt, erste Filmaufnahmen gemacht und kurze Befragungen durchgeführt (Abb. 1). Die *muchachxs* haben uns gezeigt, wie das in Kolumbien geht.

Die Form der geteilten Arbeit und Verantwortung, die so zustande kam, war für die *muchachxs* von A la Hora 30 wahrscheinlich eine übliche Form der Kollaboration, da sie für den Filmdreh wie bei vielen anderen ihrer Aktionen auch mit befreundeten Kollektiven zusammengearbeitet haben – mit dem freien Radiosender A Ritmo de Ladera zum Beispiel und mit dem *all-female*

1   Eine erste, kurze Version des folgenden Textes ist unter dem Titel „¡Viva la Cicla! Fahrradaktivismus als Medium der Kollektivierung und Kollaboration" erschienen (Sander 2020). Durch die gemeinsame Arbeit am vorliegenden Band hat der Text sich noch einmal maßgeblich verändert und erweitert.

Abb. 1: Fahrradfahrer:innen und Filmaufnahmen an der Straßenkreuzung Calipso (Foto der Autorin)

Abb. 2: Fahrradfahrerin auf dem Weg zur Arbeit in Cali, Kolumbien (Foto der Autorin)

Medienkollektiv Melcocha. Für uns war es dagegen das erste In-Kontakt-Kommen mit kollaborativer Arbeit in Kolumbien. Ein nachhaltiger "Erstkontakt" – der natürlich auch ein präfigurierter Zweitkontakt war (vgl. Harrasser und Sander 2020, 5–17). Was deutlich wurde: Wir konnten viel lernen von den *muchachxs* in Cali; nicht nur über den Fahrradaktivismus in Cali und in Kolumbien allgemein, sondern auch über kollaboratives Arbeiten und DIY-Filmproduktionen im Speziellen.

Im Zusammenkommen unserer Interessen und Ideen kristallisierte sich ein Fokus für den Film heraus, der darauf abzielte, die Realität nicht einfach abzubilden, sondern sie durch die porträtierten Personen und Positionen mitzugestalten. Auch wenn wir beim Dokumentieren des frühmorgendlichen Berufsverkehrs beispielsweise feststellen konnten, dass wesentlich mehr Männer als Frauen mit dem Rad unterwegs zur Arbeit waren, interessierten wir uns doch nicht nur für dieses Ungleichgewicht, sondern gerade für die Geschichten der Frauen und versuchten gemeinsam, diese zu einem kurzen Interview zu überreden, um ihre Hintergründe und ihre Radfahrbiografien (in Ausschnitten) zu verstehen (Abb. 2). Unser Fokus auf den Gebrauch des Fahrrads unter Class- und Genderaspekten zielt nicht nur darauf ab, die im Alltag oft marginalisierten Personen sichtbar zu machen, sondern will sie durch ihre Präsenz im Film auch stärken und normalisieren. Dokumentarfilme sind eben nicht einfach Repräsentationen von Realität, sondern selbst Teil der Wirklichkeit, die sie mitgestalten, indem sie sie porträtieren.

Der kollektivierende Effekt der Kooperation, den wir bei dem gemeinsamen Dreh erlebt haben, ist ein zentrales Merkmal der Fahrradszene Calis, wie im Folgenden deutlich wird. Das gemeinsame Fahrradfahren und das geteilte Umweltengagement verbinden die Kollektive und Aktivist:innen freundschaftlich und affektiv. Sie setzen sich gemeinsam für eine mögliche Zukunft der Fahrradstadt Cali ein. Das Fahrrad ist für sie ein Medium, das nicht nur der individuellen Gesundheit und Fortbewegung dient, sondern auch der Umwelt und Gesellschaft allgemein. Sie kollaborieren bei Projekten wie dem geschilderten Filmdreh, um dem Fahrradfahren mehr Sichtbarkeit und Akzeptanz zu verleihen. Denn die infrastrukturellen Rahmenbedingungen des Radfahrens in Cali sind weiter ausbaufähig – wie der folgende Überblick über die Geschichte und Gegenwart des Fahrrads in Cali deutlich zeigt.

Cali: Fahrradfahren zwischen Umweltaktivismus und Alltag

Cali könnte *die* Fahrradstadt Kolumbiens sein. In der Hauptstadt des Valle de Cauca, einer Provinz im Südwesten des Landes, die sich von der Pazifikküste über subtropische Ebenen bis hinauf zu den Andenausläufern im Landesinneren zieht, ist das Fahrrad nicht nur ein übliches Transport- und Fortbewegungsmittel, sondern das Wetter auch ganzjährig günstig zum Fahrradfahren. Fast 200.000 Fahrten werden in Cali täglich mit dem Fahrrad absolviert, sagt Eduardo Cobo Plata, Gründungsmitglied des Kollektivs CicloAmigos, das schon seit den 1990er Jahren für mehr Sicherheit und Sichtbarkeit des Fahrrads im Straßenverkehr Calis kämpft (vgl. Bici-bles 2021). Auch wenn die Stadt noch immer vom Auto bzw. dem motorisierten Verkehr dominiert wird, ist das Fahrrad doch in allen erdenklichen Formen und Funktionen auf den Straßen zu sehen: als Lasten- und als Rennrad, als alter Drahtesel und als BMX-Bike. Die einen nutzen es als günstiges Fortbewegungsmittel, um zur Arbeit, zur Schule oder zur Uni zu kommen, andere für Transporte oder als fahrendes Geschäft, wieder andere aus Umweltschutzgründen oder weil es einfach das effektivste Fahrzeug für den innerstädtischen Individualverkehr ist (Abb. 3). Die Fahrradkollektive Calis setzen sich deshalb für eine bessere Radinfrastruktur und eine bessere Absicherung des Fahrradfahrens ein – rechtlich wie umweltpolitisch und infrastrukturell.

Im vergangenen Jahr kam ihnen dabei unerwarteterweise die strenge Coronapolitik der kolumbianischen Regierung zu Hilfe: Um die Ansteckungsgefahr im öffentlichen Raum zu minimieren, hatte die Stadtregierung Calis schon im April 2020 erlassen, dass der öffentliche Nahverkehr nur mit einer Auslastung von 35 Prozent fahren dürfe (was die Nutzung der MÍO-Busse und -Bahnen um 77 Prozent reduzierte, vgl. El País 2020). In dieser Situation fand eine alte Forderung der Fahrradaktivist:innen endlich Gehör: Die städtische Radwegeinfrastruktur wurde ausgebessert und durch 50 Kilometer temporäre Fahrradstreifen ergänzt (Abb. 4). Außerdem wurde ein Leihfahrradsystem installiert und die Nutzung des Fahrrads für den Individualverkehr politisch durch Programme wie einen Fahrradtag, Nachhaltigkeitsworkshops und Reparaturstationen unterstützt (vgl. Alcaldía de Santiago de Cali 2020; Rueda Bustamante 2020; Redaktion El Espectador 2020). Dies führte zu einem Anstieg der Nutzung des Fahrrads in der Bevölkerung von 12,6 auf 44,4 Prozent (La República 2020). In Bogotá, der Hauptstadt Kolumbiens, die laut dem *Copenhagenize Index* 2019 noch vor Berlin und Barcelona auf Platz 12 der fahrradfreundlichsten Städte

Abb. 3: Frühmorgendlicher Berufsverkehr in Aguablanca, Cali (Foto der Autorin)

Abb. 4: Fahrradstreifen und Autoverkehr in Cali (Filmstill aus *Bici-bles* 2021)

weltweit rangiert und als südamerikanische Hauptstadt des Fahrrads
gilt, lag der Anteil der Fahrradfahrten 2019 bei 6,6 Prozent der täglichen
Fahrten (Alcaldía de Bogotá 2019, 3, 11); ein Mobilitätsanteil, der während
der Pandemie um 80 Prozent anstieg (Alcaldía de Bogotá 2020). In Cali lag
der Mobilitätsanteil des Fahrrads laut der *Encuestra de Mobilidad* von 2015
in den Jahren vor der Pandemie noch bei 5,4 Prozent (Mosquera-Becerra

2016). Diese Zahlen zeigen deutlich das Potenzial Calis als Fahrradstadt – wenn das Fahrrad und seine Infrastruktur in der Verkehrspolitik priorisiert wird.

Wie das Fahrrad zum Kulturerbe Kolumbiens und Cali zur Fahrradstadt geworden ist, erzählt der Soziologe und Aktivist Frederman Carrero Ruiz von der Universidad del Valle in einem Interview für *Bici-bles*: Aufgrund der eindrücklichen Beschreibungen der reichen Vegetation, Plantagen und Gärten des Valle de Cauca in Jorge Isaacs Roman *María* (1867) – einem der meistübersetzten lateinamerikanischen Romane seiner Zeit – seien Ende des 19. Jahrhunderts viele Menschen nach Kolumbien migriert. So seien auch viele Japaner:innen ins Caucatal gekommen und hätten das Fahrrad als neues Fortbewegungsmittel mitgebracht (vgl. Bici-bles 2021). Historische Belege vom Fahrrad als Sport- und Fortbewegungsmittel in Cali gibt es allerdings erst aus den 1920er Jahren, als das Fahrrad im Zuge der Industrialisierung langsam vom Prestigeobjekt zu einem Medium des Individualverkehrs wurde und im Gegensatz zu Kutsche und Zug eine selbstbestimmte und flexible Mobilität ermöglichte (Mosquera-Becerra 2014, 66–68).

Als Novum der Moderne hatte das Fahrrad in den 1880er Jahren auch andere Länder Südamerikas erreicht und dem Subkontinent nicht nur ein neues Verkehrsmittel gebracht, sondern auch die Faszination für den Radsport – ob als urbanes Vergnügen, als Andenüberquerung oder im Velodrom (vgl. Brown 2021). In den 1920er Jahren war Radfahren in Kolumbien allerdings noch ein primär elitäres Unterfangen, weil die Fahrräder nicht in Südamerika produziert, sondern aus Europa oder Japan importiert wurden (ebd., 301–9). Im Verlauf der Geschichte der Industrialisierung wurde das Fahrrad dann vom Inbegriff der Moderne zum Verkehrsmittel der Arbeiter:innenklasse, da es robust, günstig und gut reparierbar war. Nach dem Zweiten Weltkrieg erlebte das Fahrrad in Kolumbien dadurch einen Boom – wurde aber nicht mehr als Teil der Modernisierung gesehen. Auch in Cali wurde das Fahrrad in den 1950er Jahren als Fortbewegungsmittel zunehmend marginalisiert und unsichtbar gemacht, da die Stadt durch ihr industrielles Wachstum zur automobilen Stadt geworden und die neue Infrastruktur ganz aufs Auto ausgerichtet war (Mosquera-Becerra 2014, 74). Auf die Interessen und Bedürfnisse der Arbeiter:innenklasse und deren Mobilitätsformen wurde dabei kaum Rücksicht genommen.

Diese Entwicklung der industriellen und städtischen Infrastruktur begründete das bis heute bestehende Ungleichgewicht in der urbanen Mobilität. Der Ausbau der Infrastruktur für den motorisierten

Individualverkehr wird weiterhin forciert, ohne Rücksicht darauf zu nehmen, dass ein Großteil der Arbeiter:innen und Studierenden Fahrradfahrer:innen sind (Palasser 2020, 44). Daher ist Fahrradfahren in Cali im Großen und Ganzen weiterhin ein waghalsiges Unterfangen. Es mangelt in vielerlei Hinsicht noch immer an einer adäquaten Infrastruktur: Weder gibt es ein ineinandergreifendes Netz an Fahrradwegen noch ausreichend markierte und reservierte Wege für Fahrradfahrende im allgemeinen Straßenverkehr. Außerdem stellt der desolate Zustand vieler Straßen ein ernsthaftes Sicherheitsrisiko für das Fahrradfahren dar und geht nicht nur auf die autozentrierte Verkehrspolitik zurück, sondern auch auf die lang anhaltenden Konflikte mit Drogenkartellen und Guerillakriege. Der Status des Fahrrads im Straßenverkehr und Stadtbild Calis ist damit heute ambivalent: Einerseits als Fortbewegungsmittel von Geringverdienenden stigmatisiert (Mosquera-Becerra 2014, 125), andererseits als Identifikationsmedium einer urbanen Mittelschicht zelebriert (Semillero Economía f(Excellencia) 2017; Lucho 2020).

Aus Perspektive der Mobility Studies ist Mobilität ein fundamentaler Teil des „Rechts auf Stadt" (Lefebvre 2016) bzw. des Rechts auf gesellschaftliche Partizipation, da Mobilität Teilhabe am öffentlichen Leben garantiert (Sheller 2018, 20–45). Doch Mobilität ist in der Regel nicht neutral und nicht allen in gleicher Weise und im selben Umfang möglich, sondern von Machtverhältnissen und Ungleichheiten geprägt. So sind die Wege von Geringverdienenden zur Arbeit und in die Innenstadt oft weit, ungesichert und von infrastrukturell schlechter Qualität. Frauen sehen sich dabei teils genderspezifischen Diskriminierungen ausgesetzt (Castañeda 2019). Mimi Sheller stellt in ihrem Konzept der *mobility in/justice* heraus, dass Mobilität bestehende Machtasymmetrien gleichermaßen reflektiert wie reproduziert, indem räumliche Anordnungen Mobilität entlang der Linien von Race, Class und Gender in ungleicher Weise ermöglichen oder verhindern (Sheller 2015, 73f).

Das Fahrrad kann ein Werkzeug sein, gegen diese Ungleichheiten anzugehen. Denn es ist nicht nur das wahrscheinlich wirtschaftlichste Fortbewegungsmittel (da es neben den Anschaffungs- und Wartungskosten keinerlei Kosten für die Fortbewegung verursacht und anders als der motorisierte Individualverkehr nicht mit Steuern und Fahrtkosten verbunden ist). Das regelmäßige Fahrradfahren ist außerdem aus umweltpolitischer und alltagspsychologischer Perspektive gut – und es produziert Affekte wie Spaß, Energie und Identifikation, so dass sich rund ums Fahrradfahren eigene Kulturen, Szenen und Styles gebildet haben (vgl.

Bici-bles 2021 wie auch Bee 2019a, Bee, Eberlein, Pinzuti in diesem
Band). Das Fahrrad ist damit neben seinem pragmatischen Gebrauch als
Transport- und Fortbewegungsmittel zum Ausdruck alternativer Mobilitäts- und Lebensformen geworden (Furness 2014, 317). Es steht für einen
umweltbewussten, kostengünstigen, flexiblen und ressourcenschonenden
Individualverkehr und kann Teil eines sportlichen Lifestyles sein – in
Kolumbien ebenso wie in vielen anderen Teilen der Welt. Und doch ist die
Situation in Cali natürlich von spezifischen sozioökonomischen, politischen
und historischen Prämissen geprägt.

Um auf die Belange aufmerksam zu machen, die mit dem Fahrradfahren
in der Stadt zusammenhängen, haben sich in den vergangenen Dekaden
in Cali eine ganze Reihe an Umweltgruppen und Fahrradkollektiven etabliert. Die sogenannten *ciclistas urbanos* sind Radaktivist:innen, die dafür
eintreten, das Fahrrad als wichtigstes Fortbewegungsmittel in der Stadt
zu etablieren. Sie fordern eine menschengerechtere Stadt, die Formen
alternativer Mobilität möglich macht (vgl. Peralta 2017, 70). Eine dieser
Gruppen ist das Kollektiv A la Hora 30, das im Kern aus Miguel Anaconda
Rogdríguez, Angel Gonzáles Nupan und Gabriela Días Arcos besteht. Das
nicht-formalisierte Kollektiv engagiert sich für eine gesündere Mobilität,
die der Qualität der Luft in der Stadt zugutekommt sowie den Grün- und
Freizeitflächen in ihrem Bezirk, Aguablanca, einem großen Arbeiter:innenviertel im Osten der Stadt. Sie wollen mit ihrem Engagement helfen, die
Mobilitätspyramide umzudrehen, und so einen positiven Beitrag zur körperlichen und geistigen Gesundheit der Menschen leisten. Das Fahrrad
ist für sie Dreh- und Angelpunkt ihres Engagements, da sie es als kulturelles Werkzeug eines emanzipatorischen Wandels sehen: Es ermächtigt
marginalisierte Gruppen, die Stadt selbstbestimmt zu nutzen – ohne die
ökonomischen Barrieren des motorisierten Verkehrs. Ihren Erfolg messen
H30 an der Zahl der Menschen im Viertel, die das Fahrrad bewusst nutzen
und sich für ihr *barrio* engagieren (vgl. A la Hora 30 2020, 39–43).

Zwischen 2018 und 2020 hat das Kollektiv gut 20 *bici-paseos* – Critical Mass-
Radtouren – in Aguablanca organisiert, um die Akzeptanz des Radfahrens
zu stärken und gleichzeitig ihr Viertel, das als gewalttätig gebrandmarkt
ist, zu entmystifizieren. Darüber hinaus haben sie verschiedene Fahrradworkshops initiiert, um zum eigenständigen Reparieren und Verschönern der Räder zu animieren (ebd., 40). Seit 2019 arbeitet das Kollektiv
außerdem an und mit dem Dokumentarfilm *Bici-bles*. Seit Fertigstellung
des Films haben sie die kollaborative Dokumentation schon wiederholt bei
Protesten im Rahmen des jüngsten Streiks und kommunalen Filmfestivals

vorgeführt (Abb. 10). Auch der fertige Film ist für sie nicht nur ein Medium der (Selbst-)Repräsentation, sondern vor allem ein Mittel zur Vernetzung und Kooperation. Ich will im Folgenden zunächst die zentralen Positionen und Protagonist:innen des Films vorstellen, um dann noch einmal genauer auf die Formen der Kollaboration und Kollektivierung durch den Fahrradaktivismus und Filmdreh eingehen zu können.

Sichtbarkeit und Sagbarkeit: Fahrradaktivismus und Film

Bici-bles, der kooperativ entstandene Film, der im Fluchtpunkt dieses Aufsatzes steht, verweist schon mit seinem Titel darauf, dass er dem Fahrrad im Alltag und Stadtbild Calis neue Sichtbarkeit geben will: Das Kunstwort des Titels setzt sich aus *Bici* für *bicicleta*, Fahrrad, und der zweiten Silbe von *visibles*, sichtbar, zusammen. Die Sichtbarkeit des Fahrrads im kolumbianischen Alltag geht der Film gleich auf mehreren Ebenen an: Einerseits schafft er ein Kaleidoskop an Porträts von Fahrradfahrer:innen Calis und gibt dem Fahrradaktivismus so ein aus vielen Personen und Geschichten zusammengesetztes Gesicht. Andererseits zeigt er in Interviews auf, wie vielfältig die Nutzung und der Stellenwert des Fahrrads in der kolumbianischen Gesellschaft sind. Der Film lässt hierzu nicht nur namhafte Fahrradaktivist:innen und -kollektive zu Wort kommen, sondern collagiert auch eine Vielzahl an Stimmen von unbekannten Radfahrer:innen, die ihre persönlichen Fahrradgeschichten erzählen. So zeigt der Film ein Bild vom Stellenwert des Fahrrads in Cali, welcher vom alltäglichen Gebrauch als Transportmittel oder fahrendem Geschäft bis zu aktivistischen, politischen Positionen reicht. Der Film trägt damit doppelt zur Sichtbarkeit und Sagbarkeit des Fahrrads als Mittel der Fortbewegung und des Widerstands bei. Er gibt der Fahrradcommunity Calis ein Sprachrohr und will gleichzeitig ein Leitfaden für die Zukunft der Fahrradstadt sein.

Bici-bles bringt die unterschiedlichen Formen und Hintergründe des Radfahrens miteinander in Kommunikation, sodass sie sich ergänzen und diversifizieren. Beispielsweise verwebt er die Geschichte von Luceni, einer Straßenverkäuferin, die ihr Lastenrad nutzt, um *choclo de maís* zu verkaufen (Abb. 5), mit den urbanen Erfahrungen beim Lastenradfahren der Studentin Lina Rebél Osario (Abb. 6). Der Film collagiert so die berufliche Nutzung des Fahrrads mit den Forderungen der Fahrradaktivistin und Bildern der Stadt. Für Luceni ist das Fahrrad ein Medium zum Verdienen ihres Lebensunterhalts. Es ist ihr Fortbewegungsmittel und Verkaufsraum

Abb. 5: Luceni mit ihrem Lastenrad beim Straßenverkauf in Aguablanca (Filmstill aus *Bici-bles*)

Abb. 6: Lina mit ihrem Lastenrad auf dem Weg zur Universidad del Valle (Filmstill aus *Bici-bles*)

in einem – ein mobiles Ladengeschäft. Sie ist wie viele Bewohner:innen Aguablancas von der Pazifikküste in die Hauptstadt des Valle de Cauca gekommen, da sie in ihrer Heimatregion keine Zukunft mehr gesehen hatte. Der Straßenverkauf ist als Teil des informellen Sektors ein typisches Arbeitsfeld für interne Migrant:innen, von denen es in Kolumbien Tausende gibt. Für Lina hingegen ist ihr Lastenrad ein feministisches Statement, da in der Fahrradcommunity Calis eine Frau mit einem selbstgeschweißten Rad noch immer eine Seltenheit ist, wie sie sagt (vgl. Bici-bles 2021). Für sie ist das Fahrrad ihr liebstes Fortbewegungsmittel, um zur Uni oder quer durch die Stadt zu fahren; es ist aber auch Teil ihrer Fahrradcommunity, die ihr Identität und Rückhalt gibt.

Auch für Alejandra Martínez zählt das Radfahren zu ihren zentralen Identifikationsmedien. Sie berichtet im Interview für *Bici-bles* von ihren Erfahrungen im Straßenverkehr, der für sie als Rennradfahrerin besonders gefährlich ist, weil die Radwegeinfrastruktur in vielen Teilen der Stadt einfach nicht gut ist. Sie fährt nicht nur das Rennrad, das wir hier im Bild sehen (Abb. 7), sondern auch BMX. Der Film baut während des Interviews eine interessante Spannung auf, da Alejandra immer wieder auf den glatten Betonboden des Skateparks weist, in dem sie sitzt, während sie von ihren Anfängen als BMXlerin erzählt, die Kamera der Bewegung aber nicht folgt. So wird unser Sehbegehren angestachelt, bleibt aber ungestillt. Ein schöner filmischer Kniff, Interesse zu wecken, ohne voyeuristisch zu sein. Dieses dokumentarische Konzept, nah dran zu sein ohne auszustellen, ist einer der Grundpfeiler des Films, der die porträtierten Positionen nebeneinander stehen lässt, ohne sie gegeneinander aufzuwiegen oder auszuspielen. Der Film reflektiert damit ästhetisch, worum er auch thematisch kreist: das Neben- und Miteinander verschiedener Formen des Radfahrens und des Engagements als Form der Kollektivierung und Kollaboration.

Diego Ayala, ein weiterer Protagonist des Films, der Teil des Kollektivs En BiciArte – Cultura de Colombia ist, sieht das Fahrrad im Gegensatz zu Alejandra Martínez beispielsweise nicht primär als Sport- und Freizeit-beschäftigung an, sondern als ein zentrales Medium, einen sozialen und kulturellen Wandel herbeizuführen. Das Fahrrad diene schließlich nicht nur der persönlichen Fortbewegung und Fitness, sondern produziere positive Effekte für alle, indem es Aspekte von Umweltschutz mit persönlicher und gesellschaftlicher Gesundheit zusammenbringt, sagt er. Für ihn ist das Fahrrad das perfekte Werkzeug, sich den öffentlichen Raum anzueignen und damit für bessere Lebensbedingungen zu demonstrieren: gegen öffentliche und polizeiliche Gewalt, gegen die Ungerechtigkeit der Admi-nistration, gegen die Massaker an Bäuer:innen und Aktivist:innen, die mit den Landvertreibungen zusammenhängen und zu einer massiven internen Migration in Kolumbien führen. Für Diego ist das Fahrrad ein Medium, um für eine bessere Welt einzustehen.

Auf dem abgebildeten Filmstill (Abb. 8) ist Diego Ayala auf dem Sportplatz in Aguablanca zu sehen, auf dem wir gemeinsam mit den *muchachxs* von A la Hora 30 einen Fahrradworkshop ausgerichtet haben. Der Protagonist und zwei weitere Mitglieder des Kollektivs En BiciArte waren zu dem Work-shop gekommen und hatten nicht nur ihr Flick- und Werkzeug mitgebracht,

Abb. 7: Alejandra Martínez, BMX- und Rennradfahrerin im Interview (Filmstill aus Bici-bles)

Abb. 8: Diego Ayala, Teil des Kollektivs En BiciArte – Cultura de Colombia (Filmstill aus *Bici-bles*)

um mit den Kindern gemeinsam deren Fahrräder zu reparieren, sondern auch ihre Instrumente. Nachdem wir also Lichter und Reflektoren montiert, Bremsen kontrolliert, Reifen geflickt und die Fahrräder geschmückt und aufpoliert hatten, saßen die Kinder zusammen zum Singen und Musizieren, bevor wir alle gemeinsam mit lautem Geklingel und Gebrüll zu einer spontanen Critical-Mass-Demo durchs *barrio* aufgebrochen sind.

Das Kollektiv En BiciArte bietet mit seinem selbst geschweißten Fahrrad-anhänger nicht nur eine mobile DIY-Reparaturwerkstatt, sondern auch soziale und kulturelle Bildung rund um Fahrrad- und Umweltthemen. An

Abb. 9: Die *gravitosos* auf ihren Minibikes (Filmstill aus *Bici-bles)*

diesem Beispiel wird sichtbar, wie das Fahrrad im kolumbianischen Alltag genau wie im politischen Protest als Scharnier zwischen den Menschen, Gruppen und Themen dient. Es ist ein Medium, das zusammenbringt. Wenn ich die Aussagen des Interviews heute höre, bin ich einmal mehr beeindruckt, wie die Aktivist:innen in Cali in quasi jeder Situation das ganz Konkrete mit dem großen Ganzen zusammenbringen (hier die umweltpolitischen Belange rund ums Fahrradfahren mit der politischen Situation des Landes und seiner Gewaltgeschichte, die viel mit Neoextraktivismus, paramilitärischer Vertreibung und sozialer Ungleichheit zu tun hat).

Auch für die *muchachxs* von A la Hora 30 sind das Fahrrad und das Fahrradfahren zentrale Aspekte in ihrem sozialen (Umwelt-)Engagement. Gerade weil das Radfahren ein Gefühl von Zusammengehörigkeit vermitteln kann – wie bei den Critical-Mass-Radtouren, wenn sie die Straßen für den Autoverkehr blockieren und ihre als gefährlich geltenden Viertel wieder mit Leben füllen. Der Menge an Menschen und dem Effekt der gemeinsamen Radtour sei Dank. Für Miguel von H30 ist dies eine der zentralen Motivationen für sein sozialpolitisches Engagement: der Gewalt auf den Straßen und der Angst in den Vierteln etwas entgegenzustellen. Doch es geht den Aktivist:innen nicht nur um Öffentlichkeit und den öffentlichen Raum, sondern auch um Mündigkeit und Selbstbestimmung. Daher veranstaltet H30 neben den wöchentlichen *bici-paseos* auch regelmäßig Fahrradworkshops, Filmscreenings und *mingas* – eine besondere Art des gemeinsamen Machens und Tuns, die in Südamerika eine lange Tradition hat. Bei den *mingas de saberes*, die H30 initiiert hat, geht es um einen wechselseitigen Wissensaustausch von Menschen und Gruppen

Abb. 10: Einladungen zum *Festival de Cine y Video Comunitario* von A la Hora 30 (Flyer von H30)

aus verschiedenen Gegenden. Die Mingas sind ein bewährtes Instrument, politische Anliegen sichtbar zu machen und gleichzeitig den Zusammenhalt und die Selbstbestimmung innerhalb der Community zu fördern. Beim diesjährigen *Festival de Cine y Video Comunitario,* das H30 gemeinsam mit

dem brasilianischen Kollektiv Fesda zum Thema EJIDO, *Commons*, ausgerichtet hat, wurden daher nicht nur selbst produzierte Filme und Videos
wie *Bici-bles* gezeigt, sondern auch gemeinsame Fahrradtouren, Workshops
und Mingas zum Erhalt der Gemeinflächen im *barrio* organisiert (Abb. 10).

Das Fahrrad ist für H30 wie für viele der befragten Protagonist:innen des
Films ein zentrales politisches Medium, da es ihre umweltpolitischen
Anliegen mit sozial-gesellschaftlichen zusammenbringt. Über die politische
Funktion hinaus bündelt das Fahrrad für H30 aber auch ein affektives
Potenzial, das mit Style, Sport, Hip-Hop und selbst produzierten Videos
zusammenhängt. Nicht dass die Auswahl der Interviewpartner:innen
oder der Locations, an denen gefilmt wurde, ihre Liebe zu Reggaeton und
Hip-Hop verraten, der Schnitt und die unterlegte Musik tun dies allerdings
schon. Da sind zum Beispiel die *gravitosos*, Jungs, die auf ihren kleinen
Rädern und BMX-Bikes in halsbrecherischem Tempo die steilen, staubigen
Straßen an den Hängen der Farrallones im Westen der Stadt herunter-
rasen (Abb. 9). Die Kids der benachteiligten Viertel, in die kein öffentlicher
Bus fährt, weil sie so weit außerhalb des Zentrums liegen und ihre Straßen
so steil sind, praktizieren mit ihren Minibikes eine Art Extremsport. In die
offiziellen Analen des Radsports schaffen sie es damit wohl nicht, aber
unterlegt mit Hip-Hop-Beats zollt der Film Respekt, wem Respekt gebührt.
Der Film akzentuiert so die Verbindung des Fahrradfahrens mit anderen
kulturellen Dynamiken und Szenen – hier, indem er durch die unterlegte
Musik die Codes und Styles der porträtierten *gravitosos* aufnimmt. In dieser
Geste zeigt sich die Verbundenheit des Kollektivs mit einer urbanen Radkultur, die ganz verschiedene Gesichter hat.

Ein bekanntes Gesicht der Fahrradcommunity Calis ist das Gesicht von
Edwin Arboleda Rodríguez, ein weiterer Protagonist des Films, der gleich
in einer ganzen Reihe von Kollektiven Mitglied ist, die sich für die Radkultur engagieren. Einerseits sind das die CicloAmigos, ein Kollektiv, das
sich schon seit über 20 Jahren für die Belange von Radfahrer:innen einsetzt – nicht nur auf der Ebene der Gesellschaft, sondern vor allem auch
auf juristisch-politischem Weg; andererseits die Mesa de Transporte No
Motorizado – eine Vereinigung, die bei der Durchsetzung von temporären
Fahrradspuren in Cali jüngst eine wichtige Rolle gespielt hat – und das
BiciRed, ein Netzwerk von Aktivist:innen, die sich zusammengeschlossen
haben, um eine gemeinsame Sprache zu finden, um die Anliegen und
Aktivitäten der Radcommunity besser kommunizieren zu können. Schon an
der Vielzahl der Fahrradkollektive lässt sich die Vernetzung der Szene – wie
auch diejenige Edwins – erkennen.

Abb. 11: Edwin Arboleda Rodríguez, Fahrradaktivist, in seinem barrio (Foto der Autorin)

Abb.12: Eduardo Cobo Plata, Gründungsmitglied von *CicloAmigos* (Foto der Autorin)

Während des Interviews schiebt der afro-kolumbianische Fahrradaktivist sein Rad an den Straßenständen einer belebten Ecke in seinem
barrio vorbei, die als bunter Bildhintergrund seine lokale Verbundenheit
visualisieren. Die Interviewsequenzen des Films zeigen die Protago-
nist:innen in ihrem üblichen Umfeld, wodurch *Bici-bles* nicht nur ein
Kaleidoskop an Gesichtern und Stimmen der Fahrradszene Calis, sondern
auch eine mentale Karte von Orten und Schauplätzen skizziert, die mit
dem Fahrradaktivismus Calis in Zusammenhang stehen. Edwin ist daher
nicht nur auf der Straße, sondern auch unter einem großen Baum zu sehen
– was die Szene beim Dreh pragmatischerweise von der Mittagssonne
und dem Lärm abschirmte, aber auch als Bild für Edwins Verwurzelung in
Aguablanca gelesen werden kann (Abb. 11). Neben den bereits genannten
Kollektiven ist er schließlich noch Teil von BiciCali, einem Projekt, das sich
der sozialen und pädagogischen Arbeit rund um das Fahrrad verschrieben
hat. Und er ist Mitgründer von Travelcol, einem Fahrradverleih, der Räder
nicht nur an Tourist:innen, sondern auch an alte *cumpañerxs* und Fahrrad-
aktivist:innen wie Eduardo Cobo Plata (Abb. 12) verleiht, der mit seinen 65
Jahren ein Gründungsmitglied der CicloAmigos ist – und ein weiterer Protagonist des Films.

CicloAmigos ist eines der ältesten und wahrscheinlich wichtigsten Fahrradkollektive Kolumbiens, da es als erstes Radkollektiv nach der Verfassung
von 1991 das neue Recht auf politische Partizipation wahrnahm und für
bessere Bedingungen rund um das Fahrradfahren kämpfte. Eduardo Cobo
Plata ist schon seit der Gründung 1996 dabei. Das Kollektiv hat zwei Ziele,
wie er erklärt: Einerseits setzt sich die Gruppe für den öffentlichen Raum
für Radfahrer:innen, also Fahrradwege, ein und andererseits für eine
bessere Luftqualität. In seinem Interview hält Eduardo eine flammende
Rede für den Umweltschutz, in welcher er nicht nur das Fahrradfahren als
Medium zur Emissionseinsparung und Bewusstseinsbildung propagiert,
sondern auch Bäume, Flüsse und Menschen mit bedenkt – ein Ansatz,
der Donna Haraways *Verwandschaft der Arten im Chtuhluzän* sehr nahe-
kommt (vgl. Haraway 2018). Ihre Ziele gehen die CicloAmigos allerdings
auf juristischem Wege an: 2006 konnten sie ein erstes Gesetz erwirken,
das Fußgänger:innen und Radfahrer:innen über Autofahrende stellt und
als primäre Akteur:innen der Straße anerkennt. 2017 folgte schließlich
ein Gesetz, das von allen kolumbianischen Städten verbindlich verlangt,
nachhaltig zu sein – auch in Belangen der Mobilität –, und Fußgänger:innen
und Radfahrer:innen daher an die Spitze der Mobilitätspyramide stellt.
Den Erfolg dieser Gesetzgebung haben CicloAmigos mit ihrem juristischen
Kampf entscheidend miterrungen. Die beeindruckende Liste an Kollektiven,

Abb. 13: *Bici-paseo*, Critical-Mass-Radtour in Cali (Foto der Autorin)

Abb. 14: Gabriela Díaz Arcos von H30 auf dem Dach ihres Hauses (Foto der Autorin)

in denen die Protagonist:innen des Films Mitglieder sind, zeigt, wie politisch
und aktiv die Radcommunity Calis ist – und wie verflochten und kollaborativ; was nicht nur an den personellen Überschneidungen sichtbar
wird, sondern auch bei der Kooperation im Rahmen von *Bici-bles*.

Mittwochabends treffen sich die porträtierten Protagonist:innen des Films
regelmäßig zu gemeinsamen Critical-Mass-Radtouren (Abb. 13), wie sie
seit den frühen 1990ern zuerst in San Francisco, dann in vielen weiteren
Städten weltweit stattfanden und -finden. Die *bici-paseos* sind Fahrrad-
demos, Straßenpartys und Schwarmfahrten in einem. Das gemeinsame
Fahren erhöht die Sichtbarkeit und die Sicherheit der Beteiligten, bringt die
Belange der Fahrradfahrenden auf die Straße und zu Gehör. Es stellt dabei
Verbindungen her, produziert Adrenalin, Affekte und Affinitäten. Mit Zack
Furness (2010a) lassen sich die Critical-Mass-Radtouren als performative
Kritik an der Verkehrspolitik und der Dominanz der Autokultur verstehen
(auch wenn sie divergent und kontrovers sind und zwischen Party und
Demo changieren, vgl. ebd., 134f.). Sie machten die Stellung des Fahrrads im
Straßenverkehr sichtbar (gerade durch den Ausnahmezustand, dass sie in
diesem einen Moment dominant sind) und sie treten damit für mehr Selbstverständlichkeit, Sicherheit und Sichtbarkeit im Straßenverkehr ein. Sie
sind ein rollender Protest, der vereint und zusammenbringt. Auch für feministische Kollektive weltweit (wie die Fancy Women Bike Rides, die Ovarian
Psychos und Purple Rides, vgl. Bee, Eberlein, Pinzuti in diesem Band; Bee
2019b) ist das gemeinsame Fahrradfahren im Schwarm präferiertes Mittel,
um für die selbstverständliche Präsenz und Sicherheit von Frauen jeder
Couleur und jedes Kleidungsstils auf der Straße einzutreten. Fahrradfahren
als politischer Protest, Therapie und Empowerment. So fasst es auch
Gabriela in ihrem Interview für *Bici-bles* zusammen.

Gabriela Díaz Arcos von A la Hora 30, die auf dem Bild hier (Abb. 14) auf dem
Dach ihrer Wohnung zu sehen ist, bringt das affektive und aktivistische
Potenzial des Fahrrads im Interview noch einmal auf den Punkt: Für sie ist
Fahrradfahren sowohl Fortbewegungsmittel und Freizeitbeschäftigung als
auch politisches Instrument. Sie liebt das Fahrradfahren mit ihren Töchtern, aber auch alleine. Wenn sie gestresst oder niedergeschlagen ist, fährt
sie gerne Rad. Sie setzt ihre Kopfhörer auf und dreht ein paar Runden
durchs *barrio*. Das beruhige sie und helfe ihr, sich wieder gut und stark zu
fühlen, sagt sie. Mit ihren Töchtern macht sie regelmäßig Ausflüge oder
sie fahren auf den wöchentlichen *bici-paseos*, den Critical-Mass-Radtouren
mit. Leider sehe sie selbst bei diesen von Kollektiven wie H30 organisierten
Aktionen noch immer sehr viel mehr Männer als Frauen unter den

Fahrradfahrenden, sagt sie. Ihr Eindruck sei, dass viele Frauen in Kolumbien sich immer noch nicht wirklich wohlfühlten beim Fahrradfahren – sei es, weil ihre Freund:innen nicht Fahrrad führen und sie somit damit alleine seien, oder sei es, weil sie Angst hätten. Leider fühlen sich viele Frauen in Kolumbien immer noch vulnerable und leicht angreifbar – auch wenn das nicht sein müsste, so Gabi: „Wir sind stark und wir sind Kämpferinnen. Wir müssen uns niemandem unterlegen fühlen." Ein starker, feministischer Kommentar und Aufruf zum Fahrradfahren.

Für das Interview über Gabrielas Fahrradbiografie bugsierten wir das Rad ihrer Tochter aufs Dach ihrer Wohnung: Es war das einzige Rad, das durch die kleine Dachluke im Patio passte. Es ist eines der visuell wieder-kehrenden Elemente im Film, dass jede interviewte Person gemeinsam mit "ihrem" Rad im Bild zu sehen ist. Die Bildmontage ist dennoch kein Fake, sondern eine passende Verschiebung, da Gabriela erzählte, dass sie selbst im Alltag gar nicht so viel Fahrrad fahre, da Fahrradfahren durch die schlechte Radwegeinfrastruktur und den Verkehr immer noch ziemlich gefährlich sei – gerade in den Stoßzeiten, in denen sie zur Arbeit müsse. Aber Gabi, ihre kleine Tochter, der das Fahrrad im Bild gehört, fährt unglaublich gerne und routiniert Rad, wie schon ihr Fahrradhandling zeigt: Um in den Straßen des *barrios* zu fahren – so beobachtet, während wir einmal mehr bei ihnen zu Hause saßen und uns zwischen zwei Interviews ausruhten –, bockt sie ihr kleines, pinkes Fahrrad ganz selbstverständlich auf sein Hinterrad und führt es so lässig am Lenker haltend über die Stufen ihres Hauses auf die Straße hinaus. Hier zeigt sich also die nächste Generation an *ciclistas* Calis.

Für Gabriela ist Fahrradfahren die Mobilität der Zukunft. Denn es sei nicht nur gut für die Umwelt als ein wichtiger Beitrag zur Verbesserung der Luft-qualität, es erhole uns auch, belebe die Sinne und mache glücklich, sagt sie. Und es sei eine Praxis, die zusammenbringt. Deshalb setzt sie sich für den Gebrauch des Fahrrads ein. Ihre Vision ist, dass ihre ganze Community aufs Rad umsteigt – nicht nur zu bestimmten Anlässen, sondern dauerhaft. Punkt. Für Gabriela ist das Fahrradfahren nicht nur für den Körper gut, sondern auch mental, "für Geist und Seele", wie sie sagt. Für die Zukunft des Radfahrens in Cali wünscht sie sich, dass die Radwege noch besser aus-gebaut werden, dass sie beleuchtet sind und klar begrenzt – und dass die Mopeds und Motorräder sie nicht nutzen und blockieren können. Denn die Fahrradfahrer:innen sind leider noch immer die gefährdetsten Verkehrs-teilnehmer:innen der Straße. Sie brauchen also Sichtbarkeit, Respekt und adäquate Fahrradwege bzw. eine gute und sichere städtische Infrastruktur sowie eine gute Beleuchtung und Ausschilderung. Diese Nachricht richtet Gabiriela am Ende ihres Interviews an alle Radfahrer:innen ihres *barrios* bzw. an alle Radfahrenden, die sie mit ihrem Video erreicht: "Hagámonos visibles, hagámonos respetar. Y eso es: lavandonos, utilizando la bici. Porque lo más pealemos, vamos a lograr que queremos. // Machen wir uns sichtbar, verschaffen wir uns Respekt. Und das bedeutet: Aufstehen, Fahrradfahren. Denn wofür wir kämpfen, das werden wir auch erreichen."

In Gabrielas feministischem Aufruf kommen die Forderungen der Fahrradaktivst:innen mit dem Ansatz des Films zusammen: Wie die Fahrradkollektive mit ihren mobilen Fahrradwerkstätten und ihrer DIY-Kultur das Fahrrad als Ankerpunkt ihres politischen Engagements favorisieren, weil es ein fast emissionsfreies Verkehrsmittel ist, das wenig innerstädtischen Platz beansprucht, wenig gefährdend ist und darüber hinaus recht günstig und gut zugänglich, porträtiert auch der Film das Fahrrad als Medium des Aktivismus, der Selbstbestimmung und der Kooperation: Unabhängig von Fahrtzeiten, Erdöl und teurer Infrastruktur oder Wartung, wird das Fahrrad im Film nicht nur als Werkzeug des Umweltschutzes gezeigt, sondern über sein Affektpotenzial auch als Mittel der Vernetzung und des Empowerments. Die Montage des Films, die die Aussagen und Geschichten der Protagonist:innen verwebt, wird durch die Affektbilder der Aktivist:innen in Großaufnahme verstärkt. So werden die Forderungen der Fahrradkollektive sichtbar und verstehbar gemacht. Der Film trägt den lokalen Straßenkampf in die digitale Welt.

Abspann: Filmen und Fahrradfahren als Medien der Kollektivierung

Bici-bles macht deutlich, dass Fahrradaktivismus und Fahrradfahren nicht nur Medien der Subjektivierung sind, sondern auch Mittel der Kollektivierung. Die gemeinsamen Ziele, aber auch das gemeinsame Machen und Tun, wie sie sich bei den *bici-paseos* und den *mingas de saberes* und auch in dem kollaborativ entstandenen Film zeigen, bringen die Menschen zusammen und schaffen eine Fahrradcommunity, die Ausgangspunkt und Gravitationszentrum von Identifikation und Zugehörigkeit sein kann. Das Fahrrad als Medium der Kollektivierung meint somit, dass das Fahrradfahren nicht nur eine sportliche Technik, Fortbewegungsmittel und Lifestyle ist – als solches könnte es vor allem ein Mittel der Subjektivierung sein. Vielmehr wird es in seiner politischen Dimension – als Medium des Protests und des praktizierten Umweltschutzes – auch ein Mittel der Kollektivierung, also des Zusammenschlusses und der gemeinsamen Erfahrung einer geteilten Idee und Identität. Der Film zeigt dieses

Abb. 15: Unser vielköpfiges Filmteam beim morgendlichen Dreh (Foto der Autorin)

Abb.16: Filminterviews in Aguablanca mit wechselnden Rollen (Foto der Autorin)

zusammenbringende Potenzial des Fahrrads nicht nur, sondern realisiert es auch in seinem Produktionsprozess.

Das Agieren auf Augenhöhe zwischen den Kollektiven und der kollektivierende Effekt der Kooperation wurden schon während unseres gemeinsamen Drehs deutlich. Wir waren ein vielköpfiges, vielarmiges Team, das erstaunlich gut zusammen funktionierte – wahrscheinlich weil die Arbeitsteilung so klar und freundschaftlich war: Für die Befragungen von Radfahrer:innen im frühmorgendlichen Berufsverkehr versuchten wir *austriacxs* zum Beispiel, unser Fremdsein zu nutzen, um das Interesse der Radfahrer:innen zu wecken und Interview-Partner:innen zu gewinnen. Die Interviews führten dann die *muchachxs* von H30, Laura Patiño Casasfranco und Ana Gutiérrez, unsere Kamerafrauen aus Bogota, filmten, und Ton angelten wir reihum (Abb. 15, 16). Ich dokumentierte das Geschehen mit meinem Mobiltelefon und Judith Pfister, die unsere Gruppe aus Linzer Studierenden als Sozial- und Umweltanthropologin aus Berlin ergänzte, zählte im Hintergrund die Fahrradfahrenden im frühmorgendlichen Berufsverkehr – hinsichtlich Geschlecht und Fahrtrichtung (Abb. 1). Keine schlechte Arbeitsteilung – so konnte jede:r beitragen, was sie oder er gerade zur Hand hatte, und gleichzeitig noch viel lernen. Der Filmdreh von *Bici-bles* war eine arbeitsteilige Kooperation, bei der die Rollen klar verteilt waren – auch wenn sie immer wieder reihum gewechselt wurden.

Bei DIY- und Videoproduktionen sind häufig affektive Formen der Kollaboration im Spiel. Diese reichen von der Zusammenarbeit im engen Freundeskreis mit wechselnden Rollen bis zur Aneignung von proprietärem Wissen und dem damit zusammenhängenden Empowerment. Gerade die Aneignung und Umnutzung von Technik und Wissen besitzen ein stark emanzipatorisches und ermächtigendes Potenzial, das nicht nur affektive Verbindungen schafft, sondern auch den aktiven Anteil der Technik und technischer Skills an der Produktion von beispielsweise Videobildern zeigt. Dies kann in einem Amateurstil Ausdruck finden, der für Authentizität einsteht bzw. diese ästhetisch konnotiert. Der aktive Anteil der Technik bei DIY- und Videoproduktionen zeigt sich aber auch schon bei der Entstehung des Films, wenn es um die Rollenaufteilung zwischen Regie, Kamera, Ton und Produktionsteam geht. Häufig sind es (Vor-)Kenntnisse oder Lerninteressen, die die Rollenverteilung bedingen. Oder die Rollen werden reihum besetzt, was einen besonders großen Lern- und Kollaborationseffekt hat.

Das vielteilige Team, das an der Entstehung eines Films beteiligt ist, besteht folglich nicht nur aus menschlichen Akteur:innen, sondern auch aus der Kooperation von Menschen, Dingen und Techniken. Das Bedeutung generierende Zusammenspiel von Kameramensch, Kamerablick und Zuschauer:innenbegehren ist früh erkannt worden (vgl. Dziga Vertovs *Mann mit der Kamera* (UdSSR 1929) und zum Beispiel Laura Mulveys (1985/94) feministische Kritik an diesem Dreispiel), aber auch die technische Determinierung des Filmbildes durch die Kamera und auch die Vorstrukturierung der Affekte in der Rezeptionsituation, wie sie durch die Machart des Films zustande kommt, wurden bereits viel diskutiert (vgl. Holl 2002). Doch es gibt noch weitere Formen der Kooperation beim Filmdreh, die theoretisch weniger gut beleuchtet sind. Um diese geht es mir hier. Denn die Formen der Kollaboration bei DIY-Film- und Videoproduktionen reichen weit über die klassische Kooperation beim Filmdreh hinaus und haben ganz ähnliche Effekte, wie sie beim Fahrradaktivismus zu beobachten sind. Die Zusammenarbeit mit Freund:innen und die affektiven und bestärkenden Aspekte der Kollaboration spielen dabei eine ebenso große Rolle wie die Kooperation von Menschen und Technik und das inkorporierte Wissen um aktuelle Moden und Stile der Bildproduktion.

An den Bildern und Berichten meines Beitrags sollte deutlich geworden sein, dass nicht nur die Kooperationen mit anderen Kollektiven für die Entstehung des Films maßgeblich waren, sondern auch die sozio-technischen Arrangements des gemeinsamen Drehs. Beim Sichten des Films wird deutlich, dass auch das Produkt unserer geteilten Anstrengung ein Ergebnis von lokalem Wissen, geschultem Blick, technischer Einmischung und freundschaftlichen Verbindungen ist. Der DIY-Film porträtiert das Fahrrad als kulturelles Werkzeug des Wandels, das Medium der Kollektivierung ist. Insofern transportiert *Bici-ble*s, was das gemeinsame Fahrradfahren und den Fahrradaktivismus ebenso wie den gemeinsamen Dreh im Kern ausmacht: eine geteilte Affektion, die zur kollektiven Subjektivierung einlädt.

Literatur

A la Hora 30. 2020. „Genug geredet, lasst uns anpacken: Palabras sobran, acciones faltan." In *Laute Post: Weitererzählungen aus Kolumbien. Rerelatos Colombianos*, hrsg. von Karin Harrasser und Sarah Sander, 39–45. Wien: Sonderzahl.

Alcaldía de Bogotá. 2020. „Encuestra de Mobilidad 2019: Indicadores Preliminares." Letzter Zugriff 15.05.2021. http://ieu.unal.edu.co/images/Resultados_Preliminares_EncuestaMovilidad_2019.pdf

———. 2020. „El 2020 fue el año de la bici en Bogotá." *https://bogota.gov.co*, 21.12. Letzter Zugriff 15.05.2021. https://bogota.gov.co/mi-ciudad/movilidad/el-ano-de-la-bicicleta-en-bogota-fue-el-2020.

Alcaldía de Santiago de Cali. 2020a. „Encuesta de Percepción de la Movilidad en Cali. Mapas." www.cali.gov.co, 23.07. Letzter Zugriff 15.05.2021. https://www.cali.gov.co/ observatorios/publicaciones/155071/encuesta-de-percepcion-de-la-movilidad-en-cali/.

———. 2020b. „Promoción del uso de la bicicleta en el tercer día de la semana de la movilidad sostenible." *www.cali.gov.co*, 21.09. Letzter Zugriff 15.05.2021. https://www.cali. gov.co/movilidad/publicaciones/156216/promocion-del-uso-de-la-bicicleta-en-el-tercer-dia-de-la-semana-de-la-movilidad-sostenible/.

Bee, Julia. 2019a. „Biking and her Allies/allys – zum Recht auf Bewegung im öffentlichen Raum." *ZfM Gender-Blog*, 26.08. Letzter Zugriff 15.05.2021. https://zfmedienwissenschaft. de/online/blog/biking-and-her-allies.

———. 2019b. „Ovarian Psychos – Radfahren als feministische Praxis", *ZfM Gender-Blog*, 26.08. Letzter Zugriff 15.05.2021. https://zfmedienwissenschaft.de/online/blog/ ovarianpsychos.

Brown, Matthew. 2021. „Cycling in South America, 1880–1920." *Anuario Colombiano de Historia Social y de la Cultura* 48 (1): 287–325.

Castañeda, Paola. 2019. „From the Right to Mobility to the Right to the Mobile City: Playfulness and Mobilites in Bogotá's Cycling Activism." *Antipode* 52 (1): 58–77.

Copenhagenize Index. 2019. „The Most Bicycle-Friendly Cities of 2019". Letzter Zugriff 15.05.2021. https://copenhagenizeindex.eu/the-index.

Diario Occidente. 2019. „¿Se anima a andar en bici? Le contamos porqué Cali puede ser la capital de la bici." *Diario Occidente*, 10.04. Letzter Zugriff 15.05.2021. https://occidente.co/ cali/le-contamos-porque-cali-puede-ser-la-capital-de-la-bici/.

El Espectador. 2020. „Implementan sistema de bicicletas públicas en Cali para controlar la propagación del COVID-19." *El Espectador*, 25.09. Letzter Zugriff 15.05.2021. https://www. elespectador.com/colombia/cali/implementan-sistema-de-bicicletas-publicas-en-cali-para-controlar-la-propagacion-del-covid-19-article/.

El País. 2020. „La `bici´ será la gran apuesta para la movilidad en Cali, ante restricciones en el MÍO." *El País*, 07.05. Letzter Zugriff 15.05.2021. https://www.elpais.com.co/cali/la-bici-sera-la-gran-apuesta-para-la-movilidad-en-ante-restricciones-en-el-mio.html.

Furness, Zack. 2014. „Bicycles." In *Handbook of Mobilities*, hrsg. von Peter Adey, David Bissell, Kevin Hannam, Peter Merriman und Mimi Sheller, 316–25. Abingdon: Routledge.

———. 2010a. „Critical Mass Rides Against Car Culture." In *Cycling – Philosophy for Everyone: A Philosophical Tour de Force*, hrsg. von Mike Austin und Jesús Ilundáin, 134–45. Hoboken, NJ: Wiley-Blackwell.

———. 2010b. *One Less Car: Bicycling and the Politics of Automobility*. Philadelphia: Temple University Press.

Haraway, Donna. 2018. *Unruhig bleiben: Die Verwandschaft der Arten im Chthuluzän*. Aus dem Englischen von Karin Harrasser. Frankfurt am Main: Campus.

Harrasser, Karin, und Sarah Sander. 2020. *Laute Post: Weitererzählungen aus Kolumbien. Rerelatos Colombianos*. Wien: Sonderzahl.

———. 2020. „Erst- und Zweitkontaktzauber: Zur Einleitung." In *Laute Post: Weitererzählungen aus Kolumbien. Rerelatos Colombianos*, hrsg. von Karin Harrasser und Sarah Sander, 5–17. Wien: Sonderzahl.

Holl, Ute. 2002. *Kino, Trance und Kybernetik*. Berlin: Brinkmann und Bose.

La República. 2020. „La bicicleta vive su 'cuarto de hora' con 600.000 viajes en ciudades principales." *La República*, 09.05. Letzter Zugriff 15.05.2021. https://www.larepublica.co/economia/ la-bicicleta-vive-su-cuarto-de-hora-con-600000-viajes-en-ciudades-principales-3003845.

Lefebvre, Henri. 2016. *Das Recht auf Stadt* [1968]. Hamburg: Edition Nautilus.

Lucho. 2020. „Así te puedes movilizar en bicicleta por Cali." *IGSPORTColombia*, 13.10. Letzter Zugriff 15.05.2021. https://igpsport.co/asi-te-puedes-movilizar-en-bicicleta-por-cali/.

Mosquera-Becerra, Janeth. 2016. „El transporte en bicicleta: consolidando inequidades en las calles de Cali, Colombia." *Sociedad y economía*, 31 (Juli – Dezember): 95–120.

———. 2014. *Socio-spatial Transformation and Contested Space at the Street Level in Latin America: The Case of Cali, Colombia.* Portland: Dissertations and Theses. Letzter Zugriff 15.05.2021. https://pdxscholar.library.pdx.edu/cgi/viewcontent.cgi?article=2953&context=open_access_etds.

Mulvey, Laura. 1985. „Visual Pleasure and Narrative Cinema." In *Movies and Methods*, hrsg. von Bill Nichols. Berkeley: University of California Press. Dt.: 1994. „Visuelle Lust und narratives Kino." In *Weiblichkeit als Maskerade*, hrsg. von Liliane Weissberg, 48–65. Frankfurt am Main: Fischer.

Palasser, Sebastian. 2020. *Viva la Cicla: Vorläufige Ergebnisse eines kollaborativen Forschungsprozesses entlang von Fahrrädern, Film und Territorium mit dem Kollektiv A La Hora 30 in Cali/Kolumbien.* Masterarbeit. Universität für Kunst und Industrielle Gestaltung, Linz.

Peralta, Mayra Alejandra. 2017. *La Bicicleta como estrategia emancipadora y constructora de comunidad dentro de la ciudad de Cali. Estudio de Caso: En-Biciarte y Cicloamigos.* Cali: Universidad del Valle.

Rueda Bustamante, und Juan Pablo. 2020. „Cali se ‚monta' en el préstamo de bicicletas públicas." *El Tiempo*, 23.09. Letzter Zugriff 15.05.2021. https://www.eltiempo.com/colombia/cali/cali-se-sube-al-prestamo-de-bicicletas-en-tiempos-de-pandemia-539379.

Semillero Economía f(Excelencia). 2017. *Ciclo Inclusión en Santiago de Cali. Guía para impulsar el uso de la Bicicleta. Una respuesta al BID en su proyecto: `Ciclo-inclusión en América Latina y el Caribe. Guía para impulsar el uso de la bicicleta (2015)´.* Santiago de Cali: Pontificia Universidad Javeriana de Cali.

Sander, Sarah. 2020. „¡Viva la Cicla! Fahrradaktivismus als Medium der Kollektivierung und Kollaboration." In *Laute Post: Weitererzählungen aus Kolumbien. Rerelatos Colombianos*, hrsg. von Karin Harrasser und Sarah Sander, 51–61. Wien: Sonderzahl.

Sheller, Mimi. 2018. *Mobility Justice: The Politics of Movement in an Age of Extremes.* London: Verso.

———. 2015. „Racialized Mobility Transitions in Philadelphia: Connecting Urban Sustainability and Transport Justice." *City & Society* 27 (1): 70–91.

Filme

Bici-bles (COL 2021, R: Colectivo A la Hora 30)
Der Mann mit der Kamera (UdSSR 1929, R: Dziga Vertov)

7

Fancy Women Bike Ride, Communication, and Cycling Activism: A Dialogue

Pinar Pinzuti und Julia Bee

Beim Fancy Women Bike Ride, den Pinzuti mittlerweile international mitorganisiert und der 2013 in Izmir startete, fahren Frauen* zusammen Rad. In diesem Fahrradevent geht es darum, zu zeigen, dass man nicht nur mit professioneller Ausstattung Fahrradfahren kann, dass das Zusammenfahren empowern kann und man sich den öffentlichen Raum als Radfahrende zusammen und mit kreativem Fahrradschmuck und Outfits aneignet. Bilder dieser Rides sind mittlerweile wichtige Akteur:innen im medialen Radaktivismus geworden. Pinzar Pinzuti und Julia Bee sprechen in ihrem Dialog über den Fancy Women Bike Ride (FWBR), über Medienaktivismus und Bilder vom Radfahren.

Pinar Pinzuti is a Milano-based cycling activist, journalist, and the co-founder of the Fancy Women Bike Ride.

Julia Bee: Pinar, would you like to start by telling us a bit about yourself and your work in the cycling industry and in activism?

Pinar Pinzuti: Sure, I am Pinar Pinzuti – I have a Turkish name and Italian surname. I was born in 1979 in Izmir in Turkey. I studied philology in Ankara, Turkey, and social pedagogy in Heidenheim, Germany. I live in Milan and work for a company called Bikenomist. Bikenomist is a social enterprise in which all the team members are working to maximize the benefits of cycling to society and the environment. We do this through our online magazine *Bikeitalia.it*, a bicycle mechanics school, and consultancy projects for the public and private sectors. *Bikeitalia.it* focuses on urban mobility, cycling tourism, health, and *bikenomics* – basically everything around the bike except bike races. So while we don't care so much about competitions, we are interested in all the rest of cycling.

I am also managing communication projects around urban cycling and cycling tourism. These include, for example, communicating the existence of new bike lanes in a city to its citizens or proposing new ways of going on holiday or weekend experiences by bike – even in tiny neighborhoods. I am also a conference speaker and the co-founder of Fancy Women Bike Ride. This has earned me the title of being an international activist. I don't use the word activist very often myself. I use the word "cycling brainwasher". Because I am definitely washing brains concerning cycling. That's about me.

JB: Thank you, Pinar. Maybe we can talk a bit about the Fancy Women Bike Ride and its history.

PP: In 2013 I was living in Izmir and I was already a bike user. I used my bike to commute, to meet my friends, etc. But it was very rare that you saw people cycling in casual clothes. Leisure rides on the weekend were more popular than commuting to work by bike. Mostly men were cycling 100 kilometers in the mountains. They were dressed up for sweating, wore bib shorts, tricots, everything. So, the idea and the image of the bicycle was something very sporty with specific equipment. These lycra-cyclists had expensive bicycles and the main topic of conversation was the weight of their bicycle frame, not the places they had been or the photos they had taken. It was a very male-dominated scene. I was already a bicycle blogger back then and I was telling people about the beauty and freedom of cycling but I could not convince a lot of people. So I thought we needed people on the streets who are dressed normally, which would express the quotidian nature of the bicycle. Back then, cycling meant putting on gloves, helmet, specific shoes, and so forth. But there are other things about cycling.

A friend of mine, Sema Gür, had recently learned how to ride a bicycle at the age of 39. She is a history teacher in a college in Izmir. And one day she said: "Let's show everybody that it is actually possible to cycle with normal clothes! And let's exaggerate a bit to catch the attention of the public." At first it was just a joke between us, but then we really decided to try it. It was September, school was about to start, people were coming back from their holidays to the city. Izmir, with 4 million inhabitants, is a huge city. We decided to meet on a Sunday, when there is less traffic in the city center. We chose the third Sunday of the month, September 22, which was World Car Free Day during the European Mobility Week. World Car Free Day was almost unknown those days and the city was not limiting car traffic, nor promoting sustainable mobility. So we decided to organize the bike ride and show that urban mobility was possible even without a car. We created an event on Facebook. We couldn't find a photo of a Turkish woman dressed casually on a bike so we chose a woman's picture from Copenhagen and promoted the event with this image. Our slogan was: "Let's ride together!" We had a few rules for the event (and we still have them): smile all the time, put some flowers on the bike, and be able to wave hands while cycling. So it was the opposite of all we knew about cycling tours: slow paced, short distance, no specific clothing. That Sunday afternoon, 300 people showed up! We did our best to stay in the narrow bike lanes. By the end of the ride, we knew we needed more space for the event. Not bike lanes, but the roads.

The following year we asked the city hall and the local police to give us permission to use the main boulevard to cycle across the city center. The second edition of the bike ride occupied all three lanes of the main road and there was no space for cars. So we really celebrated our car-free day without cars! The photos on social media helped us to spread the message. Participants were proud of themselves, seeing themselves so beautifully on their bicycles with a big smile posted on social media – we are talking thousands of pictures and videos of the bike ride. The photos circulated beyond Turkey to Germany, France, England, and the US, actually. People were just amazed by these colorful pictures of women on bicycles. And we started to receive

Abb. 1: Fancy Women Bike Ride 2016 in Izmir (Quelle: @bikeitalia.it)

e-mails and calls from many women who wanted to organize the event on the same day. This is how this social bike ride became a global movement. Since 2013, we've been adding new cities to our network and in 2020 Fancy Women Bike Ride was hosted in 125 cities in 25 countries. It is amazing.

JB:　Did people contact you to start the rides in their cities or did you reach out to them?

PP:　The thing about voluntary work is if you reach out to people, they would maybe do it one time, but not for eight consecutive years, so we never went to anyone but instead let people come to us. They wanted to host the events in their cities. Sema and I prepared handbooks to share our knowledge with the other volunteers, explaining some important aspects of the event, and gave advice, like how to share images, use clear messages, and most importantly, how to connect with non-cyclists. We did not have the budget to make big publicity so it was more word-of-mouth communication. If someone comes and really wants to do it, she takes responsibility for the event and is super dedicated to the work. We never ask a woman to organize the ride for us. Instead, we help women to organize the ride according to their personal initiative.

JB:　And you still support people, provide them with skills and advice?

PP: A lot! At the beginning it was easier, with 30–40 volunteers. Now we have almost 150 volunteers in nine different languages, so it becomes more challenging. 95 of these cities are in Turkey. So we communicated by e-mail, WhatsApp, made announcements, etc. Now we have people who don't speak English or Turkish. Some of the organizers from Spain and France do not speak English but we still manage to exchange information using Google translator. With these women, we never had a chat on the phone, but still we have been organizing FWBR for so many years with the same enthusiasm.

JB: Are people from the different Fancy Women Bike Rides connected to each other?

PP: They are connected on social media, like Facebook and Instagram. Most of the women are not activists and do not belong to advocacy groups. They don't only post bicycle pictures but also photos of their kids or cooking classes. Our women volunteers inspire each other virtually. Most of them have never met. Our dream is to organize an event like a boot camp with all the women of our network. But that doesn't seem possible at the moment due to the coronavirus pandemic.

Preparations for the FWBR event start in April and last until September. There are smaller chat groups in every country. For example, in Germany, there are ten ladies exchanging information and experience and staying in contact with each other. In Italy there are fifteen ladies that are in contact occasionally.

JB: That sounds like a network forming!

PP: Yes! So, there are more experienced ones who have been hosting the event for years and they are onboarding the newcomers and helping them out a lot, because the newcomers have a lot of questions about the mission and the communication. I cannot do this alone any more. I used to talk with everyone for hours over the phone. But now I have limited time, so I connect a newcomer to an experienced mentor so that she has a tutor. Newcomers are supported by people from the network.

JB: Did some women learn to cycle for the Fancy Women Bike Ride or did they find their way back on the saddle?

PP: The Fancy Women Bike Ride targets are women that have not cycled for many years, maybe since their childhood. This is the communication we try to pass on if someone says that the tour is too short given all the preparation. For women who use a bicycle daily this might seem short. But we say: this event is not only for you! For a person that hasn't been cycling for 20 years, 3 kilometers might already be something. Also, people need to cycle from home to the meeting point, so before the FWBR they might have already cycled 10 kilometers. Our target is non-cyclists, especially women. For years, people from different countries have contacted us who would love to participate in the event but don't know how to ride a bike. So we started organizing free classes every weekend from the beginning of September until the ride starts. We find volunteers for the training classes and we organize them. Sometimes we have up to 50 people in these courses. You need many volunteers and many bicycles to organize a training class for so many people. We ask shops to lend bicycles to us for training. Mostly women come to the training course with their children, so we provide bikes for kids as well.

The FWBR provides a protected and safe environment for the un-experienced cyclists. They are surrounded by many other women who ride slowly. There is no racing and no rush. They do not need to feel under pressure.

JB: Did the newcomers continue with riding on a daily or weekly basis?

PP: Often during the Fancy Women Bike Ride, people remember that fee-ling they used to have while they were riding a bike in their childhood. In that moment, they also realize that they miss feeling free. I hear women of 40 or 45 years saying "Why have I been so stupid to not cycle before?" Our bodies produce endorphins when we cycle and our minds feel free. FWBR is an occasion to remember the joy of cycling. Once they remember it, they try to find another occasion to repeat the experience and look for group rides on social media with their peers. This very first experience after so many years without cycling helps to connect people with bikes. Women start looking for a suitable bike and equipment for longer rides or for urban bike commuting. Once we onboard a city in our network, we encourage the participants to create smaller neighborhood cycling groups to stay in contact and find other occasions to ride together. These follow-up social rides throughout the year are not called Fancy Women Bike Ride. So these groups have 50 to 100 members, and they also exchange product recommendations, for example, seats for children or bike baskets. Some women meet in the morning and ride 20 kilometers together. Women with children ride with other women with children to feel more comfortable. They ride to green areas like parks in the cities. They stay in contact throughout the year and the following year they prepare for the Fancy Women Bike Ride. So, the event may be once a year but the effects continue with other small events and groups.

JB: That is amazing because your work convinces people to cycle more often! And it is different in comparison to more sportive riding groups. I love the idea of groups of women forming to ride together!

PP: The groups are called "Women on Bicycles". In Izmir, there are several groups because the city is so big. They are in several neighborhoods. Groups of 5–10 women are a perfect size to organize something and move together. I see it in Italy: smaller groups form and they give support to each other. Some evolve into more sportive groups. They help and encourage each other. Yesterday, I had contact with a woman that has never been a member of a club or an association. She is 52 years old and now she is the first female president of FIAB, the Italian ADFC in Monza. She had brought so many people together for the Fancy Women Bike Ride in her city and everybody was amazed by the positive impact of the event. So she was asked to become the president of the association of cyclists in her city. Now she is going into politics. She started by organizing Fancy Women Bike Ride with her friends. Now she is demanding more rights for cyclists, and she is doing it politically and formally. I am so proud!

JB: Did she participate in the Fancy Women Bike Ride?

PP: She organized the FWBR in Monza. She was shy in the beginning and did not want to be visible on social media. She didn't want to be in the spotlight before. Now, after 3 years of volunteer experience, she is much more confident.

JB: What an amazing development. It really shows what an impact riding together in the Fancy Women Bike Ride can have. I also wanted to ask about difficulties. What are some of the challenges for the different cities and groups in different countries? Or what are their specific characteristics, to put it more positively?

PP: For example, Safia, the organizer of the Berlin ride, is not an active cyclist herself. She just wants to support the ride because she loves the idea of bringing women together for an event that was born in Turkey. I have to do a lot of cycling brainwashing with her. Mobility and urban planning magazines were interested in the FWBR and wanted to interview her about our approach to the public space. Sometimes it is hard to find good answers to urban planning and traffic calming related questions. These arguments did not belong to Safia's expertise. She wanted to bring Turkish and German women together for a party on bicycles, because Fancy Women Bike Ride is also a party. Now she is reading a lot about reclaiming the city and public space and has learned a lot, which has transformed her approach to the city. She taught immigrant women how to ride a bicycle. She participates in events organized by German activists. She has the capability of reaching non-cyclists and convincing them to participate in the bike ride. Some advocacy groups and activists have tried to take control of the FWBR in Berlin so they could spread their political message among the participants of the event. Safia does her best to keep the event free from the logos, brands, and political messages. Berlin is an interesting city: there are many people defending cyclist's rights and demanding road safety, but not many know how to convince more people to ride a bike. So, in every city we need people to bring more people on bikes, and also advocacy groups to improve the infrastructure and services for cyclists.

Yeliz is the organizer of the Cologne FWBR, she is German and Turkish. I have seen her transformation from a car-driver to a cycling-fan. She is invited to speak at events by cycling associations or political parties because of her status as an influencer. What I would like to say is, the annual bike ride has a positive impact, not only on the single participant, but also a significant impact on the lives of our local organizers. Maybe a pediatrician who joins the FWBR network will recommend cycling to her patient instead of medication. That's why we need doctors, housewives, politicians, and many different kinds of people riding bicycles. That is the way we change society. We keep the party feeling to get more people and avoid overloading the event with serious messages. Once we get people on bikes, they will choose the right thing for themselves.

JB: You already talked about imagery in the Fancy Women Bike Ride. Can you talk more about media and communicating about cycling in general? Why do we need new images of cycling?

PP: Yes. When we look at the common images of cycling, which are often from sporty rides, it seems like the cyclists are not enjoying what they are doing. He or she has to make kilometers and has no time to set a foot on the ground. No time for photos, coffee, talking to people, or playing with dogs and cats. Fancy Women Bike Ride is completely the opposite of this. We want people to slow down and enjoy everything they see on the road. Take photos and videos! There are a lot of professional and amateur photographers and video makers following the Fancy Women Bike Ride, and at the end of the event there are thousands of images around the web. We encourage our participants to smile during the event, because when they see themselves smiling on social media they usually like what they see. So they share these images and post them as profile pictures. Being on a bicycle is a message already, so no caption is needed. We have over 50,000 women participating in the FWBR in almost 150 cities on the same day at the same time. Through social media we reach up to 5 million people, who see how much fun cycling can be. This is how we change the image of the cyclist. "Look, she cycles with a flower in her hair, look how she is cycling with high heels." It becomes clear that all this is possible. We also recommend choosing the main square of the city for maximum visibility and to take time to shoot group photos. We usually invite local photographers to take photos, too. Some FWBR photos even win prizes in competitions, so the event itself is attractive for photographs. They usually share the photos with us and we post them giving them credits.

JB: What would you say, in general, is the role of media in promoting cycling beyond social media?

PP: From the very beginning we have given communication a special role, to journalists and TV producers for example. We prepare a press release – why we organize this event and what we demand from the mayor and the city council. So TV cameras are usually there. I take care of providing journalists with the exact information we want them to have so they don't interpret the event by themselves. And we recommend the volunteers to do the same. This way we work against the scandalization of the media. A couple of years ago, there was a Turkish minister who recommended women not to wear shorts in public. That year the women preferred to participate in the event wearing shorts. FWBR did not make any comment on what the minister said, nor did we ask people to come in shorts. We just let women decide how they want to dress up. In Turkey, the FWBR is an occasion for women to express themselves. Another year, another Turkish minister said "Women should not laugh in public spaces." That year, Fancy Women Bike Ride in Turkish cities had a boom in participation numbers. Thousands of women united in their cities to laugh while cycling. So the Fancy Women Bike Ride gives visibility to women who ask for freedom of choice. The motivation of the participants can be very different. Some are there because this is a women's event and they think "I am supporting women, so I am the plus one in this event – bicycle or no bicycle," or, "I want to be part of this powerful crowd." Some come because they don't agree with the president and the political direction in their country. And some come to raise their voices. We don't have so many events where we can come together as women. Fancy Women Bike Ride gives that occasion for connecting. We are very careful not to make political speeches. We need to keep the peaceful atmosphere. Still, people join with different motivations and it's good they are all on bikes in the end.

From the very first day, we had great media visibility, especially in newspapers and magazines. FWBR has chosen not to have a sponsor. No financial support means no advertisement for the event. No financial support also means that we are a 100 percent grassroots movement, which resulted in wide-range media coverage. We have taken time to talk to journalists, explain what we are doing and why, and provide pictures and information from all our host cities. Over the years, we have built relationships with these journalists, and today I am thankful for all the support we have received from reporters and journalists. The presence in traditional media has given us access to traditional people, people who drive cars. Stepping out of our bubble of accustomed cyclists and reaching out to non-cyclists was only possible through traditional media.

JB: The Fancy Women Bike Ride is a very powerful yet very special event to reach out to the media. How can we normalize cycling in the media to make it more a part of everyday life? How can we challenge the car-centrism we see in the media?

PP: I have one example from Milan. During the pandemic the city started to change rapidly. So many things that we had been asking for for years were realized with rocket speed. In the summer of 2020, a lot of international journalists wanted to come to Milan to see the changes taking place, pop-up bike lanes and new piazzas, etc. Parking spaces for cars were taken out, and trees and benches were put in place. I started to post photos from streets and places in Milan so people could see the changes. This made me "findable," so I received interview requests from journalists from all around the world. I was interviewed by a radio station in Boston in the US, by a German journalist for a magazine, etc. Some of these journalists wanted to come to Milan and they asked me to accompany them. One day, I had a troop of six people from Belgian TV. I said I would accept the interview request only if they agreed to move around the city on bike. They said it was impossible because of their equipment. I offered to provide rental cargo bikes and, at the end of the interview, the TV producer who had hated bicycles changed his mind and decided to bring more cycling into his reportages. I almost always convince people to use bikes in Milan. This is a bicycle-oriented thinking approach. If we can put it in every sector, not only the media, then we can expect the change. We have to change our way of thinking. For example, when leaving the house, do we take the car keys almost as a reflex, or do we look at the weather forecast to decide how to dress for cycling? This keeps our mind fresh in order to rethink our daily decisions. You need to organize and think before you do things. This involves changing our habits, and this is the most challenging thing of all.

JB: What could media studies do to help support a different view on mobility than the car-centric one? What do you expect from research?

PP: Everything that has been done for the car industry has to be done for the cycling industry. Go back 100 years and look at the measures that helped the automotive industry achieve the role it has today. We have numbers, facts, and evidence for any subject related to cars and car drivers, thanks to researchers, but it is impossible to find any piece of information regarding bikes and cyclists. No one does it. The bicycle sector is a very poor sector. I would expect the government to dedicate budget and people for further studies on the impact of cycling on our individual mental and physical health, and consequently its impact on society. If we want to change our cities, we need facts to convince the policy makers to invest in the right direction. With my FWBR photos I can get more people on bikes, but only with the numbers and studies can we get our streets redesigned and requalified.

JB: But the bike economy is growing right now.

PP: Yes, there is a huge demand for bikes and e-bikes. The service companies around cyclists are growing: tour operators, battery charging stations for e-bikes, super secure bicycle parking with apps, etc. We have changed the city structure for the car, so that cars can drive without any obstacles in the street, so that we can park in front of every house, every shop, and every place. You can park over, under, and next to everything. So we built the city for the car. We have to do everything now for the bike.

So, to come back to your question about what the media can do to support cycling: We now have more people on bicycles. People that have just started cycling are often insecure, trying to get from point A to B in the city. If we don't slow down the speed of cars, these inexperienced cyclists will be hit and hurt. People are often naïve, like children: they just take the bike and go. They don't know what we have experienced all these years in the middle of traffic. I have always had to be awake and careful all these years. When cyclists die in the streets, the media tells us that it is an accident. But it is not! It is rarely reported as a criminal act. If a vehicle hits a much smaller and less powerful one, that is not a situation among equals. We must show that it is a crime, like riding over a pedestrian. People in cars should always be aware they could hit and, potentially, kill someone.

In Italy, a car driver who hits a cyclist often says "Sorry, I did not see him or her." It is not as easy as that! By getting in the car and turning the keys, we need to switch on a mental responsibility for cyclists and pedestrians. And that has to do with images that are published in articles for example. Accidents are published with an image of a "broken bike on the road." It is not the bike that gets hurt, it is the person on it. Maybe we should start using photos of the victim while she was happily riding her bike. This would help us to associate a person, and not an object, with this horrible news. I think we need to see diversity also in storytelling regarding cycling-related topics. Media can have a huge impact on our perception of cycling and cyclists through its stories, pictures, and visuals.

JB: Thank you very much for the interview, you were very generous with all this information!

8

Das Fahrrad im Kino: *Lost and Found*

Herbert Schwaab

Der folgende Beitrag stellt zunächst ein defizitäres Verhältnis des Kinos zum Fahrrad fest, da das Kino sogar im vielleicht berühmtesten Fahrradfilm der Filmgeschichte, *Ladri di Biciclette* (*Fahrraddiebe*), das Fahrrad nur als gestohlenes und abwesendes Fahrrad denken kann. Allerdings wird dieses defizitäre Verständnis, das sich unter anderem aus der Dominanz der Autokultur im Kino erklärt, infrage gestellt. Dafür liefert der Beitrag eine Aufstellung des filmischen Potenzials des Fahrrads, durch die eine Utopie des Fahrradkinos skizziert werden soll. Ein zweiter Schritt widmet sich der Verschiebung einer Perspektive, die sich allen Formen des Auftauchens des Fahrrads, auch beiläufigen und scheinbar insignifikanten, in Filmen widmet und diese in einen Katalog von Bewegungsformen einzuordnen versucht. In dieser Verschiebung wird deutlich, dass nicht nur in *Ladri di*

Biciclette, sondern auch in der Filmgeschichte das Fahrrad sichtbar gemacht und wiedergefunden werden kann.

Intro: Fahrraddiebe[1]

Die Geschichte des Fahrrads im Kino ist eine Geschichte des verlorenen Fahrrads, die zugleich eine Geschichte der verlorenen Möglichkeiten und eines nicht ausgeschöpften Potenzials der Darstellung von cinematischen Fahrradbewegungen ist. Denn der berühmteste Fahrradfilm der Filmgeschichte, *Ladri di Biciclette* von Vittorio de Sica (Italien 1948), handelt vom Verlust eines Fahrrads, der für den arbeitslosen Antonio im Nachkriegsitalien eine ökonomische Katastrophe darstellt. Da *Fahrraddiebe* als Film des italienischen Neorealismus einer anderen erzählerischen Ordnung als das Hollywoodkino folgt, wird das Ziel der zermürbenden Suche von Antonio und seinem Sohn Bruno nicht erreicht. Das Fahrrad bleibt auch am Ende ein gestohlenes, abwesendes Gefährt, die Suche lässt die beiden Figuren durch ein noch immer vom Krieg gezeichnetes Rom taumeln, voller Armut auf allen Seiten, auch aufseiten derer, die für den Diebstahl verantwortlich sind. Der Film endet mit einem Akt der Verzweiflung und einem schuldig gewordenen Vater, der durch seinen Sohn vor einer aufgebrachten Menge gerettet werden und an dessen Hand er gebrochen einer ungewissen Zukunft entgegengehen muss. Es gibt, so Deleuze, keine linearen/kausalen Vektoren und Verbindungen mehr in diesem Film und in diesem Kino. Ein Regen kann unvermittelt die Suche unterbrechen, die Figuren vom Pfad abweichen lassen und sie dem Zufall oder der toten Zeit ausliefern (Deleuze 1983, 286). Fahrraddiebe ist ein Beispiel für das, was Deleuze „bal(l)lade" nennt, eine allenfalls lose Bindung der Bewegungen und Ereignisse, eine Entkopplung von den sensomotorischen Mustern des klassischen Kinos des Bewegungsbildes (Deleuze 1985, 10). Diese Sichtweise auf den italienischen Neorealismus und seine bekanntesten Vertreter findet sich bereits bei Bazin und seiner Auseinandersetzung mit einem Kino der Wahrnehmung. Dieses Kino bringt Betrachtende hervor, die nicht mehr durch die Zusammenstellung der Bilder und filmischen Einstellungen geführt

1   Einige Filmbeispiele, Beobachtungen und Analysen gehen auf Beiträge der Student:innen des Seminars „Fahrrad und Medien" zurück, das im Wintersemester 2020/21 an der Uni Regensburg stattfand. Ich möchte mich für diese Anregungen und Diskussionen und das schöne Seminar ganz herzlich bei Sophia Hoffmann, Julian Weiß, Elena Lobenstein, Alexandra Sterkel, Leo Bruckmüller, Lukas Landl und Paul Völkl bedanken.

werden, sondern für die der Film den Blick auf eine Realität freistellt und keine Vorgaben macht, wie der sich darin entfaltende Bildraum und dessen kontingente Ereignisse bewertet werden (vgl. Bazin 2002, 91). Es ist ein Kino der Ambivalenz, der Existenz, ohne einfache Antworten und scheinbar ohne Ziele. Das Fahrrad gibt dieser überwältigenden Ziellosigkeit vor allem durch seinen Verlust Nahrung.

Deleuzes filmphilosophische Betrachtung von *Ladri di Biciclette* teilt die von Bazin dem Film zugesprochene Ambivalenz, wenn auch nicht unbedingt den Glauben an die Realität als Quelle dieser Ambivalenz. Allerdings findet sich in dieser Ansicht, die den Film als ein Beispiel dafür betrachtet, wie sich das Kino des Zeitbildes durch die Krise des Bewegungsbildes den Luxus gönnt, den Zuschauenden keine Bewegung zu gönnen, die dem Film ein Ende geben würde, eine beachtliche Leerstelle: Deleuze erwähnt das Fahrrad nicht, das im Film geklaut wird. Es kommt bei ihm nicht vor, denn es wurde ja geklaut und durch die mühsamen Bewegungen der Suchenden zu Fuß in einem scheinbar von Bewegungslosigkeit und Unterbrechungen bestimmten Kino ersetzt.

Das Fahrrad mag zwar geklaut sein, es ist aber nicht verschwunden. *Ladri di Biciclette* ist ein Film über das Fahrrad. Ihn als Film über das Fahrrad zu lesen, verändert die Perspektive auf die Bewegungen und ihre Potenziale, die durch das Fahrrad in diesen Film und in das Kino im Allgemeinen hineingebracht wird. Bruce Bennett spricht in seiner Studie zu dem Fahrrad im Kino davon, dass die Konzentration auf das Fahrrad uns in eine andere Geschichte und Kultur des Kinos führt, in ein alternatives Kino, das sich abseits der Hauptstraßen bewegt und kleinere Geschichten erzählt, in denen das Fahrrad nicht von einer dominanten Mobilität verdrängt wurde:

> One of the fascinating and surprising consequences of tracking the bicycle through the history of cinema is that it reveals to us a radically different, non-canonical history of world cinema. Viewed through the frame of the bicycle, film history is not a succession of ‚great' films by ‚great' directors but a far more heterogeneous, messy spectrum of material, ranging from the disposable to the timeless. (Bennett 2019, 28)

Es führt zu einer neuen Sortierung der Filmgeschichte, die nicht epochalen Brüchen folgen muss, sondern Kontinuitäten bestimmter Bewegungserscheinungen aufweisen kann. Von einem anderen Kino abseits der Hauptwege zu sprechen ist aber bereits eine problematische Setzung, die das Erscheinen und Benutzen des Fahrrads auf die Rolle festlegt, für ein marginales, nicht-kanonisiertes Kino zu stehen – ein Kino, das uns Menschen zeigt, die sich kein Auto leisten können, ein Kino ohne Explosionen und Verfolgungsjagden, ein ‚raumloses' Kino, dem es nicht möglich ist, Figuren in Bewegung einzusperren und die doppelte Rahmung zu nutzen, die Zug- und Autofenster uns bieten, und beide zu Projektionsflächen ähnlich dem Kino machen. Das Fahrrad ermöglicht keine Projektionen, es ist kein Träger, sondern ein Gerüst, aber bedeutet das gleichzeitig, dass es keine Medialität des Fahrrads gibt und es ungeeignet für das Kino ist? Ebenso problematisch ist es, die Momente, in denen das Fahrrad auftritt, zu überhöhen. So spricht Ingo Lehman von den großen (aber seltenen) Kinomomenten, die sich mit dem Fahrrad verbinden lassen und sich in der Erinnerung einprägen.[2] Diese Momente sind aber eher etwas, was gesucht und erschlossen werden muss, das Fahrrad drängt sich nur ganz selten auf und selbst wenn es dies tut – wie bei den fliegenden Rädern in *E.T.* (USA 1982) –, geschieht dies, wie wir noch sehen werden, auf problematische Weise.

Der Beitrag will die Ansicht, dass es keine besondere Medialität des Fahrrads gibt, in zwei Schritten entschieden verneinen. In einem ersten Schritt soll deutlich gemacht werden, dass das Fahrrad als Technologie und Verkehrsmittel andere Bewegungen ermöglicht als die dominanten, motorisierten Verkehrsmittel und damit die Darstellungsformen des Kinos bereichert. Der Beitrag wird ausgerichtet auf die Technologie des Fahrrads, auf seine Bindung an den Menschen und auf seine Wahrnehmung eine Theorie des filmischen Fahrrads anbieten. Das wird allerdings eine Theorie eines Fahrradfilms sein, den es noch nicht gibt.

In einem zweiten Schritt soll anhand der Präsenz des Fahrrads in *Ladri di Biciclette* eine Taxonomie der möglichen Bewegungen und Bedeutungen des Fahrrads erstellt werden, die einen Rahmen liefert für die Betrachtung der Fahrradmobilität im Film und zudem die Potenziale der Bewegung abseits der das Kino prägenden Automobilität und Automedialität findet. Hier soll es primär nicht darum gehen, welche Geschichten mit dem Fahrrad erzählt werden, sondern eher um die Richtungen und Intensitäten von Bewegungen, die nur mit dem Fahrrad vollzogen werden können und die eine Schnittstelle zwischen Kino und Fahrrad sichtbar werden lassen. Diese Aufstellung beansprucht keine Vollständigkeit für sich, gerade weil sie auch versucht, das zufällige und beiläufige Auftreten des Fahrrads

---

2   „Es fällt bedeutend schwerer, sich Situationen ins Gedächtnis zu rufen, in denen ein Rad eine Rolle spielt – kommen einem dann aber Szenen in den Sinn, so handelt es sich oft um große Kinomomente, in denen dieses vorindustrielle und dennoch zeitlose Fortbewegungsmittel zur Signifikanz eines unvergesslichen Augenblicks beigetragen hat" (Lehmann 2008, 71).

in Filmen zu erfassen. Sie bietet nicht mehr an, als aus Erinnerungen, Sichtungen und punktuellen Forschungen Szenen, Bewegungen und Muster der Inszenierung herauszufiltern und über deren Effekte nachzudenken.

Theorie eines Fahrradfilms, den es noch nicht gibt

Mit der Technikphilosophie von Gilbert Simondon als technisches Objekt betrachtet, das produktive Begriffe für das Denken liefert (Simondon 2011, 73), wäre das Fahrrad durch zwei mediale Aspekte gekennzeichnet. Zunächst scheint das Fahrrad als ein Gestell, als offener Gegenstand, der vor allem deswegen Postulate einer technischen Einstellung erfüllt, weil seine Offenheit die Möglichkeit des Reparierens und Wartens und der funktionalen Einordnung in ein Netzwerk (von Wegen und Straßen und angeschlossenen öffentlichen Verkehrsmitteln) beinhaltet: Das Fahrrad ist kein holistischer, sondern ein erweiterbarer Gegenstand (ebd., 77f.). Die mögliche Einordnung in ein Netzwerk vollzieht sich beim Fahrrad vor allem durch seine einfache Kopplung an den Menschen und einen cartesischen Mechanismus (die Beschreibung von Denken als einfacher Maschine der Verkettung von Kausalitäten) der nachvollziehbaren Kraftübertragung. Diese elegante Kopplung an den Menschen ermöglicht eine Mobilität, die auf nur wenig Verkehrsfläche angewiesen ist, keine andere Energie benötigt als diejenige, die von Menschen produziert wird und daher tatsächlich autonom, also wirklich ‚automobil‘ erscheint.

Simondon problematisiert mit dem Begriff der affektiven Modalitäten Aspekte der Autokultur, die das Auto als Gegenbild zu dieser Offenheit des Fahrrads erscheinen lassen. Für Simondon ist das Auto nicht nur als Repräsentant einer arbeitsteiligen, fragmentierten industriellen Ordnung problematisch, in der die Quellen von Information und Energie, Erfindung und Produktion auseinanderfallen (ebd., 81), sondern auch als ein Objekt, das zu sehr soziales und nicht funktionales Objekt ist, das in seiner Gestaltung von einer unnötigen Überholtheit bedroht ist, das etwa aus Statusgründen oder als Repräsentant eines Lebensstils seine Form erhält. „Die soziale Bedeutung kann auch in Masse, Volumen und Breite des Vehikels zum Ausdruck kommen" (ebd., 88). Dass das Fahrrad tatsächlich seit der Entwicklung des *safety bikes* um 1885, die das Fahrrad demokratisiert hat (vgl. Tobin 1974, 839), bis vor Kurzem nur unwesentlich seine Form verändert hat, liegt wohl daran, dass es weniger als das Auto ein ‚soziales‘ Objekt (als Objekt von Zuschreibungen, als Statussymbol) im Sinne von Simondon ist, aber natürlich ein soziales Objekt durch seine

Möglichkeiten der Bewegung, Zusammenführung und Ermächtigung von
Menschen.

Aber was das Fahrrad für Simondon funktional machen würde, scheint es
gleichzeitig auch ‚unmedial' zu machen. Dies ist dann auch der Grund für
eine prekäre Medialität des Fahrrads: Es kann nicht im selben Sinne zu
einer Projektionsfläche werden, weil es keine Fläche hat – die Vorstellungen
projizieren sich buchstäblich durch ein Gestell durch, das keinen oder
weniger Halt für Gedanken und Wünsche bietet.[3] Der von John Urry defi-
nierte „iron cage of modernity" (Urry 2004, 28), den das Auto darstellt, wird
nicht nur durch seine Masse zur Projektionsfläche, sondern auch durch
das Angebot eines bewohnbaren, abgeschotteten Raums (Urry 2007, 127).
Aus diesem Grund lässt sich das Auto so stark mit Identität und Privatheit verbinden. Zudem bietet das Auto natürlich den medialen Rahmen
für eine filmartige Wahrnehmung einer vorbeiziehenden Landschaft, die
durch die Windschutzscheibe in eine ästhetische Distanz gesetzt werden
kann und damit an eine prä-kinematografische Wahrnehmung anschließt,
die Schivelbusch schon vor der Erfindung des Kinos für den Zug und einen
panoramatischen Blick reklamiert hat (Schivelbusch 2011, 58). Margaret
Morse schreibt dem Auto einen starken „fiction effect" zu und verortet es
ähnlich wie das Fernsehen und die Shoppingmall in der zwischenmedialen
Zone, weder ganz in der Wirklichkeit noch ganz in der Fiktion (Morse 1990,
192). Etwas übertrieben beschreibt Morse Autofahren als Möglichkeit,
(in den USA) von Küste zu Küste zu reisen, ohne dabei etwas zu sehen
(ebd., 197), aber sie erfasst damit auch eine Bindung des Menschen an die
Technologie, die keine Gleichberechtigung kennt und nach Urry die autofahrenden Menschen diszipliniert und der Maschine unterordnet:

> Once in the car there is almost no kinesthetic movement from the
> driver. So although automobility is a system of mobility it necessitates
> minimal movement once strapped into the driving seat .... The
> driver's body is fragmented and disciplined to the machine, with eyes,
> ears, hands, and feet, all trained to respond instantaneously and
> consistently, while desires even to stretch, to change position, to doze
> or to look around having to be suppressed. (Urry 2007, 127)

---

3   Natürlich bietet auch das Fahrrad die Möglichkeit der Einordnung in einen Lifestyle,
    das es zu einem Statusobjekt werden lässt. Fahrradmodelle der 1950er Jahre hatten
    auch lange die Tendenz dazu, Autos und ihre Kühlerfiguren zu imitieren. Es hat
    aber längst nicht die Effekte auf unsere Kultur und Gesellschaft wie die irrationalen
    Wünsche, die sich schon immer mit dem Auto verbunden haben. Das Auto ist immer
    zu groß und wird selbst dann immer größer, wenn die Technologie alle Möglichkeiten
    hätte, kleine, leichte, funktionale, sparsame Autos zu bauen.

Es ist relativ einfach, aus diesen Beschreibungen einer Medialität des Autos eine defizitäre Medialität des offenen Gestells des Fahrrads abzuleiten. Aber die negativen Aspekte dieser vom Auto bestimmten Wahrnehmung seiner von ihm dressierten Subjekte ermutigt auch dazu, eine andere, undressierte Medialität des Fahrrads als Alternative zum Auto zu denken. Diese Medialität des Fahrrads besteht unter anderem aus den folgenden Faktoren:

(1) Das Fahrrad ist kein Käfig, es macht den Menschen nicht zum Anhängsel einer Maschine, sondern der Mensch ist nur mit dem Fahrrad zusammen die Maschine, die Distanzen überbrückt. Diese besondere Kopplung von Mensch und Fahrrad verweist auf einen zurückhaltenderen Zugriff des Fahrrads auf die Subjektivität der Fahrenden. Aber es gibt diesen Zugriff, weil Fahrradfahren natürlich auch das Einnehmen einer anderen Körperlichkeit bedeutet, eines Körpers in Bewegung. Die fehlende Scheibe und der fehlende mediale Rahmen, die bei Auto und Zug der Wahrnehmung geboten werden, lassen beim Fahrrad nur an die Möglichkeit einer letztlich irgendwie verkörperten Kamera denken. Das Auto ermöglicht es, die Kamera unabhängig von Menschen im oder auf dem Auto zu platzieren, was sehr gut zur Dressur des Menschen durch die Technologie Auto passt. Diese Platzierung ermöglicht es, kleine Dramen der Entfremdung auf längeren Reisen im Auto zu inszenieren, wenn etwa Ben Stiller in *The Heartbreak Kid* (USA 2007) auf seiner Hochzeitsreise zunehmend vom Gesang seiner Frau zum Autoradio genervt ist. Der POV-Shot aus dem Auto lässt sich auch – so zum Beispiel in *Lost Highway* (USA 1997) – für unmittelbar auf Körper und Wahrnehmung einwirkende hypnotische Effekte eines Fahrens auf nächtlichen Straßen nutzen. Diese Platzierung im Auto ermöglicht es auch, eine Blickrelation zwischen Einstellungen eines Mannes mit bewegtem Hintergrund im Auto und bewegten Einstellungen von dem, was er sieht, herzustellen. Mehrere Minuten des Films *Vertigo* (USA 1958) werden so gefüllt und korrelieren uns mit der Wahrnehmung und Obsession der Hauptfigur (vgl. Mulvey 1993, 263). Diese intensiven Effekte einer *suture*, des Einnähens der Zuschauenden in die filmischen Erzählungen (und vieles mehr) durch die Einstellungswechsel, finden wir im Fahrradfilm nicht. Im Fahrradfilm können wir dagegen so etwas wie einen technologiefreien, verkörperten Blick imaginieren: Die Kamera besetzt den Teil der Maschine (zum Antrieb), der beim Fahrrad die Menschen sind. Die Kamera ist (ähnlich wie im Beitrag von Bergermann und Wagner in diesem Band beschrieben) immer im On. Fahrradkino ist ein Kino des *point of view*, aber der Blick ist weder dem Fahrrad noch dem Menschen, sondern der Kopplung von beidem zuzuordnen (der Mensch wird durch seine Leistung

zum Antrieb ebenfalls zu einem Teil von Technologie, das Fahrrad ist somit die perfekte Illustration für die reziproken Verhältnisse für die Mensch-Technologie-Beziehung, die die Actor-Network-Theorie im Blick hat). Der Fahrradfilm folgt diesem Blick einer beweglichen Kamera, die mit dem Kopf verbunden ist und zusätzlich zu der nach vorne gerichteten Bewegung des Fahrrads und des Menschen noch die Bewegung der Kamera nach allen Seiten kennt. Er vermittelt einen umherschweifenden und umfassend bewegten Fahrradblick.

(2) Das Fahrrad bedingt eine flanierende Bewegung, weil es mehr Räume und vor allem auch Zwischenräume befahren kann. Das ist der Raum, den die Stadt dem Fahrrad als Restraum lässt und der sich, wie Steven Fleming es beschreibt, als „queer space" bezeichnen lässt: „You need to be queer to see queer space, you need to ride to see cycle space" (Fleming 2012, 194). Das Fahrrad impliziert keine Herrschaft über den Raum, vielmehr verkörpern die gekrümmten Rücken der Radfahrenden, wie Probst es beschreibt, eine demütige, sich der Landschaft anpassende Haltung die nicht den Traum der Bewegung ohne Bewegung (das Auto) träumt, sondern eine eigene Leistung vollbringt (Probst 2017, 27).[4] Aber diese Bewegung kann auch eine (andere) Aneignung von Raum bedeuten, die der Bewegung der Flaneur:in gleicht. Die touristische Eroberung des ländlichen Raums ist an das Fahrrad gekoppelt, das Fahrrad bereitet, so Tobin, eine Infrastruktur des Reisens und des Ausflugs vor, die später vom Auto übernommen wurde (Tobin 1974, 842). Ein Fahren, das sich der Landschaft anpasst und einfügt, eine aufgebrochene, nicht auf ein Ziel ausgerichtete Bewegung, „to tour, to stop, to drive slowly, to take the longer route" (Urry 2007,124), hat sich mit dem Fahrrad etabliert und wurde als bestimmte Form der Mobilität erfahren, oder, wie es Urry bezeichnet, als eine bestimmte Form des Bewohnens der Straße, die später vom Auto beansprucht wurde.

Ein Fahrradfilm zeigt uns diese alternativen Bewegungen in den Zwischen-räumen der Stadt und der Landschaft. Er dokumentiert nicht nur Formen des Fahrradfahrens, sondern eröffnet auch neue Bewegungspotenziale des Kinos. Er befreit von den Hauptlinien eines nur über das lineare Fahren auf der Straße konstituierten Raums des Autos. Dass ein Film wie ein Zug auf Gleisen oder das Auto auf der Straße fährt und damit der Vorstellung zwar bewegte Objekte, aber auch eine Einschränkung der Imagination liefert, ist der Grund dafür, warum der Film erzählen kann (Wiesing 2004,

---

4   In der Radsportkomödie *Le Vélo de Ghislain Lambert* (Frankreich/Belgien 2001) wird diese Krümmung des Rückens auf absurde Weise übersteigert, als seine Haupt-figur die Erfindung eines Fahrrads präsentiert, das eigens für einen misslungenen Stundenweltrekordversuch konstruiert wurde.

115). Wie lässt sich aber eine von dieser eingleisigen Bewegung gelöste filmische Erzählung denken? Denn der Raum im Autofilm ist selbst im von Freiheit, Unterbrechung, Subversion und Ziellosigkeit bestimmten Roadmovie immer noch ein sehr stark an die Infrastruktur der Straße und eine Automobilarchitektur gebundener Raum, der wenig Vielfalt der Formen und Richtungen von Bewegungen aufweist. Dass das Fahrrad in Godards *Une Femme est une Femme* (Frankreich 1961) in einer musicalartigen Sequenz im Innenraum einer Wohnung gefahren wird, mag als Extrempunkt dieser möglichen Bewegungen in einem eher parodistischen Film eines meist autofixierten Godards gelten, ist aber tatsächlich auch Ausdruck eines anderen Mobilitätspotenzials des Fahrrads. Das Fahrrad kann fast überall, auch in Innenräumen fahren. So folgt der Fahrradfilm dem Fahrrad auf seinen Wegen durch die Großstadt, auf den kurvigen Linien und Zwischenräumen einer kreativen Aneignung des städtischen Raums: de Certeaus „Gehen in der Stadt" als Praxis des Ab- und Ausweichens (vgl. de Certeau 1999) lässt sich in ein ‚Fahrradfahren in der Stadt' übersetzen – als eine technologisch ermöglichte Transformation des Gehens in ein Fahren, das sich aber in seiner Bindung an den Körper mit dem Gehen überschneidet oder sich im Zwischenraum von Mensch und Technologie ansiedeln lässt. Der Fahrradfilm begleitet das Fahrrad (und die Menschen) auf Pfaden und Wanderwegen, durch den Wald oder auf Strandpromenaden, mit dem *trial bike* auf allen möglichen Plätzen und Wegen wie Treppen, Hausdächern, Geländern oder Felsen – nicht um zu zeigen, was das Fahrrad alles kann, sondern um zu zeigen, dass es abseits einer Straße, die immer in derselben Richtung und nach vorne befahren wird, andere Bewegungen geben kann. Der Fahrradfilm dokumentiert diese Bewegungen mit der verkörperten Kamera oder er nimmt – als verkörperte und bewegte Utopie – mit dem Fahrrad zugleich auch die Kamera mit an diese neuen Orte, die für das Kino entdeckt werden können.

(3) Die verkörperte Kamera als eine auf dem Fahrrad platzierte Kamera hat für den Film bisher kaum eine Rolle gespielt. Die Kamera war für lange Phasen der Filmgeschichte zu schwer gewesen, um sie ebenso einfach auf dem Fahrrad wie auf dem Auto oder dem Zug zu platzieren. Vom Anfang der Filmgeschichte an führt dies zu dem konstitutiven Defizit, dass die meisten Filme meist ein anderes Fahrzeug benötigen, um die Bewegung des Fahrrads zu begleiten (ein enteigneter Standpunkt der Kamera), oder das Fahrrad wird aus der Sicht einer fixierten Kamera gezeigt, wodurch der Radius des Fahrrads immer relativ klein blieb. Es bedarf recht vieler fixierter Kameras und einer Reihung von Einstellungen, um einen Fluss des Fahrradfahrens als kinästhetische Sensation zu erzeugen – etwa in

einer schönen Fahrradsequenz, die das morgendliche Zur-Arbeit-Fahren von Antonio und seinem Sohn Bruno in *Ladri di Biciclette* thematisiert. Das Auto macht es unendlich einfach, die lange Dauer einer Bewegung des Autos und der Handlungen der Insassen dieses Autos als narratives Mittel für filmische Erzählungen zu nutzen. Der Fahrradfilm muss sich mit etwas größerem Aufwand das Recht der Dauer geben, entweder durch eine begleitende Bewegung, die es in einigen Fahrradfilmen gibt und bei der die längere Reise mit einem Fahrrad mit einer (am besten auf einem Lastenfahrrad) mitfahrenden Kamera erfasst wird, oder durch eine Kamera, die auf dem Fahrrad und den Fahrradfahrenden platziert wird. Gelegentlich gibt es Versuche, das narrative Potenzial längerer begleiteter Fahrten zu nutzen, wie etwa in einigen Szenen des Films *The Climb* (USA 2020). Längere Bewegungen finden sich häufig in den POV-Einstellungen von kleineren, digitalen filmischen Formen, die gelegentlich Dokumentarfilme hervorbringen oder auf Youtube und anderen Plattformen zu finden sind.[5] Der Fahrradfilm, der noch gemacht werden soll, lässt sich einen ganzen Film lang die Zeit, eine Reise oder Fahrt mit dem Fahrrad und was sich dabei ereignet, zu zeigen. Er realisiert damit ein Potenzial des Fahrradfahrens, das nach Bennett bereits Kino ist. Denn eine mediale Facette des Fahrradfahrens erfüllt sich damit, dass das Fahrradfahren einen Film in unseren Köpfen ablaufen lässt, dass es zu einer besonderen Zusammenfügung von Eindrücken und Bewegungen kommt, die eigentlich sehr starke Affinitäten zwischen der Fahrradbewegung und dem Kino deutlich werden lassen:

> [C]ycling always involves a degree of cinematic fantasy, desire and identification, so that when we ride a bike we periodically cross over into a parallel reality slightly out of phase with our own, imagining as we ride that we are gallant knights, suffragettes, professional racers, young girls, Edwardian clerks, fearless bike messengers or wide-eyed American children carried aloft by a mysterious alien force. (Bennett 2019, 26)

Das Kino nutzt diese Affinitäten des Fahrrads zur filmischen Wahrnehmung aber viel zu selten konsequent. Als eine Ausnahme lässt sich der Kurzfilm *Boy on a Bicycle* (GB 1965) von Ridley Scott betrachten, der die Fahrradfahrt für die Dokumentation des Bewusstseinsstroms eines jungen Mannes nutzt und uns das Abdriften in eine andere Realität vorführt, das mit dem Fahrradfahren verbunden ist.

(4) Der Fahrradfilm macht sich zunutze, dass das Fahrradfahren im Unterschied zu vielen anderen Bewegungen eine viel flexiblere Form der

5   Siehe auch den Beitrag von Bee in diesem Band.

Abb.1: Gruppe von Fahrradfahrenden; das zerlegte Fahrrad; Geisterräder (*Ladri di Biciclette*).

sozialen Assoziierung ermöglicht. So sieht Gary Allen Tobin einen Grund für
den kurzzeitigen Fahrradboom Ende des 19. Jahrhunderts in dem Potenzial
der individuellen Bewegung. Das Fahrrad befreit nicht nur von den Zeiten
und Räumen der Eisenbahnen und Straßenbahnen, die sich damals schon
als Verkehrsmittel etabliert hatten – sondern es ermöglicht eine frei
bestimmbare Zusammenfügung zu Gruppen von Fahrradfahrenden, das
dennoch nicht das Aufgehen in einer Masse bedeuten muss:

> And even though one rode in a crowd, each person was astride his
> own private machine: direction, pace, and stops were all self-selected.
> Bicycling then, allowed the unique opportunity in travel to have
> either privacy, companionship, alternating choices, or even both
> simultaneously. (Tobin 1974, 841)

Ein Fahrradfilm vermittelt diese flexible Sozialität des Fahrrads, er kann
die einzelnen Fahrradfahrer:innen zeigen, aber auch Scharen von Fahr-
radfahrer:innen, die in unterschiedlichen Gruppengrößen eine besondere
Form der Verknüpfung von Mobilität, Begegnung und Kommunikation
nutzen oder auch einfach nur gemeinsam Fahrradfahren. *Kuhle Wampe* von
1932 zeigt das Fahrradfahren in Scharen. Es ist ein verzweifeltes Fahren von
jungen Menschen, die alle das gleiche Ziel auf der Suche nach Arbeit haben,
aber es alle verfehlen. Fahrradfahren verkörpert hier eine Gruppeniden-
tität als Teil einer prekären sozialen Formation in der Wirtschaftskrise (sie
fahren gemeinsam und müssen doch einzeln um Arbeit kämpfen). Aber
selbst der von Verlust gezeichnete Film *Ladri di Biciclette* deutet die soziale
Utopie des gemeinsamen Fahrens in Scharen gleichberechtigter Fahrender
an. Diese Fahrenden müssen sich nicht einer Maschine ausliefern (der Bus
verdeutlicht in diesem Film Antonios Niederlage), sie können eine lose
Gemeinschaft bilden. Wenn Antonio mit seinem Sohn Bruno zur Arbeit
fährt, wird er Teil einer spontanen Zufallsgemeinschaft von anderen Fahrradfahrenden auf den noch wenig von Autos befahrenen Straßen Roms
(eine alltäglich sich bildende Vorform der *critical mass*; s. Abb. 1).

Robert C. Gordon erfasst in seiner Studie zu *Ladri di Biciclette* in einem
eigenen Kapitel viele Facetten der Bedeutung des Fahrrads in diesem Film,
das vor dem Übergang Italiens in eine Industrie- und Konsumgesellschaft
das bestimmende Verkehrsmittel war (Gordon 2008, 41). Er betont das
Widerspiel von Masse und Individuum, durch die Antonios persönliches
Schicksal immer auch in den Kontext der sozialen Verwerfungen des
Nachkriegsitaliens eingeordnet wird. Dieses Widerspiel zeigt sich auch auf
der Ebene eines Kontrasts der persönlichen Fürsorge für dieses Fahrrad,
das sogar einen Markennamen hat (*Fides*), wie auch der persönlichen

Bedeutung, die ihm zugeschrieben werden, und den Szenen, die Massen von Fahrradfahrenden oder Massen von Fahrrädern und Fahrradteilen (auf dem Schwarzmarkt) zeigen (ebd.). Allerdings lassen sich die Szenen, in denen Antonio Teil einer Masse wird, wenn er zur Arbeit fährt, nicht als anonymes Aufgehen in ihr begreifen. Vielmehr erscheinen diese Szenen, begleitet von einem hoffnungsvollen Ton, der die Schönheit des Fahrradfahrens vermittelt, auch als spontane Assoziation von Gemeinschaften, als Utopie von Gemeinschaft, die das Fahrrad im Gegensatz zum Auto, Bus oder dem Zug ermöglichen kann und es (auf andere Weise als das von Zuschreibungen überfrachtete Objekt des Autos) zu einem sozialen Objekt macht.[6]

Es ist eine Aufgabe des Fahrradfilms, uns die soziale Dynamik des Fahrradfahrens vorzuführen und genau diesen Unterschied, nicht Teil einer anonymen Masse von Autofahrenden zu sein, herauszustellen. Der Fahrradfilm formuliert den maximalen Kontrast zu einer Gesellschaft, die die Menschen zu Anhängseln einer hochproblematischen, irreversiblen und verhängnisvollen Infrastruktur macht, was Urry mit dem Begriff „lock-in" zu erfassen versucht:

> The lock-in means that specific institutions structure how this system developed. Such institutions produced a long-term irreversibility that is more predictable and more difficult to reverse .... Billions of agents and thousands of organisations have co-evolved and adapted to that remaking of the system of automobility as it spread like a virus around the globe. (Urry 2007, 116f.)

Die Fahrradfahrenden entziehen sich diesen Voraussetzungen und verkörpern damit eine Ungebundenheit, die als positives Merkmal jede Form des Daseins auf der Straße und auf Seitenwegen oder in der Natur, allein oder zu vielen, heraushebt und Filmen ein ästhetisches, ‚mobilisierendes' Potenzial zur Verfügung stellt.

(5) Michel de Certeau spricht in seinem klassischen Aufsatz „Gehen in der Stadt" davon, dass sich die Wege der Gehenden in der Stadt wie ein Sprechakt verstehen lassen (de Certeau 1999, 273). Es gibt eine Rhetorik des Gehens (ebd., 275), die sich in vielfältigen Formen der Äußerung zum

---

6   Der Film kann auch eine sich im Bus zusammenfindende Gemeinschaft als Utopie andeuten, beispielsweise in der berühmten Busszene von *It Happened One Night* (USA 1934), in der die Insassen gemeinsam den populären Song *The Man on the Flying Trapeze* singen. Aber es bleibt dort eine im Raum einer Bewegungstechnologie eingesperrte Zwangsgemeinschaft, die nur begrenzte Möglichkeiten der flexiblen Gruppenbildung hat.

Ausdruck bringt: „Das Gehen bejaht, verdächtigt, riskiert, überschreitet, respektiert etc. die Wege, die es ‚ausspricht'" (ebd.). Das Fahrradfahren als Sprechakt oder als eine Form des Schreibens betrachtet, zeichnet unterschiedlichste Wege als Akte der Aneignung eines Raums, der ausschließlich vom Auto hergedacht wird. Auch das Autofahren bietet die Möglichkeit, lineare Formen des Schreibens, die eingleisig immer nur in eine Richtung führen und in der Autobahn die Extremform einer erstarrten Äußerung finden, zu negieren und alternative Sprechakte hervorzubringen. So beschreibt etwa Drehli Robnik die letzte berühmte Szene des Roadmovie *Two-Lane Blacktop* (USA 1971) als eine radikale Unterbrechung des Films – das letzte improvisierte Autorennen endet mit Einzelbildern und einem in der Projektion hängengebliebenen Filmmaterial, das verbrennt –, die auf eine reine Bewegung oder auf eine verkörperte Bewegung hinweist (Robnik 2007, 104). Es ist eines von vielen Beispielen des Roadmovies, dessen zielloses und ‚reines' Fahren (um des Fahrens willen) auf den Nebenwegen der amerikanischen Kultur immer auch eine gegenkulturelle Außenseitererfahrung vermitteln soll, die in den Außenseiterfiguren der beiden Fahrenden in dem Film ihre Entsprechung findet (ebd., 108). Aber das Roadmovie kennt neben dem Befahren von Seitenwegen und der Ziellosigkeit doch immer nur die Artikulation als relativ lineare Bewegung nach vorne und die einzige Kritik an dieser Bewegung oder Modifikation der Artikulation findet sich in der radikalen Unterbrechung dieser Bewegung und häufig dem Tod der Protagonist:innen.

Das Fahrrad und der Fahrradfilm kennen dagegen eine größere Vielfalt an Bewegungen und Artikulationen – Sätze, die mit dem Fahrrad in den Raum geschrieben werden. Ein Fahrrad, das an eine Hauswand angelehnt ist, ein Fahrrad, das nach vorne, zur Seite, zurück oder in kleinen Kurven über die Straßen fährt, ein Fahrrad, das auf der Straße, in Innenräumen, auf Seitenwegen und Pfaden und durch die Natur fährt, ein Fahrrad, das im Kreis auf engem Raum fährt, oder wie in *Le Gamin au Vélo* (Belgien 2011) kreisende Bewegungen auf der Straße vollzieht und der reinen Freude einer flanierenden, kindlichen Bewegung folgt, ein Fahrrad, das geschoben werden kann, das umfällt oder stürzt oder zerstört werden kann, das sich, von ungeübten oder betrunkenen Fahrenden schlingernd über die Straßen bewegt und damit selbst als betrunken erscheint. Selten wird das Fahren aber auf eine radikale Unterbrechung von Bewegung reduziert, stattdessen bewegt es sich auch durch Hindernisse, die für ein Auto unüberwindlich sind, kann sich hindurchwinden und -mogeln und veranschaulicht und nutzt damit die von de Certeau beschriebenen kleinen Taktiken des Alltags. Ein Fahrradfilm sollte diese Bewegungen, die sich in vielen kleinen Momenten des Kinos eingenistet haben, konsequent sammeln und zusammenführen und zu einem dominanten Inhalt machen.

(6) Utopie und Mainstream: Der Fahrradfilm, der noch nicht gemacht wurde, betrachtet das Fahrrad als selbstverständlichen Teil der Lebenswelten der Menschen, die in dem Film gezeigt werden. Das Fahrrad muss nicht mehr Metapher sein für prekäre soziale Bedingungen, es muss nicht darauf reduziert sein, nur den Filmen zu dienen, die marginale Themen und marginale Menschen porträtieren, auch wenn das eines von seinen vielen Potenzialen ist. Er zeigt das Fahrradfahren nicht mehr nur als alternative Form der Mobilität, sondern als Mainstream-Mobilität, als reale Möglichkeit in einem gut organisierten Netzwerk, einer vernünftigen Geografie kombiniert mit dem öffentlichen Nahverkehr (ohne Einkaufszentren, Skigebiete und Vergnügungsparks als ausschließlich über die Autobahn erreichbare Orte). In einem perfekten Fahrradfilm wäre das Fahrrad selbstverständlich gebrauchtes Verkehrsmittel der Protagonist:innen, die zu ihrer Arbeit und zu Abenteuern mit dem Fahrrad aufbrechen und auf autolosen Straßen beim ‚commuten‘ frei assozierte Communitys bilden können, sich auf flüchtige Weise in einer konkurrenz- und machtlosen Gesellschaft treffen, aber auch wieder isolieren können. Die Straßen sind so gut und die Distanzen sind so überschaubar, dass es auch keine Frage von körperlicher Leistungsfähigkeit ist, ein Teil dieser Mobilität zu werden. In dem Film *Bis ans Ende der Welt* (Deutschland 1991) gibt es einen kurzen Blick auf ein Berlin in der Zukunft, die leider schon wieder von unserer Gegenwart überholt wurde. Eine Stimme aus dem Off begleitet die Reise der Protagonistin und erwähnt nur kurz, dass sie in Berlin ein Fahrrad leihen muss, weil es dort ja keine Autos mehr auf der Straße gibt. Begleitet wird dies, ein kurzes Aufflackern von Utopie, mit dem Bild einer Straße, in der nur Fahrradfahrer:innen zu sehen sind, sich die Hauptfigur fröhlich in einen Strom von Fahrradfahrenden einordnet und der Bewegung des Fahrradfahrens hingibt. Es ist naheliegend, dass Science-Fiction angesichts des Versiegens fossiler Treibstoffe eigentlich eine Zukunft ohne Auto und mit Fahrrad zeichnen könnte, statt mit Filmen wie *Mad Max* nur den martialischen Kampf um die letzten Reste von Benzin zu zeigen. Als einer der wenigen Filmen entwickelt *Turbo Kid* (Neuseeland/Kanada 2015) eine autofreie, postapokalyptische Zukunft mit Figuren, die auf BMX-Rädern blutige Kämpfe ausfechten.

Aber die Utopie eines Fahrradfilms wäre schlicht ein Film, in dem wir gar nicht spüren, dass es das Fahrrad gibt, und es trotzdem allgegenwärtig ist. Es muss in diesem Film nicht notwendig immer etwas bedeuten, etwa als Kontrastfigur zu einer dominanten Autokultur. Es muss nicht etwas sein, das vorübergeht wie eine Krankheit, von der wir geheilt werden, eine Exzentrizität, die wir irgendwann ablegen, wenn wir erwachsen sind und Auto fahren. Es ist tatsächlich ein Statement, wenn die Hauptfigur, wie Zack Furness erwähnt, in *The 40 Year Old Virgin* (USA 2005) zwar in die sexuellen Normen der Gesellschaft erfolgreich sozialisiert wird, mit den (teuer) verkauften Actionfiguren seine Kindlichkeit ablegt, aber am Ende wenigstens immer noch Fahrrad fährt (vgl. Furness 2010, 111).

Aber bevor wir von einer Zukunft träumen, in der es das Fahrrad im Film gibt, uns das aber nicht mehr auffallen muss, soll versucht werden, in einem Durchgang durch das Kino die hier beschriebene Vielfalt von Bewegungen, Artikulationen und sozialen Verbindungen und Interaktionen, die es bereits gibt, deutlich werden zu lassen. Der Beitrag versucht, eine ‚flüchtige' Taxonomie der Bewegungen des Fahrrads im Film zu liefern, ohne jemals Vollständigkeit beanspruchen zu wollen – denn jeder suchende Blick nach dem Fahrrad führt zu immer mehr Fahrrädern, die in Filmen sichtbar werden. Es geht in dieser Aufstellung weniger darum, was das Fahrrad bedeutet, sondern was es (mit uns) tut.

Schieben

Bruce Bennett weist darauf hin, dass sich die cinematische Bedeutung des Fahrrads schon allein von der Tatsache ableiten lasse, dass der erste Film der Filmgeschichte *La sortie de l'usine Lumière à Lyon* (Frankreich 1895) Menschen mit Fahrrädern zeigt, die es vor sich herschieben oder es bereits bestiegen haben, als sie durch das Fabriktor kommen (Bennett 2019, 4). Das Schieben des Fahrrads oder das Herumstehen mit ihm ist eine der Grundbewegung des Fahrrads im Film. In *Ladri di Biccicletta* drückt Antonio, der sein Fahrrad nicht mehr aus der Hand geben will und überallhin mitschiebt und mitnimmt, die enge Bindung zum Fahrrad und die wichtige Rolle aus, die es für ihn wirtschaftlich spielt. *Beijing Bicycle* (China 2001), eine Art Remake von *Ladri di Biciclette,* betont diese enge Bindung, weil das Mountainbike nicht nur ein Gefährt ist, das für die Arbeit gebraucht wird, sondern zusätzlich ein Statussymbol für die zwei jungen Männer darstellt, die um seinen Besitz kämpfen (vgl. Li 2016, 283). Aufgrund des Status, den das Mountainbike in diesem Film seinen Besitzenden vermittelt, wird die enge Bindung auf exzessive Weise gezeigt, wenn sich eine der Figuren in einer Szene schreiend auf dem Boden liegend an das Fahrrad klammert, das ihr genommen werden soll.

In vielen anderen Fällen vermitteln Menschen mit Fahrrädern, die mit ihm herumstehen oder es schieben, die einfache Tatsache der Präsenz des

Fahrrads. Auch Dave schiebt in *Breaking Away* (USA 1979) sein Fahrrad, das er überallhin mitnimmt, auch in sein Schlafzimmer oder wenn er mit seinen Freunden rumhängt, die für ihn sogar einen Fahrradhalter auf ihrem Auto installiert haben.[7]

Das Schieben des Fahrrads ist eine natürliche Option, die das Fahrrad im Gegensatz etwa zum Auto bietet. Das Schieben kann aber auch als etwas betrachtet werden, das im Kontrast zu einer normalen Gebrauchsform des Fahrrads zu stehen scheint. In vielen Filmen markieren Jugendliche und Kinder mit Fahrrädern, die sie herumschieben (wenn sie in Gruppen sind), die Stabilität der suburbanen Vororte, in denen der Fahrradgebrauch stattfindet (vgl. Lehman 2008, 73).[8] In dem Horrorfilm *Eden Lake* (GB 2008) allerdings entpuppen sich fahrradschiebende Jugendliche als unheimliche Figuren, die die normale Welt eines Ehepaars, das mit seinem SUV in einen idyllischen Naturraum eingedrungen ist, bedrohen und letztlich zerstören. In einer der Szenen trifft die fliehende Protagonistin auf ein scheinbar harmloses Kind, das sein Fahrrad schiebt. Die Ahnung, dass etwas mit dem Kind nicht stimmt, äußert sich in der Frage: „Was machst du mit dem Fahrrad?" Das geschobene Fahrrad des Kindes dient hier nicht mehr als Verweis auf dessen Unschuld, vielmehr verkörpert es die extreme Gewalt, die von den Jugendlichen in diesem Film ausgeübt wird.

Liegen und Stehen

In *Mr. Bean's Holiday* (GB/USA/Frankreich 2007) verdeutlicht das achtlose Ablegen statt Abstellens des Fahrrads am Ende einer Sequenz, in der Mr. Bean mit dem Fahrrad einen Laster verfolgt, die komische Rolle, die das Fahrrad in Komödien häufig übernehmen soll. Es ist nicht etwas, was besessen wird und auf das aufgepasst wird, sondern die Figuren versuchen nach dem komischen Gebrauch, das Fahrrad wieder loszuwerden, weil Fahrradfahren für sie nicht natürlich ist. In anderen Fällen wie *Donnie Darko* (USA 2001) kann das liegende Fahrrad Nähe verkörpern. Der Film beginnt

---

7   *Breaking Away* ist eines der interessantesten Beispiele für einen Fahrradfilm im
     Hollywoodkino. Der Film begleitet vier Jugendliche aus der Arbeiterklasse, wie sie in
     ihren Sommerferien in der Collegestadt Wilmington, Ohio die Zeit totschlagen. Für
     Dave bekommt das Fahrrad eine große Bedeutung durch seine Begeisterung für alles
     Italienische. Radsport zu betreiben und einem Fahrrad-Lifestyle zu folgen, bedeutet
     für ihn eine Flucht aus einem eher bedrückenden, perspektivenlosen Alltag. Der
     Film zeigt diese Fahrradbegeisterung auf sehr liebevolle, genaue Weise und gibt dem
     Fahrrad eine große Bedeutung für die Ästhetik und Inszenierung des Films.
8   So etwa in *E.T.* (USA 1982), *Poltergeist* (USA 1982), *The Goonies* (USA 1985), *It I* (Kanada/
     USA 2017) und *It II* (Kanada/USA 2019) oder in *Super 8* (USA 2011). Das Fahrrad
     markiert hier oft die Stabilität einer Idylle, die im Laufe des Films bedroht wird.

mit der Hauptfigur und einem Fahrrad: Beide liegen in der Nacht auf einer einsamen Straße, die durch den Wald führt. Dass sich Fahrrad und Mensch hier in derselben Situation befinden, lässt die enge Bindung erahnen, die sich im Anschluss daran in einer sinnlich aufgeladenen Ausfahrt von Donnie in der Morgendämmerung zeigt, die mit der Musik von Echo and the Bunnymen unterlegt ist. Der sensuelle Überschuss in dieser musikclip-artigen Sequenz bezeugt eine Erfahrung des Transzendierens, deren Träger Fahrrad und Musik gleichermaßen sind.

Ladri di Biccicletta schafft in jedem Moment des Abstellens des Fahrrads auch ein Moment der Spannung und Angst davor, dass das Fahrrad jetzt geklaut wird, etwa wenn Antonio spielende Kinder damit beauftragt, auf das Fahrrad kurz aufzupassen. Der Blick Antonios auf abgestellte Fahr-räder am Ende des Films, zeigt sie als unerreichbare Objekte, die eine gesellschaftliche und ökonomische Integration ermöglichen, die aber auch durch ihre Zahl deutlich machen, wie zentral das Fahrrad für die Menschen in dieser Zeit war. Dass ein Film diese Dominanz auch herstellen kann, zeigt *Breaking Away* (USA 1979), in dem immer wieder in Reihen an Ständern abgestellte Fahrräder zu sehen sind, auch wenn es sich um ein im Hollywoodkino eher marginalisiertes Fahrzeug handeln sollte, das intensiv nur von einer der Figuren genutzt wird. Aber es kann dafür gesorgt werden, eine Welt zu konstruieren, in der das Fahrrad sichtbar ist. Ein Film betont damit, dass das Fahrrad alltäglich erscheint. So findet sich etwa in dem Anime *Tonari No Totoro* (Japan 1988), das auch eine Szene des ausgelassenen Fahrradfahrens einer (unvollständigen) Familie zeigt, das Fahrrad in einer Montage von Alltagsvignetten, die ähnlich wie im Kino von Ozu als *pillow shots* beschrieben werden können, als füllende, den Rhythmus der Erzählung unterbrechende, aber auch akzentuierende Einstellungen (vgl. Bordwell und Thompson 1976, 46). Da unklar ist, welche Bedeutung diese Einstellungen haben, verorten sie den Film genauso stark in der Welt wie in der filmischen Erzählung. Hier ist das Fahrrad ein Verweis auf Alltag und Alltäglichkeit und Teil eines betulich erzählten, undramatischen, magischen Anime, der mit einem Katzenbus auch phan-tasmagorische Formen der Mobilität anbietet. Diese Fahrräder sind nur einige von vielen Beispielen, die sich im japanischen Anime finden, was sich zum Teil aus der Alltagsbindung des Anime ergibt und zum Teil Ausdruck einer relativ starken Dominanz des Fahrrads im japanischen Alltag ist.

Eine andere Form, das stehende Fahrrad zu einem Gegenstand von Filmen zu machen, sind Einstellungen, in denen Teile von Fahrrädern zu Rahmen werden. Der Ausflugsfilm *Immer die Radfahrer* von 1958 zeigt uns die drei Männer, die eine längere Fahrradtour in Erinnerung an ihre Jugend

unternehmen, durch die Reifen zweier Fahrräder, die sich am linken Bild-
rand befinden. Eine ähnliche Einstellung findet sich auch in *Breaking Away*
(Abb. 2). Die Kopräsenz des Fahrrads als Bildinhalt vermittelt sich deswegen
auf intensive Weise, da die Transparenz des Fahrrads als offenes Gestell
nichts Verdeckendes hat und filmische Bilder auf nicht dominante Weise
überlagern kann. Diese spezifische, flüchtige Rahmung lässt sich nur mit
dem Fahrrad erreichen.

Das betrunkene Fahrrad

Das komische Nichtbeherrschen des Fahrens eines Fahrrads ist ein
wiederkehrendes Motiv, das auf die eigentümliche und prekäre Balance
des Fahrradfahrens und das Verlangen nach einer gewissen Fertigkeit der
Fahrenden hinweist. Es zeigt aber auch, wie ungewohnt und wenig selbstverständlich das Fahrradfahren für filmische Figuren ist, wie eigenartig
die Mensch-Fahrrad-Kopplung ist, wenn das Fahrrad so betrunken wie die
Fahrenden zu sein scheint. In *Arabesque* (USA 1966) wird Gregory Peck in
der Rolle eines Ägyptologen von Agenten unter LSD gesetzt und auf einer
Autobahn in England ausgesetzt. Der nächtliche Rausch wird in psyche-
lischen Farben und einer wirren Montage gekippter Einstellungen gezeigt,
eine Referenz an das Swinging London, das dem Film seine elegante,
visuelle Gestaltung verleiht. Der Professor fährt, in einem Farbenrausch
nur schemenhaft zu erkennen, durch die hupenden Autos, von den Drogen
ermächtigt dazu, den Kampf gegen die Allmacht der Autos anzunehmen
und sich ihnen gegenüber unverwundbar zu glauben.

Eines der berühmtesten betrunkenen Räder findet sich in *Butch Cassidy
and the Sundance Kid* (USA 1969) in den Versuchen von Paul Newman, im
Wilden Westen auf einem Fahrrad zu reiten und dabei stolz seine Fertigkeiten zu präsentieren. Diese Szene ist bestimmt von Unterbrechungen.
Sie unterbricht den Film in einer musicalartigen Sequenz zu dem Song
Teardrops Are Falling on My Head, der die von Nähe bestimmte Ausfahrt des
Banditen mit einer Frau auf der Querstange begleitet und ein idyllisches
und utopisches Moment von Liebe und Intimität vermittelt. Allerdings
bietet der Film nur einen (durch Holzzäune und andere Hindernisse) ver-
stellten und vielfach gerahmten Blick auf diese komplex orchestrierte
Szene. Diese Szene wird wiederum in eine doppelte Rahmung überführt,
wenn die Frau zum Eingang eines Stalls gefahren wird, den wir von innen
sehen, dort eine Leiter hochklettert und sich durch das Fenster bli-
ckend anschaut, wie Paul Newman übermütig Fahrradtricks vorführt. Die
romantische Musik bricht unvermittelt ab und der Fahrradtanz wird von

Zirkusmusik begleitet, bevor wir das Paar und das geschobene Fahrrad auf einer Wiese nebeneinander herlaufen sehen. In dieser Sequenz ist vieles, nicht nur das Fahrrad, sondern auch die Musik, unpassend, wie aus der Zeit gefallen. Der Gebrauch des Fahrrads passt zu einem Spätwestern, dessen Dramaturgie durch Sequenzen voller Sinnlichkeit mit leichter Neigung zum audiovisuellen Exzess unterbrochen wird. Das Fahrrad bedeutet hier vieles, einen Ersatz für das Pferd, ein Moment von kindlicher Ausgelassenheit vor dem fatalen Ende des Films, Liebe und Intimität und auch, worauf Bennett hinweist, eine Moderne (vor dem Aufkommen des Autos), die die Ana-chronizität der beiden Banditen in dem Film herausstellt (Bennett 2019, 164).

Betrunkenheit führt auch zu der Fahrt zweier Männer durch das ländliche Frankreich in dem Film *Bienvenue chez le Ch'tis* (Frankreich 2008), in dem jeder Stopp des Briefträgers und seines Chefs den Alkoholpegel stetig steigen lässt. Der Film mag eine Referenz auf *Jour de Fête* (Frankreich 1947) von Jacques Tati sein, einem der bekanntesten Fahrradfilme aus Frankreich. Aber der Film hat nichts von der Eleganz der Bewegungen des übereifrigen Postboten. Betrunkenes Fahren oder betrunken erscheinendes Fahren sind eher Ausdruck oder Überbetonung eines Andersseins des Fahrrad-fahrens als Ausnahme von konventionellen Formen der Fortbewegung, die das Fahrradfahren häufig in Filmen markiert. Aber das betrunkene Fahren ist auch Ausdruck der direkten Verbindung zwischen Körper und Gefährt sowie der vielfältigen Modulationen von Fortbewegung, die mit dem Fahrrad verbunden sind. Diese Szenen sind auch eine Erinnerung an Stummfilmgrotesken wie *La Première Sortie d'une Cycliste* (Frankreich 1907), in denen Fahrradfahrende durch ihre unkontrollierten Bewegungen mit dem Gefährt Unruhe stiften und Unfälle verursachen. In einigen Filmen wurde dies auch als Gelegenheit begriffen, die Aneignung des Fahrrads durch Frauen lächerlich zu machen und sie am Ende für ihren Versuch, mobil zu werden, zu bestrafen (Bennett 2019, 120).

Kamera und Fahrrad

Ein wichtiger Aspekt der Analyse von Bewegungen mit dem Fahrrad ist auch die Platzierung der Kamera, um diese Bewegung zu dokumentieren. *Ladri di Biciclette* kennt hier nur die Bewegung des Fahrrads vor einer fest platzierten Kamera, den die Bewegung begleitenden Schwenk und das Mitfahren mit dem Fahrrad mit einer vermutlich auf einem Auto befestigten Kamera. Die bewegliche, mit den Bewegungen des Körpers und des Kopfes assoziierte Kamera, die heutige Fahrradfilme (mit mobilen

Mediengeräten gedreht und auf digitalen Plattformen gezeigt) auszeichnet und Überschneidungen mit dem nach allen Seiten ausgerichteten Blick der simulierten Kamera in der VR hat (vgl. den Beitrag von Bergermann und Wagner in diesem Band), gab es im Kino aus den bereits erwähnten Gründen einer fehlenden leichten und mobilen Kamera lange Zeit nicht. Subjektive Einstellungen des Fahrradfahrens zu finden ist daher sehr schwierig. Stattdessen gibt es Bewegungen, dem Fahrrad zum Beispiel in einer Parallelfahrt zu folgen und damit eines der frühesten Mittel des Kinos anzuwenden. Diese langen Fahrten werden immer auch für die alternierenden Wechsel zu Ereignissen und anderen Orten genutzt, und sind für Raymond Bellour die initialen Bewegungen des filmischen Erzählens – aus der Bewegung resultiert in Filmen wie *The Lonedale Operator* von D.W. Griffith (USA 1911) die filmische Erzählung (vgl. Bellour 1990). Eine dieser Parallelfahrten findet sich als *sight gag* in Harold Lloyds drittem Tonfilm *Movie Crazy* von 1932. Die von Lloyd gespielte Figur wird von der mitfahrenden Kamera gefilmt. Er scheint in einem teuren Auto zu sitzen. Erst als er an seinem Haus angekommen ist, entkoppelt sich seine Bewegung von der Bewegung des Autos und wir sehen, dass er tatsächlich auf einem Fahrrad neben dem Auto mitgefahren ist. Fahrräder kommen sehr selten in Filmen des klassischen Hollywoodkinos vor, und wenn es wie hier auftaucht, macht sich an dieser täuschenden Bewegung auch gleich die soziale Stellung eines Mannes fest, der den Traum hat, ein Filmstar zu werden. Das freihändige Fahren auf dem Fahrrad ermöglicht die Illusion, aber markiert auch die Differenz zwischen Realität und Illusion. In einer weiteren der wenigen Fahrradszenen, die es im klassischen Hollywood-kino gibt, fährt Laurel, die Tochter von Stella Dallas in dem gleichnamigen Film von 1938, mit einer Gruppe junger Menschen auf einer ausgelassenen Ausflugsfahrt in einem Holiday-Ressort. Die Kamera fährt hier vor den Fahrenden mit und zeigt frontal ihre Körper und glücklichen Gesichter. Auch dieses Fahren wird dazu gebraucht, soziale Unterschiede zu vermitteln. Dieser idyllische Moment ist Teil einer Szene, in der diese sozialen Unterschiede auf dramatische Weise verdeutlicht werden, wenn die Mutter mit Schmuck behängt, übertrieben geschminkt und in geschmackloser Kleidung durch das Resort schlendert und nicht mitbekommt, dass sie zur Quelle der Belustigung für die anderen Feriengäste und für die Freunde von Laurel wird. In diesem Moment, in dem sich sogar die Tochter von der Mutter vor ihren Freunden distanziert, setzt sich die Figur auf verletzliche Weise den Blicken der anderen Figuren und des Kinopublikums aus. In einigen Lesarten dieses Melodramas wird betont, dass sie tatsächlich nicht mitbekommt, dass sich die anderen über sie lustig machen (vgl. Willams 1992), in anderen wird versucht, diese Performance als Teil der

Strategie einer Mutter zu betrachten, die versucht, ihre Tochter von sich zu entfremden und zu emanzipieren (vgl. Cavell 1996). Für das Argument einer unbeabsichtigten sozialen Ausgrenzung, die sich in diesem Blick manifestiert, spricht die Rolle des Fahrrads. Es ist hier nur noch Verkehrsmittel im eingegrenzten und unwirklichen Areal einer Feriensiedlung, einer explizit in der Freizeit verorteten Nutzung. Das Fahrradfahren zu beherrschen weist Laurel im Gegensatz zu ihrer Mutter, die verloren durch das Ressort taumelt, als Figur aus, die auch in sozialer Hinsicht mobil ist.

Dass die Fahrt im geschützten Bereich eines Resorts stattfindet, liegt an den verkehrspolitischen Entscheidungen, die in der Phase des klassischen Hollywoodkinos getroffen wurden. So macht Evan Friss in seiner Geschichte des Fahrradfahrens in New York deutlich, wie stark die Fahrradpolitik dieser Zeit auf einen Ausschluss des Fahrrads von den Straßen und seine Beschränkung auf die geschützten Bereiche von Parks und Fahrradwegen ausgerichtet war: In diesem System der Automobilität und dem Entstehen von die Stadtlandschaft konsequent zerschneidenden Brücken und Highways gab es für die Radfahrenden in New York noch nicht einmal einen Weg zu einem Fahrradweg, der mit dem Fahrrad hätte bewältigt werden könnte (Friss 2019, 92f.).

Die Geschichte des Kinos ist eigentlich eng verknüpft mit der Geschichte der Mobilisierung der Menschen um 1900. Auf dem Zug installierte Kameras und ihre *phantom rides* waren zentraler Inhalt eines Kinos der Attraktionen (Kuchenbuch 2008, 48), das sich auf vielfältige Weise mit Bewegungstechnologien verbunden hat. Diese Kopplung beruht auch darauf, dass die Eisenbahn durch ihren Raum, ihre Verbindung mit dem Außenraum über Rahmen und Fenster und durch die Bewegung bereits so stark als Dispositiv des Kinos begriffen wird (Paech 1985, 41), dass sich mit der Jahrmarktsattraktion der *Hale's Tour* beide Räume vermischen (vgl. Fielding 2008). *Phantom rides* ermöglichen eine interessante Kopplung von Einstellungen, die sich der Technologie des Zuges verdanken und als POV-Einstellungen mit der Bewegung direkt mitgehen. Die Kamera auf dem Zug konstituiert damit auch einen entkörperlichten (neuen) Blick.

Die Unhandlichkeit der Kamera verhindert beim Fahrrad die Übernahme dieser Perspektive und das Ausspielen primärer Bewegungseffekte. Die frühen Stummfilmkomödien dokumentieren daher wegen ihres ausgeprägten Interesses für Bewegung zwar sehr ausführlich die gekonnten Bewegungen der Fahrradakrobatik, aber immer aus dem Blickwinkel einer meist fest installierten Kamera und als Bewegung durch den Bildraum, zum Beispiel in einer Reihe von Slapstickfilmen mit dem Stummfilmkomiker und ausgebildeten Fahrradakrobaten Al St. John (vgl. Bennett 2019, 34). Es gibt keine Verdopplung der Bewegung des Fahrrads und der Bewegung des Bildes. Eine Ausnahme findet sich allerdings in der Eingangssequenz von *Around the World in Eighty Days* von 1956, in der der mexikanische Komiker Cantinflas mit einem Hochrad durch London fährt. Es sind kontrollierte, elegante Bewegungen, die er mit dem Fahrrad vollzieht, und für einen kurzen Moment übernimmt die Kamera auch seine Perspektive, um seine Fahrt durch bevölkerte Straßen des viktorianischen Londons zu zeigen. Die Optik ist dabei verzerrt und erinnert etwas an GoPro-Kameraaufnahmen, die auf Youtube zu finden sind, aber auch an den erweiterten Blickwinkel, den VR für die Vermittlung der Erfahrung des Fahrradfahrens bietet. Diese Analogien sind nicht weit hergeholt, denn *Around the World in Eighty Days* ist eine der typischen Filmextravaganzen, mit denen das Kino im Kampf mit dem Fernsehen in den 1950er Jahren experimentiert hat. Der in dem Format Todd AO gedrehte, überteure, mit zahlreichen Stars aufwartende Filme, sollte den Raumeindruck von Cinemascope und Cinerama noch übertreffen. Daher wird alles daran gesetzt, Bewegungen durch den Raum zu zeigen, was den Film zu einem *travelogue*, einer Reihung von Bewegungen durch die Welt macht (vgl. Belton). Der erhabene Blickwinkel eines Hochrads bietet tatsächlich für einen kurzen Moment eine spektakuläre Ansicht und ein Erleben von Bewegung, die hier an das Fahrrad gekoppelt ist und mindestens so viel Technologie (ein sehr komplexes Verfahren, das Leinwand, Sound, Filmmaterial und Linsen verbindet) wie verkörperten, subjektiven Blick enthält. Dieser Ballast fiel weg, als leichtere Kameras es müheloser ermöglichten, Bewegungen zu subjektivieren. *Breaking Away* wechselt daher immer wieder zwischen den Kamerapositionen und bietet in einem flexiblen System der Darstellung von Fahrradbewegungen auch den flexiblen, mobilen Blick des Fahrradfahrenden an.

Der Horrorfilm vermittelt das Grauen häufig über Bewegungen, die von den Eigenbewegungen der Kamera ausgehen. Es ist in diesem Zusammenhang interessant, dass die technologischen Innovationen der endlosen Steadycamfahrten von *Shining* (USA 1980) mit den Dreiradtouren des kleinen Jungen durch die Korridore des Overlook-Hotels in diesem Film verbunden sind (es ist kein machtloses Dreirad, denn es zwingt die Kamera dazu, eine Untersichtperspektive einzunehmen). Interessant ist aber auch die Frage danach, ob Bewegungen des Fahrrads selbst Auslöser von Horror sein können. Vielleicht findet sich so etwas in den gegenläufigen und kreuzenden Bewegungen, die in dem Horrorfilm *In the Mouth of Madness* von John Carpenter (USA 1994) zu sehen sind, einem der wenigen Filme, die das Fahrradfahren selbst als Auslöser von Horror erscheinen lassen.

Eine Frau fährt in einem Auto auf einer nächtlichen Landstraße, der Mann schläft neben ihr. Die diffusen Eindrücke von der vorbeiziehenden Straße, den Reflexionen und die damit überforderte Wahrnehmung sind der Rahmen für eine Begegnung mit einem von vorne kommenden Fahrrad, dessen Reflektoren leuchten und dessen Fahrenden wir durch den kurzen Moment einer sich kreuzenden und divergierenden Bewegung nicht wirklich erkennen können. Dieser Abschnitt der Reise entpuppt sich als Anfang des Übergangs in eine Welt der Wahnvorstellung eines Horrorschriftstellers, und weitere Begegnungen auf dieser Fahrt mit entgegenkommenden Fahrradfahrenden vollenden diesen Übergang. Es gelingt diesem Film, jede dieser Begegnungen unheimlich erscheinen zu lassen, vielleicht wegen dieser unterschiedlichen Bewegungsrichtungen und -intensitäten, die hier aufeinandertreffen, vielleicht auch wegen der Umkehrung einer Bedrohung, die normalerweise die ungeschützten Radfahrenden betrifft, hier aber von ihnen ausgeht.

Kreuzende Bewegungen finden sich auch in dem Kriegsdrama *Black Book* (Niederlande 2006) von Paul Verhoeven. In diesem Film überschneiden sich in einer Szene auf einer Kreuzung in Amsterdam die Bewegungen von drei Fahrrädern, denen erst eine stehende und dann bewegte Kamera auf kunstvolle Weise folgt. Die Szene zeigt eine von den Stadtbewohnern und den deutschen Besatzern belebte Straße in Amsterdam. Die Kamera folgt zunächst einem Lastenfahrrad, das die Leiche einer Frau transportiert. Dann löst sich die Kamera von dem Fahrrad des Bestatters, um einem aus der anderen Richtung kommenden Fahrrad zu folgen, auf dessen Rücksitz die weibliche Hauptfigur, eine jüdische Widerstandskämpferin sitzt, die in einer widersprüchlich-frivolen Geste für einen kurzen Moment den deutschen Soldaten ihre Beine zeigt, bevor die Kamera zurückfährt und einen weiteren Radfahrenden erfasst, der sich wieder in die Gegenrichtung bewegt. Die Szene hat eine auffällige Komposition von Kamerabewegungen: Sie synchronisieren sich nicht mit den Bewegungen des Fahrrads, sondern sie orchestrieren sie und verleihen damit diesem Moment keine eindeutige, sondern sogar eher eine widersprüchliche Bedeutung und machen dennoch diesen Ort zu einem lebendigen Kreuzungspunkt dieses ebenso tragischen wie energetischen Films.[9]

9   Neue Technologien haben die Kamera in den letzten Jahren so mobil und leicht gemacht, dass sich vermehrt Experimente mit Filmen finden lassen, die in einer Einstellung gedreht sind und dabei auch darauf zielen, einen kontinuierlichen Fluss von Bewegungen zu erzeugen. Interessanterweise ist das Fahrrad in *Victoria* (Deutschland 2015) etwas, was den ständigen Fluss der Bewegungen einer Gruppe junger ausgelassener Menschen im nächtlichen Berlin und der sie unentwegt begleitenden Kamera immer zu unterbrechen droht, da das Fahrrad zu schnell ist für eine Kamera,

Abb. 2: Fahrrad als transparenter Bildinhalt (*Breaking Away*); im Kreis fahrender Junge *(Le Gamin au Vélo);* Dolmetscherin auf dem Fahrrad *(Le Mépris).*

Kreisfahrten

Der Autofilm betont die Negation von Bewegung oder eine andere
Bewegung, wie bereits erwähnt, vorwiegend als (radikale) Unterbrechung
oder als Verlust des Ziels einer Reise, die dem Film seine Form, die Form
der Straße aufzwängt. Das Fahrrad im Film erlaubt durch seine größere
Vielfalt der Bewegungsformen und -richtungen auch das Fahren im Kreis.
In *Le Gamin au Vélo* (Belgien 2011) ist das Fahren im Kreis Teil der verspielten
Bewegungen eines Jungen, für den das Fahrrad nicht nur die wenigen
Momente von Ausgelassenheit bietet, sondern auch die (sich als Betrug
herausstellende) Bindung an den Vater verkörpert, der sich nicht um ihn
kümmern kann (Abb. 2). Das Fahrrad ist tatsächlich auf vielen Ebenen ein
titelgebendes Gefährt, weil der Film mit der ausgelassenen, freudigen
Bewegung einer Fahrradtour mit der neuen Mutter endet.

Kreisfahrten können (in diesem Kontext) als extreme Form des Flanierens
betrachtet werden, einem Flanieren, dem es nur um die Bewegung an sich
geht und nicht mehr um die Eindrücke von Stadt und Landschaft, die dabei
aufgenommen werden sollen. Mit den Kreisfahrten verweigert sich der
Junge auf dem Fahrrad einem zu frühen Erwachsenwerden, das in diesem
Film zu einem Verbrechen führt.

Eine andere Form von Kreisfahrten finden sich in dem iranischen Film
The Cyclist von Mohsen Makhmalbāf (Iran 1987). Der Film handelt von
Ausbeutung und verschwendeter Energie, die sich in den verzweifelten
Nonstop-Kreisfahrten der Hauptfigur auf einem öffentlichen Platz manifestieren. Mohsen Makhmalbāf thematisiert mit diesem Film auf symbolische Weise die sozialen Ungleichheiten im postrevolutionären und
autoritären Iran, vor allem die Ausbeutung der afghanischen Kriegsflüchtlinge. Einer dieser Kriegsflüchtlinge verspricht als Hauptfigur des Films,
eine Woche mit dem Fahrrad im Kreis zu fahren, um Geld für die Operation
seiner Frau zu verdienen. Die symbolische Kreisfahrt, mit der der Regisseur
soziale Missstände anprangern will, ist immer auch körperliche Leistung,
Verschwendung und Ausbeutung, die Assoziationen zum mörderischen
Fahrradsport und den frühen Sechstagerennen weckt, welche zu einem

die im Gehen bedient wird. Daher fährt die Hauptfigur meist im Schritttempo mit der
Gruppe junger Männer mit, wird das Fahrrad abgestellt oder an eine andere Figur für
kleine Tricks wie enge Kreisfahrten weitergegeben. In diesen Szenen überfordert das
Fahrrad nicht die Bewegungsanordnung des Films, aber sie schließt mit einem schön
gesetzten Moment, in dem eine der Figuren mit Victoria auf dem Gepäckträger der
Kamera für einen kurzen Moment auf einer Straße in die Dunkelheit zu entkommen
scheint (sie entkommt damit auch für einen kurzen Moment der fatalen Erzählung
einer schrecklich endenden Nacht, auf die die Bewegungen des Films hinarbeiten).

Kristallisationspunkt für die Körperdiskurse und die Definition von Sport in den ersten Jahrzehnten des 20. Jahrhunderts wurden (vgl. Sicks 2009). Die Kreisfahrt ist in diesem Film nicht nur filmische Darstellung der Ausbeutung afghanischer Flüchtlinge, sondern verweist auch auf das Kino selbst und zeigt eine endlose Bewegung, die aus dem Film hinausführt:

> [T]he final shots of the film lay bare the illusionistic mechanism of film-making, showing us the crane-mounted film camera that pans to follow Nasim as he cycles around it. We are left not with a sense of satisfaction but, rather, with the impression of perpetual motion, the final moments of the film implying that Nasim, the camera operator and the reels of the film inside the camera will continue to revolve indefinitely. This sense of constant motion conveys powerfully the rootless, nomadic subjectivity of the migrant labourer, and so the bicycle is a perfect symbol for this experience of continual, anxious social, cultural and geographical displacements. (Bennett 2019, 48)

Das Im-Kreis-Fahren vermittelt ein soziales und kulturelles *displacement*. Es handelt sich auch deswegen um einen symbolischen und filmischen Kreis, weil der Kamerablick auf den Fahrenden (durch mitfahrende Untersichten) häufig zugleich auch mit seinen Wahrnehmungen und Erinnerungen verknüpft ist. Zusätzlich wird das Kreismotiv auch an anderen Stellen des Films aufgegriffen, in denen ein Motorradfahrer als Jahrmarktsattraktion auf ähnliche Weise in einer Tonne fährt und sich dabei schwer verletzt. Hier zeigt sich auch eine Inkongruenz dieser sinnlosen Bewegung, die wir in einem der seltenen Fälle des Indoorfahrradfahrens finden: In Godards bereits weiter oben erwähntem Para-Musical *Une Femmes est une Femme* (Frankreich 1961) fährt eine der männlichen Figuren in einer kurzen, angedeuteten und unmotivierten Tanznummer in kleinen Runden mit dem Fahrrad im Wohnzimmer.

Flucht/Aufbruch/Ausflug

Im Autofilm sind Verfolgungsjagd und Autoflucht allgegenwärtig, in Action-filmen wird eine Verfolgungsjagd mit einem Fahrrad gelegentlich als exotische Alternative zu normalen Verfolgungsjagden verwendet. So gibt es etwa in einer aktuellen Version von *Tomb Raider* (USA/GB 2018) ein in den Film einführendes actionreiches Foxhunt-Rennen mit der weiblichen, fahrradfahrenden Hauptfigur, die alle Lücken und Seitenwege einer Groß-stadt nutzt, um den Verfolgenden zu entkommen. Wie stark dieses andere, freiere Fahren (als rationale Flucht) doch wieder an (neue) Technologien gekoppelt wird, zeigt der Fahrradkurier-Actionfilm *Premium Rush* (USA 2012), in dem die Kamera den Blick einer Hauptfigur übernimmt, dessen Suche nach dem besten Weg als prämediatisierendes Computerdisplay dargestellt wird: Bewegungen oder Zusammenstöße mit Autos auf den Straßen New Yorks können auf der Suche nach der perfekten Route antizipiert werden. Das Angebot eines aufregenden Fahrradfilms wird auf Kosten der Subjektivität und des Körpers der Fahrradfahrenden gemacht, deren Wahrnehmung vollkommen in Technologie aufgelöst ist.[10]

Flucht und Verfolgung sind besonders interessant, wenn ein Fahrrad ein Auto verfolgt, als komische Umkehrung in *Mr. Bean's Holiday* beispielsweise, oder als positive Betonung einer Nerdigkeit in *The 40 Year Old Virgin*. Die Figur nutzt die Vorteile der alternativen Wegfindung seines Mountainbikes (er nimmt den geraden Weg, während die Autos den Serpentinen folgen müssen), um seine mit dem Auto wegfahrende große Liebe doch noch einzuholen. Der Film ordnet sich meist in die Muster der romantischen Komödie ein, er fordert eine heterosexuelle Integration. Das Fahrrad, an dem die Figur auch dann noch festhält, als alle anderen Insignien seiner Nerdigkeit verkauft sind, ist, wie bereits erwähnt, das einzige Moment des Films, das dieser völligen Integration zu entkommen vermag und eigene Wege fährt.

Ein anderes Fluchtmotiv vermittelt die Fahrt in eine offene Zukunft. So fährt die Hauptfigur in *Juno* (USA 2007) mit einem alten Rennrad herum – in einer frühen Szene, als sie von ihrer Schwangerschaft erfährt, in gebückter Haltung, in der letzten Szene, als sie ihre Entscheidungen getroffen hat, in aufrechter Haltung, sich dem Fahrtwind aussetzend, als Fahrt zu einem neuen, befreiten Dasein.

Der Ausflug ist eine andere Art der Flucht, eine Aussetzung des Alltags, wie sie in einer deutschen Komödie von 1958 als einem der ersten von wenigen

---

10   Grundsätzlich erhält der Fahrradkurier-Actionfilm immer ein Moment der Flucht – der Flucht aus einem anderen konventionellen Leben, dem die Hauptfiguren zu entkommen versuchen. *Quicksilver* (USA 1986) lässt Kevin Bacon als gescheiterten Yuppie in das alternative Leben eines Fahrradkuriers fliehen (am Ende erfolgt jedoch seine ökonomische Reintegration). In dem feministischen Fahrradkurierfilm *2 Seconds* (Kanada 1998) flüchtet die weibliche Hauptfigur aus dem professionellen Sport und dem Downhillfahren in die Existenz einer Fahrradkurierin. *Tempo* (Österreich 1996) ist ein interessantes Beispiel für einen Fahrradkurierfilm: Der Film setzt viele Mittel (unter anderem auch Handkameras) ein, um die Fahrten eines Fahrradboten durch Wien auf eine energetische, sinnliche Weise zu dokumentieren. Aber es ist kein ausschließlich funktionales Fahren wie in *Premium Rush*. Dieser Fahrradbote verirrt sich nicht nur auf der Straße, sondern driftet auch in seinen Gedanken ab und lässt die Fahrten zu einer „cinematic fantasy" werden, mit der Bennett das filmische Potenzial des Fahrradfahrens zu erfassen versucht.

Fahrradtourfilmen vermittelt wird. Die Hauptfiguren in *Immer die Rad-fahrer* begeben sich auf eine Reise in die Vergangenheit, als sie versuchen, eine in ihrer Jugend gemachte Fahrradtour zu wiederholen. Der Film ist ein typisches Beispiel für die gemächliche Inszenierung des deutschen Unterhaltungsfilms der 1950er Jahre, das in langen Einstellungen ebenso langsame ältere Herren (unter anderem Hans-Joachim Kulenkampff und Heinz Erhardt) zeigt, die durch das sommerliche Österreich fahren. Das Fahrrad steht nicht nur, wie Bruce Bennett behauptet, für eine minoritäre und randständige Filmkultur, sondern kann auch, in anderen, weniger auto-fixierten Filmkulturen im Zentrum stehen. Das Fahrrad passt sehr gut zu dieser Form des Unterhaltungsfilms: Es steht für einen Ausbruch aus dem Alltag und eine Bewegung durch die Landschaft, die wenig mit dem subver-siven Bruch mit der Gesellschaft und der Unterbrechung von Bewegung im Roadmovie zu tun hat. In dieser Kultur sind das Fahrrad und das Vergnügen am Fahrradfahren selbstverständlich in die Populärkultur integriert

Der Ausflug eignet sich immer noch für Ensemblekomödien wie den deutschen Film *Hin und Weg* von 2014. Dieser Film offenbart die Potenziale einer komplexen Orchestrierung von Bewegungen in einer Schar von Fahr-radfahrenden, die sich auf eine symbolische Reise in den möglichen Tod einer ihrer Hauptfiguren begeben. Aber die Figuren akzentuieren mit der Fahrradtour, ähnlich wie das Fahren im Ressort in *Stella Dallas*, immer auch ein Fahrradfahren, das woanders stattfindet, in der Ausnahme vom Alltag und nicht in der Welt.

Erinnerung/Übergang

Als Versuch der Rückkehr in die Jugend oder Versuche, verlorene Bindungen wiederzufinden, verdeutlichen diese Filme, wie das Fahrrad zu einem Vehikel für Erinnerungen wird. Das Fahrrad markiert nicht nur im Horrorfilm einen symbolischen Übertritt in eine andere Ordnung oder in eine andere Daseinsform. In vielen Filmen hat das Fahrrad die Funktion, den Fahrradfahrenden neue Erfahrungen zu vermitteln. Dave in *Breaking Away* nutzt das Fahrrad zur Annahme der Identität eines italienischen Rad-rennfahrers und stellt sich somit in eine Opposition zu seiner Heimat im mittleren Westen. Diese Identität und die fremde Sprache, die er adaptiert, nutzt er nicht nur dazu, einer Studentin in Bloomington zu imponieren oder seinen Vater herauszufordern und ihm dadurch zu helfen, eine andere, weichere Seite in sich selbst zu entdecken. Er wird selbst durch das Fahrrad transformiert: Er spielt nicht nur die Rolle eines italienischen Radsport-fanatikers, sondern das Fahrrad macht ihn mobil auf vielen Ebenen, lässt ihn etwa neue Fahrradräume auf den amerikanischen Straßen entdecken, ermöglicht soziale Mobilität und eine positiv bestimmte Identität der Angehörigen der Arbeiterklasse, die durch das Verschwinden des Marmorabbaus in diesem Ort lange nur als defizitäre Identität existent war.[11] Auch *Ladri di Biciclette* zeigt das Fahrrad als etwas Mobilisierendes. Antonio und sein Sohn Bruno erleben gemeinsam auf dem Fahrrad bei der Fahrt zur Arbeit ein Moment von Ausgelassenheit und Eintracht, das am Ende mit der Einstellung von Bruno kontrastiert, der seinen gebrochenen Vater bei der Hand nehmen und führen muss. Eine der Figuren des zweiten Teils des Horrorfilms *It-Chapter Two* (Kanada/USA 2019) erwacht auf dem Fahrrad aus einer durch den Horrorclown ausgelösten Katatonie, in *Boy and Bicycle* von Ridley Scott dient die Fahrt, die den gesamten 30-minütigen Kurzfilm umfasst, dazu, den Jungen in einen anderen Daseinszustand zu überführen, der die Zuschauenden an seinem Gedankenstrom beteiligt. Mit dem Fahrrad überträgt der Vater in *Kramer vs. Kramer* (USA 1979) seine neu entdeckte Zuwendung und Liebe zu seinem Sohn, dem er im Central Park das Fahren beibringt. Es ist eine widersprüchliche Übertragung von Bindung, weil sie mit der Beherrschung des Fahrrads ja die Lösung des Sohnes von dem Vater zum Ziel hat. Das Fahrrad wird immer wieder zum Vehikel einer filmischen Öffnung, es lässt sich mit Winnicott als ‚transitional object' beschreiben (vgl. Bennett 2019, 142). Annette Kuhn hat diese Theorie der Übergangsobjekte in ihrem Text über das Melodrama *Mandy* (GB 1952) auf die buchstäblich bewegenden Momente von Filmen bezogen, die sich ihrer Erinnerung des Films eingeprägt hat, den sie als Kind gesehen hat (vgl. Kuhn 1992). Kuhn stellt heraus, dass auch Filme als Übergangsobjekte betrachtet werden können, da Winnicott von einer kulturellen Sphäre spricht, die für Erwachsene die Rolle von Spielzeugen und Puppen für Kinder übernehme. Kuhn spricht von Objekten der Vermittlung, die sich in den Filmen selbst finden und die Betrachtenden auf eine unmittelbare Weise zu führen vermögen, zwischen Innenwelt und Außenwelt vermitteln und sie über filmische Schwellen hinwegführen (vgl. Kuhn 2005). Als Ankerpunkt von kindlichen Erfahrungen scheint etwa das Fahrrad in *Le Gamin au Vélo* eine Vermittlung und Verbindung zwischen Vater und Sohn anzuzeigen (innen), markiert aber in der abschließenden Fahrradtour die neue Bindung, die der misstrauische Junge gelernt hat, mit seiner Pflegemutter einzugehen (außen). Dass das Fahrrad sich in bestimmten Kontexten nie ganz davon emanzipieren kann, ein Spielzeug zu sein, bedingt seine

11   Ryan Hediger (2016) geht in seiner Lesart von *Breaking Away* ausführlich auf die Auseinandersetzung des Films mit Klassenbewusstsein und die verschwundene Arbeiterschicht in der Stadt Bloomington ein, deren Identität mittlerweile von College und Universität geprägt wird.

Eignung zu einem Übertragungsobjekt und Mittler von Erinnerung und Gefühlen.

Bewegung und Verkehrsmittel spielen für diesen Prozess der Vermittlung und der Entwicklung eine wichtige Rolle. Dieses transformative Potenzial weist in eine andere Richtung als das Stereotyp einer Emanzipation vom Fahrrad, die das Erreichen einer erwachsenen Automobilität markiert. Godard hat in *Le Mépris* (Frankreich/Italien 1963) eine Verwendung für das Fahrrad, die dessen Rolle als Mittler zwischen den Welten auf eine andere Weise herausstellt. *Le Mépris* ist ein mehrstimmiger Film, dessen einzelne Sprachen nicht zusammengeführt werden sollen (vgl. Wollen 1986, 124). Die einzige Figur, die alle Sprachen des Films spricht und als Dolmetscherin zwischen den Filmkulturen vermitteln kann, ist eine junge Frau, die wir mit dem Fahrrad durch Cinécittà fahren sehen (Abb. 2). Sie versteht nicht nur alle Figuren und Filmkulturen des Films, sie ist auch die Einzige, deren Fahrt zur Villa des Produzenten nicht von Problemen (einem Unfall, Verrat, Entfremdung) geprägt ist und die daher glücklich und in ihrer eigenen Welt gefangen an den leblosen Chiffren von Entfremdung und dem Drama vorbeifährt. Dieser Gebrauch des Fahrrads ist nicht etwas, was der Film ostentativ herausstellen würde, aber die hintergründige Assoziierung mit der Mittlerfigur der Dolmetscherin, die immer dazwischensteht, passt zum zurückhaltenden Fahrrad, das sich besser und stressfreier durch den Verkehr in Rom zu schlängeln versteht (was wir nur vermuten können). Weil es letztendlich die roten, schicken Autos sind, die in diesem Film den Tod bringen, ist es das Fahrrad, das die unterschwelligen Strukturen von Dominanz und Gewalt in diesem Film unterlaufen kann und ein unschuldiges Moment von Freude an der Bewegung transportiert. Es kann aber diese Strukturen nur für einen flüchtigen, sinnlichen Augenblick unterlaufen, da auch die Dolmetscherin in diesem Film zum Objekt männlicher Dominanz und sexueller Ausbeutung wird.

Boy and Bicycle ist nicht nur ein Film, der die Mobilisierung von Gedanken durch das Überschreiten von Schwellen thematisiert, sondern auch zu einer Gedankenfahrt einlädt, die das Fahrrad bestimmend für die Dauer dieses Kurzfilms macht. Für Bennett lässt sich, wie bereits erwähnt, das Fahrradfahren selbst als „cinematic fantasy" beschreiben, da es uns durch die Abläufe audiovisueller Eindrücke in eine Art Film abdriften lasse. Film realisiert dieses Potenzial eher auf flüchtige Weise, etwa wenn zwei Fahrräder in *Stand by Me* (USA 1986) die Erinnerungen eines Schriftstellers triggern, die dann als Erzählung von den Abenteuern einer Gruppe Jugendlicher den ganzen Film einnehmen. Die Gedankenfahrt spielt auch bei *The Cyclist* eine Rolle, in Form der Unterbrechungen der Kreisfahrten der

Hauptfigur durch seine Erinnerungen oder andere Elemente der Handlung. Der Fernsehfilm *I Am the Cheese* (USA 1983) scheint auf den ersten Blick ein sentimentales Jugenddrama zu sein, das die Hauptfigur auf einem Fahrradtrip durch eine idyllische Landschaft zeigt, die mit Erinnerungen an seine Kindheit verknüpft ist. Am Anfang sehen wir für einen amerikanischen Film unerwartet viele, schöne, physisch fassbare Bewegungen des Fahrrads durch diese Landschaft. Tatsächlich entpuppt sich der Film als Psychodrama und als Mysteryfilm über die geraubte Identität des jungen Mannes, der entdecken muss, dass er nicht reist und vorwärtskommt, sondern sich immer im Kreis bewegt. Hier ist die *cinematic fantasy*, die mit dem Fahrradfahren assoziiert wird, nur noch ein Film, dem keine Bewegung zugrunde liegt, und das ‚realistische‘ Fahrrad verstärkt nur die Wirkung dieser Täuschung und Illusion.

Unfall/Zerstörung/Fragmentierung

Ein berühmter, kleiner Unfall findet sich in *Un chien Andalou* (Frankreich 1929), wenn ein umnachteter Fahrradfahrer die Bewegung des Abdriftens oder der Verschiebung des ganzen Films vollzieht, immer langsamer wird und einfach zur Seite fällt. Es ist sonderbar, was die Bewegungen des Fahrrads in der Balance hält, noch sonderbarer ist es aber, wenn dieses System zusammenbricht. Sonst spielt der Fahrradunfall im Fahrradfilm eine relativ kleine Rolle, auch wenn er bereits in den 1950er Jahren in dem psychologischen Drama *Muerte de un ciclista* (Spanien 1955) der Ausgangspunkt eines Films über Schuld, Gewissen und die Zerstörung einer Ehe ist. Allerdings sehen wir den Unfall nicht, der einem Radfahrer das Leben kostet. Wir sehen nur ein Auto am Horizont, das über eine Kuppe kommt. Der Unfall ereignet sich für uns unsichtbar und verborgen durch die ansteigende Straße in einem subliminalen Bereich, der die Zuschauenden im Unklaren darüber lässt, ob überhaupt etwas passiert ist: Das Fahrrad ist zu unsichtbar und zu unbedeutend, um diesen Tod in den Vordergrund treten zu lassen. Trotzdem erzählt auch dieser Film von einem Konflikt und einer Asymmetrie zwischen Fahrrad und Auto, die 50 Jahre später in Los Angeles noch immer zu Konfrontationen und Unfällen führt. In *This is Forty* (USA 2012) flüchtet die männliche Hauptfigur nach einem Streit mit seiner Frau auf seinem Mountainbike von einer Party und rammt die unachtsam aufgesperrte Autotür eines SUV. Der brutale Fahrer dieses Autos sieht den Grund für den Zusammenstoß in der Tatsache, dass sich überhaupt ein Fahrrad auf die Straße wagt, und verprügelt den bereits verletzten Fahrradfahrer. Für Autos und die Menschen, die durch Autos geschaffen werden, ist das Fahrrad nur eine Irritation und ein unpassendes Objekt, das die

Ordnung stört. Für die Hauptfigur ist das der Endpunkt einer unmöglichen Flucht aus einer Midlife-Crisis und des Versuchs, ein gesünderes Leben zu führen. Die Ungerechtigkeit des Verkehrs in den USA und der Autostadt L.A. gegenüber dem Fahrrad korrespondiert mit einem Gefühl des Verdrusses und der Depression, das diese Komödie sehr gut vermittelt.

Auch im Genre des Horrorfilms gibt es Unfälle. In *Carrie* (1976) ist eines der ersten Objekte für die telekinetischen Verwüstungen, die die Hauptfigur anzurichten vermag, ein kleiner Junge, der sie verhöhnt und zur Strafe auf seinem Fahrrad zu Fall gebracht wird. In *Don't Look Now* (GB 1973) fährt ein Junge sein Fahrrad auf einer Wiese über einen zersplitternden Spiegel und kommt durch den platten Reifen zu Fall. Abgelenkt durch den Versuch, das Fahrrad zu reparieren, bekommt er nicht mit, wie seine kleine Schwester an einem See spielt und in ihm ertrinkt. Es ist einer der wenigen Fälle, in denen das Fahrrad als todbringend betrachtet werden kann. Ein weiterer Fall eines möglicherweise todbringenden Fahrrads gibt es im Zeitreise-Anime *Toki o Kakero Shōjo* (*Das Mädchen, das durch die Zeit sprang*, Japan 2006). Eine durch die Zeitschleifen wiederkehrende zentrale Szene dreht sich um einen möglichen Fahrradunfall eines den Hügel herabfahrenden Fahrrads mit defekter Bremse, das an einem Bahnübergang in einen Zug zu rasen droht. Es ist eine kinästhetisch extrem aufregende Fahrradfahrt, die sich immer wieder ereignet und immer wieder vor dem entscheidenden Moment abbricht. Das Fahrrad wird in diesem Anime allerdings nicht als fatales Verkehrsmittel betrachtet. Es steht eher für eine exaltierte Mobilität, die sich zum Beispiel auch in den Ausfahrten der weiblichen Hauptfigur mit einem Freund aus der Schule zeigt: Diese Fahrt an einem Strand ist ein typisches Beispiel für eine alternative Bewegungsrepräsentation, etwa durch das Verschieben von Folien, die für den Anime prägend ist (vgl. Lamarre 2008, 112). Es ist eine irreale Bewegung eines im Anime typischerweise eigenartig schwankenden Fahrrads, an dem die Hintergrundfolien so vorbeigezogen werden, dass ein starker Bewegungseindruck ohne tatsächliche Bewegung entsteht. Der Anime orientiert sich in seinem Alltagsbezug an dem Fahrrad als Verkehrsmittel, aber er erzeugt gleichzeitig auch eine neue, aufregende Fahrradbewegung.

Die ausgiebigste mit einem Fahrrad verbundene Zerstörungsfantasie findet sich in *Rushmore* (USA 1998) von Wes Anderson. Zur Musik von The Who (die dafür bekannt waren, auf Konzerten ihre Instrumente zu zertrümmern) begleiten wir zwei Figuren bei einer Racheorgie. Ein Anschlag des präpotenten Teenagers Max Fischer mit Bienen kontert der Millionär Hermann Blume mit einem Anschlag auf dessen Fahrrad, das er erst klaut und dann mit einem Bentley genüsslich mehrere Male überfährt, was wiederum in der nächsten Szene Max Fischer dazu bringt, mit einem Damenfahrrad auf das Werksgelände der Fabrik Blumes zu fahren und die Bremsen von dessen Auto zu manipulieren.

Als technisches Objekt hat das Fahrrad auch das Potenzial, zerlegt werden und in seinen Einzelteilen immer noch auf die Identität eines Fahrrads hinweisen zu können. Es ist kein Zufall, dass *Ladri di Biciclette* den Blick auf ein zerlegtes Fahrrad in den Szenen auf dem Schwarzmarkt zelebriert und die Figuren zu genauen Beobachtern von Fahrradteilen macht (Abb. 1). Diese Momente, die an den Neorealismus als von Bazin definiertes Kino der Wahrnehmung denken lassen (vgl. Bazin 2002), sind weniger Fragmentierungen, die auf das Fahrrad als fehlendes, geklautes Fahrrad hinweisen, sondern es sind Blicke auf Teile, die immer das Potenzial offenbaren, zu etwas Funktionierendem zusammengefügt zu werden. Der genaue Blick des kleinen Bruno für die Fahrradklingeln und andere Gegenstände, sind nicht nur Ausdruck seiner Bemühungen, bei der Suche seines Vaters behilflich zu sein, sondern auch einer Faszination für die Teile eines Fahrrads, die auf unproblematische Weise ein Ganzes ergeben. Vielleicht ließe sich daraus die These formulieren, dass das Fahrrad auf besondere Weise Unteilbarkeit und Teilbarkeit vermittelt. Die von Fahrrädern gerahmten Blicke, die sich, wie bereits erwähnt, in *Immer die Radfahrer* oder *Breaking Away* finden, verdeutlichen nicht nur die Transparenz und Offenheit der Fahrradtechnologie, sondern auch dessen unproblematische Teilbarkeit. *Boy and Bicycle* zerlegt (als Kurz- und Experimentalfilm) ebenfalls das Fahrrad in viele Einstellungen, wenn die Bilder einer Fahrradfahrt zum Soundtrack des Gedankenstroms seines jungen Protagonisten werden. Dennoch vermittelt der Film nie das Gefühl einer Fragmentierung, eher ein körperliches, dezentriertes und intensives Erfahren von Bewegung, die die Vorstellungen des Jungen in die einzelnen Elemente des Fahrrads überführt.

Inkongruenz

Die oben beschriebene Szene aus *Rushmore* lebt von der Inkongruenz von Bentley und Fahrrad, von Max Fischer und Damenfahrrad, aber das Fahrrad passt auch sehr gut zum wirklichkeitsverachtenden Narzissmus seiner Hauptfigur, der es egal ist, ob sie mit dem Fahrrad fährt, und die nicht akzeptieren will, nur ein Teenager von 16 Jahren zu sein. Inkongruenz als Bestandteil des Komischen wird mit dem Fahrrad in vielen Filmen eher auf plakative Weise ausgespielt. Die Filmversion von *21 Jump Street* von 2005 führt zwei junge Polizisten auf Fahrradstreife und Fahrraduniform als unmännliche Bestandteile eines Actionfilms vor. Auch *Fuck Ju Göthe* (Deutschland 2013) kann nicht darauf verzichten, Radfahrende als lächerlich und unmännlich herauszustellen. In seiner Analyse der ersten Szene des Films *Hulk* (USA 2003) kritisiert Bruce Bennett, wie mit dem Fahrrad immer auch ein bestimmter Status der Figur, die es verwendet, eingeführt wird:

> [I]n a culture that fetishizes automobility, the fact that Banner cycles codes him as an eccentric, an environmentally aware California liberal who is unconventionally masculine in a context in which owning and driving a car is a sign of maturity. (Bennett 2019, 31)

Die Inkongruenz der Fahrradfahrenden und des Fahrrads als Objekt von Filmen steht immer auch in einem Zusammenhang mit dem Ausschluss des Fahrrads von der Straße oder der Bedrohung der Fahrradfahrenden. Sie kann aber auch eine Erinnerung an die Geschichte des Fahrrads und seiner eigenwilligen Ausführungen sein. Der etwa in der Mitte des 19. Jahrhunderts spielende Film *Our Hospitality* (USA 1923) erlaubt es uns, die von Buster Keaton gespielte Figur eines New Yorkers, der wegen eines Erbes den Weg in den Westen antreten muss, in einer der frühen Szenen des Films auf einem Laufrad elegant durch die noch leeren Straßen von New York fahren zu sehen. Dass Buster Keaton verliebt in die Technologien der Bewegung ist, zeigt nicht nur die liebevoll rekonstruierte, absurde Reise mit einem Zug in den Westen in diesem Film oder in *The General*, der einer Eisenbahn die Hauptrolle gibt (und in dem Buster Keaton für einen kurzen Moment Hochrad fährt). In *Our Hospitality* begleitet die Kamera Buster Keaton auf dem Laufrad parallel mitfahrend in einer verträumten, tänzerischen Bewegung, im Übergang zum Schweben und Fliegen, wenn die Beine nach eleganten Stößen hochgenommen werden und sich das Laufrad von selbst zu bewegen scheint. Neben vielen Slaptstickkomödien, die ebenso elegante Bewegungen von Fahrradartisten zeigen, steht dieser kunstvolle Umgang mit dem Fahrrad für eine Phase der Filmgeschichte, in der das Fahrrad noch nicht eingehegt oder als defizitär begriffen wurde. Denn im frühen Kino ist es vor allem das Auto, das zum Gegenstand lustvoller Zerstörungsorgien wird. So beispielsweise in den 1900er Jahren und in den britischen Filmen von Hepworth wie *Explosion of a Motor Car* (GB 1900) als Auseinandersetzung des Kinos mit einer Maschine, die noch irritierend und neu war (vgl. Beckman 2010, 28) und daher eher als instabile Technologie begriffen wurde; später in den 1920er Jahren als Ausdruck der faktischen Dominanz des Autos und seiner zerstörerischen Effekte unter anderem in den Stummfilmkomödien von Laurel und Hardy, in denen Autos lustvoll und langsam zerstört und zerlegt werden (vgl. ebd., 63). Das Fahrrad ist dagegen eher Gegenstand kunstvoller und tänzerischer

Bewegungen und nicht etwas, das, wie so viele Dinge in der Zeit der Stummfilmkomödie, zerstört werden soll (es in *Rushmore* genüßlich zu zerstören ist eher Ausdruck der vielen kleinen Verschiebungen des *quirky cinema* von Wes Anderson). Es ist bei Buster Keaton nicht als inkongruentes Objekt Gegenstand der Komödie, sondern fügt sich in die Bewegungen des Films und der Menschen darin perfekt ein und führt eine traumhafte Schönheit der Fahrradbewegung vor. Das Kino von Jacques Tati lässt sich als Fortsetzung der genauen Wirklichkeits- und Bewegungsanalysen von Buster Keaton begreifen. Die Szene in *Jour de Fête* von 1949, in der der von Jacques Tati gespielte Postbote auf seiner wilden Fahrradfahrt einen Laster und dessen Pritsche als mobiles Büro nutzt, um dort seine Briefe abzustempeln, ist daher vielleicht ebenfalls weniger Ausdruck von Inkongruenz, sondern ein Beispiel für das von Simondon beschriebene Funktionieren technischer Objekte und deren Potenzial, sich in Netzwerke einfügen zu lassen (vgl. Simondon 2011, 83).

Überholen/Runterfahren

Zu den inkongruenten Momenten des Fahrrads gehören immer auch die vielen Szenen, meist in Komödien, in denen Fahrräder Autos überholen oder ‚normale‘ Fahrräder Radrennfahrende überholen. So nimmt Mr. Bean den Schwung eines Autos mit, an das er sich anhängt, um nicht nur den Laster einzuholen, den er verfolgt, sondern auch um eine Gruppe verdutzter Radrennfahrender zu überholen. Etwas Ähnliches passiert auch in dem Film *Pee Wee's Big Adventure* (USA 1985), in dem Pee Wee mit seinem verlorenen und wiedergefundenen Fahrrad ebenfalls eine Gruppe von Radrennfahrern überholt. Auch Jacques Tati nutzt den von Roland Barthes in seiner Betrachtung der Tour de France beschriebenen „jump" (vgl. Barthes 2012, 148) – eine geheimnisvolle, plötzliche Leistungssteigerung –, um mit seinem Fahrrad ebenfalls eine Gruppe von Radsportlern zu überholen. Es gibt auch Fälle, in denen das Fahrrad ein Auto überholt, so etwa in der Komödie *Le Tatoué* (Frankreich 1968) mit Louis de Funès und Jean Gabin, in der das gemächliche Fahren der beiden Männer mit einem alten Automobil als Verweigerung gegenüber einer von Schnelligkeit bestimmten Moderne erscheint (hier verkörpern die Radrennfahrer die Moderne). Alle diese Momente des Überholens lassen sich als inkongruente Darstellungen vom normalen Fahrradfahren und dem Rennsport oder als Utopien eines das Auto übertreffenden Fahrrads denken.

Das Wettrennen zwischen einem Truck und dem Radrenn- und Italienbegeisterten Dave in *Breaking Away* zeigt eine eher seltene Eintracht zwischen einer großen, in das System der Automobilität eingespannten Maschine und einer kleinen Maschine, die sich den ungewohnten Ort eines Highways zum Fahrradfahren aneignet. Es handelt sich nicht um eine feindliche Übernahme, denn der Trucklenker lässt sich darauf ein, dem Fahrradfahrer Windschatten zu bieten und gibt ihm mit seiner Hand Zeichen, an denen Dave erkennen kann, wann er seine Spitzengeschwindigkeit erreicht hat. Dave nimmt offensichtlich die Einladung eines Trucks zu einer friedlichen Koexistenz an. Die Kamera dokumentiert aus allen möglichen Blickwinkeln eine ekstatische Begeisterung für eine beflügelte Bewegung, die alle Ungerechtigkeit und Ungleichheit, die mit der Dominanz des Automobils verbunden ist, zu überschreiben scheint. Als der Truck wegen einer Geschwindigkeitsüberschreitung von der Polizei an den Straßenrand gewunken wird (er muss für seine Solidarisierung mit dem Fahrrad einen Preis zahlen), gelingt es Dave schließlich, ihn zu überholen. Der Film vermeidet in der Feier der Bewegungen des Fahrrads und seines Potenzials, das Leben der sozial marginalisierten Figuren zu verändern, eine Frontstellung gegenüber der Autokultur und zeichnet somit vielleicht das Bild einer utopischen Koexistenz nach der vollständigen Emanzipation des Fahrrads.

Die soziale Mobilität, die *Breaking Away* anspricht, manifestiert sich in *Flashdance* (USA 1983) in Szenen des Herunterfahrens im hügeligen Pittsburgh. Der Film betont mit dem Fahrrad, dass seine weibliche Hauptfigur der Arbeiter:innenschicht angehört. Dieses Fahren, teilweise unterlegt von den Songs, die den Film zu einer Schnittstelle von Musikvideo und Kinofilm gemacht haben, bietet ähnlich wie das Fahren in *Donnie Darko* sinnlichen Überschuss. Die im Hinabfahren erreichte Geschwindigkeit ist vielleicht auch ein früher Hinweis auf die soziale Mobilität und den Aufstieg der Hauptfigur durch das Tanzen. Der vom Film angestrebte Realismus liefert dadurch auch Bilder, die wir selten in amerikanischen Filmen sehen: Bilder der Möglichkeit, die städtischen Straßen zu bewohnen, zugleich schnell und schön und funktional zur Arbeit zu fahren. Fahrradfahren ist, was im Hollywoodkino selten vorkommt, in *Flashdance* Teil einer filmischen Auflösung, die mit wenigen Einstellungen Ortswechsel vermittelt. Dass das Fahrrad nicht nur Attribut ist, sondern in die filmische Form integriert ist, zeigt sich auch darin, dass die Einladung, in einem Porsche mitzufahren, ausgeschlagen wird und die Hauptfigur ihrem Fahrrad (zunächst) die Treue hält.

Das fantastische Fahrrad

Unmögliche Fahrten mit dem Fahrrad offenbaren und übersteigern ein
Bewegungspotenzial, das bereits im Fahrrad selbst steckt. Es kann aber
auch bedeuten, dass wir nur träumen dürfen, ein Fahrrad zu verwenden
oder im Film zu sehen. Die Stummfilmkomödie *Jim le Glisseur* (Frankreich
1910) ist ein Beispiel für das Interesse des frühen Kinos an Bewegung,
vor allem an unmöglichen, einzig mit den Mitteln des Kinos erzeugbaren
Bewegungen. Der mit Stopptricks und anderen einfachen filmischen
Verfahren operierende Film eröffnet dem Fahrrad unbegrenzte Möglichkeiten: Der von der Polizei verfolgte Zauberer faltet das Fahrrad aus
Teilen, die er in seiner Tasche findet, zusammen, er springt damit auf
einen fahrenden Zug, fährt über dessen Waggons, um dann Sprünge über
einen Fluss und Saltos in der Luft zu vollziehen. Er stößt schließlich mit
einem Polizisten zusammen, der in zwei Hälften geteilt wird, allerdings
mit Leim wieder zusammengesetzt werden kann. So bizarr und unmöglich
diese Bewegungen sind, entsprechen sie doch einem Potenzial des Fahrrads, überall Wege zu finden und weniger abhängig von der Verkehrs-
infrastruktur zu sein. Die nostalgische Komödie *Les Cracks* (Frankreich/
Italien 1968) mit dem Komiker Bourvil, die ein Fahrradrennen in mehreren
Etappen um die Jahrhundertwende zeigt, nutzt in der abschließenden
Etappe ebendieses Potenzial, in der Landschaft der Berge überall und vor
allem abseits der Straßen einen Weg für das Fahrrad zu finden, für eine
wilde Rennszene. In ihr gelingt dem Fahrrad nahezu alles: Es springt über
Schluchten und Häuser, bewältigt Felsblöcke und andere Hindernisse, fährt
steile Abhänge hinunter, überholt Autos – Fertigkeiten, wie sie in Videos
von Trial- und Downhillfahrer:innen heute auf Youtube (ohne Tricks oder
mit etwas weniger Aufwand und ohne Rückprojektionen) gezeigt werden.

Das fantastische Fahrrad weist uns aber auch auf Leerstellen oder ein
Nicht-Funktionieren der Technologie und seiner Infrastruktur hin. Die
fliegenden Fahrräder in *E.T.* mögen als Befreiung und Ermächtigung des
Fahrrads betrachtet werden, das dazu befähigt ist, noch mehr Raum zu
befahren, als die Erde zu bieten hat. Es ist aber auch ein Hinweis auf die
Verdrängung des Fahrrads von den Straßen der USA. In Suburbia und auf
den Gehsteigen mag das Fahrrad erlaubt sein, aber darüber hinaus bleibt
ihm nur der Luftraum, um Fluchtbewegungen vollziehen zu können.[12]

12   Ein fliegendes Fahrrad findet sich auch in *Pippi außer Rand und Band* (Schweden 1970),
wenn Pippi sich ein Fahrrad leiht, mit ihm fährt und nicht merkt, dass es nur einen
Fahrradreifen hat.

Wenn das Fahrrad in *The Wizard of Oz* (USA 1939) zum Fliegen gebracht wird, markiert es den Übergang von Kansas nach Oz, von der realen in die fantastische Welt. Der Film stellt die Unheimlichkeit des Fahrrads heraus (vgl. Pangborn 2016, 193), unter anderem weil die negative Figur der in schwarz gekleideten Witwe als Fahrradfahrende gezeigt wird. Das Fahrrad führt hier eine Störung in einen Ort ein, der zunächst als grauer Alltag und später als rückkehrwürdiges Zuhause gezeigt wird. Später versetzt der Sturm das Fahrrad ins Fliegen, um in dem Moment, in dem sich das Fahrrad und die Frau in die auf dem Besen fliegende Hexe des Ostens verwandeln, den Übergang zu einer anderen Welt zu markieren. Die Marginalität des Fahrrads bietet sich in diesem seltenen Beispiel für ein Fahrrad im Studiokino Hollywoods als gute Möglichkeit an, die Andersheit einer Figur auf negative Weise auszustellen. Das Fahrrad scheint (in diesem Kino und in dieser Gesellschaft) schon zu etwas Fantastischem geworden zu sein.

Zu Chimären und Geistern wird das Fahrrad in einer der letzten Szenen von *Ladri di Biciclette* (Abb. 1). Als sich Antonio ratlos (oder schon den Diebstahl vorbereitend) mit seinem Sohn auf den Bordstein einer Straße setzt, huschen an ihnen die durch die Nähe der sich schnell bewegenden Objekte zur Kamera unscharf gewordenen Schatten von Fahrrädern vorbei, die gerade an einer sportlichen Amateurausfahrt beteiligt sind. Das Fahrrad zeigt sich hier nicht nur als unerreichbares Phantasma, sondern auch als nicht-funktionales, für die Freizeit gedachtes Gefährt, das nichts von den Nöten und Zwängen (der Fahrradnutzung) kennt, die das Leben von Antonio zu zerstören scheinen. Die wirtschaftliche Bedeutung des Fahrrads in diesem Film ist auch der Grund für seine geisterhafte Existenz und die Leiden, die sein Verlust auslösen kann. Auch *Beijing Bicycle* (China 2001) hat in der Art, wie am Anfang Impressionen von Fahrradfahrer:innen in Peking in einer Montagesequenz vermittelt werden, etwas Chimärenhaftes (vgl. Li 2016, 285): Die Räder bewegen sich in Zeitlupe, häufig sind nur Fragmente der sich bewegenden Räder zu sehen. Der Film hat eine Tendenz dazu, das Fahrrad in eine Unschärfe zu tauchen, es in vielen Einstellungen aus einer großen Ferne zu zeigen – hier bedeutet das Fahrrad zu viel, um es noch sinnlich aufladen zu können

Zusammenfahren

Das utopische Potenzial des Fahrrads zeigt sich am deutlichsten in Szenen,
die mit dem Zusammenfahren auch die flexible Form von Assoziierung und
sozialer Interaktion vermitteln, die auf politische Weise in den Aktionen
der *Critical Mass* oder von Fahrradkollektiven[13] genutzt wird. In *Kuhle
Wampe* ist es noch eine verzweifelte Gruppe von Fahrradfahrenden, die
in der spontanen Assoziierung gegen die wirtschaftliche Ausgrenzung
verzweifelt anfahren (und verlieren), in *Ladri di Biciclette* werden Antonio
und sein Sohn Bruno in die Schönheit eines Zufallskollektivs eingeordnet,
das sich morgens auf den Straßen Roms und auf dem Weg zur Arbeit
immer wieder von Neuem bildet (und von dem sie später ausgeschlossen
werden). Dieses flüchtige Einordnen in eine sich spontan bildende Gruppe
zeigt auch der Film *Saturday Night and Sunday Morning* (ein Klassiker des
britischen Realismus von 1961), der die abgestellten Fahrräder und den
Aufbruch der Arbeiter und Arbeiterinnen von einer Fabrik zeigt, in der
auch Fahrräder hergestellt werden (vgl. Bennett 2019, 62). Die Hauptfigur
ist ein Angehöriger dieser mobilen Masse, zugleich aber auch Individuum,
das sich von seinem Massendasein immer wieder zu lösen versucht.
Fahrrad zu fahren bietet hier die Möglichkeit einer ambivalenten Individualisierung. Sie korrespondiert mit der ersten Szene und der an einer
Fabrikmaschine stehenden Hauptfigur, deren Voiceover deutlich macht, wie
sie alle möglichen Wege sucht und findet, in diesem System und an dieser
Maschine mit möglichst wenig Aufwand zu funktionieren, aber dennoch zu
tricksen und sich dem Zugriff der Maschine und Gesellschaft zu entziehen
(vgl. Lilge 2016, 69). Dazu passt dann auch, dass die Hauptfigur eine kleine
Maschine einer großen vorzieht, wenn es um den Weg von zu Hause zum
Arbeitsplatz geht.

Der Sportfilm hingegen hat durch den kompetitiven Charakter des Fahrradrennens eine andere Deutung des gemeinsamen Fahrens. Diese Dynamik
eines Fahrradrennens, wie sich dort soziale Beziehungen und Hierarchien
bilden, hat Roland Barthes in seinem kleinen Text zur Tour de France
mit vier typischen Bewegungen im Feld der Fahrenden zu kategorisieren
versucht.[14] Das Kino liefert nicht nur auf der Ebene von Dokumentar-
filmen einen Versuch, diese Dynamik zu entschlüsseln. So analysiert etwa
Jørgen Leths Film *The Stars and the Water Carriers* von 1974 über den Giro
d'Italia die Rolle von Eddy Merckx und dessen Interaktion mit den anderen

---

13 Siehe auch die Beiträge von Sarah Sander und Julia Bee in diesem Band.
14 Barthes spricht hier von den Arten der Bewegung: Führen (Opfer), Verfolgen (feige),
    Ausbrechen (poetische Episode), Zurückfallen (Kapitulation) (Barthes 2012, 149).

Fahrenden im Rennen und in den Ruhezeiten zwischen den Etappen auf überaus genaue Weise. Fahrradrennen bieten vielfältige Möglichkeiten, mit dem Fahrrad immer wieder neue Konstellationen zu erzeugen, Menschen zusammenzuführen und zu dissoziieren, eine Dynamik die allerdings viel zu selten vom Kino erkundet wird. In der konsequenten Analyse der Dynamiken eines Fahrradrennens ist der Anime *Nasu: Andalusia No Natsu* (Japan 2003) eine große Ausnahme. Der gerade einmal 45 Minuten dauernde Film bietet nur einen kleinen Ausschnitt aus einer Etappe der Vuelta, die deswegen mit der Geschichte eines der Fahrenden verknüpft wird, weil das Rennen auf dieser Etappe auch das Dorf seiner Herkunft passiert. Der Film gründet die Dynamik seiner Erzählungen weniger auf die Verknüpfungen mit seiner Familie, einer Hochzeit und seiner Vergangenheit, sondern auf die verschiedenen Zerlegungen des Feldes und die minutiöse Aufarbeitung der Flucht einer Gruppe, die Einzelflucht und das Aufholen des Hauptfeldes und den Sieg in letzter Sekunde. Nur ein Anime kann den Aufwand betreiben, sich fast einzig auf die Bewegungen des Fahrrads und auf die Vielfalt der Formen der Zusammenfügungen von Fahrradfahrenden zu beziehen und damit ein (tänzerisches) Potenzial des Fahrradfilms zu erschließen (für einen Realfilm ist das immer eine zu große Aufgabe).

Das Hollywoodkino schließt sich in seinem erfolgreichsten Musical für einen kurzen Moment dieser flexiblen Form der Gruppenbildungen an. In *Sound of Music* (USA 1965) kommt es in einer kurzen Einstellung aus der Musicalnummer zu *Do Re Mi* (einem der bekanntesten Songs des Films) zu einem Fahrradtanz der singenden Kinder der Trappfamilie und ihrer Erzieherin. In Formationen und in Gruppen vorrückend und sich zurückfallen lassend fährt die Familie singend durch das Salzkammergut. Die Muppets haben in ihrem ersten Kinofilm *Muppet Movie* (USA 1979) etwas Ähnliches versucht. Aber ihre tänzerische Ausfahrt im Central Park wirkt eher bizarr, da die Körper, die ohne die Puppenbühne und ihrer Funktion, den Blick auf die Gesamtkörper zu verhüllen, wie Gestelle wirken (Kermit zumindest) und sie gleichzeitig auf Gestellen fahren müssen, die den Körper nicht verhüllen können.

Filme wie *Hin und Weg* (Deutschland 2014), die mit der Reise als einzigem Inhalt des Films Affinitäten zum Roadmovie haben, orientieren sich an den wechselnden Konstellationen von Fahrradrennen und eröffnen damit immer wieder auch neue Konstellationen der Kommunikation und des Austauschs, die für die meist unter dem Ausflug liegenden psychologischen Dimensionen aufschlussreich sind, aber der Fahrradtour auch etwas von ihrer ästhetischen Autonomie nehmen: Die Tour muss immer ein Ergebnis

haben, die Figuren und Beziehungen müssen sich durch die Reise verändern. Filmische Fahrten müssen aber nicht immer Heldenreisen sein.
Immer die Radfahrer vermeidet durch seine Bindung an den gemächlichen
Alltag des deutschen Nachkriegskinos, die psychologischen Motive dieser
ihre Jugend wiederfindenden Männer in den Vordergrund zu kehren: Landschaft, Bewegung und wie sich eine Gruppe von Menschen ihr fügt, stehen
hier im Vordergrund.

Das Zusammenfahren verdichtet sich in Filmen, die mit Zweierkon-
stellationen eine sehr kleine Gruppe von Fahrradfahrenden thematisieren.
Der Film *The Myth of the American Sleepover Club* (USA 2010) begleitet zwei
Freundinnen auf einer nächtlichen Fahrradfahrt in Detroit auf der Suche
nach diversen Partys. Auch wenn sie auf dieser Reise unterschiedliche
Erfahrungen machen, finden sie sich doch auf dem Fahrrad immer wieder
zusammen. Die Hipsterkomödie *The Climb* (USA 2020) nutzt in der Eingangssequenz eine Bergtour mit dem Fahrrad, um durch die unterschiedliche
Fitness der beiden Freunde, die auf der Tour in einen Streit geraten,
Momente des Abhängens, Einholens, Fliehens und Wartens zu inszenieren,
die zum einen die enge Kopplung des Fahrrads an die menschlichen Körper,
die sie fahren, zeigen, zum anderen aber auch den Status der Beziehung
und die schwelenden Konflikte der beiden Hauptfiguren verdeutlichen,
die den ganzen Film prägen. Am Ende finden sie sich wieder zusammen zu
einer Fahrradtour, in Begleitung des kleinen Sohnes des einen Freundes,
der seine ersten Tritte mit dem Fahrrad macht – ein intimes und utopisches
Moment einer flüchtigen Familienkonstellation, die eine enge, aber überaus
problematische Freundschaft kennzeichnet.

Es gibt einen Film, der das Glück des Zusammenfahrens auf besonders
intensive Weise zeigt.[15] In *Banshun* (*Später Frühling*, Japan 1949) von
Yasujirō Ozu vermittelt das Fahrradfahren die flüchtige Schönheit
einer (unmöglichen) Beziehung. Die Hauptfigur, die Angestellte Noriko,
unternimmt auf einem einsamen Weg an einem sommerlichen Strand
mit ihrem Kollegen eine Fahrradtour. Das meist unbewegte Kino von Ozu
gibt sich hier geradezu einer frenetischen Feier der Bewegung hin,[16] die
die Bewegung zweier Fahrräder und glücklicher Menschen ist, die aus
unterschiedlichen Perspektiven gezeigt wird – subjektive Sichten vom
Fahrrad, Details der Fahrräder, das Gesicht der glücklichen Noriko, in

---

15   Ein weiteres ‚utopisches' Moment des Zusammenfahrens (in dem das Fahrrad auch
      so etwas wie die Rolle eines Mittlers oder Übergangsobjekts einnimmt) beschreibt
      der Beitrag von Bee in diesem Band anhand des Films *Amanda* (Frankreich 2018).
16   Bruce Bennett stellt diesen auffälligen Kontrast zur fehlenden Bewegung im Kino von
      Ozu heraus (Bennett 2019, 133).

Abb. 3: Die Fahrradszene aus *Banshun*

einer weiteren Einstellung das ebenso glückliche Gesicht ihres Kollegen im
Fahren von vorne (fahrradlos, nur auf die Oberkörper ausgerichtet), die
beiden Fahrenden von hinten mit einer Kamera, die nicht Schritt hält mit
ihrer Bewegung, Blicke zwischen den Fahrenden, die ausgetauscht werden,
die beiden Fahrenden von vorne, ebenfalls von einer Kamera eingefangen,
die sich langsamer bewegt als Noriko und ihr Kollege, die beiden Fahrenden
von der Seite mit Blick auf den sommerlichen Strand, verfolgt von einem
Schwenk. Erst nach einigen Minuten des reinen Fahrens entwickelt sich
ein (belangloser) Dialog zwischen den beiden als Schuss-Gegenschuss
Montage. Schließlich beenden zwei Einstellungen von der Seite und aus der
Ferne mit einem festen Standpunkt der Kamera die Sequenz mit der Fahrradfahrt, wobei in der letzten dieser Einstellungen ein auffälliges Werbe-
schild von Coca-Cola das Bild in der Horizontalen zerteilt und die Kamera
auch an ihm hängenzubleiben scheint. Beendet wird diese Fahrradsequenz
durch eine vieldeutige Vignette der abgestellten, nebeneinanderstehenden
Räder am Strand. Den Fahrrädern wird ein größeres Moment von Intimität
zugestanden als den beiden Angestellten, denen wie immer bei Ozu über-
großes Glück versagt bleiben muss – es bleibt nur die süße Verzweiflung
eines Alltags und der langsam verstreichenden Zeit (Abb. 3).

Die Utopie des Fahrradfilms

Es wäre hier sehr leicht, eine Verschiebung und Übertragung der Beziehung der Figuren auf die Beziehung der Räder vorzunehmen, aber in der letzten Einstellung, der Szene am Strand, sehen wir sie immer noch im selben Abstand nach einer harmlosen Konversation nebeneinanderstehen, als Rahmung für einen letzten Blick auf das Paar aus der Ferne. Das Besondere an den Bildkompositionen von Ozu sind Schuss-Gegenschuss Einstellungen, in denen die Kamera den Platz der Figur einnimmt und somit den Dialogpartner in eine unnatürliche, den Raum verzerrende Ferne rückt. Es kann sich nichts nahekommen bei Ozu, ebenso wenig wie sich etwas verändern oder bewegen kann. Allerdings bietet sich hier die Möglichkeit, die Utopie des Fahrradfilms als immer wieder im Kino realisierte Utopie herauszustellen. Schon *Ladri di Biciclette* macht durch die vielen verschiedenen Szenen, die auf unterschiedliche Formen und Potenziale des Fahrradfahrens hinweisen, deutlich, dass es die Utopie eines Fahrradfilms bereits gibt – als Film, der durch seine Aufmerksamkeit für das Fahrrad das Fahrrad auf vielfältige Weise in den Film integriert und es nicht nur zum Träger von Bedeutung macht. Es ist ein Gefährt, das Vater und Kind, Mann und Frau verbindet, das durch sein Fehlen die Trennung des Vaters von dem Sohn und der Welt verursacht, die durch die Hand des Sohnes, der am Ende den Vater führt, aufgehoben wird. Es ist ein Objekt, das die sozialen Konflikte und Ungleichheiten Roms und Italiens verdeutlicht und die Fahrraddiebe und den Vater gleichermaßen schuldig werden lässt. Das Fahrrad in *Ladri die Biciclette* ist auch ein Gefährt, das es uns erlaubt, im Film unterschiedlichste Formen der Bewegung und daran gekoppelte sinnliche und körperliche Erfahrungen und Affekte nachvollziehen zu können (das Mitfahren, das Fahren allein, zu zweit und in einer sozialen Zufallsgemeinschaft, das chimärenhafte Vorbeifahren, das Flüchten und Verfolgen, der analytische, zerteilende Blick auf die Objekte, die immer auch ein ganzes Fahrrad ergeben, die nachvollziehbare soziale Geografie einer Stadt und Gesellschaft). Auch *Jour de Fête* führt durch sein Interesse für das Fahrrad und eine lange Sequenz, die ein entfesseltes, überholendes, springendes, (an einer Bahnschranke) hängendes, Straßen kreuzendes und verlassendes und ein zum mobilen Office umfunktioniertes Fahrrad zeigt, weniger dessen symbolische Bedeutung für diesen Film vor, sondern eher eine Mikrotaxonomie der möglichen Bewegungen des Fahrrads, die es schließlich völlig von dem Film emanzipiert, es autonom werden und allein fahren lässt. Ein Film nur mit Fahrrädern und ohne Menschen wäre vielleicht eine weitere Facette der Utopie eines Fahrradfilms.

Viele der im Text beschriebenen Szenen weisen auf die Potenziale und utopische, ermächtigende, sinnliche und bewegende Momente des Fahrradfilms hin, aber es sind vielleicht gerade die kleinen Szenen wie die Fahrradtour in *Banshun,* die eine Utopie des Fahrradfilms realisieren, indem diese Szene in wenigen Minuten verschiedenste Formen der Bewegungsrepräsentation und der Darstellung des Fahrradfahrens ausprobiert. Dadurch entsteht eine flüchtige Utopie einer Eintracht zweier Figuren und des Glücks von Noriko, die nur im Raum des Fahrradfahrens möglich ist, die weit über den restlichen (bewegungslosen) Raum des Films hinausweist und uns in dieser Bewegung mit einschließt. Wir und die Figuren sind nur deswegen glücklich, weil es das Fahrrad gibt. Ein medienwissenschaftlicher Blick auf die Medialität des Fahrrads und seiner Bewegungen dient uns daher dazu, das Fahrrad nicht als geklaut, sondern als wiedergefunden und gewonnen zu betrachten und beispielsweise durch diese Analyse die kurzen Momente der Bewegungen des Fahrrads zu verlängern.

Literatur

Barthes, Roland. 2012. „Die Tour de France als Epos." In *Mythen des Alltags,* 143–56. Berlin: Suhrkamp

Bellour, Raymond. 1990. „To Alternate/To Narrate." In *Early Cinema: Space Frame Narrative,* hrsg. von Thomas Elsaesser, 360–74. London: British Film Institute.

Belton, John. „The Show of Shows". Letzter Zugriff 06.12.2021. https://www.in70mm.com/newsletter/2001/66/todd_ao/index.htm.

Bazin, André. 2002. *Was ist Film?* Berlin: Alexander Verlag.

Bennett, Bruce. 2019. *Cycling and Cinema.* London: Goldsmith Press.

Bordwell, David, und Kristin Thompson. 1976. „Space and Narrative in the Films of Ozu." *Screen* 17 (2): 41–73.

Cavell, Stanley. 1996. *Contesting Tears: The Hollywood Melodrama of the Unknown Woman.* Chicago: University of Chicago Press.

De Certeau, Michel. 1999. „Die Kunst des Handelns: Gehen in der Stadt." In *Widerspenstige Kulturen,* hrsg. von Rainer Hörning und Carsten Winter, 264–91. Frankfurt am Main: Suhrkamp.

Doane, Mary Ann. 1993. „Film und Maskerade: Zur Theorie des weiblichen Zuschauers." In *Weiblichkeit als Maskerade,* hrsg. von Liliane Weissberg, 66–89. Frankfurt am Main: Fischer.

Fielding, Raymond. 2008. „Die Hale's Tour: Ultrarealismus im Film vor 1910." *montage/av* 17 (2): 17–40.

Fleming, Steven. 2012. *Cycle Space: Architecture and Urban Design in the Age of the Bicycle.* Rotterdam: nai101 publishers.

Friss, Evan. 2019. *On Bicycles: A 200 Year History of Cycling in New York City.* New York: Columbia University Press

Gordon, Robert S. C. 2008. *Bicycle Thieves (BFi Film Classics).* London: BFI/Palgrave.

Furness, Zack. 2010. *One Less Car: Bicycling and the Politics of Automobility.* Philadelphia: Temple University Press.

Hediger, Ryan. 2016. „Breaking Away and Vital Materialism: Embodying Dreams of Mobility via the Bicycle Assemblage." In *Culture on Two Wheels: The Bicycle in Literature & Film,* hrsg. von Jeremy Withers und Daniel P. Shea, 263–80. Lincoln: The University of Nebraska Press.

Kuchenbuch, Thomas. 2008. „Eisenbahn: Zu einem Gestaltungsmotiv des frühen Films." In *Motive des Films: Ein kasuistischer Fischzug,* hrsg. von Christine N. Brinckmann, Britta Hartmann und Ludger Kaczmarek, 43–51. Marburg: Schüren.

Kuhn, Annette. 1992. „Mandy and Possiblity." *Screen* 32 (3): 233–43.

———. 2005. „Thresholds: Film as Film and the Aesthetic Experience." *Screen* 46 (4): 401–14.

Lehmann, Ingo. 2008. „Das Fahrrad." In *Motive des Films: Ein kasuistischer Fischzug,* hrsg. von Christine N. Brinckmann, Britta Hartmann und Ludger Kaczmarek, 71–77. Marburg: Schüren.

Lamarre, Thomas. 2008. „Full Limited Animation." In *Ga-Netchū! Das Manga-Anime-Syndrom.* Katalog zu den Ausstellungen *Mangamania – Comic-Kultur in Japan 1800 bis 2008* und *Anime! High Art – Pop Culture,* 106–19. Frankfurt am Main: Henschel.

Jinhua, Li. 2016. „Beijing Bicycle: Desire, Identity and the Wheels." In *Culture on Two Wheels: The Bicycle in Literature & Film,* hrsg. von Jeremy Withers und Daniel P. Shea, 281–99. Lincoln: The University of Nebraska Press.

Lillge, Claudia. 2016. *Arbeit: Eine Literatur- und Mediengeschichte Großbritanniens.* Paderborn: Wilhelm Fink Verlag

Morse, Margret. 1990. „An Ontology of the Everyday: The Freeway, the Mall, and Television." In *Logics of Television: Essays in Cultural Criticism,* hrsg. von Patricia Mellencamp, 192–221. Bloomington: Indiana University Press.

Mulvey, Laura. 1993. „Visuelle Lust und narratives Kino." In *Weiblichkeit als Maskerade,* hrsg. von Liliane Weissberg, 48–65. Frankfurt am Main: Fischer.

Paech, Joachim. 1985. „Unbewegt bewegt: Das Kino, die Eisenbahn und die Geschichte des filmischen Sehens." In *Kino-Express: Die Eisenbahn in der Welt des Films,* hrsg. von Ulfilas Meyer, 40–49. München: Bucher.

Pangborn, Matthew. 2016. „‚I'll Get You My Pretty!' Bicycle Horror and the Abject Cyclicity of History." In *Culture on Two Wheels: The Bicycle in Literature & Film,* hrsg. von Jeremy Withers und Daniel P. Shea, 191–207. Lincoln: The University of Nebraska Press.

Probst, Maximilian. 2017. „Der Drahtesel: Die letzte humane Technik." In *Die Philosophie des Radfahrens,* hrsg. von Jesús Ilundáin-Agurruzza, Michael W. Austin und Peter Reichenbach, 25–30. Frankfurt am Main: Suhrkamp.

Robnik, Drehli. 2007. „New Hollywood Road Movies als Wissensbiotop und Medium prekärer Erfahrung." In *Traveling Shots: Film als Kaleidoskop von Reiseerfahrungen,* hrsg. von Winfried Pauleit, Christine Rüffert, Karl-Heinz Schmid und Alfred Tews, Bremer Symposium zum Film, 104–17. Berlin: Bertz+Fischer.

Schivelbusch, Wolfgang. 2011. *Geschichte der Eisenbahnreise: Zur Industrialisierung von Raum und Zeit im 19. Jahrhundert.* Frankfurt am Main: Fischer.

Simondon, Gilbert. 2011. „Die technische Einstellung." In *Die Technologische Bedingung: Beiträge zur Beschreibung der technischen Welt,* hrsg. von Erich von Hörl, 73–92. Frankfurt am Main: Suhrkamp.

Sicks, Kai Marcel. 2009. „Hier hört der Sport auf: Sechstagerennen und Radsportmedien um 1900." In *Mediensport: Strategien der Grenzziehung,* hrsg. von Felix Axster, Jens Jäger, Kai Marcel Sicks und Markus Stauff, 127–43. München: Wilhelm Fink Verlag.

Tobin, Gary Allan. 1974. „The Bicycle Boom of the 1890's: The Development of Private Transportation and the Birth of the Modern Tourist." *Journal of Popular Culture* 7 (4): 838–49.

Urry, John. 2007. *Mobilities.* Cambridge: Polity Press.

———. 2004. „The ‚System' of Automobility." *Theory Culture Society* 21 (5–4): 25–39.

Williams, Linda. [1984] 1991. „'Something Else Besides a Mother': Stella Dallas and the Maternal Melodrama." In *Imitations of Life,* hrsg. von Marcia Landy, 307–30. Detroit: Wayne State University Press.
Wiesing, Lambert. 2004. „Virtuelle Realität: Die Angleichung des Bildes an die Realität." In *Artifizielle Präsenz: Studien zur Philosophie des Bildes,* 107–24. Frankfurt am Main: Suhrkamp.
Wollen, Peter. 1986. „Godard and Counter-Cinema: Vent d'Est." In *Narrative, Apparatus, Ideology,* hrsg. von Philip Rosen, 120–29. New York: Columbia University Press.

Filmliste

2 Seconds (Kanada 1998, R: Manon Briand)
21 Jump Street (USA 2012, R: Phil Lord und Christopher Miller)
Arabesque (USA 1966, R: Stanley Donen)
Around the World in 80 Days (USA 1956, R: Michael Anderson)
Banshun (*Später Frühling*, Japan 1949, R: Yasujirô Ozu)
Beijing Bicycle (China 2001, R: Xiaoshuai Wang)
Bienvenue chez le Ch'tis (Frankreich 2008, R: Dany Boon)
Bis ans Ende der Welt (Deutschland 1991, R: Wim Wenders)
Black Book (Niederlande 2006, R: Paul Verhoeven)
Boy on a Bicycle (GB 1965, R. Ridley Scott)
Breaking Away (USA 1979, R: Peter Yates)
Butch Cassidy and the Sundance Kid (USA 1969, R: George Roy Hill)
Carrie (USA 1976, R: Brian De Palma)
Donnie Darko (USA 2001, R: Richard Kelly)
Don't Look Now (GB 1973, R: Nicolas Roeg)
Eden Lake (GB 2008, R: James Watkins)
E.T. (USA 1982, R: Steven Spielberg)
Explosion of a Motor Car (GB 1900, R: Cecil M. Hepworth)
Flashdance (USA 1983, R: Adrian Lyne)
Fuck Ju Göthe (Deutschland 2013, R: Bora Dagtekin)
Hin und Weg (Deutschland 2014, R: Christian Zübert)
Hulk (USA 2003, R: Ang Lee)
I Am the Cheese (USA 1983, R: Robert Jiras)
Immer die Radfahrer (Deutschland/Österreich 1958, R: Hans Deppe)
In the Mouth of Madness (USA 1994, R: John Carpenter)
It (Kanada/USA 2017, R: Andy Muschietti)
It Chapter Two (Kanada/USA 2019, R: Andy Muschietti)
It Happened One Night (USA 1934, R: Frank Capra)
Jim le Glisseur (Frankreich 1910, R: Ferdinand Zecca)
Juno (USA 2007, R: Jason Reitman)
Jour de Fête (Frankreich 1947, R: Jacques Tati)
Kramer vs. Kramer (USA 1979, R: Robert Benton)
Kuhle Wampe (Deutschland 1932, R: Slatan Dudow)
La Première Sortie d'une Cycliste (Frankreich 1907)
La sortie de l'usine Lumière à Lyon (Frankreich 1895, R: Louis Lumière)
Ladri di Biciclette (Italien 1948, R: Vittorio De Sica)
Le Gamin au Vélo (Belgien 2011, R: Jean-Pierre Dardenne und Luc Dardenne)
Le Mépris (Frankreich/Italien 1963, R: Jean-Luc Godard)

Le Tatoué (Frankreich/Italien 1968, R: Denys de La Patellière)
Le Vélo de Ghislain Lambert (Frankreich/Belgien 2001, R: Philippe Harel)
Les Cracks (Frankreich/Italien 1968, R: Alex Joffé)
Lost Highway (USA 1996, R: David Lynch)
Mad Max (Australien 1979, R: George Miller)
Mandy (GB 1952, R: Alexander Mackendrick)
Movie Crazy (USA 1932, R: Clyde Bruckman und Harold Lloyd)
Mr. Bean's Holiday (GB/USA/Frankreich 2007, R: Steve Bendelack)
Muerte de un ciclista (Spanien 1955, R: Juan Antonio Bardem)
Muppet Movie (USA 1979, R: James Frawley)
Nasu: Andalusia no natsu (*Nasu – Sommer in Andalusien*, Japan 2003, R: Kitarô Kôsaka)
Our Hospitality (USA 1923, R: John G. Blystone und Buster Keaton)
Pee Wee's Big Adventure (USA 1985, R: Tim Burton)
Pippi außer Rand und Band (Schweden 1970, R: Olle Hellbom)
Poltergeist (USA 1982, R: Tobe Hooper)
Premium Rush (USA 2012, R: David Koepp)
Quicksilver (USA 1986, R: Thomas Michael Donnelly)
Rushmore (USA 1998, R: Wes Anderson)
Saturday Night and Sunday Morning (GB 1960, R: Karel Reisz)
Shining (USA 1980, R: Stanley Kubrick)
Stand by Me (USA 1986, R: Rob Reiner)
Stella Dallas (USA 1937, R: King Vidor)
Super 8 (USA 2011, R: J.J. Abrams)
Tempo (Österreich 1996, R: Stefan Ruzowitzky)
The 40 Year Old Virgin (USA 2005, R: Judd Apatow)
The Climb (USA 2019, R: Michael Angelo Covino)
The Cyclist (Originaltitel: *Bicycleran*, Iran 1987, R: Mohsen Makhmalbâf)
The General (USA 1926, R: Clyde Bruckman und Buster Keaton)
The Goonies (USA 1985, R: Richard Donner)
The Heartbreak Kid (USA 2007, R: Bobby und Peter Farrelly)
The Lonedale Operator (USA 1911, R: D.W. Griffith)
The Myth of the American Sleepover Club (USA 2010, R: David Robert Mitchell)
The Sound of Music (USA 1965, R: Robert Wise)
The Stars and the Water Carriers (Originaltitel: *Stjernerne og vandbærerne*, Dänemark 1974, R: Jørgen Leth)
The Wizard of Oz (USA 1939, R: Victor Fleming)
This is Forty (USA 2012, R: Judd Apatow)
Toki o Kakero Shōjo (*Das Mädchen, das durch die Zeit sprang,* Japan 2006, R: Mamoru Hosoda)
Tomb Raider (USA/GB 2018, R: Roar Uthaug)
Tonari No Totoro (*Mein Nachbar Totoro,* Japan 1988, R: Hayao Miyazaki)
Turbo Kid (Neuseeland/Kanada 2015, R: François Simard, Anouk Whissell und Yoann-Karl Whissell)
Two-Lane Blacktop (USA 1971, R: Monte Hellman)
Un chien Andalou (Frankreich 1929, R: Luis Buñuel)
Une Femme est une Femme (Frankreich 1961, R: Jean-Luc Godard)
Vertigo (USA 1958, R: Alfred Hitchcock)
Victoria (Deutschland 2015, R: Sebastian Schipper)

[9]

Kinetische Welten: Fahrrad/VR

Ulrike Bergermann und Franzi Wagner

Wie hängen Fahrzeuge und Wahrnehmungen zusammen,
und in welchem Verhältnis stehen beide zu Medien?
Die Auseinandersetzung mit dem Fahrrad fokussiert
diese Fragen zwischen Wahrnehmungs- und Bewegungsmodalitäten, Subjektivierung und Kollektivierung sowie
der Offenheit zur und Anschlüssen mit der Umwelt.
Medienhistorischen Kopplungen von Eisenbahn/Kino
sowie Auto/Fernseher mit ihren Verschränkungen von
Aisthesis und Medientechniken folgt eine ebensolche
Engführung zwischen Techniken der Virtuellen Realität
des 21. Jahrhunderts und dem Fahrrad. Anhand
unterschiedlicher VR-Projekte, die zum einen mit der
gegenstandsbezogenen Kopplung von Indoor-Bikes
und virtuellen Radtouren arbeiten, zum anderen mit
relationalen Verschränkungen mit ihren Umwelten
spielen, zeigen sich Analogien von VR und Fahrrad.

Schlussendlich wird mit VR und Fahrrad auch versucht, ein utopisches Potenzial zu formulieren, das in der Offenheit der sensorischen Dispositive, den kontinuierlichen Dynamiken durch Bewegung und deren Relationalität zu Umwelten liegt.

Eine politische Ästhetik des Radfahrens handelt von den fahrenden Subjekten, den Zugängen zum Raum, der Sicherheit der Körper, der Lust der Bewegung. Ihre Aufteilungen des Sinnlichen fragen nach Gemeinschaftlichkeit und Infrastrukturen – im engeren Sinne auch nach der sinnlichen Wahrnehmung der Fahrenden und nach dem technischen Ding, das das Fahrzeug ist. Wie sind die beiden letzteren Aspekte verkoppelt? Welches Fahrzeug und welche Wahrnehmungen scheinen zusammenzugehören und sich zusammen medial niederzuschlagen? Medientechnische, vehikuläre, aisthetische und subjektivierende Perspektiven sind je nach Epoche, Gerät und den jeweiligen hegemonialen Diskursen ineinander verschränkt, und diese Verschränkungen erlauben sowohl historisierende als auch systematische Analysen – auch von neuen Konstellationen. So stehen Techniken der Virtuellen Realität im 21. Jahrhundert heute zum sensorischen Dispositiv Fahrrad wie die Eisenbahn zum Kino oder das Auto zum Fernseher (diesem individualisierten Kino, das mehrere Programme anbietet und immer zur Verfügung steht). Um auf das Fahrrad zu kommen und zu untersuchen, ob sich die bekannten Kopplungen von Eisenbahn, Auto und Film heute eher in einem Nexus Fahrrad/VR wiederfinden, fragen wir zunächst nach dem Verhältnis der Fahrenden zu den Bewegungsmitteln.

Bewegt und im Bilde sein

> Wenn man doch ein Indianer wäre, gleich bereit, und auf dem rennenden Pferde, schief in der Luft, immer wieder kurz erzitterte über dem zitternden Boden, bis man die Sporen ließ, denn es gab keine Sporen, bis man die Zügel wegwarf, denn es gab keine Zügel, und kaum das Land vor sich als glatt gemähte Heide sah, schon ohne Pferdehals und Pferdekopf.

Ein Satz, ein Atemzug, Franz Kafkas „Wunsch, Indianer zu werden" von 1913 (Kafka 1970, 390). Nicht nur, dass Pferd und Mensch verschmelzen, nicht nur dass die reitende Einheit mit der Landschaft verschwimmt – der Satz ist ein einziger Galopp eines davoneilenden Wunsches, die ganze Bewegung

läuft auf die Auflösung des Horizonts zu und kommt dort niemals an, der
Autor reitet sich immer mehr ins Reiten hinein.[1] Der sehende Körper spürt
die Bewegung, dann geht es nur noch um das Auge, aber das sieht auch
schon gar nicht mehr, und zuletzt verschwimmt mit dem Rahmen des Blickfelds, der durch Pferdehals und Pferdekopf unten begrenzt wird, auch das
Pferd selbst. Das Land ist nicht mehr einfach Land, sondern bearbeitete
Heide, wie sie domestiziertere Reiter gesehen hätten; dieser Ritt und dieser
Satz mündet nicht in einer Symbiose mit der Natur, sondern die Bewegung
und ebenso das Schreiben führen zur Auflösung von Reiter, Pferd und
Raum. Der Fastindianer, eine deutsche Projektionsfläche für Naturver-
bundenheit, startet im Konditionalis und kommt grammatisch im Indikativ
der Vergangenheit an, geht von Irrealis zu Realis, von einer Möglichkeit
zu einer Tatsachenfeststellung. Das Medium der Schrift bietet diese Idee
transportabel an, ein Stück Papier vermittelt diese Erfahrung durch eine
komplexe arbiträre Technik, die in vielen Teilen der Welt in Jahrhunderten
eingeübt wurde und daher als Medium kaum mehr in Erscheinung tritt. Der
Körper der Lesenden ist stillgestellt, die Erfahrung geht kaum durch die
Sinne, auch wenn Kafkas Schreiben ein Maximum an Bewegtheit vermittelt.
Kafka war vielleicht der, der nicht nur schrieb, sondern auch ritt, aber die
Lesenden reiten sicherlich nicht, während sie seine Bilder aufrufen. Technische Bildmedien rücken dann die Wahrnehmung der Produzierenden
und der Rezipierenden, das Kameraauge und das menschliche Auge, näher
zueinander. Und dem Pferd und der Kutsche[2] folgte die Eisenbahn als
Beschleunigerin des menschlichen Sehfelds: „Horses would disappear and
perfectly smooth pavements would follow" (Friss 2015, 4). Asphalt oder
Gleise erlauben einen gleitenden Blick auf geraden Strecken, und dieser

---

1   Den Satz kann man auch quasifilmisch lesen: „Was er entwirft, ist eine abenteuer-
     liche Filmszene in rascher Bewegung und schnellen Schnitten ... dieser Film läuft
     rückwärts. Der ‚Wunsch, Indianer zu werden' (nicht einfach ‚zu sein'), beginnt mit
     seiner imaginären Erfüllung und dreht sich dann zurück bis in die enttäuschende
     Abwesenheit, aus der sich der Wunsch erst ergab" (Detering 2008). Danke für den
     Hinweis an Nanna Heidenreich.
2   Eigentlich stehen zwischen Pferd/Kutsche und Auto auch der Ballon und das
     Flugzeug – als Bewegung in die Höhe werden sie hier mit Blick auf das Fahrrad aus-
     geklammert; vgl. aber Keilbach und Schneider (2009). Der Band untersucht Analogien
     von Film und Fliegen, die narrative Allwissenheit vieler Filme, die in einem Blick von
     oben liegt. „Als technische Erfindungen haben Kino und Flugzeug eine gemeinsame
     Geschichte. Aus anthropologischer Sicht stellt Edgar Morin 1956 im ersten Kapitel
     von *Le cinéma où l'homme imaginaire* die Frage, was der Kinematograph und das
     Flugzeug am Ende des 19. Jahrhunderts dem Menschen bringen. Das Flugzeug erfüllt
     den alten Traum des Menschen, sich von der Erde loszureißen. Wohingegen der
     Kinematograph die Erde, genauer gesagt die ‚Objekte der Welt', zugänglich macht"
     (Nessel 2009, 107).

Blick ist kaum noch mit dem Schreiben, sondern prominenterweise mit dem Filmbild verbunden worden.

Am Ende des 19. Jahrhunderts wurde zwar ein Verlust von Sinneserfahrungen beim Blick aus dem Eisenbahnfenster konstatiert – „So wie die Eisenbahn als Projektil wird die Reise in ihr als Geschossenwerden durch die Landschaft erlebt, bei dem Sehen und Hören vergeht" (Schivelbusch 2000, 111)[3] –, aber es wurden auch neue Wahrnehmungen beschrieben: Der Fensterblick nehme „Szenenfolgen" auf, die das Gesehene als Bewegung der Landschaft selbst zeigten; so mache gerade die Bewegung den Blick auf die Landschaft möglich.[4] Dieses Sehen ist bereits im Modus des Kinematografischen gefasst. Der stillgestellte Körper[5] sieht eine Folge von Bildern, die durch ihre Beschleunigung ein bewegtes Bild ergeben; nicht die Zugfahrenden erleben sich als bewegt, sondern das Gesehene als in Bewegung. Medium im engeren Sinne ist das Fenster, der Rahmen, der den Bildausschnitt begrenzt, und das Glas, das die zwei Räume trennt, den Reisenden schützt, aber ansonsten wie auch die Lokomotive aus der Wahrnehmung herausfällt.[6] Und es gibt Weiteres, das der Eisenbahnblick mit dem Kino gemeinsam hat. Beider Begrenzung des Blickfelds lässt sich in zwei Richtungen denken – auf den Bildinhalt bezogen als Rahmung und in Hinblick auf die nicht sichtbare Umgebung als Abdeckung. Letzteres hat André Bazin für den Film als *cache* bezeichnet[7], Ersteres als *cadre*.

3   Siehe, im gleichen Werk, zur neuen Wahrnehmung in Henry Booths Beschreibung der Strecke Manchester-Liverpool 1830: Die Eisenbahn inszeniere eine neue Landschaft (Schivelbusch 2000, 115).

4   Zur bewegten Landschaft und den Szenenfolgen vgl. Benjamin Gastineau, *La vie en chemin de fer*, Paris 1861, zit. in Schivelbusch 2000, 115; zur Ermöglichung des Blicks vgl. Jules Claretie, *Voyages d'un Parisien*, Paris 1865, zit. in Schivelbusch 2000, 116.

5   Die Stillstellung werde mit einem Universalblick belohnt: „Die Passivität und Stillstellung des Körpers, deren bewusstes Erleben/Erleiden Kompensation in der vermeintlichen Allmacht des Sehens findet ..., ist im Flugzeug zwangsläufig auf die Spitze getrieben." (Lettenewitsch 2009, 173).

6   Auch diese Trennung hat Anlass zu vielen Verlustnarrativen der Eisenbahnwahrnehmung geführt: Die Scheibe markiere die Trennung des Reisenden vom Raum, dem er eben noch angehört habe; nun sehe man die Dinge oder Landschaften nur noch durch die Apparatur, mit der er sich durch die Welt bewege – durch die Apparatur aus „europäischen Fenstern" sehe man nur noch Panoramen, also Flächen, unterschieds- und tiefenlos (Dolf Sternberger, *Panorama, oder Ansichten vom 19. Jahrhundert*, Hamburg 1955, 57, 50, zit. in Schivelbusch 2000, 116); die Bewegung, die die Welt herstelle, gehe in den Blick ein, der nun nur noch mobil sehen könne (ebd., 117). – Hier ist von ‚dem Reisenden' die Rede, da die „eindringende" Bewegung in den Raum männlich konnotiert ist, siehe unten.

7   Hier zitiert aus einem Text über Flugbilder: „Im Unterschied zur Malerei, deren Objekte von einem sie umschließenden Rahmen jeweils klar definiert sind, ist für Bazin die ‚Umgrenzung der Kinoleinwand ... kein ‹Rahmen› des Kinobildes, ... sondern

Ein Fahrgestell wie der Zug oder das Auto lässt mich wissen, dass ich den Kopf aus dem Rahmen hinausstrecken könnte und eine Fortsetzung des Bilds sehen würde. Das Off, das *hors-cadre* könnte zwar plötzlich ins Bild einbrechen, der Telegrafenmast die Sicht versperren, die Lawine ins betrachtete Tal donnern, aber der durchfahrene Raum ist auch als gerade nicht sichtbarer immer vorhanden und potenziell zu sehen. Bazins *hors-cadre*, also der Bereich, der ‚hinter der Kamera' dazu beiträgt, dass das Bild entsteht, spielt im dokumentarischen Film dort eine zunehmend große Rolle, wo Dokumentarismus auch mit der Thematisierung der Produktions-bedingungen verbunden wird, schrieb Florian Krautkrämer.[8] Das trifft auch für Handyfilme zu, denen die Aufnahmesituation deutlich eingeschrieben ist und die Identifizierung der Betrachtenden mit dem Kameraauge auf den mobilen Screens verändert. Nun ist es kaum noch nötig, die Verbindung zwischen Szene und Betrachter:innen zum Beispiel durch Gegenschüsse oder Blicke in die Kamera herzustellen, wie es die Theorie der *suture* mit ihrer Idee der Nähte zwischen On und Off erdacht hatte, oder genauer: Eine *suture* als Verzahnung unterschiedlicher Kadrierungen entsteht hier neu, ohne Schnittregie. Mobile Kameras auf Fahrrädern allerdings sind in der Filmgeschichte vor den miniaturisierten GoPros (vgl. Bennett 2019; Gerling und Krautkrämer 2021) und Handys praktisch nicht zu finden, so Herbert Schwab (in diesem Band). Film und Eisenbahn trennen das Subjekt und die Umgebung; der Film erfindet Verfahren, um diese Trennung und das *hors-cadre* mitzuartikulieren; mit Handy und GoPro werden diese Verfahren erneuert und immer präsenter. Wer selbst Rad fährt, braucht keine feinen Nähte zwischen On und Off; ohne Screen erscheint das Blickfeld nur durch die körperlichen Gegebenheiten, das Gesichtsfeld und Kopfbewegungen begrenzt. Wer radelt und schaut, ist immer On. Das will die Virtuelle Realität technisch reproduzieren.

Wenn das Off im Filmischen als der Bereich beschrieben wird, der über den Rahmen/die Leinwand/den Bildschirm herausragt und auf den zudem innerhalb der filmischen Narration verwiesen werden kann, ist es über die Differenz zum Sichtbaren bestimmt und vom sichtbaren Bild abhängig (Noël 1981, 17–31).[9] Die Definition des Offs für VR ist komplizierter, da ein Versprechen von VR lautet, keinen Rahmen mehr zu besitzen und durch

---

ein Kasch, eine Abdeckung, die nur einen Teil der Realität freilegen kann'" (Rothöhler 2009, 50, zitiert Bazin, *Was ist Film?* 2004, 225).

8   Krautkrämer fragt, „ob der traditionelle Bereich des *hors-cadre* nicht auf den Bereich der Rezeption oder auch der Weiterverarbeitung dieser Bilder ausgedehnt werden müsste. Ist das neue ‚Jenseits der Bilder' (außerhalb, hinter) nun vor ihnen (vor dem Bildschirm, dem Schnittprogramm)?" (Krautkrämer 2014, 115).

9   Auf das Off kann sowohl visuell verwiesen werden als auch durch den Ton.

Kopfbewegungen im Bereich von 360° potenziell jeden Ausschnitt sichtbar zu machen. Wie auf dem Fahrrad ist der Ton zentral für die Anpassung des Blickfelds. Es ist allerdings nie möglich, den kompletten 360°-Raum zu sehen, das Blickfeld bietet sowohl beim Radfahren wie auch in der Virtual Reality immer einen Ausschnitt.[10] Grundsätzlich gibt es bei VR die Möglichkeit, das vermeintliche Off in das Blickfeld zu aktualisieren; vor allem, wenn ein Anreiz im Bild gegeben ist – mit Deleuze gesprochen: Wenn der Faden zwischen On und Off zu dick ist (vgl. Deleuze 1997a, 34), wird das Off zum Bildfeld und ist somit kein Off mehr. Wenn eine 360°-Umgebung genutzt wird, in der in jedem Winkel etwas sichtbar ist, existiert in gewisser Weise keine Bildgrenze. Nach dieser Auffassung existiert nur das bewegliche Bild und kein Rahmen,[11] es gibt auf visueller Ebene kein Außerhalb des Bildfelds (*hors-champ*) mehr, sondern nur ein veränderliches Außerhalb des individuellen Blickfelds. Selbst wenn es also in vielen VR-Projekten nach wie vor eine visuelle oder akustische Blickfeldlenkung gibt, besteht eine prinzipiell freie Blickwahl innerhalb der vorher erstellten VR-Umgebung, und das Umherblicken in der VR lebt von den Aktualisierungsmomenten des Sichtfelds.

Ein Außerhalb des Blickfelds kann bei VR nur in Relation zur körperlichen Bewegung existieren, als Differenz zum temporären Blickfeld der Rezipierenden. Im Unterschied zum Nicht-VR-Film ist dieses Außerhalb folglich dynamisch, insofern es sich aktualisieren kann und dann den Status des Außerhalbs verliert. Im Falle von VR lässt sich nie das audiovisuelle Bild isoliert betrachten, da es immer auch von der Rezipierendenbewegung abhängt. Das Außerhalb existiert nur in der Relation von Bewegung, Bild und Ton. Insofern bietet es sich an dieser Stelle an, sich eher auf die unterschiedlichen Aktualisierungen des Blickfelds und die damit korrelierenden Bewegungsmodalitäten zu konzentrieren. Ähnlich verhält es sich beim Fahrradfahren, da auch hier letztlich unser Blick sowie unsere Bewegungsrichtung während der (Fort-)Bewegung auf dem Fahrrad

10 Interessanterweise verhält sich dies anders, wenn wir beispielsweise 360°-Filme auf Youtube oder Vimeo ohne Brille rezipieren, die so formatiert wurden, dass das 360°-Bild komplett zu sehen ist (wir also nicht wie mittlerweile verbreiteter nur einen Bildausschnitt sehen und das Blickfeld durch die Nutzung der Pfeiltasten der Tastatur verändern können). Hier ist es möglich, ohne Brille, ohne stereoskopisches Bild mit einem konventionellen Screen ‚mehr‘ zu sehen. Siehe weiterführend zur Steuerungsmöglichkeit durch Pfeile und deren Beziehung zum Off: Abend (2013, 145).

11 Wobei sich die Frage stellt, inwiefern die VR-Brille selbst eine Art Rahmen darstellt, wenn beispielsweise Licht aus dem physischen Raum durch die Abdeckungen der Brille hindurchgerät und so auf die kastenähnliche Konstruktion der Brille verweist. In dem Fall wird eine Grenze zwischen physischem Raum und VR-Brille/Umgebung deutlich wahrnehmbar.

von Geräuschen (z.B. Autos) oder visuellen Reizen (z.B. Markierungen bei Kreuzungen) geleitet werden kann. Das Blickfeld während des Fahrradfahrens wird so ähnlich wie bei VR stetig aktualisiert und steht in Relation zu weiteren Faktoren wie dem Ton, der auch aus einem vermeintlichen Off kommen und sich dann durch die Bewegung der Rezipierenden als visuell sichtbaren Gegenstand aktualisieren kann. VR und Fahrrad zeichnen sich so durch die körperliche Erfahrung in Relation zu ihrer jeweiligen Umwelt aus und sind durch eine gewisse Offenheit für die spezifischen Umgebungen geprägt. Anders verhält sich dies beim Film, dem Auto, dem Zug.

Daher noch ein Blick aus dem Auto.[12] Die Beschleunigung des Sehfelds im Auto hat die Eisenbahnerfahrung in vielem übertroffen, individualisiert, die Unberechenbarkeit der Strecke im Vergleich zu den geraden, festgelegten Schienen akzentuiert, verschiedene Dynamiken ermöglicht und vor allem das Selbstfahren als den Gipfel der Autonomie entworfen. Ungeachtet der Tatsache, dass der Blick der Steuernden nie so frei ist wie derjenige der Eisenbahnreisenden, wurde der Blick aus dem Auto ein zentrales Filmmotiv und ein Paradigma der Raumwahrnehmung im 20. Jahrhundert. Es verbindet sich im Vergleich zum Zug, dessen festgelegten Fahrzeiten und Schienen, mit einer Idee von Autonomie; wer selbst steuert, könnte stärker seinen eigenen Wegen folgen (Featherstone 2005, 1), scheint es. Zwar ist im Zug wie im Auto der Körper stillgestellt – „dwelling in motion" (ebd., 11), im Auto aber quasi selbstfahrend, und: Der Autoblick geht nach vorne, nicht nur zur Seite der Fahrtrichtung (ebd., 8); er sieht ebenfalls durch ein gerahmtes Fenster, wenn er auch eher das Asphaltband der Straße vor sich hat, nicht eine verschwimmende, vorüberziehende Landschaft. Das Auto wird als Erweiterung des Körpers erfahren, der Zug nicht. Immer wieder folgt der Automatisierung des Fahrens die Beschreibung einer erweiterten Verkörperungserfahrung (im *driver-car*[13]) oder die Idee einer Verschmelzung

---

12   Zur Beziehung von Auto, Autobahn und Fernsehen als Nichtorten des Transports und Austauschs vgl. Morse (1998, 99). Auch Roland Barthes hatte im „neuen Citroën" schon 1957 einen Nichtort privatisierter Mobilität gesehen. „The nonspace of privatized mobility is not neutral ground. It is rather the result of the dominance of one set of values over other values held a little less dear. Those other values, loosely allied with the ‚public sphere,' are represented but not included in a way which gives them substance" (Barthes 1991, 121f.).

13   „The process of driving is largely habitual, an embodied skill that becomes a taken-for-granted way of moving through space – it is at between, roughly, 30 and 70 miles an hour that the driver-car in modern societies conquers space. Many competent drivers find slow speed driving difficult and disorienting and exceeding their usual top speed disconcerting. The gearing and steering mechanisms of most cars are also designed to work best within this speed range. The driver's sense of how fast they are going and what speed the road conditions will permit, becomes a skill embodied

mit dem Fahrzeug; die „extension of the senses" ist getragen von einer „extension of the driver's body, creating new subjectivities organized around the extraodinarily disciplined ‚driving body'" (Urry 2004, 31). Einer konstatierten Verarmung der Sinne (ebd.) steht immer wieder ein Hybrid wie dieser *driving body* gegenüber oder an der Seite: „[T]he driver-car is a hybrid assemblage of man and machine" oder eine „Car-Driver-Software-Assemblage", in der die Trennung Mensch-Maschine verschwimme (Featherstone 2005, 10,12).

Das Auto mache das Land zur Landschaft, als ob der Raum in ihm nicht mehr erlebt, sondern nur noch abstrakt wahrgenommen werde, merkte Cosmin Popans Fahrradutopie 2019 an.[14] Das Auto in der *autoscape* ist gleichzeitig ein schützender Kokon und ein Projektil, eine potenzielle Waffe.[15] Im 21. Jahrhundert ist es eine Umgebung, ein *datasuit wrap*, eine Komfortzone ebenso wie Kommunikationsplattform geworden.[16] Sowohl die Blicke aus dem Zug wie die aus dem Auto werden als die eines Einzelnen imaginiert, obwohl der Zug (wie auch der Film) Begegnungen mit Fremden notwendig macht und das Auto (wie auch das Fernsehen) stark die Familie oder das Paar adressiert. Das Fahrrad bleibt dagegen ambivalent, angesiedelt zwischen Individualisierung und Kollektivierung. Ob man allein fährt oder mit anderen zusammen, interessiert die Theoretiker der motorisierten Bewegung nie. Einer alten philosophischen Tradition folgend entwerfen sie Wahrnehmung als verkörpert oder nicht, aber immer als singulär. Diese Subjekte scheinen sich nie kollektiv zu bewegen. Ihre Wahrnehmung geht von einem imaginären autonomen Zentrum aus, hatte nie ein Kollektiv um sich herum, das ihm gezeigt hätte, was es zu sehen gibt, die Aufmerksamkeit gelenkt hätte, mit dem man gemeinsam schauen und fühlen würde. Ein anderes Selbstfahren, ein Automobilwerden (vgl. Furness

through the vehicle, not only its dials and controls but also its sounds and vibrations" (Dant 2004, 73).

14   Die Unterscheidung zwischen Land und Landschaft wurde auch für viele Medien – Malerei, Fotografie oder Film – immer wieder in Anschlag gebracht. Zumindest bezieht Popin sie hier auf das Auto und Stadtlandschaften: „In the age of the auto-mobile cities have become more and more ‚landscape' as opposed to ‚land'" (Popan 2019, 127).

15   (Featherstone 2005, 9). Auch die Eisenbahn schießt projektilhaft durch den Raum, aber das Auto ist gleichzeitig Kokon und Kommandozentrale.

16   Mike Featherstones Ankündigung für den Band *Automobilities* argumentiert: „In recent years the car has become a complex communicative platform for multi-tasking, a command centre for telephone, television, Internet etc., a place of work and instrumental tasking; but also a place of dwelling and refuge, a comfort zone for emotional decontrol via the sound system. ... The logic is for the driver to become the auto pilot and the automobile to become a sort of datasuit wrap." (Featherstone 2004, n.p.).

2010, 14: „Becoming auto-mobile"), wird durch das Fahrrad ermöglicht –
denn hier bewegt sich der fahrende Körper, er bewegt das Gefährt, er ist
direkt verbunden mit dem Sehen, immer anschlussfähig an ein Kollektiv, ist
verletzlich durch die und in der Welt.

Das war noch nicht Paul Virilios Vision vom „Selbstschalter" im Jahr 1952.
Seine *Dromoskopie* kommt praktisch ohne das Wort „Auto" oder gar
„Fahrrad" aus, spricht zwar von einem „Sofa auf Rädern", was an eine
Kutsche oder ein Auto denken lässt, aber präzisiert dieses „Projektil", die
bewegte Kapsel um den Menschen, nicht weiter, um stattdessen verall-
gemeinernde Überlegungen zur Raumwahrnehmung im beschleunigten
Zeitalter anzustellen. Virilio springt vom Gehen zum Autofahren (ohne
Mitfahrende), denn das multisensorische und offen koppelbare Fahrrad zu
bedenken, hätte seine dystopische Historie gesprengt. Die Wortschöpfung
aus griechisch *dromos* und *skopein*, Weg und Sehen, übertrifft die der
Dromologie und scheint sie dergestalt zuzuspitzen, dass es nicht mehr nur
um eine allgemeine Betrachtung der Fortbewegung geht, sondern der
Akzent auf eine bestimmte Wahrnehmungsform gelegt wird, die visuelle.

Fahren und Schauen im Projektil

Ein *véhiculaire*, ein Fahrzeug mache einen Unterschied nicht nur in den
Weltwahrnehmungen, sondern in der Welt selbst, schreibt Virilio seit den
1950er Jahren. Der Dramaturgie seiner *Dromologie* willen gibt es zwischen
dem menschlichen Gehen und dem (Auto)Fahren kein Pferd, keine Kutsche,
kein Rad oder Ähnliches. Vor der Fortbewegungs*technik* erscheint der
Mensch bei ihm in der Welt, er geht, er fährt nicht, und das heißt zugleich:
er ist immer in der Natur, nicht etwa in der Stadt oder auf der Straße.
Immerhin ist es eine landwirtschaftlich gestaltete Natur: „Wenn wir durch
ein Feld gehen, sprechen wir von einem FELD, wenn wir aber mit dem Auto
durch die Beauce, die Landschaft südwestlich von Paris, fahren, werden
die belebten Felder KINETISCH und keiner würde sich einfallen lassen,
diese ‚Sequenzen' mit ihrer geografischen Realität zu verwechseln" (Virilio
1978, 20). Genau gelesen, stellt sich ‚werden die belebten Felder kinetisch'
als ein Hysteron-Proteron dar: als wären sie schon belebt gewesen, als
sie kinetisch wurden. Das ist nicht einfach grammatikalisch oder logisch
falsch, sondern eine Rhetorik, die das Verhältnis von Welt und Medium neu
entwirft.

Die uns vertraute Logik, die zwischen vorfilmischer Realität und bewegter
Abbildung unterscheidet, wäre: Bewegte Bilder erscheinen filmisch, die
Landschaft erscheint wie in Filmsequenzen. Aber, so nun Virilio, wenn man

mit dem Auto übers Land fährt, sieht man, dass die Landschaft bereits bewegt ist, eigentlich: bewegt gewesen sein wird (sie ist kinetisch – wie für das Kino gemacht, im Modus des Kinematografischen vorliegend). Der Autofahrer weiß das, er verwechselt Film und die von ihm selbst als bewegt erzeugte Welt nicht. Was Virilio als letzten Anthropozentrismus (des Autos) beschreibt (Virilio 1989, 156), betreibt er selbst: Seine Theoretisierung von Bewegung und Wahrnehmung macht nur Sinn ausgehend von einem singulären Fahrenden, oder genauer: ausgehend von einem singulären Denker, der den Autofahrerphilosophen aus der Beauce herauslöst und verallgemeinert, indem er feststellt, dass die Welt bewegt gewesen sein werde, wenn der Fahrer losfahre, um sie zu bewegen. Es geht nicht mehr um Repräsentation, um Realität und Nachahmung, sondern um zwei Realitäten. „Etwa so wie die filmische Beschleunigung oder Verlangsamung eine zweite Realität, die einer anderen Zeit, aufzeigt, so führen uns die hohen Reisegeschwindigkeiten der modernen Fahrzeuge, wie aus einer Stadt in eine andere, von einer Realität in eine andere; in diesem Sinne ist das Automobil ein AUTOKOMMUNIKATOR, ein Selbstschalter; der Motor des Autos und der des Projektors haben einen ähnlichen Effekt: beides sind Übertragungsmittel" (Virilio 1978, 20). Bewegungsgerät und Bildmedium können in dieser Logik nicht mehr den verschiedenen Zeiten des Vorher und Nachher der Reise/Wahrnehmung angehören, sie müssen parallel konzipiert werden. Allerdings bleibt Virilio hier widersprüchlich; er kommt immer wieder auf eine konservative Medienkritik zurück, der zufolge das Fahrmedium oder die Kinetik die Welterfahrung, die echten Sinnesein-drücke, die man noch in der Zeit des Gehens erlebte, auslösche:

> Der Verlust kinetischer und taktiler Eindrücke, von Geruchseindrücken, wie sie die direkte Fortbewegung noch lieferte, läßt sich nicht durch eine vermittelte, eine Medien-Perzeption, durch das Vorbeiziehen der Bilder an der Windschutzscheibe des Autos, auf der Kinoleinwand oder gar dem kleinen Fernsehbildschirm ersetzen (ebd., 17).

Das Fahren erzeuge Übelkeit, Schwindel und Desorientierung (ebd., 26); der Fahrer ertrage heroisch die Folgen der Moderne wie „die teleskopische Zerquetschung der Landschaften", den Verlust der Sinne, die „Entstoff-lichung", die Herrschaft des Trompe-l'Œuil (ebd., 19; weiter dazu ders. 1995, 133)[17], und letztlich trete die „lokomotorische Täuschung" an die

---

17   „Die direkte Information ist das unmittelbare Ergebnis der Sinne, des Gesichts-, Gehör-, Geruchs- und Tastsinnes, aber auch jenes Muskelsinnes, anders aus-gedrückt, eines Bewegungsvermögens dieses ‚Eigenkörpers' (der bekanntlich unser ursprüngliches Fortbewegungsmittel ist) vor Ort sowie seiner Beweglichkeit im Raum." (Virilio 2020, 301f.).

Stelle des echten Sehens.[18] Im Abteilfenster des Zugs oder im Autofenster verschwänden die Dinge und würden zu Zeichen, Erfahrungen zu
Anweisungen etc., wie dann auch in den Massenmedien (vgl. Virilio 1978,
24).[19] Roland Barthes hatte in den *Mythen des Alltags* zwei Jahrzehnte vorher
den Fahrenden noch dazu ermächtigt, entweder das Autofenster oder die
Landschaft wahrzunehmen.[20] Die alten Figuren von Verlust, Zerstörung
und Ersatz gingen noch von einer Realität erster und zweiter Ordnung aus.
Die Parallelisierung von Medien und Vehikeln sollte moderne Erfahrungs-
verluste erklären. Quer dazu liegen allerdings Virilios Analogien zwischen
dem Fahren und den visuellen Medien. Sie gehen nicht mehr von zwei Ord-
nungen aus, sondern behaupten ihren Kollaps.

Die Analogien sehen das Auto als eine Dunkelkammer und das Zugfenster als eine Laterna magica; der Vergleich wird zur Gleichsetzung und
macht auch keinen Unterschied mehr zwischen den Stadien der Bildproduktion. Wer im Fahrzeug sitzt, ist nicht mehr nur Konsument von
Bildern, sondern wird Teil der Bildproduktion – „[d]ie Sicht des Autofahrers
[ist] mit der durch Elektronik verbesserten Ausstrahlung des Fernseh-
bildes im Beschleuniger der Kathodenröhre vergleichbar" (Virilio 2020, 298)
oder selbst zum Bild (zum Beispiel zum „lichtempfindlichen Film").[21] Für
Virilio sind Fahrzeug und Bildmedien „Übertragungsmittel", und wer damit

---

18 „[B]ald ist lokomotorische Täuschung das echte Sehen, das Vorüberziehende wird
    mit Wahrheit gleichgesetzt – es war ein Irrtum, die Optik der kinematischen Täu-
    schung von der Optik der kinematographischen Täuschung zu trennen." (Virilio 1989,
    156).
19 Massenkommunikationsmittel wie Telefon, Radio und Fernsehen zeichneten sich
    schon im Abteilfenster des Zugs oder im Autofenster ab. „Was dort gegen den
    Horizont verschwindet, ist die erste Realität, Raum und Gegenstand der Erfahrung,
    zugunsten der der raschen Ortsveränderung, des Gespürs für die Dinge und Stoffe,
    die zu Zeichen und Anweisungen werden" (Virilio 1978, 24).
20 „If I am in a car and I look at the scenery through the window, I can at will focus on
    the scenery or on the windowpane. At one moment I grasp the presence of the glass
    and the distance of the landscape; at another, on the contrary, the transparency of
    the glass and the depth of the landscape; but the result of this alternation is con-
    stant: the glass is at once present and empty to me, and the landscape unreal and
    full" (Barthes 1991, 123).
21 „Wenn das Zugfenster eine Laterna magica ist, so läßt sie die Schatten der Wissen-
    schaft erscheinen. Auch das Auto ist eine Dunkelkammer, die die Bestandteile
    unserer Alltagswelt zu bewegten Partikeln, zu Parabeln werden läßt" (Virilio 1978,
    25). Die Geschwindigkeiten schieben die Bedeutungen ineinander, bis sie sich auf-
    lösen; ihr Flimmern führt zum vorübergehenden Erblinden, zum blinden Passagier,
    der selbst ein lichtempfindlicher Film wird, wenn er im Überschallflugzeug jede
    beliebige Momentaufnahme der Welt machen kann (ebd., 30f.). Wir übernehmen die
    männliche Form Virilios, da eine gendersensible Schreibweise seiner Perspektive
    nicht gerecht würde.

unterwegs sei, werde zum „Reisevoyeur", bloßes Auge oder eher: selbst
bloße Datenverarbeitung, weil die Vernichtung des Körperlichen auch den
sehenden, beschleunigten Körper ergreife (Virilio 2020, 298). Die Bewegung
wird dabei als Eindringen, als ein Auf-etwas-Schießen, als Angriffsmaschine
und Ähnliches beschrieben; das „dromoskopische Scheinbild verdeckt die
teleskopische Gewalt der Fahrt" (Virilio 1995, 133). Die Schnelligkeit der
Bewegung versetze den Reisevoyeur in eine Lage, die der Situation der
Kinobesucher:innen entgegengesetzt sei: „[E]r selbst wird projiziert" (ebd.,
135).[22] Von welcher Position aus könnte man so eine Feststellung treffen?
Selbst wenn es solch einen Punkt gäbe, von dem aus man noch über diese
Restsubjekte urteilen könnte, muss man doch sagen, dass sie offensichtlich
nicht so einfach in einer hybriden Datenproduktion neuen Typs aufgehen,
schon weil das implizite Gendering der Bewegten klassisch männlich konnotiert ist. Das Land werde „durchbohrt" und „durchschaut", der Fahrer sei
Kontrolleur dieser Perforation; in einer „obszönen Umkehrung" stelle „das
Land seine Dessous zur Schau"; das Fahrzeug sei ein „Projektorprojektil"
(ebd. 139), und schließlich überdeutlich: „[D]er territoriale Körper reizt,
indem er seine Landschaften schürzt, den Mann, der den Raum im Griff
hat, zu hoher Geschwindigkeit, zur Vergewaltigung der Strecke" (ebd., 137f.).
Wer argumentieren möchte, im Französischen bedeute „l'homme" ebenso
Mann wie Mensch, muss dennoch die Phantasien der Raumermächtigung
als klassische Verlängerung des phallischen Projektils sehen. Der Autor
wechselt anhaltend strategisch die Ebenen, setzt sowohl das Fahrzeug
und die Medien gleich oder die Fahrtaussicht mit Bildmedien als auch die
Fahrzeuge und die Fahrenden selbst; er beschreibt neue Mensch-Technik-
Hybride, nur um die Rede von der Hybridisierung wieder anzuklagen; er
schreibt universalisierend-ahistorisch und nur dann mit einem Bezug
auf Geschichte, wo es Technikgeschichte ist; mal sind seine Fahrzeuge
ganz metaphorisch, dann wieder sehr konkret... aber eins bleibt in allen
ausgespielten rhetorischen Strategien gleich: Der Fahrer ist männlich,
und Weibliches gibt es höchstens als Umgebung für sein Eindringen. Die
Blick-/Fahrer-Position mit verschiedenen gegenderten Subjektivitäten
auszudenken, wird dem nicht abhelfen, solange die Weise des Bewegens
und Wahrnehmens nicht anders gefasst wird. Eine Auto-Mobilität

---

22   "Bei der Schnelligkeit der Ortsveränderung befindet sich der Reisevoyeur in einer
        Lage, die der Situation des Kinobesuchers entgegengesetzt ist: er selbst wird
        projiziert...". Die Scheibe ist eine Bühne, der Autositz ein Landschaftssimulator; „in
        den Fahrszenen der Windschutzscheibe wird die Welt zum Videospiel, zum Spiel der
        Transparenz und der Durchbohrung, das der Regisseur, der das Fahrzeug in Gang
        setzt, steuert" (Virilio 1995, 136).

allerdings, die genau das entwirft, ist die des Radfahrens, oder sogar: des Radfahrendewerdens.

Auto-mobil werden

Tatsächlich lässt sich nicht nur das Auto als Erweiterung des Fahrers beschreiben. Auch das Fahrrad sei eine „Verlängerung des Körpers", schreibt Steven Nepper Larsen in seinem Beitrag zur „Philosophie des Radfahrens" (Larsen 2013, 46). Larsen verbindet in seiner Forschung Philosophie und Neurologie und in seiner Reflexion des Radfahrens seine Erfahrungen auf großen Radtouren mit technischen Details der Räder, Fakten zu den Touren wie Länge, Passhöhen oder Fahrtempo, die Pulsmessung, vor allem aber: die sinnlichen Wahrnehmungen, das Gefühl des Sichbewegens – alles zusammen ein denkendes, fühlendes, radelndes Subjekt.

> Die Stelle, wo die Reifen die Straße berühren, ist die äußere Membran meines Wesens. Und die Griffe am Lenker sind die Erlaubnis, willentlich und frei zu steuern. Es ist mir möglich, die Richtung, den Gang, die Geschwindigkeit zu wechseln, meinen Launen zu folgen, auf Möglichkeiten zu reagieren, die ausgetretenen Pfade zu verlassen oder mit allem und jedem um die Wette zu fahren. Mit gesteigerter Aufmerksamkeit bemerke ich jedes Hindernis und jede Veränderung des Untergrunds. Schon bevor sich mein Bewusstsein einschaltet, verhalte ich mich automatisch, ganz nach dem Motto: Ich trete in die Pedale, also bin ich.

> Man kann an vielem zweifeln, aber fest steht: Am Anfang war die echte Bewegung und nicht nur das symbolische Bewegen von Gedanken, das man etwa bei der Büroarbeit ausübt. In Bewegung zu sein ist unser natürlicher Zustand.

> Wie gesagt, die winzige Stelle, wo die Reifen den Boden berühren, markiert die Außenhülle unseres Körpers. Der menschliche Körper reicht also über seine Grenzen hinaus, er wird verstärkt, er begibt sich in muskulär anspruchsvolle und zugleich ungewohnte, blitzschnelle Vorgänge. (ebd.)

Zwar ist auch hier von Ursprüngen und einer urtümlichen Natur die Rede (und weite Passagen des Textes verlängern auch den Maskulinismus der vorigen Autoren in das Rad des 21. Jahrhunderts); es gibt hier weniger die angekündigte Phänomenologie und die im Titel mit dem Wort „Werden" angedeutete deleuzianische Philosophie als eine selbstbezogene Ontologie

zu lesen. Dennoch schreibt sich in die Euphorie der reflektierenden Selbstwahrnehmung etwas ein. Das grammatische Präsens wird zur Anrufung
einer Kopplung, die erst im Tun *wird*:

> Mein denkendes Ich ist untrennbar mit meinem Körper verbunden, die
> Straßen der Welt existieren nicht auf eine objektive Weise, und sie sind
> auch nicht auf eine phänomenologische Weise materiell in der Welt.
> Erst durch mein Radfahren nehmen meine Beine diese Straßen in sich
> auf. (Larsen 2013, 47)

Das ist keine Hybridität, die Mensch und Fahrgerät addiert, sondern eine
Tätigkeit.

> Mein Bewusstsein findet sich in Dingen wieder, und meine Wahr-
> nehmung ist verankert in einem ruhelosen Körper. Mein In-der-Welt-
> Sein manifestiert sich in einem Körper auf einem Rad in Bewegung,
> einem Körper, der mehr kann, als er weiß. Meine Identität befindet
> sich in einem ständigen Prozess des Werdens, zwischen dem Rad, den
> Erlebnissen und einem Ozean an Interpretationsmöglichkeiten. (Ebd.)

Dass diese Agency vom Ich aus beschrieben wird, entspricht einerseits
einer stilistischen Authentizität der subjektiven Erzählung, vermittelt aber
andererseits auch den Eindruck, dass der Fahrer in seiner Begeisterung
ganz Herr der Lage bleibt, seinen gesunden kräftigen Körper genießt,
problemlos Landesgrenzen überschreiten kann. Dennoch wird er verallgemeinert, ein Modell für die Philosophie des Radfahrens für alle: „Wir
sausen durch eine Welt, der wir angehören und die wir zugleich verinnerlicht haben durch unser Wahrnehmen und Begreifen" (ebd., 48).
„Wo auch immer sich ein Körper auf zwei Rädern durch die Welt bewegt,
entsteht ein neues Individuum" (ebd., 51). Was hier als Behauptung steht, ist
für viele in vielen Orten der Welt eine Utopie, wo ableistische, sexistische,
klassenbezogene und andere Behinderungen Menschen vom Radfahren
und einer als frei empfundenen Mobilität ausschließen. Larsens Wir,
dieses Radsubjekt, hat die Welt in den Beinen, das Gestell im Gefühl, es
unterscheidet nicht zwischen Bildermachen und Im-Bild-Sein. Es wird in der
Bewegung entstanden sein, der Kreisbewegung der Knie wie die der Räder,
seine ungeteilte Welt wird verinnerlicht und sein Ich veräußert sich – der
utopische Entwurf einer lustvoll ermächtigenden, rollenden Erfahrung.

Virtuelles Mobil- und Agilwerden: „More than just a (VR) bicycling experience" (Virzoom)

Rollen wir weiter und wenden uns erneut der Frage nach VR und Fahrrad zu, gelangen wir mitunter zuerst zur Verkopplung der beiden Gegenstände, nämlich in Form von *indoor/stationary bikes*, die mit einer VR-Brille und einer zu durch-/erfahrenden VR-Radstrecke verbunden sind. Durch diese Verbindung wird das immobile Indoorrad zum Gerät, auf dem man VR-Projekte erfährt und auf dem mithilfe des In-die-Pedale-Tretens die Fortbewegungsgeschwindigkeit getrackt werden kann. Die genaue Funktionsweise dieser Konstellation wird im späteren Verlauf erläutert. Zusätzlich werden wir unseren Blick später über diese konkreten Gegenstände hinaus erweitern und weitere Korrespondenzen in Bezug auf die multisensorische Wahrnehmung, Propriozeption sowie Standpunkte, Perspektiven, Subjektivierungen und die Frage nach dem Individuum-Kollektiv-Bezug einbeziehen.

Grundsätzlich sind mit VR in diesem Fall Projekte gemeint, die mit einer VR-Brille rezipiert werden können und damit potenziell ein 360°-Blickfeld haben, mit mindestens der Möglichkeit, den Blick in der VR mit den eigenen Kopfbewegungen zu steuern, sich also umsehen zu können (rotierendes Bewegungstracking) oder auch weitere körperliche Bewegungen mit einfließen zu lassen, um sich umherzubewegen (positionelles Bewegungstracking[23]). Mithilfe der VR-Brille und des erzeugten 360°-Raums wirkt es für die Nutzer:innen als befänden sie sich unmittelbar im Raum, der sich um sie herum wölbt.

Das Eingeben der Schlagwörter „VR" und „Cycling" bei Youtube liefert zahlreiche Ergebnisse, die sowohl aus dem Coronajahr 2020[24] stammen, als auch zurück bis in die 1980er Jahre reichen, etwa zu Jeffrey Shaws „Legible

---

23 Die Begriffe „rotierendes Bewegungstracking" und „positionelles Bewegungstracking" sind angelehnt an Michael Naimarks Arten der Navigation innerhalb von VR: die rotierende Navigation im Sinne eines Umsehens und die positionelle Navigation im Sinne eines Umherbewegens (vgl. Naimark 2016, o.S.). Im Falle von rotierender Navigation ist ein eigenständiges Bewegen im virtuellen Raum nicht möglich, ebenso wenig wie die Verringerung der Distanz zu den virtuellen Objekten durch das Vorstrecken des Kopfes. Es kann jedoch in einem Bereich von 360° umhergeblickt werden, indem der Kopf bzw. Körper gedreht wird.

24 Aufgrund der Pandemie und des Sportverbots in manchen Ländern griffen viele Personen 2020 auf Indoor-Cycling (und insgesamt Indoor-Sportangebote) zurück, die zudem in den kreativeren Varianten mit eigenen virtuellen Touren (ermöglicht durch Google-Earth-Aufnahmen) gekoppelt wurden.

Abb. 1: Radtour durch Amsterdam mit Blick auf die fahrende Person (360°-Video, das mit VR-Brille rezipiert werden kann; Screenshot aus „360 VR Bike Ride through Amsterdam by Day")

City".[25] Es finden sich mittlerweile viele 360°-Videos, die von Menschen auf Fahrrädern gedreht wurden[26] und beispielsweise eine virtuelle Stadtfahrt durch Amsterdam oder San Francisco ermöglichen (vgl. Abb. 1).[27]

In diesen Fällen wird von den Rezipient:innen die VR-Brille aufgesetzt, ohne notwendigerweise selbst auf einem (Indoor-)Fahrrad zu sitzen.[28] Es existieren darüber hinaus Anwendungen, die zum Beispiel auf Messen getestet[29], aber auch zu Hause genutzt werden können (vgl. Abb. 2: Anwendung Virzoom).[30] Diese Beispiele verschränken das physische Auf-dem-Fahrrad-Sitzen und In-die-Pedale-Treten mit einer virtuellen Umgebung, die geschützten Räume des Zuhauses mit einer VR-Welt, die ein Draußen simuliert und auf die Bewegungen der Rezipierenden reagiert.

25 Medienkunstnetz (o.J.). „Legible City." *Youtube. Letzter Zugriff* 05.05.2021. http://www.medienkunstnetz.de/werke/the-legible-city/.

26 Dabei werden sie gleichzeitig Protagonist:in und Regisseur:in (vgl. Bennett 2019, 177).

27 Hype Agent. 2015. „360 VR Bike Ride through Amsterdam by Day." *Youtube.* Letzter Zugriff 05.05.2021. https://www.youtube.com/watch?v=6rpORQ3C4SU&t=34; ONE Random Scene. 2019. „STABILIZED San Francisco Virtual Cycling in 360° VR for Indoor Trainers and Exercise Bikes – VT 71." *Youtube.* Letzter Zugriff 05.05.2021. https://www.youtube.com/watch?v=QY1fJ4umhyw&t=259s.

28 Ebd.

29 Test der Anwendung Zwift VR auf einer Messe (vergleichbar mit Virzoom – jedoch ist Zwift VR nach wie vor nicht für den Privatgebrauch mit VR-Brille zu erwerben): DC Rainmaker. 2017. „Zwift in VR! An early look." *Youtube. Letzter Zugriff* 05.05.2021. https://www.youtube.com/watch?v=5VoJdNF8ZIY.

30 Siehe zur Verwendungsweise von Virzoom: TechCrunch. 2016. „Exercise your way through VR with VirZOOM." *Youtube.* Letzter Zugriff 05.05.2021. https://www.youtube.com/watch?v=xntatISXCzE.

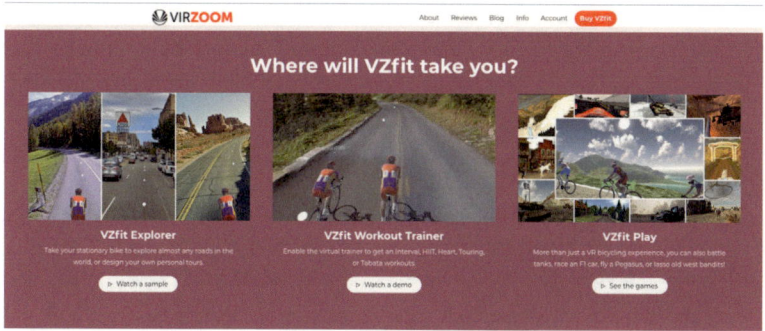

Abbildung 2: Verschiedene Modi von Virzoom (Screenshot der Homepage von Virzoom vom 01.09.2021)

„Using the power of virtual reality and any stationary bike, *you are transported to worlds where you must pedal to move*" (Werbung von Virzoom auf deren Homepage; Herv. F.W.).

Prinzipiell können zwei Typen unterschieden werden: Erstens das physische Fahrradfahren mit 360°-Kameras und deren anschließende Rezeption in VR – bei der Rezeptionssituation können die VR-Projekte mit einem Indoorfahrrad kombiniert werden, es ist aber auch eine Rezeption ohne Fahrrad, beispielsweise sitzend, unter Verwendung einzig der VR-Brille möglich. Zweitens kombinieren andere Projekte physisches Indoorfahrradfahren und VR-Umgebungen – hierfür ist ein Indoorrad (*stationary bike*) notwendig.

In der Anwendung Virzoom funktioniert das VR-Cycling, indem die App über den Store des jeweiligen VR-Brillenanbieters (z.B. Oculus-Store) gekauft und sie mit jedem beliebigen Indoorfahrrad über einen ebenfalls zu kaufenden *cadence sensor* (ein Fahrraddrehzahlsensor, der Schrittfrequenz respektive Geschwindigkeit an Virzoom übermittelt) verknüpft wird. Über die VR-Brille sehen die Radfahrenden dann schließlich die virtuellen Umgebungen, durch die sie sich mit dem Tritt in die Pedale des *indoor bikes* bewegen. Mit dem erwähnten Werbeslogang von Virzoom, „Using the power of virtual reality and any stationary bike, you are transported to worlds where you must pedal to move", verspricht die Anwendung, dass wir durch die Kombination der Kraft/Macht von VR mit unserer eigenen Kraft, in die Pedale zu treten, transportiert werden – nämlich in neue/andere Welten, in denen wir uns nur durch unsere Agilität bewegen können. Mit dem Slogan werden also im selben Zug die Macht von VR, unsere eigene körperliche Kraft sowie die Verkopplung beider Aspekte evoziert. Zudem gibt es bei Virzoom verschiedene Darstellungsformen, beispielsweise für tatsächliche Radfahrten in der virtuellen Welt oder solche, bei denen die Nutzer:innen

Abbildung 3: *Stationary bike* (links) und dazugehörige Fahrrad-Erfahrung in der VR (rechts). (Screenshot aus A $40 VR Cycling Experience)

zwar ebenfalls das Indoor-Bike nutzen, in der virtuellen Welt jedoch in einem Auto sitzen, Motorrad fahren oder durch die Luft fliegen (vgl. Abb. 2 – rechtes Bild: „more than just a VR bicycling experience"). VR hat laut Virzoom somit nicht nur das Vermögen, Fahrradtouren zu simulieren, sondern uns auch zumindest virtuell in anderen Mobilitätsformen zu situieren, obgleich wir im physischen Raum in die Pedale des Indoor-Bikes treten. Die virtuelle Fortbewegungserfahrung kann sich dement-sprechend vom In-die-Pedale-Treten im materiellen Raum unterscheiden. Die Betonung dieser Macht von VR reiht sich so in typische Vermarktungs-strategien von VR-Anbieter:innen ein, die oft die Außergewöhnlichkeit und das Nachvollziehbarmachen von Erfahrungen betonen.

Neben dieser käuflich zu erwerbenden Anwendung finden sich zunehmend DIY-Projekte, in denen Privatpersonen Anwendungen entwickelt haben und durch die Verschränkung von eigens angefertigten Indoor-Bikes mit selbst entwickelten virtuellen Welten[31] (vgl. Abb. 3) oder beispielsweise Google Maps virtuelle Radtouren durch Großbritannien machen.[32]

Sowohl bei den DIY-Projekten als auch den zu kaufenden Anwendungen bleibt das Prinzip grundlegend gleich: Nutzer:innen treten auf ihrem Indoor-Bike in die Pedale, und diese Bewegung wird in die virtuelle

31   justanimate. 2016. „A $40 VR Cycling Experience." *Youtube.* Letzter Zugriff 05.05.21. https://www.youtube.com/watch?v=jKrywMKnsUc&t=350s.
32   Futurism. 2017. „This Man Is Cycling Around The Entire UK...In Virtual Reality." *Youtube.* Letzter Zugriff 05.05.21. https://www.youtube.com/watch?v=K4Z1eXYMCeA.

Umgebung übertragen, um sich auch dort schnell oder langsam (je nach Tretgeschwindigkeit) fortzubewegen. Die virtuelle Umgebung kann einer virtuellen Gaming-Welt ähneln wie bei den Bezahlversionen (s. Abb. 2) oder aber wie in den DIY-Projekten beispielsweise mit Google Street View verknüpft sein, dessen Aufnahmen dann in der virtuellen Umgebung zu sehen sind. Durch die Verknüpfung mit Google Street View respektive Google Maps entstehen zudem Schlagzeilen wie „Reddit-Nutzer Shon't machte sich vor einem Monat auf eine lange Reise vom südlichsten bis zum nördlichsten Punkt Japans. Knapp 1.200 Kilometer hat er radelnd zurückgelegt. Das Außergewöhnliche an seinem Trip: Er ist rein virtuell" (Bezmalinovic 2020). Die Kopplung von Fahrrad und VR zeigt bereits, dass es sich bei beiden um technische Objekte (vgl. Simondon 2012) handelt, die von einer gewissen Offenheit gegenüber ihrer Umwelt geprägt sind und ergänzt bzw. erweitert werden können. Wir möchten nun im Folgenden fragen, ob sich diese Verknüpfung auch über die konkreten Gegenstände hinaus, über die spezifischen Bewegungs- und Wahrnehmungsmodalitäten verfolgen lässt.

Bewegungsmodalitäten: VR/Fahrrad – Relationalität(en)

Wie zuvor dargelegt, haben Auto- und Kinoerfahrung nicht nur den Blick auf eine Leinwand bzw. eine Windschutzscheibe gemeinsam, wodurch das Blicken aus dem Auto als screenartig erscheint, sondern auch das Sitzen im Sessel, das Sitzen innerhalb einer schützenden Hülle, ein Bild, das größer ist als man selbst, das gezielte Geradeausblicken und das Umgebungserleben. Ebendiese Bedingungen werden durch das Fahrrad und auch durch VR weitestgehend außer Kraft gesetzt bzw. verändert, schon allein dadurch, dass der Körper nicht länger immobilisiert und nach vorne ausgerichtet sitzt. Die Konstellation Mensch und Fahrrad bewegt sich wie auch die Konstellation Mensch und VR vielmehr mit dem Raum und macht Welt erfahrbarer. Von verschiedenen Autor:innen wird das Autofahren im Kontrast dazu beschrieben:

> In more recent years, automobility has been the most popular vehicle for sedentarism in a number of guises. First and foremost, authors such as Augé 1995; Lefebvre 1991; Sennett 1994; Virilio 1986, 1994 have all commented on the distancing and insensate nature of driving. Augé (1995), for example, appears to suggest that because we only pass through auto-spaces, because we often experience them in private with no direct social interactions, and because they are experienced largely visually (and may have little visual ‚appeal'), then we do not

find these spaces meaningful and hence they fail to become places.
(Spinney 2009, 822)

Autofahren wird oft mit Distanzierung und Gefühllosigkeit verbunden. Laut
Marc Augé durchqueren wir Räume mit dem Auto, ohne sie zu erleben, da
wir die Räume möglichst schnell hinter uns lassen, statt uns bewusst in
und mit ihnen zu bewegen; auch weil wir sie im Auto nur visuell erfahren.
Als Konsequenz erscheinen die Räume bedeutungslos. Eine Aufhebung der
„vierten Wand" hatte Barthes in seinen Überlegungen zum Auto als Erosion
der Grenze von Realitäts- und Fiktionswahrnehmung gefasst.[33] Im Vergleich
dazu lassen sich die Merkmale des Fahrradfahrens und der VR ganz anders
beschreiben, insofern beide mit ihren Umwelten in Relation stehen bzw.
Relationen mit ihr eingehen. In den folgenden Unterkapiteln werden diese
Relationen beleuchtet.

VR-Rezeption(en): *Carne y Arena* und *In the Eyes of the Animal*

Vor der Engführung von VR und Fahrrad sollen exemplarisch mögliche
Rezeptionsformen von VR vorgestellt werden, die insbesondere mit
Erweiterungen der virtuellen Welt sowie der VR-Brille arbeiten. Anhand
zweier VR-Beispiele wird im Folgenden auf mögliche Rezeptionen von VR
eingegangen. Grundlegende Komponenten von VR sind mindestens ein
rezipierendes Wesen, die VR-Brille, ein physischer Raum, ein sich im Entstehen befindender, sich ständig aktualisierender, technisch erzeugter
immaterieller (virtueller) Raum sowie die unmittelbare zeitliche Übertragung der Bewegungen im physischen Raum in den virtuellen Raum.
Die Rezeptionssituation kann zudem erweitert werden, beispielsweise
durch Geräte des haptischen Feedbacks wie Rucksäcke (z.B. in *In the
Eyes of the Animal* (2015)), Ventilatoren (z.B. in *Carne y Arena* (2017)), oder
Wearables wie Bodysuits[34] oder Geräte, die die Bewegungserfahrung
erweitern, wie die zuvor genannten Indoor-Räder. Exemplarisch für solch
eine Erweiterung der Wahrnehmung durch konkrete Gegenstände – in
diesem Fall Ventilatoren und ein Rucksack, der haptisches Feedback gibt

---

33 „[B]ecause the interior of the auto is disconnected and set in the midst of a new kind
of theater of derealized space, the experience of what is normally the paramount
reality – the experience of self-awareness in a here-and-now – becomes one of
unanchored mobility. This mobile subject in the midst of elsewhere is a cultural
novum and the model for a new kind of fiction effect, a fiction of presence unbound
and uncircumscribed by the fourth wall, without a 180° line to separate the world of
the imaginary and the subjunctive from the commonplace" (Barthes 1991, 123).

34 Bodysuits wurden bereits 1994 zum Teil im Nicht-VR-Gaming-Bereich eingesetzt (z.B.
Aura Interactor), gibt es aber auch aktuell im VR-Gaming-Bereich (z.B. Kor-Fx). Für
eine detaillierte Auflistung solcher Wearables siehe Giordano (2017, 126–38).

– ist das VR-Filmprojekt *Carne y Arena*: Der Oscar-prämierte VR-Film von Regisseur Alejandro Gonzáles Iñárritu feierte 2017 in Cannes Premiere und war danach überwiegend in Museen zu erfahren, bis er 2018 im Eye Filmmuseum in Amsterdam für eine begrenzte Zeit zu sehen war. Der VR-Film ist nicht für die Zuschauer:innen zu Hause zu erwerben, da die Besonderheit des Projekts in der Verschränkung und Anpassung zwischen dem physischen Raum und dem virtuellen Raum liegt. Das Szenario von *Carne y Arena* lässt sich wie folgt beschreiben: Menschen, die versuchen, die Grenze in die USA auf illegalisiertem Weg zu überqueren, werden von der Border Patrol aufgegriffen und abgeführt. Die Blickrichtung der VR-Erfahrenden[35] ist grundsätzlich frei, sie können ihren Standort und damit einhergehend ihre Perspektive auf die Geschehnisse selbst wählen. Die Aufmerksamkeit, die in dieser virtuellen Welt tendenziell ungesteuert und nicht fokussiert ist, wird durch visuelle, akustische und körperliche Reize auf das jeweilige Geschehen gelenkt, es bleibt dabei jedoch – zumindest theoretisch – immer die Wahl, diesen Reizen nicht zu folgen und woanders hinzusehen. *Carne y Arena* erweitert dabei die Möglichkeiten filmischer Darstellung, indem mehr Sinne als bei der audiovisuellen Rezeption eines Films eingebunden werden. Der Körper der VR-Erfahrenden wird mit einem Rucksack ausgestattet, der haptisches Feedback in Form von Vibrationen gibt; darüber hinaus spüren sie den Sand der Wüste unter den Füßen (man wird verpflichtet, die Schuhe und Socken vor dem Betreten des Projekts auszuziehen), da der Boden des Ausstellungsraums mit Sand bedeckt ist, und sie fühlen den Wind des Hubschraubers auf der Haut, da im Raum Ventilatoren installiert sind. „Fliegt der Hubschrauber über die Szene, ist er vor allem zu hören – und zu spüren; das blendende Suchlicht macht es nahezu unmöglich, ihn tatsächlich am Himmel zu erblicken. Sein Auftauchen in der virtuellen Realität wird durch starke Wind- und Soundeffekte im realen Raum körperlich spürbar gemacht" (Rabing 2018*). Carne y Arena* ergänzt so die Ereignisse in der virtuellen Realität um Eindrücke im physischen Raum, beide Ebenen verhalten sich kongruent zueinander. Ähnlich funktioniert auch das Projekt *In the Eyes of the Animal* aus dem Jahr 2015.

Im Projekt von Marshmallow Laser Feast/Abandon Normal Devices geht es um die Wahrnehmung nicht-menschlicher Lebewesen. Es kann auf verschiedene Weisen erfahren werden – sowohl von zu Hause aus mit einer

---

35   Wir möchten vorschlagen, im Kontext dieser eher komplexeren VR-Projekten, die mit eigens angelegten Räumen und/oder die VR-Brille erweiternden Komponenten arbeiten, eher von Erfahrenden statt Rezipierenden zu sprechen. Dies soll auf die Relevanz der situativen Erfahrung von Projekten wie *Carne y Arena* und *In The Eyes of the Animal* anspielen, die größer ist, wenn eine Umwelt wie der Wald oder Sand unter den nackten Füßen integriert wird.

VR-Brille als relativ simpler 360°-Erfahrung als auch als Indoor- sowie Outdoor-Installation. Bei Letzteren werden die VR-Erfahrenden mit Kopf-hörern und Rucksack ausgestattet. Während sie sich bei der Indoorver-sion ähnlich wie bei *Carne y Arena* durch einen für das Projekt angelegten Raum bewegen, war das VR-Projekt in der Outdoor-Version im Rahmen des Abandon Normal Devices Festivals 2015 im Grizedale Forest zu erfahren. Dies macht insofern Sinn, als *In the Eyes of the Animal* die Wahrnehmung nicht-menschlicher Lebewesen aus dem Wald simuliert wird. Um zu ver-hindern, dass in der Umgebung des Waldes Tageslicht durch die VR-Brille dringt, wurden helmartige Kopfbedeckungen mit integrierten VR-Brillen sowie Kopfhörern entwickelt.

Neben der Abschottung von Lichteinflüssen wurde zudem Moos an der Vor-derseite der „Helme" angebracht. Das Moos, aber insbesondere auch die Verlagerung des VR-Projekts in den Wald, sollte zudem den Geruchssinn in die Erfahrung mit integrieren. Die VR-Erfahrenden erleben in der virtuellen Welt die Perspektive einer Eule, eines Frosches und einer Libelle im Wald. „*In the Eyes of the Animal* encourages us to leave our human-centric vision for the length of the piece (and perhaps a little longer), and remember the subjective quality of perception" (MIT Open Documentary Lab_docubase 2015). Dementsprechend kann auch hier der Blick in allen Situationen frei ausgerichtet werden, allerdings unterscheiden sich die visuelle Gestaltung sowie die Intensitäten der Audioklänge und des haptischen Feedbacks je nach Lebewesen stark. In der Froschperspektive liegt der Fokus auf den bebenden, tiefen Klängen, die zudem durch das haptische Feedback des Rucksacks intensiviert werden und sich auch auf visueller Ebene durch ein simultan bebendes Feld voller Punkte wiederfinden lassen. Die Perspektive der Eule und der Libelle unterscheiden sich im Vergleich dazu – beispiels-weise gestaltet sich die Eulenperspektive durch abstrakte, farbige Kreise, die sich je nach Blickrichtung in gestrichelte Baumstammsilhouetten verwandeln. Durch die unterschiedlichen Wahrnehmungsweisen wird im Projekt auf die Subjektivität jeder Wahrnehmung angespielt.

Carne y Arena und *In the Eyes of the Animal* erweitern die Geschehnisse in der virtuellen Welt um zusätzliche Affizierungen im physischen Raum, in dem die Projekte jeweils zu erfahren sind. Diese Ergänzungen ermöglichen den direkten Einbezug weiterer Sinne. Relevant im Zusammenhang dieser VR-Konstellationen sind dementsprechend Raum, Zeit, Körper, Technik, Bewegung sowie deren Beziehungen zueinander. Ähnlich wie zuvor mit dem von Larsen bezeichneten (maskulinen) Radfahrerwerden kann in Anlehnung an Deleuze und Guattari gesagt werden, dass man somit nicht in der (VR-)Welt ist, man wird mit der (VR-)Welt (vgl. Deleuze und Guattari

1992, 199). Die Schwierigkeit, VR zu beschreiben und zu theoretisieren, besteht darin, dass der Rezeptionsprozess von mehreren parallel ablaufenden, relationalen, sich bewegenden Ebenen abhängig ist. VR ist vom Zusammenwirken und der ständigen Durchdringung verschiedener Akteur:innen geprägt. VR bzw. die Rezeptionserfahrung entsteht primär durch körperliche Reaktionen der Rezipierenden sowie deren Übertragung oder auch Nicht-Übertragung in die virtuelle Umgebung, die aus der Verschaltung verschiedener Elemente ermöglicht wird. Die Rezeptions-situation verändert sich dementsprechend stets und ist ephemer. Es gibt kein singuläres Zentrum der Konstellation, vielmehr scheinen verschiedene Akteur:innen zu ‚intra-agieren‘[36], was bedeutet, dass in der VR-Rezeptions-situation eher die dynamischen Prozesse zwischen einzelnen Akteur:innen von Bedeutung sind. Nicht die einzelnen Akteur:innen stehen somit im Fokus, sondern die jeweiligen spezifischen Verhältnisse.

Audiovisuelle Bild- und Blickfelder (in VR) – dynamische Relationen

Erst durch die Differenzierung zwischen visuellem Bild und hörbaren narrativen Elementen lassen sich beide Ebenen gleichzeitig in Ver-bindung setzen und ergeben das gesamte audiovisuelle Bild (vgl. Deleuze 1997b, 301f.). Über das *hors-champ*, das laut Deleuze ausschließlich dem visuellen kinematografischen Bild angehört, lässt sich ein Bezug zwischen akustischem Kontinuum und visuellem Bild herstellen. Deleuze führt dazu aus, dass das *hors-champ* keine Erfindung des Akustischen, aber dennoch von ihm „bevölkert" sei. Erst durch die visuellen und akustischen Relationen lässt sich ein *hors-champ* und auch ein Off(-Ton) beschreibbar machen: „[D]as Hörbare verleiht dem visuell Unzugänglichen eine spe-zifische Präsenz" (ebd., 301). Der Ton verweist somit auf ein dem sichtbaren Raum übergeordnetes Ganzes, das visuell nicht wahrnehmbar ist. Sobald der Ton auf eine Geräuschquelle außerhalb des Blickfelds verweist, kann bei VR dieser Spur nachgegangen werden, das Blick- und somit auch das Bildfeld verändert sich mit den individuellen Bewegungen. Wenn der Ton auf ein Daneben, also die Fortsetzung des sichtbaren Raums verweist bzw., mit Deleuze gesprochen, die Richtung des *hors-champ* relativ ist (vgl. Deleuze 1997b, 302), aktualisiert sich das Bild, die Tonquelle wird sichtbar und ist kein Off (mehr).

Es bleibt somit festzuhalten, dass allein durch das Visuelle bei VR kein Außerhalb des Bildfelds existiert, jedoch ein Außerhalb des Blickfelds. Das

---

36 Siehe zum Begriff der Intra-Aktion Barad. 1999. *Agential Realism: Feminist Interventions in Understanding Scientific Practices*, 7.

Blickfeld und Bildfeld stehen in Verbindung miteinander, insofern das Blickfeld der Rezipierenden von dem vorproduzierten Bildfeld abhängig ist und ohne dieses nicht existieren kann. Das Bildfeld wiederum existiert in seiner Virtualität unabhängig vom Blickfeld, kann aber erst durch den Eintritt eines rezipierenden Wesens in das Gefüge in Erscheinung treten und sich innerhalb des Blickfelds aktualisieren. On- und Off-Ton stehen bei VR somit ähnlich wie die virtuellen und aktuellen Bilder in einem ständigen Wechselverhältnis und können sich ebenfalls aktualisieren. Sie stehen mit den visuellen Bildern in Verbindung, sodass sich Ton, Bild und Bewegungen bei VR stets gegenseitig durchdringen und verschiedene Relationen zueinander bilden. Somit sind bei VR weniger einzelne Bilder von Bedeutung als die verschiedenartigen, dynamischen und veränderlichen Relationen, die diese untereinander und darüber hinaus bilden.

In Anlehnung an Bergson argumentiert auch Deleuze, dass wir nie das vollständige Bild wahrnehmen (vgl. ebd., 35), insofern auch die menschliche Wahrnehmung bei der Rezeption eine Art Rahmenfunktion erfüllt. Wenn wir zudem über die filmwissenschaftliche Definition des Offs hinausdenken, lässt sich sagen, dass sämtliche Wahrnehmung gerahmt ist, weil wir stets nur einen spezifischen Ausschnitt (beispielsweise eines Zimmers) sehen. Ein Rahmen ist vorhanden, da Wahrnehmung eine partielle und parteiische Erfassung (vgl. Deleuze 1997a, 94) ist, auf eine Positionierung im Raum angewiesen und gleichzeitig auf sie verweisend. Ob sich bei der außerfilmischen Wahrnehmung von einem Off sprechen lässt, sei dahingestellt; zumindest verweist dieser Faktor darauf, dass das Sichtbare allein nie die wahrgenommene Realität ausmachen kann, sondern immer auch Seiten des Virtuellen vorhanden sind und sich Welt nie nur im Aktuellen erschöpft.

Was hier für die Rezeptionssituation von VR beschrieben wurde, lässt sich partiell ähnlich für das Fahrradfahren beschreiben. Auch dort sind es insbesondere akustische und visuelle Reize, die eine Veränderung des Blickfelds evozieren. Das Verhältnis aus Körperbewegung und Ausrichtung des Blicks beim Fahrradfahren und in der VR strukturiert sich durch Aktualisierungsmomente bedingt durch äußerliche Einflussfaktoren. Erst die relationale Offenheit gegenüber der Umwelt ermöglicht eine individualisierte Navigation, ein situatives Durch- und Erfahren. Die Verschränkung aus körperlicher Bewegung, Umwelt und technischem Objekt lässt jeweils ähnliche Weisen der Kopplung von Wahrnehmungsmodalitäten entstehen. Genau diese Modalitäten als Resultat der Relationalität, die mit dem Offensein für die spezifischen Umgebungen einhergeht, lässt im Folgenden darüber nachdenken, ob sich auch VR – wie das Fahrrad

– sowohl als individualisierendes Erfahrungsobjekt als auch als Kollektivierungsform denken lässt.

Kinetische Welten: Bewegte und sich bewegende Rezipierendenkörper, Bewegtbilder und Bilder, die bewegt werden

Ein grundlegendes Paradoxon bei der Rezeption von VR besteht darin, dass die Rezipierenden etwas Vorgegebenes sehen, aber auch ein individualisiertes Gesamtwerk, das zwar vorprogrammiert, also aufgrund der vorherigen Produktion begrenzt ist, jedoch durch das Potenzial des ständigen Blickfeldwechsels immerzu veränderlich erscheint. Anders gesagt: Wenn zwei Personen den gleichen VR-Film rezipieren, ist es nahezu unmöglich, dass beide am Ende die gleichen Bilder, den gleichen Film bzw. das gleiche Projekt gesehen haben werden, es sei denn beide Personen werden im physischen Raum identisch positioniert und bewegen sich während der Rezeption nicht (was wiederum unwahrscheinlich ist). Man kann zwar auch vom Nicht-VR-Film sagen, dass der gleiche Film bei den Zuschauenden unterschiedliche Rezeptionserlebnisse hervorrufen wird, jedoch ist die Unterschiedlichkeit bei VR durch andere und vielfältigere Faktoren bedingt. Eine ähnliche Analogie kann für das Fahrrad festgestellt werden. Während beispielsweise bei einer Zugfahrt zwei Fahrende im gleichen Abteil stets den gleichen vom Fahrzeug vorgegebenen Bildausschnitt (durch das Zugfenster) vor sich haben, lässt sich auch beim Fahrradfahren feststellen, dass es bei zwei Fahrradfahrenden, die die gleiche Strecke fahren, eher unwahrscheinlich ist, dass sie am Ende die gleiche Strecke gesehen und erlebt haben werden. Dies ist nicht zuletzt zurückzuführen auf den hier fehlenden Rahmen (die Scheibe), den mobilen Blick sowie die dynamischen Eindrücke, die zu Blickfeldwechseln sowie Mikrobewegungen wie zum Beispiel Ausweichmanövern führen. Ähnlich zur VR-Erfahrung scheint sich auch die Radfahrerfahrung bei gleicher Strecke je nach fahrender Person stark zu individualisieren und voneinander im Detail zu unterscheiden. VR wiederum mag zwar ein großes Rahmenprojekt (z.B. *Carne y Arena*) vorgeben, jedoch sehen und erfahren die Nutzer: innen im Detail nicht das Gleiche. VR-Projekte verändern sich je nach Person, Blickrichtung und Rezeptionssituation – sie werden ein bewegliches und relationales Gefüge, das ephemer ist und sich zu keiner Zeit in einem dauerhaften Ist-Zustand befindet. Die so entstehenden Bilder müssen daher durch Relationalitäten und Dynamiken beschrieben werden und lassen sich nicht isoliert davon analysieren. Hierfür können Elena Espositos Überlegungen zum Zentralpunkt der Perspektive in virtuellen Wirklichkeiten herangezogen werden.

> In den Projekten der virtuellen Wirklichkeit (obwohl es sich um die
> Darstellung eines dreidimensionalen Raumes handelt) hat es keinen
> Sinn, vom Zentralpunkt der Perspektive zu reden, weil dieser Punkt
> sich ständig mit dem Wechseln des Beobachters und mit seinen
> Bewegungen im irrealen Raum der Darstellung verändert. (Esposito
> 1998, 287)

Ein Zentralpunkt der Perspektive existiert in VR nicht, insofern es nicht den
einen zentralen Referenzpunkt (außerhalb) des Bildes gibt, wenn die Perspektive permanent bewegt werden kann oder die Rezipierenden sich im
Raum frei bewegen können. Die Perspektiven in VR sind somit vielmehr von
Dynamik und Bewegungsübertragungen geprägt.[37]

Die Relation zwischen bewegtem und sich bewegendem Rezipierenden-
körper, Bewegtbildern und Bildern, die bewegt werden, sowie einem sich
verändernden virtuellen Raum aktualisiert sich ständig und beinhaltet
immer mindestens zwei parallele Bewegungen sowie Zeitebenen. Konkret
sind dies die Bewegungen der Rezipierenden, das damit korrespondierende
bewegliche Blickfeld und die sich in Bewegung findenden Bilder (= Film),
sowie die Zeitlichkeit des physischen Raums mit den Bewegungen des
rezipierenden Menschen und die erzählte Zeit, die mit der Reaktion auf
die Bewegung im physischen Raum verbunden ist. Durch die Rezeption
entsteht eine Wechselwirkung zwischen körperlicher Bewegung und
sich aktualisierenden Bildern, die wiederum von einer von Menschen als
unmittelbar wahrgenommenen Übertragung, also der Zeit, abhängt. Die
Bilder werden erst sichtbar durch das In-Bewegung-Setzen – sprich: die
Bewegungen – des mobilen Körpers der Rezipierenden. Ebendieses In-
Bewegung-setzen sowie der mobile Körper verweisen einmal mehr auf das
Fahrrad.

In-Bewegung-Setzen / In-Verbindung-Treten

Ein Faktor in den relationalen Gefügen der VR und des Radfahrens ist
die Geschwindigkeit. In Nicht-VR-Filmen ist sie unabhängig von der körperlichen Bewegung der Rezipierenden und es sind Kamerafahrten
mit hoher Geschwindigkeit möglich. Bei VR-Filmen, die nur rotierendes

---

37 Auch weitere etablierte Werkzeuge etwa aus der Filmanalyse, oft gekoppelt an
    Montagetechniken oder Einstellungen, müssen für VR anders beschrieben werden
    oder sind gar nicht anwendbar, wenn eine potenziell ständige Bewegung der Per-
    spektive mitgedacht werden muss. Dies hängt auch damit zusammen, dass die
    Rezeption und das Erfahren von VR stark situativ bedingt sind und dass sie teilweise
    sehr intensive somatische Reaktionen bei den Rezipierenden auslösen können.

Bewegungstracking nutzen, sind konventionelle, schnelle (maschinell erzeugte) Kamera*fahrten* tabu, um Motion Sickness zu vermeiden (es sei denn, genau dies ist das Ziel der Projekte, wie zum Beispiel bei Achterbahn-VR-Rides), das heißt die Übelkeit, die durch eine zu große Dissonanz zwischen virtueller Bewegung und einem unbewegten oder sich nicht so schnell bewegenden Körper der Rezipierenden entsteht. Stattdessen sind die 360°-Kameras bei der Produktion an Körpern befestigt, die sich zumeist langsam durch den Raum bewegen. Geschwindigkeit wird so sowohl bei VR als auch beim Fahrrad durch körperliche Bewegung hervorgebracht wie auch körperlich erfahren.

Durch das notwendige In-Verbindung-Treten verschiedener Akteur:innen (unter anderem VR-Brille, Mensch, *room scaling*, Bewegung(sübetragung)) bei VR ergibt sich keine subjektzentrierte Anordnung innerhalb der Anwendung, und auch beim Radfahren erscheint das Subjekt vernetzt mit den jeweiligen Umwelten und reagiert auf spezifische dynamische Verhältnisse, die sich zwischen den unterschiedlichen Akteur:innen (z.B. im Straßenverkehr) ergeben und die mitunter von den gegebenen Infrastrukturen geschaffen oder beschränkt werden. Mithilfe dieser Verbindungen ist es möglich, unseren Körper als vernetzt mit anderen Gegenständen und Modalitäten zu denken; es entsteht ein dynamischeres, Verbindungen eingehendes Körperbild, das weniger über eindeutige Grenzen zu definieren ist. Im Unterschied zu VR kann Fahrradfahren zudem als Medium der Kollektivierung beschrieben werden, insbesondere dann, wenn mehrere Radfahrende organisiert oder einer Schwarmlogik folgend ihr Recht auf Straße demonstrieren. Dieser aktivistisch-kollektivierende Prozess kann für VR kaum beschrieben werden, wenngleich es auch dort um Verbindungen geht, jedoch nicht in Bezug auf ein gemeinsames Bewegen mit anderen menschlichen Akteur:innen, sondern eher eine prinzipielle Offenheit für Verbindungen mit der Umgebung und ihren Objekten. Dieses In-Verbindung-Treten kann letztlich sowohl beim Fahrrad als auch bei VR zu einer Sensibilisierung für Relationen mit unserer Umwelt führen – eine einfache Dichotomie zwischen individualisierendem und kollektivierendem Objekt scheint so weder bei dem einen noch dem anderen Gegenstand zu greifen. Vielmehr gelten für beide Logiken der Verknüpfung, Dynamik und Offenheit. Wie in der Einleitung zum Buch beschrieben, lässt sich Radfahren als offene Medialität fassen, und Gleiches gilt auch für VR-Projekte, die ebenfalls mit ihren Umwelten in Relation treten und potenziell erweitert oder ergänzt werden können.

Fahrrad und VR – (Multi-)Sensorik und Verschränkungen

Fahrrad und VR können als Medientechnologien der Verschränkung, aber auch der Transgression beschrieben werden, insofern sie sich zum einen mit einem menschlichen Körper verbinden, aber auch körperliche, sinnliche und Bildschirmgrenzen überschreiten und erweitern, da beide multisensorisch und nicht nur visuell funktionieren. Wie erwähnt stellt VR Kategorien wie das Off infrage und – in Korrelation zur Bewegung – ein Zusammenspiel von Sichtbar- und Nicht-Sichtbarkeit heraus, wie dies auch beim Fahrradfahren der Fall ist. Dies kann als Fortschreibung der Frage nach einem anderen Sehen („seeing differently") beschrieben werden, wie Wibke Straube sie im Kontext des *Trans Cinema* gestellt hat:

> [Seeing differently] consequently bears the potential to outline the world differently through challenging normative ways of seeing – what seeing means, what can be seen at all and through what parameters something is defined as visible. Seeing is thus a sense that acts as collaborator with – as much as troublemaker around – the constitution of normative embodiment. (Straube 2014, 159)

Weil das Fahrradfahren wie auch VR von einem Blick bestimmt sind, der nicht nur strikt geradeaus gerichtet ist, sondern stets auch nach links und rechts oder zurückgewandt sein kann und zudem in Abhängigkeit des bewegten Körpers und der Bewegung durch den Raum steht, proklamieren beide ein anderes Sehen als beispielsweise das Sehen im Kino, das davon ausgeht, den Blick geradeaus auf die Leinwand zu richten, oder das Sehen im Auto, bei dem der Blick primär durch die Windschutzscheibe vor den Fahrer:innen fällt. Beschreiben wir diesen Blickmodus als normativ, fordern sowohl das Fahrrad als auch VR dieses normative Sehen heraus und erweitern es zudem um weitere Sinneswahrnehmungen, sodass das Sehen einen weniger übergeordneten Sinn darstellt, sondern vielmehr als vernetzt behandelt werden muss. Wenn Fahrradfahren als „[e]in vielfaches Bombardement der Sinne" (Larsen 2013, 49) beschrieben wird, so scheint dies auch für VR zuzutreffen, insbesondere wenn die VR-Erfahrung zusätzlich durch weitere Elemente – wie haptisches Feedback, Ventilatoren, oder ein (Indoor-)Fahrrad – erweitert wird.

Fahrrad/VR, Räume, (körperliche) Bewegung, Geschwindigkeit und Mensch treten in relationale Gefüge. Über dieses In-Verbindung-Treten erscheinen wir als Fahrende bzw. uns Bewegende weniger wie zentrale, singuläre Subjekte denn als verknüpfte Akteur:innen, die zudem affiziert werden. Durch diese Verknüpfung wird zugleich das Kollektivierungspotenzial greifbar, das sich in der Sensibilisierung für Umweltrelationen äußert. Wir bewegen uns durch und gleichzeitig mit Räumen, da sie mit uns in Verbindung stehen. So wie Nepper Larsen das Fahrradfahren als „eine bewegende Erfahrung" (Larsen 2013, 55) beschreibt, ist auch die Rezeption von VR eine solche – die Erfahrung lebt von unserer Bewegung und wir können davon bewegt werden. Genau darin liegt auch das politische Potenzial, indem durch ein Mehr-als-Sehen und Relationalitäten ein anderes Körpergefühl entstehen kann, das uns in neue Richtungen bewegen lässt. Erfahrung entsteht so auf und *mit* dem Rad sowie in und *mit* VR. Beide Medientechnologien lassen uns Verschränktheit erfahren und legen nahe, uns weniger als unabhängig existierende Entitäten als vielmehr in ständigen Relationen befindliche Akteur:innen zu begreifen.

Literatur

Abend, Pablo. 2013. *Geobrowsing: Google Earth und Co. – Nutzungspraktiken einer digitalen Erde*. Bielefeld: Transcript.

Barad, Karen. 1999. „Agential Realism: Feminist Interventions in Understanding Scientific Practices." In *The Science Studies Reader*, hrsg. von Mario Biagioli, 1–11. Abingdon: Routledge.

Barthes, Roland. [1957] 2010. „Der neue Citroën." In *Mythen des Alltags*, übersetzt von Horst Brühmann, 196–98. Frankfurt am Main: Suhrkamp.

———. 1991. „Myths Today." In *Mythologies*, 107–64. New York: Noonday/Farrar, Straus & Giroux.

Bazin, André. [1975] 2004. *Was ist Film?* Berlin: Alexander.

Bennett, Bruce. 2019. *Cycling and Cinema*. London: Goldsmith Press.

Bezmalinovic, Tomislav. 2020. „Kurios: Mann radelt mit VR-Brille quer durch Japan." *Mixed.de*. Letzter Zugriff 05.05.2021. https://mixed.de/vr-fahrradtour-durch-japan/.

Burch, Noël. 1981. „Nana, or the Two Kinds of Space." In *Theory of Film Practice*, hrsg. von dems., 17–31. Princeton, NJ: Princeton University Press.

Dant, Tim. 2004. „The Driver-Car." *Theory, Culture & Society* 21 (5–4): 61–79.

Deleuze, Gilles. 1997a. *Das Bewegungs-Bild. Kino 1*. Frankfurt am Main: Suhrkamp.

———. 1997b. *Das Zeit-Bild. Kino 2*. Frankfurt am Main: Suhrkamp.

Deleuze, Gilles, und Félix Guattari. 1992. *Tausend Plateaus: Kapitalismus und Schizophrenie II*. Berlin: Merve.

Detering, Heinrich. 2008. „Ein Wunsch, der ins Leere geht." *FAZ*, 07.08.2008. Letzter Zugriff 01.05.2021. https://www.faz.net/aktuell/feuilleton/kafkas-saetze-30-ein-wunsch-der-ins-leere-geht-1666784.html.

Esposito, Elena. 1998. „Fiktion und Virtualität." In *Medien, Computer, Realität*, hrsg. von Sybille Krämer, 269–96. Frankfurt am Main: Suhrkamp.

Featherstone, Mike. 2005. „Introduction." In *Automobilities*, hrsg. von Mike Featherstone, Nigel Thrift und John Urry, 1–24. London: Sage.

———. 2004. „Abstract". In Theory, Culture & Society. 1.10.2004, letzter Zugriff 8.2.2002. https:// journals.sagepub.com/doi/10.1177/0263276404046058.

Friss, Evan. 2015. *The Cycling City: Bicycles and Urban America in the 1890s*. Chicago: The University of Chicago Press.

Furness, Zack. 2010. *One Less Car: Bicycling and the Politics of Automobility*. Philadelphia: Temple University Press.

Gerling, Winfried, und Florian Krautkrämer (Hrsg.). 2021. *Versatile Camcorders: Looking at the GoPro Movement*. Berlin: Kadmos.

Giordano, Federico. 2017. „'Touch Me, Hit Me, Kill Me!' – Wearable, Haptic and Multisensorial Devices as Tools for a New Bodily Spectatorship." In *Body Images in the Post-Cinematic Scenario*, hrsg. von Alberto Brodesco und Federico Giordano, 123–40. Udine: Mimesis International.

Kafka, Franz. 1970. „Vom Wunsch, Indianer zu werden [1913]." In *Sämtliche Erzählungen*, hrsg. von Paul Raabe, 390. Frankfurt am Main: Fischer.

Keilbach, Judith, und Alexandra Schneider, Hrsg. 2009. *Fasten Your Seatbelt! Bewegtbilder vom Fliegen*. Münster: LIT.

Krautkrämer, Florian. 2014. „Revolution uploaded: Un/Sichtbares im Handy-Dokumentarfilm." *ZfM* 11 (2): 113–26.

Larsen, Steven Nepper. 2013. „Radfahrer werden". In *Die Philosophie des Radfahrens*, hrsg. von Jesús Ilundáin-Agurruza, Michael W. Austin und Peter Reichenbach, 45–58. Hamburg: Mairisch.

Lettenewitsch, Natalie. 2009. „Absturz zu Boden." In *Fasten Your Seatbelt! Bewegtbilder vom Fliegen*, hrsg. von Judith Keilbach und Alexandra Schneider, 167–86. Münster: LIT.

Morse, Margaret. 1998. „An Ontology of Everyday Distraction: The Freeway, the Mall, and Television." In *Virtualities: Television, Media Art, and Cyberculture*, hrsg. von ders., 99–124. Bloomington: Indiana University Press.

MIT Open Documentary Lab_docubase. 2015. *In the Eyes of the Animal*. Letzer Zugriff 25.02.2021. https://docubase.mit.edu/project/in-the-eyes-of-the-animal/.

Naimark, Michael. 2016. „VR Interactivity." *Medium.com*. Letzter Zugriff 12.08.2020. https://medium.com/@michaelnaimark/vr-interactivity-59cd87ef9b6c.

Nessel, Sabine. 2009. „Flugbilder in Katastrophenfilmen. Oder: wie das Kino den Menschen den Traum vom Fliegen zurückgibt." In *Fasten Your Seatbelt! Bewegtbilder vom Fliegen*, hrsg. von Judith Keilbach und Alexandra Schneider, 107–18. Münster.: LIT.

Popan, Cosmin. 2019. *Bicycle Utopias: Imagining Fast and Slow Cycling Futures*. Abingdon: Routledge.

Rabing, Angela. 2018. „Carne y Arena (Virtually Present, Physically Invisible)." In: *Nach dem Film*. Letzter Zugriff 25.02.2021. https://www.nachdemfilm.de/index.php/reviews/carne-y-arena.

Rothöhler, Simon. 2009. „'Roger, Roger?' Notizen zu einer kleinen Taxonomie filmischer Flugbilder." In *Fasten Your Seatbelt! Bewegtbilder vom Fliegen*, hrsg. von Judith Keilbach und Alexandra Schneider, 43–53. Münster: LIT.

Schivelbusch, Wolfgang. [1977] 2000. *Geschichte der Eisenbahnreise: Zur Industrialisierung von Raum und Zeit im 19. Jahrhundert*. Frankfurt am Main: Fischer.

Simondon, Gilbert. 2012. *Die Existenzweise technischer Objekte*. Zürich: diaphanes.

Spinney, Justin. 2009. „Cycling the City: Movement, Meaning and Method." *Geography Compass* 3 (2): 817–35.

Straube, Wibke. 2014. *Trans Cinema and Its Exit Scapes: A Transfeminist Reading of Utopian Sensibilty and Gender Dissidence in Contemporary Film*. Linköping: Linköping University.

Urry, John. 2004. „The ‚System' of Automobility." *Theory, Culture & Society* 21 (5–4): 25–39.

Virilio, Paul. 1978. „Fahrzeug." In *Fahren, fahren, fahren…*, übersetzt von Ulrich Raulff, 19–50. Berlin: Merve.

———. 1989. „Licht der Geschwindigkeit." In *Der negative Horizont: Bewegung – Geschwindigkeit – Beschleunigung*, übersetzt von Brigitte Weidmann, 155–78. München: Hanser.

———. 1995. „Die Dromoskopie." In *Der negative Horizont: Bewegung – Geschwindigkeit – Beschleunigung*, übersetzt von Brigitte Weidmann, 133–54. Frankfurt am Main: Fischer.

―――. 2020. „Die innere Steuerung." In *Grundlagentexte der Medienkultur: Ein Reader,* hrsg. von Andreas Ziemann, 297–303. Wiesbaden: Springer VS.

Autor:innen

Julia Bee (sie/ihr), Dr. phil, Medien- und Kulturwissenschaftlerin, ist Professorin für Medienästhetik an der Universität Siegen und Fahrradaktivistin. Aktuelle Arbeitsgebiete: Visuelle Anthropologie und experimentelle Methoden, Gender, Affekt und Medien, Fahrradmedien, Mobilitätsgerechtigkeit.

Ulrike Bergermann (sie/ihr), Professorin für Medienwissenschaft, HBK Braunschweig, Schwerpunke: Gender und Postcolonial Studies. Vita und Publikationen: ulrikebergermann.de, zuletzt: A Side Taken. Relating To Slavery in Octavia Butler's Kindred, in: Elke Bippus et al. (Hg.), Taking Sides, Bielefeld 2021; Connect and Divide: The Practice Turn in Media Studies, hg. m. Erhard Schüttpelz et al., Zürich 2021.

Linda Keck (sie/ihr) ist wissenschaftliche Mitarbeiterin und Koordinatorin am Lehrstuhl für Kulturtechnikforschung an der Bauhaus-Universität Weimar. Ihre Interessen belaufen sich auf Hybride und Transite, die sie, unter dem Begriff der Scharniermedien zusammenfassend, als jedwede Formen und Aktionen von Klappen (wie etwa auch das Faltrad) in den Blick nimmt.

Sarah Sander (sie/ihr), Dr. phil, ist Medien- und Kulturwissenschaftlerin und arbeitet derzeit am Institut für Theater-, Film- und Medienwissenschaften der Universität Wien. Ihre aktuellen Forschungsinteressen gelten Expanded Cinema, Medien des Aktivismus und der Kooparation, medialen Anthropologien und Migration.

Herbert Schwaab (er/ihm) lehrt als Akademischer Oberrat am Lehrstuhl für Medienwissenschaft an der Universität Regensburg. Promotion 2006 mit einer Arbeit zur Filmphilosophie von Stanley Cavell in Bochum. Derzeitige Forschungsschwerpunkte: Fernsehgeschichte, Sitcom, Anime, Populismus im Fernsehen, Medialität des Fahrrads und Repräsentationen von Autismus.

Markus Stauff (er/ihm) lehrt und forscht am Department Media Studies der Universität Amsterdam. Forschungsschwerpunkte sind Medien als Regierungstechniken; Fernsehen und cross-mediale Transformationsprozess; visuelle Kultur des Mediensports. Übersicht der Publikationen: https://www.zotero.org/groups/4390248/markus_stauff_publications.

Franzi Wagner (dey/deren) ist als wissenschaftliche Mitarbeit am Institut für Medienwissenschaft der HBK Braunschweig tätig und verfolgt ein Dissertationsprojekt zu den Beziehungen von Körperlichkeit(en), Ort(en) und Zeit(en) in Virtual Reality unter besonderer Berücksichtigung des queeren Potenzials derer. Zu Wagners Forschungsschwerpunkten zählen insb. Virtual Reality, Queer Theory und Gender Media Studies.